电子商务物流管理与应用

E-Commerce Logistic Management and Application

鲁馨蔓　等编著

北京大学出版社
PEKING UNIVERSITY PRESS

图书在版编目(CIP)数据

电子商务物流管理与应用/鲁馨蔓等编著. —北京:北京大学出版社,2019.8
21世纪经济与管理规划教材. 物流管理系列
ISBN 978-7-301-30778-6

Ⅰ. ①电… Ⅱ. ①鲁… Ⅲ. ①电子商务—物流管理—高等学校—教材 Ⅳ. ①F713.365.1

中国版本图书馆CIP数据核字(2019)第198706号

书　　　名	电子商务物流管理与应用 DIANZI SHANGWU WULIU GUANLI YU YINGYONG
著作责任者	鲁馨蔓　等编著
责 任 编 辑	任京雪　刘　京
标 准 书 号	ISBN 978-7-301-30778-6
出 版 发 行	北京大学出版社
地　　　址	北京市海淀区成府路205号　100871
网　　　址	http://www.pup.cn
电 子 信 箱	em@pup.cn　　QQ:552063295
新 浪 微 博	@北京大学出版社　@北京大学出版社经管图书
电　　　话	邮购部 010-62752015　发行部 010-62750672　编辑部 010-62757065
印 刷 者	天津中印联印务有限公司
经 销 者	新华书店
	730毫米×980毫米　16开本　23印张　504千字 2019年8月第1版　2022年4月第2次印刷
定　　　价	48.00元

未经许可,不得以任何方式复制或抄袭本书之部分或全部内容。
版权所有,侵权必究
举报电话:010-62752024　电子信箱:fd@pup.pku.edu.cn
图书如有印装质量问题,请与出版部联系,电话:010-62756370

丛书出版前言

作为一家综合性的大学出版社，北京大学出版社始终坚持为教学科研服务，为人才培养服务。呈现在您面前的这套"21世纪经济与管理规划教材"是由我国经济与管理领域颇具影响力和潜力的专家学者编写而成，力求结合中国实际，反映当前学科发展的前沿水平。

"21世纪经济与管理规划教材"面向各高等院校经济与管理专业的本科生，不仅涵盖了经济与管理类传统课程的教材，还包括根据学科发展不断开发的新兴课程教材；在注重系统性和综合性的同时，注重与研究生教育接轨、与国际接轨，培养学生的综合素质，帮助学生打下扎实的专业基础和掌握最新的学科前沿知识，以满足高等院校培养精英人才的需要。

针对目前国内本科层次教材质量参差不齐、国外教材适用性不强的问题，本系列教材在保持相对一致的风格和体例的基础上，力求吸收国内外同类教材的优点，增加支持先进教学手段和多元化教学方法的内容，如增加课堂讨论素材以适应启发式教学，增加本土化案例及相关知识链接，在增强教材可读性的同时给学生进一步学习提供指引。

为帮助教师取得更好的教学效果，本系列教材以精品课程建设标准严格要求各教材的编写，努力配备丰富、多元的教辅材料，如电子课件、习题答案、案例分析要点等。

为了使本系列教材具有持续的生命力，我们将积极与作者沟通，争取每三年左右对教材进行一次修订。无论您是教师还是学生，您在使用本系列教材的过程中，如果发现任何问题或者有任何意见或建议，欢迎及时与我们联系（发送邮件至 em@pup.cn）。我们会将您的宝贵意见或建议及时反馈给作者，以便修订再版时进一步完善教材内容，更好地满足教师教学和学生学习的需要。

最后，感谢所有参与编写和为我们出谋划策提供帮助的专家学者，以及广大使用本系列教材的师生，希望本系列教材能够为我国高等院校经管专业教育贡献绵薄之力。

北京大学出版社
经济与管理图书事业部

前 言

近年来，我国电子商务与物流一直保持着高速发展的态势，电子商务的快速集聚效应引发人们深入思考电子商务与物流协同发展问题。长期以来，人们一致认为，物流一直是电子商务发展的瓶颈，从近几年的管理实践来看，物流效率的提升也是日新月异的，从限时达、次日达到限时送、选日送等精细物流人性化、个性化的发展，物流领域发生了翻天覆地的变化。

基于电子商务与物流协同发展思路，本书运用案例教学法，首先，重点探讨了电子商务与物流在新背景下的理论和实践；其次，突出以客户为中心，分析了电子商务快递服务市场以及电子商务物流的客户服务管理；再次，从系统工程、实物作业、物流管理、信息技术等角度，介绍了电子商务物流系统、电子商务物流基本功能及其合理化、电子商务物流模式、电子商务物流配送管理以及电子商务物流信息技术；最后，分析了跨境电子商务物流管理、新兴技术在电子商务物流中的应用以及电子商务智慧物流。本书既可作为电子商务、物流管理及相关专业的教学用书，又可作为企业界实际工作者的阅读参考书，还可作为对电子商务物流感兴趣的非专业读者的入门书籍。

当前电子商务物流教材种类繁杂，有侧重技术的，有侧重管理的，还有侧重实验的，为了满足不同层次人士的需要，本书从案例出发，由浅入深、从理论到实践对电子商务物流的相关知识进行了介绍。本书的特色主要表现在以下方面：

第一，理论与实践相结合。本书在介绍各种概念和理论的同时，引入了许多先进的管理方法和解决问题的策略，不仅可以提高读者的理论水平，扩展对新事物、新概念的认识，而且对实践有很强的指导作用。

第二，丰富的案例支持。归根结底，电子商务物流工作要归于业务实践，单纯的理论无法达到支撑企业运作和提升决策质量的要求。因此，本书在编写过程中没有一味地进行理论阐述，而是结合实际案例进行讲解。丰富的案例能让读者从不同方面了解电子商务物流发展的新动态、新趋势，还可以帮助读者借鉴、引用成功的方法。

本书的编写主要由天津财经大学管理科学与工程学院的教师和研究生团队完成。全书由鲁馨蔓、于宝琴和李艳霞组稿、审定。其中，第1章由鲁馨蔓、于宝琴编写；第2章由马睿、鲁馨蔓编写；第3章由姚松、鲁馨蔓编写；第4章由程先学、鲁馨蔓编写；第5、7、8、10、11章由鲁馨蔓编写；第6章由鲁馨蔓、王君编写；第9章由李艳霞、鲁馨蔓编写。另外，参加本书资料整理、数字化教学资源制作的学生团队成员包括余思勤、何斐、李晓媛、王影、肖丹丹。在此衷心感谢参与本书编写和数字化教学资源制作的所有团队成员。

在本书编写过程中，我们参阅了许多报刊、专著、论文和网站资料，并跟踪了电子商务物流发展的最新动态，力求真实、全面地体现电子商务物流的理论和方法。本书的出版得到了北京大学出版社的大力支持，在此表示感谢。

尽管我们在本书编写过程中努力做了很多尝试和探索，但限于电子商务物流发展迅速，编者水平有限，书中难免有疏漏和不足之处，敬请广大读者和学术同人不吝指教！

编　者

2019年4月

目 录

第1章 电子商务物流概述 1
引导案例 2
1.1 电子商务概述 3
1.2 物流概述 14
1.3 电子商务物流 17
本章小结 27

第2章 电子商务快递服务市场 29
引导案例 30
2.1 快递服务概述 31
2.2 快递网络以及快递的工作流程 38
2.3 快递服务的发展 45
2.4 快递在经济发展中的作用 54
本章小结 57

第3章 电子商务物流的客户服务管理 59
引导案例 60
3.1 以客户为中心的市场细分 62
3.2 客户满意度分析 69
3.3 新形势下的客户关系管理策略 78
本章小结 82

第4章 电子商务物流系统 85
引导案例 86
4.1 物流系统概述 87
4.2 物流网络 97
4.3 物流标准化 107
4.4 电子商务物流系统 115
本章小结 121

第5章 电子商务物流基本功能及其合理化 …… 123
引导案例 …… 124
5.1 运输及其合理化 …… 125
5.2 仓储及其合理化 …… 134
5.3 装卸搬运及其合理化 …… 139
5.4 包装及其合理化 …… 145
5.5 流通加工及其合理化 …… 151
5.6 配送及其合理化 …… 156
本章小结 …… 159

第6章 电子商务物流模式 …… 161
引导案例 …… 162
6.1 电子商务物流市场的含义、特征及构成 …… 163
6.2 电子商务物流模式 …… 166
6.3 电子商务物流模式的选择 …… 187
本章小结 …… 190

第7章 电子商务物流信息技术 …… 191
引导案例 …… 192
7.1 物流信息技术概述 …… 193
7.2 自动识别技术 …… 197
7.3 数据交换技术 …… 203
7.4 信息跟踪与定位技术 …… 207
本章小结 …… 215

第8章 电子商务物流配送管理 …… 217
引导案例 …… 218
8.1 配送基本知识 …… 218
8.2 配送中心的概念、作用及功能 …… 231
8.3 配送优化概述 …… 236
8.4 配送网络布局优化 …… 238
8.5 电子商务物流配送系统 …… 243
本章小结 …… 248

第9章 跨境电子商务国际物流管理 …… 249
引导案例 …… 250
9.1 跨境电子商务环境下的国际物流 …… 251
9.2 跨境电子商务国际物流服务与成本管理 …… 260
9.3 跨境电子商务国际物流信息系统管理 …… 267

本章小结 ·· 274

第10章　新兴技术及设备在电子商务物流中的应用 ············· 275
　　引导案例 ·· 276
　　10.1　云计算技术 ··· 277
　　10.2　物联网技术 ··· 285
　　10.3　大数据技术 ··· 292
　　10.4　智能快递柜 ··· 299
　　10.5　无人机和送货机器人 ·· 308
　　本章小结 ·· 321

第11章　电子商务智慧物流 ··· 323
　　引导案例 ·· 324
　　11.1　电子商务智慧物流概述 ··· 325
　　11.2　电子商务智慧物流发展驱动力 ······································· 334
　　11.3　电子商务智慧物流的发展现状与趋势 ····························· 347
　　本章小结 ·· 351

参考文献 ··· 353

21世纪经济与管理规划教材

物流管理系列

第 1 章

电子商务物流概述

教学目的
- 电子商务和物流的基本含义
- 电子商务物流的内涵、特征
- 电子商务市场分析
- 电子商务物流的发展

电子商务作为网络时代的一种全新的交易模式,是交易方式的一场革命,只有大力发展作为电子商务重要组成部分的现代物流,电子商务才能得到更好的发展。本章介绍了电子商务的内涵、特点,阐述了电子商务业务构成及流程,并进行了电子商务市场分析。此外,还介绍了相关的物流理论和理念,阐述了电子商务物流的内涵、特征,探讨了电子商务物流服务业的新动态。

引导案例

农产品进城难在哪？电商"快车道"如何变身"高速路"？

"亩产1 500公斤左右，到地里来收一般是7.5元/公斤，通过电商可以卖到25元/公斤。"2017年4月6日，在雅安市石棉县八路田枇杷采摘园，美罗乡党委书记赵刚指着阳光下挂果的枇杷树，告诉前来调研本省农村电商发展情况的省政协调研组一行。

美罗乡是枇杷新产区。2016年，出于气候原因，这里的枇杷绝收。2017年，丰收在望的枇杷树让当地老百姓充满了憧憬，他们预计优质枇杷每斤可以卖到20元以上，不少人家已经开始通过各种电商平台展开预售，有的一天之内就接到来自全国各地的订单40多件。

美罗乡的枇杷"触网"，只是近年来四川省农产品加速冲上电商"快车道"的一个缩影。来自四川省商务厅的资料显示，2016年1—9月，全省农村网络零售额达321亿元，位居全国第四。到2016年9月底，全省已累计培育涉农电商企业3 475户，累计开设农村网点3.15万个，农村电商产业链创造就业岗位12.4万个。农业电商正在成为推进农业生产方式和经营方式转型升级的新动力。

"战国时期"的农村电商

目前，四川省有近60个县正从政府层面积极推动农村电商发展，并探索形成了各具特色的推进模式：资中县依托当地物流企业，形成了"物流企业＋农村网店＋电商服务企业"发展模式；仁寿县引入知名电商和培育本土电商，建立起"电商集聚园区"带动模式；理县则通过网上推广特色农场、民宿客栈等乡村旅游项目吸引游客，促进农产品的在地销售和网销网购……

在这股热潮中，除淘宝、京东等已经形成气候的电商平台外，各路社会资金和人马也在千方百计地搭建自己的农村电商平台，不仅有物流企业、农产品专业合作社、农产品协会等中小型实体，还出现了一些大型国有企业的身影。

四川省农村信用社联合社与夹江县合作，向电商买家、网点网商集中授信，并向本土平台公司提供线上线下收单支付服务，推动农村电商与农村金融融合发展。

在石棉县，中国邮政雅安分公司成功跻身电商进农村综合示范县牵头实施单位，搭建起县级电商中心，截至2017年已建成50个乡村电商服务站点。

省供销社通过改造提升经营服务体系，已在省内建成区域性电商平台107个。

"邮乐购""益农网""供销E家""安岳柠檬网""茶商在线"……各类农产品电商平台风生水起。"一个'诸侯割据'的农村电商时代。"长期跟踪农村电商发展的省农业厅信息中心主任如是说。

电商进村入户难在哪里

30％——这是雅安市农村电商交易额的年均增长速度。这一速度能继续保持吗？

农村电商这条"快车道"能否升级成为农产品进城的"高速路"?

"交通不便,物流成本高,特别是在一些山区农村,农产品从田间地头进城的'最初一公里'还没有打通。"汉源县乐购商贸有限责任公司负责人反映。四川蒙顶山味独珍茶叶有限公司负责人也向调研组证实:"每个订单要多花2—4元物流成本。"

"网络销售特别讲究优质优价,经过分级的水果更能卖出好价钱,但是老百姓怕麻烦,大家单门独户小打小闹地种植,觉得大大小小的一起卖出去更简单,从而影响了本地水果的整体行情。"赵刚认为,老百姓的理念还需要大力引导。

"茶商在线"电商平台的投资人向从明则为"人才"苦恼着。他曾试图用多一倍的工资从杭州的电商企业挖人,但他的努力失败了。"这边创新、创业氛围不够,机会少,发展空间受限。"向从明总结原因。

调研中,很多县都反映了类似的问题。

省政协副主席瞿占一指出,为了创新解决电商进村入户的问题,需要对网商、通信、人才等各类资源进行大力整合,需要政府加大对电商服务网点、配送等基础设施的建设并形成体系,需要加快解决农业规模化、标准化生产的问题。

"消费者对农产品质量安全的要求远远超出对其他日常生活用品的要求。"省政协农业委副主任傅志康建议,要想在电商平台上赢得更大的市场,四川省农产品必须重视质量体系建设,以严格的标准、诚实守信的交易来创建品牌,进而提升农产品价格。

省政协农业委副主任杨昌明对此深表认同:"电商时代的竞争,要求四川省必须加快推进农业的规模化、集约化、现代化发展,调整生产和经营结构,通过专业合作社等农民合作组织把'三品一标'等标准贯彻下去,提高农产品管理水平,培育一批品牌,从而实现农民持续增收。"

资料来源:陈婷. 农产品进城难在哪? 电商"快车道"如何变身"高速路"[EB/OL].(2017-04-01)[2019-02-01]. http://sichuan.scol.com.cn/ggxw/201704/55871984.html? COLLCC=3797251551&.

1.1 电子商务概述

1.1.1 电子商务的内涵与特点

1. 电子商务的内涵

目前,人们对电子商务还存在不同的理解和认识。在此所说的电子商务是指在互联网(Internet)上进行的商务活动。

一般来说,开展电子商务活动的要素主要包括从事电子商务活动的主体、工具与对象,以及相应的环境等。

从事电子商务活动的主体包括企业、个人及政府等。这些主体首先要具有利用互联网从事电子商务活动的意识、思想与理念,其次要拥有对电子商务活动的组织能力、管理能力及操作能力。在电子商务活动中,人是起决定性作用的要素:①电子商务作为人与电子工具复合的有机系统,人是电子商务活动的主体;②电子商务系统是现代高科技的结晶,要保证系统安全、可靠、高效地运行,不断地进行技术创新,必须具备优秀的技术人才;③电子商务活动是商务活动、商务管理、商务理论与现代电子工具的有机结合,需要优秀的商务经营与管理人才。

电子工具是开展电子商务活动的物质基础,主要包括:①电子计算机。计算机技术的发展使计算机的应用范围不断扩大,构成了开展电子商务最基本的物质基础。②电子通信工具。电子商务的开展依赖于电子通信工具,如果没有电子通信网络的基础支持,那么电子商务活动是难以进行的。③电子商务软件。电子商务软件是指供管理者、使用者使用的标准化、安全、可靠、易操作(界面友好)的计算机软件(系统)。

电子商务活动必须具有一定的对象,概括来讲就是商品或服务。要有效地进行电子商务活动,首先要实现信息化,将商品或服务的各种特征、属性信息化;其次,要实现信息标准化,规范、标准的数据格式不但便于信息的发送,而且有利于商务活动双方的理解和认可。

电子商务的环境条件包括:电子商务市场建设的统一化,电子商务活动的规范化,电子商务活动管理的有效化等。

2. 电子商务的特点

与传统的商务活动相比,电子商务活动具有以下几个方面的特点:

(1)电子化

电子化主要表现在商务信息的电子化、商务交流的电子化、商务管理的电子化及商务平台的电子化等。

(2)低成本化

电子商务没有店铺成本,减少了销售人员的数量,降低了库存压力,节约了交易费用。

(3)高效化

电子商务为买卖双方提供了一种远程、实时的商务活动方式,扩大了商务活动的场所,增加了商务活动的机会,极大地提高了商务活动的效率。

(4)动态化

电子商务没有时间和空间的限制,是一个不断更新的系统。网上供求信息不断地更换,商品和资金不断地流动,商机不断地涌现。正是这种动态性,赋予了电子商务强大的生命力。

(5)透明化

互联网是一个开放的网络,网上传递的信息除非特意设定,一般来讲,对大部分访问者都是公开的,从而使社会信息得到充分共享,透明性增强。

(6)便利化(服务性)

便利化是指在电子商务环境中,人们不再受地域限制,客户能以非常简捷的方式完成过去较为复杂的商务活动。

（7）机会均等化

在互联网上的用户都是平等的，在网络虚拟市场中，地理、成本等限制因素相对降低，中小企业可以与大企业一样从事各种商务活动。

（8）虚拟化

电子商务是依托互联网开展的一种商务活动，它将整个活动中的大部分流程转移到虚拟空间，不仅可以全方位虚拟地展示产品的特性，而且有利于消费者认识产品的内在质量。电子商务通过数字信息的传递即完成商务过程。

（9）技术依赖性

电子商务的建立是以互联网等高新技术为基础的，具有较强的技术依赖性。

1.1.2 电子商务业务构成及流程

1. 电子商务业务构成

一般来说，电子商务业务主要由信息流、商流、物流及资金流四部分构成。

（1）信息流

信息流是指对电子商务进行描述、记录及引导的活动，一般包括信息的收集、传输、存储、加工与使用等。信息可以使电子商务活动的各方进行沟通联系，引导、协调和反馈电子商务活动，进行电子商务活动决策，实现价值增值等。信息有多种类型，按产生过程划分，有原始信息和加工信息等；按发生时间划分，有滞后信息、实时信息、预测信息等；按来源划分，有内部信息和外部信息；按作用划分，有决策信息、控制信息和业务信息等。

（2）商流

商流是指商品或服务与其等价物的交换和商品所有权的转移（商品所有权的让渡）。商流克服了生产者与消费者的社会距离，实现商品所有权的转移，创造商品所有权效应。因而在电子商务活动中，商流是电子商务活动的本质内容。

（3）物流

物流是指物质资料的物理性（实体性）运动及其相关活动的总称。物流的主要功能是实现物品的实物转移，创造时间价值、空间价值和形态价值。

（4）资金流

资金流是指资金的流动与转移。在电子商务活动中，资金流主要包括两个方面：一是指资金的支付与结算，对商流及其他活动形成支撑；二是指资金的融通，为电子商务活动的各方提供资金支持。

信息流、商流、物流与资金流共同构成了电子商务活动的基本业务。在电子商务活动中，它们分别承担着不同的职能，发挥着不同的作用，共同完成电子商务活动。它们既相互促进，又相互制约。一般来说，信息流是先导，决定着商流、物流及资金流的规模与结构；商流是核心，是进行电子商务活动的根本；物流、资金流是支撑，是保证商流活动顺利进行的基础。

2. 电子商务流程

产品不同、主体不同、目的不同,电子商务的流程也会不同。一般来说,电子商务的基本流程可分为三个阶段,即交易前、交易中和交易后,如图1-1所示。

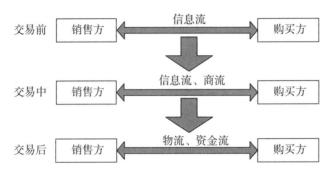

图1-1　电子商务的一般流程

(1)交易前

在交易前,销售方(卖方)通过互联网,对产品进行广告宣传,进行市场调研及分析,选择自己的客户,并确定自己的营销策略等;购买方(买方)通过互联网,寻找自己所需的产品,进行决策,选择供货商等。

(2)交易中

该阶段一般包括认证、磋商、签订合同三个环节。

认证环节是进行网上交易的一个重要环节,是确保交易安全、可靠、诚信等的前提条件之一。认证包括许多内容,主要有身份认证、资信认证、质量认证和合同认证等。要使网上交易有效进行,建立一个完善的、多功能的、可信的、实时的认证体系必不可少。

磋商环节是交易双方进行交易时的各种沟通和交流。交易双方通过网络进行交易品种、数量和价格等方面的协商,既可以进行非实时(电子邮件)的协商,又可以进行实时(网上谈判)的协商。由于磋商过程涉及许多商业机密,双方要注意安全问题。

签订合同环节是磋商或洽谈的双方如果达成一致,则需要签订购销合同。需要注意的是,在签订合同之前,交易双方都要确认对方的有关情况(通过认证机构进行),确认的内容包括对方的身份、信誉和支付能力。在合同内容上,双方应就交易的品种、数量、价格、交货地点和时间等进行约定。

(3)交易后

交易完成后,交易双方依据合同约定的条款执行。销售方(卖方)要向购买方交付货物,而购买方(买方)要向销售方支付货款。此外,在该阶段,还包括相关的售后服务,这既可以通过网络进行,又可以采用传统的方式进行。

1.1.3　电子商务市场分析

1. 我国的电子商务发展现状

我国的电子商务起步于20世纪90年代,据《电子商务"十三五"发展规划》,"十二五"期间,我国电子商务交易总额从 2011 年的 6.09 万亿元增至 2015 年的 21.79 万亿元(见图 1-2),已经成为全球规模最大、发展速度最快的电子商务市场。预计 2020 年,电子商务交易额同比"十二五"末翻一番,超过 40 万亿元,网络零售额达到 10 万亿元左右,电子商务相关从业者超过 5 000 万人。

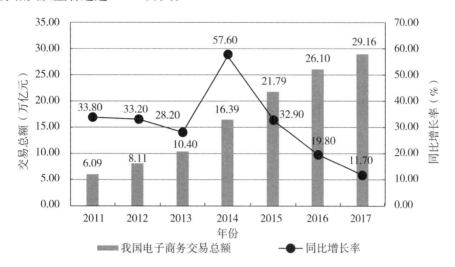

图 1-2　2011—2017 年我国电子商务交易总额及增长率

资料来源:商务部《中国电子商务报告(2017)》。

(1)电子商务成为经济增长新引擎

一是网购成为消费增长新力量。"十二五"期间,网络零售从 7 500 亿元猛增至 3.88 万亿元;2017 年电子商务交易额达 29.16 万亿元,完成《电子商务"十三五"发展规划》2020 年预期目标的 72.5%,网络零售额达 7.18 万亿元,完成一期目标的 71.8%。我国电子商务发展优势进一步扩大。二是在线电子商务成为投资与创业新热点。"十二五"末,以实物商品、在线服务及数字产品交易为代表的互联网创业年投资额达 153.62 亿美元,占全国创业投资总额的 28.5%。电子商务基础设施投资活跃,电子商务园区数量超过 1 000 个,全国电子商务仓储超过 4 000 万平方米。线上线下互动(O2O)、跨境电子商务、医疗健康、企业间电子商务交易(B2B)等成为投资与创业热点。三是跨境电子商务成为外贸增长新动力。2017 年,海关验放跨境电子商务进出口总额高达 902.4 亿元,同比增长 80.6%。跨境电子商务综合试验区建设取得阶段性成效,配套政策体系不断完善,交易规模快速增长,业务模式不断创新,成为新的外贸增长点。

(2)电子商务"双创"催生规模化就业新领域

"十二五"末,全国开展在线销售的企业比例增至 32.6%,电子商务服务业市场规模达到 1.98 万亿元,传统产业与新兴业态相关从业者达 2 690 万人;截至 2017 年,电子商务从业人员达 4 250 万人(见图 1-3)。电子商务已成为各类企业创新发展的重要领域,培养了大量电子商务创业及经理人才,创造了许多新兴工作岗位,成为全面促进就业的有力支撑。

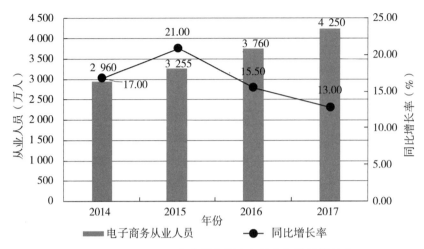

图 1-3　2014—2017 年我国电子商务就业规模及增长率

资料来源：商务部《中国电子商务报告(2017)》。

(3) "电商扶贫"开辟"脱贫攻坚"新途径

2015 年《中共中央国务院关于打赢脱贫攻坚战的决定》将"电商扶贫"正式纳入精准扶贫工程，提出加大"互联网＋"扶贫力度，实施电商扶贫工程，加快贫困地区物流配送体系建设。2014—2015 年，财政部、商务部在 256 个县开展电子商务进农村综合示范项目建设，其中国家扶贫开发重点县和集中连片贫困县 103 个，占比 40.2%。电子商务企业积极探索电子商务村、产业扶贫、创业扶贫、用工扶贫等"电商扶贫"模式。

2. 我国的电子商务市场规模

我国的电子商务发展由飞速增长逐渐转为平稳增长。2017 年，我国电子商务服务营业收入规模达 5 027 亿元，同比增长 25.7%，其中 B2B(企业对企业)、B2C(商对客)、C2C(个人对个人)平台服务营业收入规模分别为 630 亿元、2 652 亿元和 1 745 亿元(见图 1-4)。

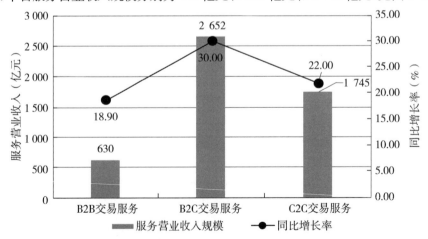

图 1-4　2017 年我国电子商务服务营业收入规模

资料来源：商务部《中国电子商务报告(2017)》。

(1) B2B 领域

如图 1-5 所示,2017 年,中小企业 B2B 运营商平台服务营业收入规模大幅增长,达 291.7 亿元,同比增长 17.5%。

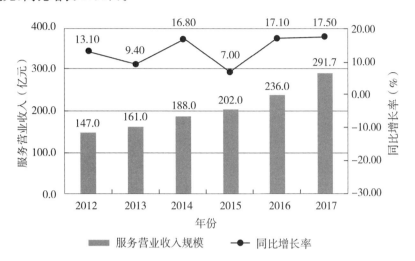

图 1-5　2012—2017 年我国中小企业 B2B 运营商平台服务营业收入

资料来源:商务部《中国电子商务报告(2017)》。

从市场份额来看,中小企业 B2B 电子商务运营市场中,阿里巴巴依然占据最大的市场份额,加上慧聪集团和环球资源等几家大型 B2B 企业,其市场份额占比超过 60%,市场较为集中。随着消费互联网向产业互联网转移,B2B 电子商务领域业务模式创新不断涌现,特别是在快消品、农业、钢铁等垂直领域。

随着"互联网+"行动的深入,供给侧结构性改革的深化,"一带一路"国际产能合作的积极推进,以及全球经济持续回暖,我国 B2B 电子商务市场获得了更广阔的发展空间和更大的机遇。目前,B2B 发展的特征表现为:

① B2B 电商平台由 PC(个人计算机)端向移动端发展步伐加快。我国电商平台移动端 App(手机软件)开发率高达 61%,其中快消品、纺织和汽车行业的 B2B 电商平台移动化最为明显,钢铁、化工、IC(电子)元器件 B2B 电商平台移动端 App 以咨询类为主,线上交易较少。

② 综合类 B2B 电商开始布局垂直 B2B 电商平台。综合类 B2B 电商利用自身流量、数据服务以及供应链服务等方面的优势加快布局各垂直行业(如慧聪网推出 IC 元器件交易平台慧聪芯城,阿里巴巴推出快消品 B2B 电商平台零售通),结合"无人零售"等新兴业态,加快布局快消品市场。

③ B2B 电商平台不断拓展服务领域。除了提供传统的在线交易服务,B2B 电商平台加快进入大数据应用、供应链金融等增值服务领域。在大数据应用方面,B2B 电商平台利用大数据分析用户采购交易行为,推荐匹配的上下游合作商,为平台用户带来更多的商机,从而不断提升平台用户的忠诚度和黏合度。在供应链金融方面,B2B 供应链金融

逐渐成为撬动 B2B 交易的创新支点,供应链金融以电商平台为中心,以真实存在的贸易为依托,通过资金流推动交易,凭借交易集成各类仓储加工服务,由综合服务形成数据,再由数据打造低成本风险控制系统,继而返回支撑降低资金成本,形成交易规模滚动式增长的产业链闭环。

④ B2B 将从交易闭环向交付闭环转变。B2B 电商逐步实现从交易闭环向交付闭环转变。B2B 电商平台的供应链服务价值存在于电子商务"四流"之中,增值服务成为公司的主要收入来源,突破了先前以会员费、广告费、佣金为主要盈利模式的瓶颈。

⑤ 构筑电商扶贫长效机制。中央进一步推动农业供给侧结构性改革,发展"互联网+农业",多渠道增加农民收入,促进农村一、二、三产业融合发展,为农业这一 B2B 行业最后一片"蓝海"指明方向,以"互联网+产业+扶贫"的模式助力各地县域脱离贫困。

(2)网络零售交易(包括 B2C 和 C2C)领域

网络零售交易服务营业收入规模增速回升,B2C 交易规模占比持续增长。2017 年,全国网络零售交易规模为 7.18 万亿元,收入达 4 397 亿元,其中 B2C 和 C2C 的交易服务营业收入分别为 2 652 亿元和 1 745 亿元,同比分别增长 30% 和 22%(见图 1-6 和图 1-7)。

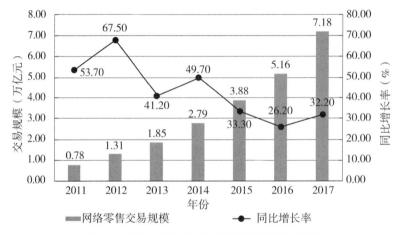

图 1-6　2011—2017 年我国网络零售交易规模

资料来源:商务部《中国电子商务报告(2017)》。

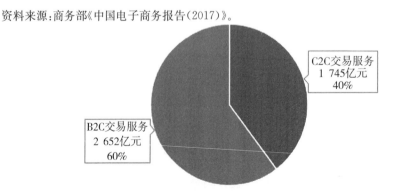

图 1-7　2017 年我国网络零售交易服务营业收入规模

资料来源:商务部《中国电子商务报告(2017)》。

从交易模式来看,B2C 交易规模占比持续增长。商务大数据监测显示,我国网络零售市场中,B2C 交易规模占比持续扩大,2017 年已达 58.4%(见图 1-8)。B2C 市场上,天猫的市场份额仍位居第一,京东位居第二,拼多多、唯品会和苏宁易购紧随其后(见图 1-9)。目前网络零售交易领域发展特征为:

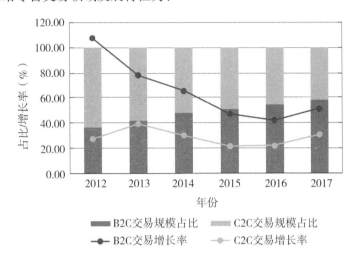

图 1-8　2012—2017 年我国网络零售 B2B 与 B2C 占比

资料来源:商务部《中国电子商务报告(2017)》。

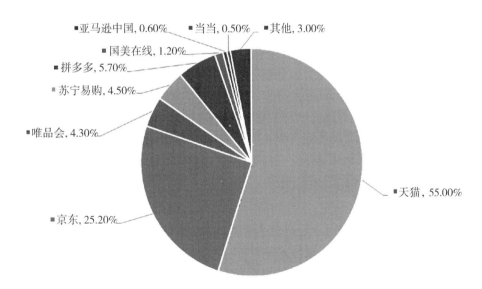

图 1-9　2018 年上半年我国网络零售 B2C 市场交易份额

资料来源:商务部《中国电子商务报告(2017)》。

① 移动电商平台网购规模占比进一步提升。电子商务研究中心监测数据显示,2018 年上半年我国移动网购交易规模为 27 370 亿元,随着社交电商模式的扩散,将有 90% 以上的网购用户以移动端为主要消费渠道。淘宝、京东、唯品会等移动购物综合 App 的用

户覆盖率较高。

②"严选电商"发展渐入佳境。在消费升级背景下,消费者在选购商品时,更加注重商品品质和个性化,具有电商平台质量背书的精选商品,更易实现与消费需求的精准对接。一批"严选电商"应运而生,网易严选、淘宝心选、小米米家有品和京东京造等代表的向上游制造商渗透的品质化电商平台发展迅速,除了严格的供应链和品控体系,"严选电商"自身的原创设计能力也在不断提升。

③垂直服务功能进一步平台化。电商平台成为上游品牌商进行新品首发、过季清仓、尾货特卖等活动的首选渠道。此外,电商平台的物流、支付体系逐步由封闭转向开放,以第三方服务运营商的角色向业内提供专业服务。例如京东物流,除服务京东商家外,还为其他电商平台提供物流配送服务。

3. 我国的电子商务市场未来发展

我国的电子商务起步于20世纪90年代,虽历经波折但发展态势良好,逐步趋于成熟和稳定,已迈入稳步发展期。未来,我国的电子商务将继续保持稳定增长态势,市场规模不断扩大、市场结构不断优化、质量效益不断提升、产业渗透不断深化,其中多维度融合、产业数字化、国家合作、网购市场规范等方面的态势值得关注。

(1)多维度融合全面展开

大数据、人工智能、区块链等数字技术与电子商务系统融合,创新构建丰富的交易场景;线上电子商务平台与线下传统产业、供应链配套资源融合,创新构建数字化协同发展生态;社交网络与电子商务运营融合,构建相对稳固的用户体系;电子商务内外贸市场的创新融合也非常活跃。

(2)产业数字化加速推进

零售业数字化创新加速,大数据和人工智能技术精准发展并满足客户个性化需求。搜索式购物正被推荐式购物替代,零售业竞争力逐步从经营商品向经营用户、经营空间转变,数字化将全面推进零售业态创新,打造多样化消费场景,提升商品质量和用户体验,同时,数字化零售也将不可避免地对传统零售企业产生较大的竞争压力。B2B电子商务将进一步促进工业制造及供应链数字化转型,是推进工业互联网的重要突破口,将在提高企业产品的销售率、发挥价格引导机制、整合供应链配套服务等方面发挥重要的市场牵引作用。

(3)国际合作日益密切

未来全球电子商务将继续保持较快的发展速度,其中东南亚、拉丁美洲及非洲等市场增长潜力较大。全球电子商务技术、支付、物流等产业资源加速集聚共享、协同发展的态势愈发明显。我国电子商务发展将迎来历史性机遇,同时也面临全球化竞争的挑战。

(4)网购市场逐渐规范

我国于2004年颁布《中华人民共和国电子签名法》,确保了电子签名法律的有效性和可信性,但这并不足以应对飞速发展的电子商务行业。经济的全球化要求我们必须对电子合同、网上银行、网上交易和网络仲裁等法律问题做进一步的规定。2019年1月1

日,《中华人民共和国电子商务法》正式实施,规范了向消费者销售商品和提供服务的经营行为,以鼓励电子商务发展为原则,支持相关经营行为与互联网深度结合。对于销售一般商品和提供服务,该法突破了传统市场准入的经营场所限制,重在规范经营者的经营行为。未来我国将会持续规范网购市场。

4. 电子商务对物流提出新的要求

(1)信息化、网络化

电子商务是信息时代的典型商务模式,它具有的便捷沟通和低成本的特点必然要求整个环节的信息化。而物流作为电子商务中的重要一环,信息化是对电子商务物流的必然要求。电子商务要求物流企业实现业务流程的信息化,具有较强的信息收集、处理及传输能力。因此,条码技术(Bar Code)、数据库技术(Database)、电子订货系统(Electronic Ordering System,EOS)及有效的客户反应(Effective Customer Response,ECR)、企业资源管理计划(Enterprise Resource System,ERP)等技术在物流中得到广泛的应用。

网络化有两层含义:物流系统的计算机通信网络化和物流组织的网络化。前者包括物流配送中心与供应商或制造商的联系要通过计算机网络,上下游之间的联系也要通过计算机网络;后者包括企业内部网的形成。网络化实现的主要技术为电子订货系统和电子数据交换技术(Electronic Data Interchange,EDI)及内联网。物流企业要逐渐实现"只有货物在路上,其他全部在网上"的物流电子商务。

(2)集约化、协同化

随着当前电子商务的快速发展,各物流企业也在不断增大市场竞争力度。在这样的大环境下,企业要想更好地适应全球化的发展趋势,满足新时代的物流服务需求,就必须形成规模经济效益。随着物流企业活动范围和发展规模的扩大,可以进行合作、联盟或者合并。通过建立物流园区,实现多种物流设施和不同类型物流企业在空间上的集中布局,能够有效推进物流企业的专业化、规模化发展,实现各企业的互补优势和整体优势。另外,物流企业的合并与兼并可以有效推动其向全球化的方向发展。对于新组建的大型物流联合企业,能够有效融合各企业的优势和长处,精准掌握全球区域的物流动态信息,从而有效调动各地的物流节点,建立全球一体化的物流网络,为客户提供更加优质的服务。

(3)绿色环保

电子商务的迅速发展、网购的迅速普及在给社会带来便利的同时也带来了大量的快递垃圾,随着人们低碳环保意识的提高,绿色物流业逐渐兴起。绿色物流注重对物流系统污染进行控制,在物流系统和物流活动的规划、决策中选择对环境污染相对较小的方案。同时,注重建立工业与生活废料处理的废弃物流系统,以此及时、有效地处理各种废弃物。对于绿色物流的发展,一方面,可以建立高效绿色的物流体系,缓解企业的物流压力;另一方面,可以合理地利用资源,缓解环境压力。

1.2 物流概述

1.2.1 物流的产生和定义

人类社会开始商品生产后,生产和消费逐渐分离,从而产生了连接生产和消费的中间环节——流通。马克思在描述流通的地位时说:"流通和生产本身一样重要。"恩格斯也说过:"生产和交换是两种不同的职能,这两种职能在每一瞬间都互相制约并互相影响。"随着工业文明的崛起,社会生产和消费水平的提高,以及大生产和专业化分工方式的采用,现代化生产和消费的空间、时间及人这三个要素都表现为分离的形式。将生产和消费在空间上连接,就需要进行物资输送;将生产和消费在时间上连接,就需要进行物资储存;将生产和消费的人进行连接,就需要进行商品的买卖和交换。商品的运输、储存以及与此相联系的包装、装卸等物资实物流动即形成物流。

1. 物流产生的根源

物流产生的根源就在于生产和消费在时间与空间上的分离。

20 世纪 50 年代后,由于制造技术的发展,产品逐渐丰富,这就使生产和消费的分离越来越普遍。但是生产和消费的有效连接存在难度,而与此同时,人们要求的流通时间越来越短。马克思指出:"流通的时间等于零或越接近于零,资本的职能就越强,资本的生产效率就越高,它的增值就越大。"产需分离、劳务分工越来越彻底,逐步扩大到城市分工、地区分工,进而走向大规模的集约化和国际化。这就需要依靠流通来弥补这种分离和分工,由此进一步促进物流的迅速发展。

第二次世界大战后,世界各国的经济环境都发生了巨大的变化,尤其是石油危机的爆发,使得主要的工业发达国家和企业开始面对提高利润及市场条件不稳定的压力。在大机器生产的条件下,流通成本相对于生产成本有上升的趋势,影响了商品的竞争力,而企业又不得不关注提高生产效率、控制与减少成本,由此进一步促进了物流的发展。

2. 物流产生的背景和条件

1950 年以后,经济发展使得市场竞争愈发激烈,生产中各个重要环节逐渐趋于专业化,物流与商流分离的情况更加突出。工业化进程的加快以及大批量生产和销售的实现,使生产成本相对下降,这就在一定程度上刺激了消费。市场的繁荣、商品的丰富,从而在流通领域出现了超级市场、商业街等大规模的物资集散场所。随着科学技术的不断发展,人们开始使用现代化的流通技术和设备,提高了物资流通的速度和能力,使得商品的流通成本相对于生产成本有了下降的可能和趋势。经济的迅速发展也使市场逐渐成熟,经营观念开始由"生产导向"转向"市场导向",一切都要适应市场的需要,高效的物流服务成为企业确保竞争力的重要手段。

物流正是在这种背景下孕育而生的。物流活动使物流各个环节相互连接,使原来分散、从属、孤立的各项物流活动连接起来,形成了一个物流大系统。

3. 物流概念的产生

"物流"一词源于国外,最早出现于美国,1915年阿奇·萧在(Arch Shaw)《市场流通中的若干问题》一书中提到物流一词,并指出"物流是与创造需求不同的一个问题"。20世纪初,西方一些国家已经出现生产大量过剩、需求严重不足的经济危机,企业由此提出了销售和物流的问题,彼时的物流指的是销售过程中的物流。第二次世界大战中,围绕战争物资供应,美国军队建立了"后勤"(后勤学)理论,并应用于战争活动中。其中提出的"后勤"是指将战争时的物资生产、采购、运输、配给等活动作为一个整体进行统一布置,以求战略物资补给的费用更低、速度更快、服务更好。后来,"后勤"一词在企业中广泛应用,又有商业后勤、流通后勤的提法,彼时的后勤包含了生产过程和流通过程的物流,因而是一个范围更广的物流概念。后勤包含生产准备过程中的原材料采购、生产过程中的物料搬运与厂内物流,以及流通过程中的物流或销售物流。

国际与国内的物流专家关于物流的定义有多种提法,但基本上都包括以下内容:物流是克服时间间隔和空间间隔的经济活动,包括物资流通和信息流通。

目前国内对物流的定义一般有以下几种:

物流是一个控制原材料、制成品、产成品和信息的系统。

物流是指从供应开始,经各种中间环节的转让及拥有并到达最终消费者手中的实物运动,以此实现组织的明确目标。

物流是指物质资料从供给者到需求者的物理运动,是创造时间价值、空间价值和一定的加工价值的活动。

物流是指物质实体从供应者向需求者的物理运动,它由一系列创造时间价值和空间价值的经济活动组成,包括运输、保管、配送、包装、装卸、流通加工及物流信息处理等基本活动,是这些活动的统一。

《中华人民共和国国家标准:物流术语(GB/T 18354—2006)》(以下简称《物流术语》)中规定:"物流是物品从供应地向接受地的实体流动过程。根据实际需要,将运输、储存、装卸、搬运、包装、流通加工、配送、信息处理等基本功能实施有机结合。"

1.2.2 物流的功能与构成要素

物流是若干领域经济活动中系统的、集成的、一体化的现代概念。一个企业的物流是多种努力的综合,其目的是按最低的总成本创造顾客价值,即通过物流实现对顾客的服务。从具体内容上看,构成物流总体的各个要素活动,实际上是物流所具有的具体功能。

1. 物流的总体功能

从总体上看,物流是物的物理性流动,最终为用户服务。

(1)组织"实物"进行物理性的流动。

物的物理性流动的动力来自五个方面:

- 生产活动和工作活动的要求;

- 生活活动和消费活动的要求；
- 流通活动的要求；
- 军事活动的要求；
- 社会活动、公益活动的要求。

(2) 实现对用户的服务

虽然在物流的某些领域内存在"利润中心""成本中心"等作用，但是所有的物流活动无一例外具有"服务"这个共同的功能特性。所以，实现对用户的服务是物流的另一个总体功能。

2. 物流的构成要素

物流的构成要素除实现物质、商品空间移动的运输以及时间移动的仓储这两个中心要素外，还包括为物流的顺利进行而开展的配送、流通加工、包装、搬运、废物回收和处理、信息处理等要素，以下就这几个要素分别加以探讨。

(1) 运输

运输是物流系统中最为重要的功能要素之一，是通过运输手段使货物在不同地域范围间流动，以改变"物"的空间位置为目的的活动，创造场所效用。运输在物流活动中占有重要地位，是社会物质生产的必要条件之一，是"第三个利润源（物流）"的主要源泉。

(2) 仓储

仓储与运输在物流系统中同等重要，可以消除生产和消费之间的时间间隔，产生时间效用；同时，仓储还有价格调整功能，可以防止产品过多地涌向市场而导致价格暴跌。因此，仓储具有以调整供需为目的调整时间和价格的双重功能。

(3) 配送

配送是物流系统中一种特殊的、综合的活动形式，几乎包括了所有的物流功能要素。配送集包装、保管、运输、搬运、流通加工于一体，是物流的一个缩影，是在某个小范围内物流全部活动的体现。从经济学角度来讲，配送是以现代送货形式实现资源的最终配置的经济活动；从配送的实施形态角度来讲，配送是按用户订货要求，在配送中心或其他物流节点进行货物配备，并以最合理的方式交付用户的服务活动。

(4) 流通加工

流通加工是流通中的一种特殊形式，它是指在物品从生产领域向消费领域流动的过程中，为促进销售、维护产品质量和提高物流效率，而对物品进行加工，使物品发生物理、化学或形状变化的活动。流通加工的主要作用是优化物流系统，表现为：增强物流系统服务功能；提高物流对象的附加价值，使物流系统可以成为"利润中心"；降低物流系统成本等。

(5) 包装

包装是包装物及包装操作的总称，是物品在运输、保管、交易、使用时，为保持物品的价值、形状而使用适当的材料、容器，进行保管的技术和被保护的状态。包装是生产的终点，又是物流的起点，具有保护性、单位集中性和便利性三大特性，同时具有保护商品、方便物流、促进销售、方便消费四大功能。

(6) 搬运

搬运是指在物流过程中,对货物进行装卸、搬运、堆垛、取货、理货分类等或与之相关的作业,是应物流运输和保管的需要而进行的作业。搬运本身不创造价值,但搬运的质量影响物流效用和物流效率。

(7) 废物回收和处理

大量的废物是在生产和生活消费中产生的,要经过收集、分类、加工、处理等一系列环节,根据回收物品的价值或状态确定其是否具有再次使用的可能性,分为处置掉或再利用两类。

(8) 信息处理

物流是一个集中和产生大量信息的领域,与其他领域的信息相比,物流信息有其特殊性,表现在:物流信息量大、信息变化快、信息缺乏通用性等,这是由物流活动范围的广阔性及物流管理未统一化、标准化决定的;物流信息动态性能特别强,决定了信息的收集、加工、处理应快速、及时;物流信息种类繁多,不仅要收集本系统内部的各类信息,还要收集与其相关的生产、销售等系统的信息。这样,物流信息的分类、研究、筛选难度加大。此外,物流信息具有"中枢神经作用"和"支持保障作用"。

1.3 电子商务物流

1.3.1 电子商务与物流的关系

1. 物流是电子商务的重要环节和根本保证

电子商务是以数字化网络为基础进行的商品、货币和服务交易,其优势在于减少信息社会的商业中转环节,缩短周期、降低成本、提高经营效率、提高服务质量,使企业有效地参与竞争。电子商务的每笔交易都包含三个基本过程:商品信息的发布与交流,网上商品的交易与结算,商品送达用户手中的配送过程。其中,信息流、商流和资金流的处理都可以通过计算机和网络通信设备实现,而商品实体的流动则是较为特殊的一种。除了少数电子产品(如软件、电子出版物、信息咨询服务等)可以直接通过网络传输的方式交货,大多数商品的传输仍要通过实体物流来解决。

在电子商务活动的成本中,物流成本占相当高的比例,物流服务的质量直接影响货物的正确性、交货期、货损率等。现在顾客的要求越来越高,竞争越来越激烈,因此物流在整个电子商务活动中占据着非常重要的地位,其成功与否直接关系到电子商务的成败,其运作效率和成本决定着电子商务带来的经济价值。

2. 电子商务为物流带来了新的挑战和机遇

表面上,电子商务似乎只是交易方式的改变;实际上,以电子商务为代表的信息技术正改变着社会经济的各个方面,使物流活动的经济环境发生了全方位的变化。

首先，表现在生产环境上的变化。电子商务通过互联网突破了时间和空间的界限，将企业与消费者、企业与企业，以及企业内部之间的经济依存关系连接得更加紧密。生产企业得以通过网络平台来重新配置各种社会资源、简化商务实现程序、提高各环节的运作效率，这将使一些新型生产方式因运作成本降低而迅速普及，如大规模定制生产、准时制(JIT)生产等。这些新型生产方式需要的是一种从需求出发的拉动式供应链，其关键就在于高效、准确的配送服务。

其次，表现在消费环境上的变化。消费者的地域范围扩大了，只要有了互联网，人们就可以通过它搜寻所需商品并进行交易。在电子商务交易中，消费者不需要置身于商场，挑选商品和付款活动都在网络虚拟商店中进行，但不可能指望消费者自己完成交易后的物流活动，这个任务只能由卖方来承担。消费方式的改变意味着配送必须向末端延伸，配送终点由零售店变成更加分散的千家万户。

最后，表现在商流环境上的变化。电子商务对商流的改变是最直接的，首先是对商流渠道的整合，也就是减少中间环节，使渠道由细长到扁平。流通渠道扁平化的必然结果是企业将面临更多、更分散的流通渠道，由此电子商务大大提高了商流的速度，这必然要求线下的物流配送与其匹配，否则就不能充分发挥电子商务方便、快捷的优势。电子商务的发展对物流活动提出了更高的要求，电子商务环境下的物流活动的配送范围将更广(全球采购)，目的地将更分散(配送到家)，物流速度将更快，配送反应能力将更强，配送服务水平将更高，配送成本将更低，并具有可视性及其他增值服务。

1.3.2 电子商务对物流的影响

1. 观念上的变化

电子商务对传统的物流观念产生了深刻的影响。传统的物流企业需要置备大面积的仓库，而电子商务网络化的虚拟企业将散置在各地的、分属不同所有人的仓库通过网络系统连接起来，形成"虚拟仓库"，进行统一管理和调配使用，服务半径和货物集散空间都得以放大。例如，2009年京东商城成立物流公司，自建全国物流体系，目前已在华北、华东、华南、西南、华中、东北地区建立六大物流中心，覆盖了全国各大城市，并在西安、杭州等城市设立二级库房，仓储总面积超过50万平方米。这样的企业在组织资源的速度、规模、效率以及资源的合理配置方面都是传统配送不可比拟的，相应的物流观念也必须是全新的。

2. 技术上的变化

各种新型物流技术和装备，特别是信息技术的应用明显得到加强，互联网信息技术对物流活动的控制取代了传统的物流活动管理程序。传统的物流配送过程是由多个业务流程组成的，受人为因素和时间的影响很大。网络的应用可以实现整个过程的实时监控和实时决策，当系统收到一个需求信息时，可在最短的时间内做出反应，任何一个有关配送的信息和资源都会通过网络管理在几秒内传到有关环节，并按照预定的工作流程通知各环节开始工作。由于突破了传统物流活动管理中信息交流的限制，在电子商务环境下完成一个物流配送的时间将大大缩短。这种变化在我们的周围就能感知到，比如现在许多快递公司使用了条码技术，在提供发票时实现了无线远程终端打印，即在收件现场实时打印。

3. 流程上的变化

电子商务网络的应用简化了物流配送过程，推动了传统物流企业的变革。传统物流配送的整个过程极为烦琐，而电子商务环境下的新型物流配送中心可以大大简化这一过程。信息技术的使用，将使物流配送周期缩短、成本降低，从而提高物流配送企业的竞争力。随着物流业的发展，行业内的竞争越来越激烈，使得采用传统方法获得超额利润的时间和数量越来越少，利用信息不对称带来的盈利机会越来越少，物流企业只有主动变革，拥有真正的创新力和实力才能获得超额利润。

1.3.3 电子商务物流的概念与特点

1. 电子商务物流的概念

电子商务物流是指直接服务于电子商务企业，在承诺的时间内能够快速完成，从而实现电子商务交易过程所涉及的物流。电子商务物流不是简单的电子商务和物流之和，它集"商流、物流、资金流、信息流"于一体，融合了先进的物流技术和管理方法，丰富了传统物流的内涵。

一方面，电子商务物流是传统物流的升级与发展，优化了传统物流的结构，拓展了传统物流服务的范围，降低了物流服务的成本；另一方面，电子商务物流的发展，可以为电子商务提供有效的支持，促进了电子商务的发展。例如，当用户通过网络完成交易之后，就可以通过网络直接查询物流服务信息，或选择物流服务商，并与物流服务商就物流服务的相关事宜进行洽谈、协商、签订合同等，完成物流委托服务；同时，在物流服务商的物流服务过程中，用户也可以通过网络及时查询物流服务商提供的物流信息。

2. 电子商务物流的特点

与传统物流相比，电子商务物流具有以下几方面的特点：

(1) 服务化

电子商务物流以实现客户满意为第一目标，电子商务物流提供客户所期望的服务，在积极追求自身交易扩大的同时，强调实现与竞争企业服务的差别化，努力提高客户满意度。在电子商务下，物流业是介于供货方和购货方之间的第三方，以服务为第一宗旨。在电子商务中，物流配送中心距客户较近，美、日、加等国物流企业成功的要诀无一不在于都十分重视对客户服务的研究。

针对客户的服务，目前划分为基本服务、增值服务和完美服务三个层次。基本服务是指向所有客户提供的最低服务水准。一旦接受了订货，企业有义务按照基本服务的承诺向各个客户提供服务。增值服务是指在基本服务的基础上，为特定客户提供的额外服务。它是独特或特别的活动，建立在基本服务的基础上，只有先满足了基本服务才会考虑增值服务。完美服务又称零缺陷服务，它是物流质量的最高标准，就是从订货开始正确地做每一件事。从收到订单到开票环节没有一点儿错误,即达到服务客户的理想境界,这一点也是许多企业梦寐以求的效果。

服务化物流就是以满足客户的需求为目标,组织货物的合理流动。具体而言,就是把商品的采购、运输、仓储、加工、整理、配送、销售和信息等方面有机地结合起来,选择最佳的方式与路径,以最低的费用和最小的风险,保质、保量、适时地将货物从供方运送到需方,为客户提供多功能、一体化的综合性服务。这是一系列的协调活动,这些协调活动与"物"并无联系,它们的目的是以尽可能高的成本效益和服务效率来完成客户的服务请求。服务化物流的活动包括预测需求、规划企业服务能力、分析客户要求、确定服务传递方案、组织服务网络能力、协调传递过程。服务化物流不能简单地理解成服务企业的物流,它同样可以存在于产品企业中。随着竞争的加剧,服务化物流管理将在生产企业中起着越来越重要的作用。

(2)信息化

物流信息化表现为物流信息收集的数据化和代码化,物流信息处理的电子化和计算机化,物流信息传递的标准化和适时化,物流信息存储的数字化等。因此,条码技术、射频识别技术、物联网技术、ERP 技术、EOS 等信息技术广泛地应用于现代物流中,特别是互联网技术的普及为物流信息化提供了良好的外部环境,使交易各方的时空距离几乎为零,有利于促进信息流、商流、资金流的融合。物流信息包含的内容可以从狭义和广义两个角度理解。

从狭义上看,物流信息是指与物流活动(如运输、仓储等)有关的信息。在物流活动中,货物的仓储、搬运、装卸、流通加工、运输都需要详细和准确的信息,物流信息对各种管理和各项活动起到保障作用,企业应当全面管理、传递和交换物流信息。

从广义上看,物流信息不但与物流活动有关,而且包含与其他流通活动有关的信息,它相当于整个供应链,是物流领域的神经网络,遍布物流系统的各个层次、各个方面。

物流信息伴随着物流活动而大量产生,多品种小批量生产、高频率小数量配送使库存、运输等物流信息大量增加。由于物流的各种作业活动频繁发生,物流信息的动态性增强,这就对物流信息的更新速度提出了新要求。随着物流信息价值衰减速度的加快,信息的即时性增强,这就要求物流信息更新速度越来越快,它不仅体现在物流信息的定期更新方面,甚至要求物流信息的实时在线更新功能。物流信息的来源多种多样,包括企业内部的物流信息、企业间的物流信息和物流活动中各环节的物流信息。随着企业间信息交换和共享不断深化,信息来源会更加复杂多样,这就使物流信息的分类、研究、筛选等难度增大。

(3)柔性化

柔性化本来是为了实现"以客户为中心"的理念而首先在生产领域提出的。20 世纪 90 年代,国际化生产领域纷纷推出弹性制造系统(Flexible Manufacturing System,FMS)、计算机集成制造系统(Computer Integrated Manufacturing System,CIMS)、制造资源系统(Manufacturing Requirement Planning,MRP)、企业资源计划及供应链管理的概念和技术,这些概念和技术的实质是将生产、流通进行集成,根据消费端的需求组织生产和安排物流活动。因此,柔性化的物流正是适应生产、流通与消费的需求而发展起来的一种新型物流模式,它要求配送中心根据现代消费需求"多品种、小批量、多批次、短周期"的特点,灵活地组织和实施物流作业。在电子商务时代,物流发展到集约化阶段,一体化配送中心已不单单是提供仓储和运输服务,还必须开展配货、配送和各种提高附加价值的流通服务项目,甚至可以按照客户的要求提供个性化的定制服务。

目前,柔性化运作理念既是一种管理思想,也是拥有灵活应对外部环境变化的竞争能力的体现。物流供应链柔性化是指通过协同的管理方式、并行的运作流程、网络化的组织结构使系统拥有柔性能力。客户的个性化需求,通过虚拟空间的并行运作形成一体化物流服务方案。而实体空间并行运作流程的本质在于改变传统运作中资源配置与功能配置的模式,有效地组建集成任务模块而使相应流程中的功能配置最优化,其最终目的是实现物流供应链的柔性化运作,提高物流运作效率,改善物流服务水平,提高物流功能的可靠性。

(4) 一体化

物流一体化是以物流系统为核心的由生产企业经由物流企业、销售企业直至消费者供应链的整体化和系统化。物流一体化是物流产业化的发展形式,它还必须以第三方物流的发展为基础。物流一体化是指物流管理的问题,即专业化物流管理的技术人员充分利用专业化物流设备、设施,发挥专业化物流运作的管理经验,以取得整体最优的效果。同时,物流一体化的趋势为第三方物流的发展提供了良好的发展环境和巨大的市场需求。

物流一体化的发展可分为三个层次:物流自身一体化、微观物流一体化、宏观物流一体化。

① 物流自身一体化是指物流系统的观念逐渐确立,运输、仓储和其他物流要素趋向完备,子系统协调运作、系统化发展。

② 微观物流一体化是指企业将物流提高到企业战略的地位,出现以物流战略为纽带的企业联盟。

③ 宏观物流一体化是指物流业发展到这样的水平:物流业占到国民生产总值的一定比例,处于社会经济生活的主导地位,使跨国公司从内部职能专业化和国际分工程度的提升中获得规模经济效益。

(5) 自动化

物流自动化是指物流作业过程的设备和设施自动化。物流自动化设施包括条码自动识别系统、自动导向车系统(AGVS)、货物自动跟踪系统等。自动化的基础是信息化,自动化的核心是机电一体化,自动化的外在表现是无人化,自动化的效果是省力化;另外自动化还可以扩大物流作业能力,提高劳动生产力,减少物流作业的差错等。

物流自动化在物流管理的各个层次中发挥着重要作用,包括物流规划、物流信息技术及自动物流系统等各种软技术和硬技术。此外,物流自动化在国民经济的各行各业中起着非常重要的作用,有着深厚的发展潜力。随着研究力度的不断加大,物流自动化技术将在信息化、绿色化方面进一步发展,相关的各种技术设备(如立体仓库等)和管理软件也将得到更大的发展和应用。

（6）智能化

现代物流智能化已经成为电子商务下物流发展的一个方向。智能化是物流自动化、信息化的一种高层次应用，物流作业过程中大量的运筹与决策，如库存水平的确定、运输路线的选择、自动导向车的运行轨迹和作业控制、自动分拣机的运行、物流配送中心经营管理的决策支持等问题，都可以借助人工智能和机器人等相关技术加以解决。目前的主流应用为智能物流和智慧物流。

① 智能物流。智能物流是利用集成智能化技术，使物流系统能模仿人的智能，具有思维、感知、学习、推理判断和自行解决物流中某些问题的能力。智能物流的未来发展将会体现出四个特点：在物流作业过程中大量运筹与决策的智能化；以物流管理为核心，实现物流过程中运输、存储、包装、装卸等环节的一体化和智能物流系统的层次化；更加突出"以客户为中心"的理念，根据消费者需求的变化来灵活调整生产工艺；促进区域经济的发展和世界资源的优化配置，实现社会化。通过智能物流系统的智能获取技术、智能传递技术、智能处理技术、智能运用技术，逐步实现物流的智能化、一体化、层次化、柔性化与社会化。

② 智慧物流。智慧物流是 2009 年 12 月中国物流技术协会信息中心、华夏物联网、《物流技术与应用》编辑部联合提出的概念。中国物联网校企联盟认为，智慧物流是利用集成智能化技术，使物流系统能模仿人的智能，具有思维、感知、学习、推理判断和自行解决物流中某些问题的能力。也就是说，在流通过程中获取信息从而分析信息做出决策，从源头开始对商品实施跟踪与管理，实现信息流快于实物流，可通过 RFID、传感器、移动通信技术等让配送货物自动化、信息化和网络化。

IBM 于 2009 年提出建立一个面向未来的具有先进、互联和智能三大特征的供应链，通过感应器、RFID、制动器、GPS 全球定位系统和其他设备及系统生成实时信息的"智慧供应链"概念，紧接着"智慧物流"的概念由此衍生。与智能物流强调构建一个虚拟的物流动态信息化的互联网管理体系不同，智慧物流更重视将物联网、传感网与现有的互联网整合起来，采取精细、动态、科学的管理方式，实现物流的自动化、可视化、可控化、智能化、网络化，从而提高资源利用率和生产力水平。

美国"智慧地球"国家战略认为，IT（信息技术）产业下一阶段的任务是把新一代 IT 技术充分应用到各行各业之中。具体地说，就是把感应器嵌入和装备到电网、铁路、桥梁、隧道、公路、建筑、供水系统、大坝、油气管道等各种物体中，并且相互普遍连接，形成所谓的"物联网"，然后将物联网与现有的互联网整合起来，实现人类社会与物理系统的整合。这个整合的网络中存在能力超级强大的中心计算机群，能够对整合网络内的人员、机器、设备和基础设施实施实时的管理与控制。在此基础上，人类可以用更加精细和动态的方式管理生产与生活，达到"智慧"状态，提高资源利用率和生产力水平，改善人与自然间的关系。

（7）个性化

物流的个性化是供应链过程的个性化，包括个性化需求和个性化服务。个性化需求将物流流程由推动式转变为拉动式,体现了物流个性化的特点。而个性化服务是近几年客户消费日益增长的同时对企业服务提出的要求。在不同的经济发展阶段,市场参与主体的功能和角色不同。在计划经济时代,政府居于市场经济运行的核心地位,企业生产经营受政府指令性计划的引导,政府是创造财富的主体,形成"政府本位主义"。在计划经济向市场经济转型时期,企业开始居于市场经济运行的核心地位,用户被动地接受企业的产品,企业成为创造财富的主体,形成"企业本位主义"。今后乃至未来将进入"个人帝国主义时代",个人成为创造财富的主体,形成"用户本位主义"。同时,经营发展模式从以企业为中心转向以用户为中心。从企业经营层面来讲,用户本位主义具体表现为设计来自用户、标准来自用户、生产来自用户、内容来自用户、推广来自用户、销售来自用户、体验来自用户、评价来自用户。因此,互联网时代要求重塑企业与用户的关系,要让用户从参与企业生产到融入企业生产,从融入企业生产到主导企业生产,让用户从产品的使用者变成产品的创造者。不仅如此,用户本位主义还要求把企业与用户融为一体,把用户培养成企业的粉丝,让用户对企业从满意提升到美誉并进一步提升到忠诚,形成持续购买、终身购买的稳定关系。企业不仅要把用户发展成为普通粉丝,还要发展成为活跃粉丝、核心粉丝,让粉丝用户主动对外宣传产品、评价产品和销售产品,形成产品的良好口碑,促使更多潜在用户关注和购买产品,实现企业的滚动发展。

面向个性化用户,企业同质化服务已经不能满足用户需求,用户更加关注同类系列不同品牌的产品在外观设计、理化性能、使用价值、包装与服务、营销手段上的差异。因此,未来差异化服务成为必然,异质化的本质是创新,只有通过创新,在技术、制造、采购、销售、服务等领域找到突破口,形成自己的特色,才能在市场上与别人不同,真正走上异质化的发展之路。

(8) 国际化

物流国际化是在国际物流基础上发展起来的,即实行全球化的生产销售模式。经济全球化进程的加快对整个世界的经济结构和产业结构都产生了重大影响。全球贸易的发展、对外直接投资的增加、跨国公司的国际渗透,再加上20世纪60年代以来的金融创新和80年代以来的全球经济自由化浪潮等因素的协力作用,最终形成了经济全球化格局。经济全球化最大的特点就是越来越多的生产经营活动和资源配置过程是在世界范围内进行的,这就构成了物流国际化的重要基础。世界各大跨国集团为了维护企业自身的市场份额和经济利益,在世界范围内进行经济结构和产业结构的重大调整,呈现出当今国际贸易和货物运输的新特征,导致物流的国际化趋势。

物流国际化包括物流设施国际化、物流技术国际化、物流服务国际化、货物运输国际化、包装国际化和流通加工国际化等内容。进入21世纪以后,主要经济发达国家和发展中国家的经济将会处于一个稳定的发展时期。在这一时期,物流国际化的发展具有以下基本特征:

① 各国物流环境存在差异。各国物流环境的差异是国际物流一个非常显著的特点,尤其是物流软环境的差异。例如,不同国家的物流适用的法律不同,使国际物流的复杂性远远高于一国的国内物流,甚至会阻断国际物流;不同国家的经济和科技发展水平会

使国际物流处于不同科技条件的支撑下,甚至有些地区根本无法应用某些技术而迫使国际物流全系统水平下降;不同国家的不同标准也造成国际"接轨"困难,进而使国际物流系统难以建立;不同国家的风俗文化也使国际物流受到很大限制。由于物流环境的差异,迫使一个物流系统需要在不同法律、人文、习俗、语言、科技、设施的环境下运行,这无疑会大大增加物流的难度和系统的复杂性。

② 国际物流必须有国际化信息系统的支持。国际化信息系统是国际物流,尤其是国际联运非常重要的支持手段。国际化信息系统建立的难度,一是管理困难,二是投资巨大,而且由于世界上有些地区物流信息水平较高,有些地区较低,会出现信息水平不均衡,使信息系统的建立更为困难。建立国际化信息系统一个较好的办法就是与各国海关的公共信息系统联网,以及时掌握有关各个港口、机场和联运线路、站场的实际情况,为供应和销售物流提供决策支持。国际物流是最早发展电子数据交换(EDI)的领域,以EDI为基础的国际物流将对物流的国际化产生重大影响。

③ 国际物流的标准化程度要求更高。要使国际物流畅通起来,统一标准是非常重要的,如果各国没有统一的标准,则国际物流水平很难提高。目前,美国、欧洲基本实现了物流工具和设施的统一标准,如托盘采用1 000毫米×1 200毫米标准、集装箱的几种统一规格及条码技术等,这大大降低了物流费用及系统运行的难度。而不向这一标准靠拢的国家,在运转、换车等许多方面必然要耗费更多的时间和费用,从而降低其国际竞争力。在物流信息传递技术方面,欧洲各国不仅实现了企业内部的标准化,还实现了企业之间及欧洲统一市场的标准化,这就使欧洲各国之间的交流比亚洲、非洲等国家之间的交流更简单、更有效率。

④ 国际物流以远洋运输为主,复合运输方式迅速发展。国际物流运输方式有海洋运输、铁路运输、航空运输、公路运输,以及由这些运输方式组合而成的国际复合运输等。国际运输方式的选择和组合不仅关系到国际物流交货周期的长短,还关系到国际物流总成本的大小,运输方式选择和组合的多样性是国际物流一个显著的特征。海洋运输是国际物流运输中最普遍的方式,远洋运输尤其是国际物流的重要手段,谁能提高远洋运输的效率、降低远洋运输的成本,谁就能在国际物流竞争中占有优势地位。反过来,国际物流也可以促进远洋运输技术的发展。航空运输是近年来国际物流运输中发展很快的方式。海洋运输的特点是运输时间较长但运输费用低、运量大,航空运输的特点是迅速、及时但运输费用高。在国际物流活动中,门到门的运输方式越来越受到货主的欢迎,使得能满足这种需求的国际复合运输方式得到快速发展,逐渐成为国际物流中运输的主流。国际复合运输方式的目的是追求整个物流系统的效率化和缩短运输时间,中国远洋运输公司、美国联邦快递公司、欧洲敦豪航空货运公司、日本邮船公司等世界有名的运输公司在向货主提供门到门运输服务方面走在了前列。

(9) 环保化

物流与社会经济的发展是相辅相成的,现代物流一方面促进了国民经济从粗放型向集约型转变,另一方面成为消费生活高度化发展的支柱。然而,无论是在"大量生产—大量流通—大量消费"的时代,还是在"多样化消费—有限生产—高效率流通"的时代,都需要从环境的角度对物流体系进行改进,即形成一个环境共生型的物流管理系统。如今经济发展强调的是可持续发展,即经济的发展必须建立在保护地球环境的基础上,特别是1987年联合国世界环境与发展委员会发表了名为《我们共同的未来》的研究报告,提出当代对资源的开发和利用必须有利于下一代环境的保护以及持续利用。因此,为了实现长期、持续发展,就必须采取各种措施来保护自然环境。而物流活动过程会对环境产生很多不利的影响,如汽车运输会带来废气污染,货物包装物、衬垫物等会影响卫生及存在火灾隐患等,所以在开展物流活动的同时要考虑环境保护和可持续发展的问题。环境共生型的物流管理就是要改变原来经济发展与物流、消费生活与物流的单向作用关系,在抑制物流对环境的危害的同时,形成一种能促进经济和消费生活同时健康发展的物流系统,即向环保型、循环型物流转变。

1.3.4 电子商务物流服务业的新动态

1. 电子商务企业与物流企业跨界发展回归理性

近年来,电子商务企业和物流企业越来越呈现出跨界发展。一方面,物流成本高、效率不佳等问题制约着电子商务的发展,使得一部分具有规模优势的电子商务企业加大对自身物流系统的投资和建设,以提升服务的敏捷性,提高客户的满意度,如淘宝的大物流计划、阿里巴巴多方合作联手建立智能物流骨干网络,京东大力建设自营物流等;另一方面,随着物流行业竞争的加剧和电子商务企业的迅猛发展,一部分物流企业试水电子商务,取得供应链的控制权,如圆通速递推出"妈妈驿站",顺丰快递推出"顺丰优选"等。

电子商务企业和物流企业的跨界发展使得两者从分工合作、相互依存的关系转变为相互渗透、相互竞争的关系,再加上整个经济大环境的变化,这种跨界发展越来越回归理性。

电子商务企业发展自营物流在一定程度上能够提升服务水平,提高客户忠诚度,但发展自营物流需要大量的前期投入,而且只有达到一定的规模才能实现效益,这是大多数电子商务企业所不具备的。另外,发展自营物流仅仅是为自己服务,物流效率往往很低,自建物流不但推高成本,而且短期内很难盈利。再加上近几年物流企业的快速发展和整个物流环境的提升,是否发展自营物流成为电子商务企业需要深思熟虑的一个问题。

物流企业发展电子商务是为了掌握供应链的上游,获取部分利润,分散物流行业的竞争压力。但是电子商务行业同物流行业一样,利润率很低,竞争激烈,而且物流企业运营电子商务缺乏大规模的推广和相应的专业技术含量,流量和客单量有限,大部分物流企业涉足电子商务仅仅是单一方面,尚未具备一定的口碑,没有达到一定的规模。

2. 电子商务企业自建物流系统优势凸显

电子商务物流直接面对客户,是电子商务服务于客户终端,因此服务质量的好坏、配送速度的快慢、快递人员的态度等因素都直接影响消费者的体验,也影响电子商务企业的口碑。在各大电子商务企业同质化发展、价格战频繁发生的今天,配送时效成为网购体验中的重要环节,因此掌握了电子商务物流就相当于控制了整体供应链。此外,网购的爆炸性增长使电子商务企业尤其是综合类电子商务企业面临海量的订单,再加上我国电子商务物流的发展尚不能满足这种需求,使得越来越多的电子商务企业纷纷投资加强物流软硬件建设,物流中心建设成为电子商务企业竞争的最新领域。

综合类电子商务企业自建物流系统的优势已经越来越明显,尤其是在节假日网购高峰期间,可以保证商品的准时到达。比如在春节期间,一部分快递公司不收件,甚至一部分快递公司提高了相关服务价格,众多网店也只能贴出"只接单、不发货"的通知。而众多拥有自建物流系统的电子商务企业却打出"春节期间不打烊"的口号。此外,电子商务企业自建物流系统除能够提高客户的满意度、提高物流服务的时效性、取得供应链的控制权外,还能够加快资金的回流速度,缩短电子商务企业的资金流转周期,提升企业资金的利用率。

虽然有实力的电子商务企业均已自建物流系统,但由于主要覆盖一线城市,区域较小,一时并不能解决根本问题,尤其是各自为战,很难形成合力。对于边缘地区和二、三线城市而言,由于建设物流网络成本过高,电子商务企业仍要依靠第三方物流企业,依然面临配送难题,电子商务企业自建物流系统尚有一段路要走。

3. 电子商务企业竞相角逐"物流战"

随着电子商务企业的高速发展,价格战已经趋于理性,竞争越来越多地转移到关系用户体验的物流配送上。越来越多的电子商务企业认识到商品配送服务已成为吸引用户的关键因素,竞相角逐"物流战"。有实力的电子商务企业纷纷推出了快速配送的服务和承诺,如京东的"211限时达"、当当网的"当日订当日达服务"和"当日订次日达服务"、苏宁易购的"半日达"和"次日达"等。"物流战"除了体现在提高物流配送的敏捷性和缩短物流配送时间上,还体现在退换货的便利和快捷上,不少电子商务企业推出了退换货上门服务等,目的都是提高用户的体验度和忠诚度,提升服务水平。

"物流战"还体现在电子商务企业和第三方物流企业之间。越来越多的电子商务企业自建物流系统,对第三方物流企业产生了一定的冲击。在未来,电子商务对物流业的影响将会更为明显,第三方物流企业应大力提高用户服务水平以应对崛起的电子商务自建的物流系统。

4. 自提模式成为未来发展趋势

对于物流而言,配送的"最后一公里"是最难解决的问题,对于以生活服务为主的电子商务物流更是如此。一方面电子商务企业要提高用户服务水平,另一方面电子商务物流企业要降低成本,两者无法达成一致的利益分配共识,也制约着合作与创新的进程。为了解决两者的矛盾,自提成为各大电子商务企业重点发展的物流配送模式。对于电子商务物流企业而言,自提能够实现集约化送件,从而降低配送成本,配送时间更灵活。对于客户而言,自提能提升用户体验程度,保护用户隐私。

各大电子商务企业纷纷设立了自提点,如京东先后推出校园营业厅、地铁自提点和社区自提柜服务;天猫推出阿里小邮局项目,在高校设立服务站,提供快件收发、自提等服务。物流公司也设立了自提点,如顺丰除了与便利店、物业、第三方合作,还拥有自己的便利店。

便利店因其与社区联系最密切加上网点数量多,成为各公司开展自提业务优选合作的对象。例如,亚马逊中国与连锁便利店全家(FamilyMart)达成合作,在上海推出包裹自提服务;天猫在北京、上海、杭州等城市的 580 多个便利店、社区网点设立"社区服务站",以缓解末端配送的压力。以往便利店都是被动地参与自提业务,现在越来越多的便利店利用自己的物流配送系统参与到电子商务物流服务中。

自提模式的出现很好地解决了当前出现的问题,但面临的最大问题是自提点的管理,以及消费者观念、行为习惯的改变。

本章小结

本章以农村电商为引导案例,介绍了电子商务的内涵与特点,讲解了电子商务的业务构成及流程,并分析了电子商务市场现状、规模及未来发展;同时,详细论述了物流的产生与定义、物流的功能与构成要素等,进一步阐述了电子商务与物流的关系、电子商务对物流的影响、电子商务物流的内涵与特点,以及电子商务物流服务业的新动态。电子商务企业对物流服务的要求不断提高,使得电子商务企业与物流企业的合作更加稳定。虽然物流可能不是电子商务企业取得成功的唯一因素,但它确实是电子商务供应链上的关键环节,也将是未来电子商务企业竞争的分水岭。

思考题

1. 电子商务对物流提出了哪些新要求?
2. 物流的功能有哪些?
3. 简述电子商务物流的内涵与特点。
4. 简述现代物流与电子商务的关系。

第 2 章 电子商务快递服务市场

教学目的
- 电子商务快递的概念
- 快递的类型
- 快递的发展

快递是电子商务中的重要内容之一,是现代市场经济体制、现代科学技术和现代物流发展下的综合产物。它与人们所熟知的"送货"有着本质的区别。在当代电子商务的发展中,快递配送已经成为整个网购活动中的重要组成部分,它能给企业创造更多的效益,已经成为人们日常生活中必不可少的部分。本章从引导案例出发,首先介绍了快递的概念与特点以及具体的分类,其次论述了快递物流的发展,再次介绍了国内外快递企业的发展概况,最后讨论了快递在整个经济发展中的作用。

引导案例

淘宝速达的故事

2018年淘宝"双十二"刚刚落下帷幕,淘宝速达的登场成为亮点,这是淘宝持续创新赋能商家,在菜鸟网络和蜂鸟配送的协同支持下,将消费体验推向极致的又一次尝试。从"双十二"成绩单来看,淘宝速达开局亮眼,随着未来业务陆续铺开,淘宝速达将再次深度改变电子商务快递的业态。

淘宝速达是淘宝自2018年10月开始试运营的新业务,率先在上海、成都、西安、广州、武汉、福州、厦门和深圳等八个城市推出,让消费者首次体验到上午下单、下午收货的极速感受。在试运营取得良好效果后,2018年"双十二",淘宝速达正式登场,在水产、水果、零食、小吃和冻品等生鲜美食品类中吸引1 200家商家参与试水。"双十二"当天,淘宝速达实现了1.95万当日达订单,其中仅成都,订单量就直接破万,最快订单来自淘宝商家"欧三哥香辣蟹",仅花费13分13秒送达,这已经超过外卖平台的平均配送时效。

当然,淘宝速达有着远超"快"之外的更深层含义,当淘宝成功将快递的配送时效从"日"缩短到"小时",让快递送出了外卖的速度之后,电子商务模式就出现了质的飞跃。需要注意的是,淘宝速达面向生鲜美食等商品,其商家不是餐饮商家而是零售商家,消费者不是订餐而是购物。淘宝速达初期面向生鲜美食品类,从名称来看,涉足更多品类只是时间问题,只不过现在优先满足对配送时效要求最高的品类的需求。细究淘宝速达这一业务的背后,淘宝采取多种改造措施,盘活了优质同城商家的店铺、仓储资源,使之成为速达业务的前置仓,共享到整个运力网络中,从而为提高运力提供保障。这些曾经沉睡的资源,在淘宝上联网、共享后,爆发出惊人的能量,不仅优化了淘宝的物流体验,还帮助这些提供资源的商家提高了资源利用率。除此之外,淘宝还整合了蜂鸟配送和菜鸟网络的物流网络,在淘宝平台的调配下,根据运输距离的不同优化资源配置。阿里巴巴经济体的生态协同效应也在2018年淘宝"双十二"期间得到了最极致的体现。

一方面,淘宝速达借鉴了行业的前置仓模式,不同的是采取了社会化的前置仓。前置仓是很多平台用来缩短配送时效的做法,特别是生鲜美食品类,配送时效越短越好,在物流配送的物理时效无法突破时,只有事先将商品放在距离消费者更近的仓库中,才能确保快速送达,即所谓的前置仓模式。"不碰货"的淘宝则在这一模式的基础上进行了大量创新。淘宝基于自身的平台模式,在全国各个城市本身就有大量"社会化的前置仓",即优质的中小商家店铺和仓库,能覆盖到距离消费者足够近的地方。淘宝速达的本质就是将分散的社会化前置仓整合起来,共享到整个运力网络中,赋予店铺全新的价值,更给同城即时物流提供支持。这一点与当初菜鸟网络整合物流公司的理念相似,最终使社会化物流体现出强大的竞争力。当然,淘宝速达这一业务模式能实现的基础就是菜鸟网络和饿了么旗下蜂鸟配送的全力配合与协同。这种外部整合与内部协同,最终意味着淘宝速达改变了淘宝商家一个仓库到全国的模式,用淘宝行业大快消负责人魏萌的话说是"将传统快递升级为干线物流+区域物流+即时配送,从而提升供应链效率,降低物流成本,重构供应链节点"。

另一方面,淘宝速达背靠的阿里巴巴生态不缺乏运力以及对运力的精细化组织调动能力。淘宝速达能够做到小时级物流,与阿里巴巴的物流运力能力密不可分。阿里巴巴2018年收购了饿了么,将蜂鸟配送和菜鸟网络的智能物流系统融合发展,形成多层次运力体系;再通过菜鸟网络擅长的LBS(基于位置服务)、大数据、AI(人工智能)以及IoT(物联网)等创新科技,对社会化物流力量进行精细化运营,进而实现低成本、高质量的即时配送。而基于社会化的前置仓模式,淘宝速达可以根据运输距离的不同,分出不同的层次,在菜鸟网络和蜂鸟配送的支持下互相协作,进而实现了当日达乃至两小时达的同城物流体验。

淘宝速达作为一种新的快递模式,已经获得广泛的好评。那么,快递究竟是什么?快递的分类有哪些?快递对整个社会有什么作用?这些就是我们接下来要学习的内容。

资料来源:罗超频道. 双十二崭露头角,淘宝速达讲了一个什么故事?[EB/OL].(2018-12-15)[2019-03-20]. https://www.sohu.com/a/282079438_115980

2.1 快递服务概述

2.1.1 快递的定义与特征

1. 快递的定义

快递(Express)兼有邮递功能,是当今时尚的门对门物流活动,即快递公司通过航空、铁路、公路等运输方式,再经大大小小的汽车、微型面包车、摩托车、电动车、脚踏三轮车、自行车等交通工具,对客户的货物进行快速投递。快递是市场经济的产物,提供的是个性化、商业化的邮递服务,是我国对外开放的一个组成部分。如今,快递业已成为我国物流产业重要的基础部分。

快递服务属于邮政业,但不同于邮政业中的普遍服务业务。邮政普遍服务业务主要是指政府为保障公民通信权益而提供的公共服务,是履行国家法定义务,确保向所有公民提供基本通信需求的统一规范、低价普惠的服务,属于非竞争性产品,由政府主导,业务范围、服务标准和资费标准等均由国家规定。快递服务属于邮政业的增值服务,是为满足经济社会发展而产生的商业化、个性化的服务,属于竞争性商业服务,主要由市场主导,业务范围、服务标准和资费标准等均由市场决定。

快递是轻型的、个性化的、快速准确送达的物流递送业务。其特殊性表现为体积小、重量轻、价值高、信息含量高、速度快、个性化、递送精准、耗费人工多、客户广泛及情况复杂。快递定义具体如下:

(1) UN-WTO贸易分类表中的定义

世界贸易组织(WTO)在《服务贸易总协定》中,按照联合国(UN)集中产品分类系统(CPC)的标准,将服务(产品)分为12个部门。其中,快递服务(CPC7512)被定义为"除国家邮政当局提供的服务以外,由非邮政快递公司利用一种或多种运输方式提供的服务,包括提取、运输和投递信函及大小包裹的服务,无论目的地在国外或国内。这些服务可以利用自由或者公共运输工具来提供"。

(2)美国国际贸易委员会的定义

快递服务是指收集、运输、递送文件、印刷品、包裹和其他物品,全过程跟踪这些物品并保持控制,提供与上述过程相关的辅助服务,包括清关服务等。

(3)我国《快递服务》中的定义

我国国家邮政局 2011 年 12 月颁布并于 2012 年 5 月 1 日起正式实施的《快递服务》国家标准中明确规定,快递服务是"在承诺的时限内快速完成的寄递服务"。快件是快递服务组织依法收寄并封装完好的信件、包裹和印刷品等寄递物品的统称。

(4)《中华人民共和国邮政法》的定义

《中华人民共和国邮政法》第九章将快递定义为"在承诺的时限内快速完成的寄递活动"。其中,寄递是指"将信件、包裹、印刷品等物品按照封装上的名址递送给特定人或者单位的活动,包括收寄、分拣、运输、投递等环节"。

(5)快递的外延

快递又称速递或快运,是指物流企业(含货运代理)通过自身的独立网络或以联营合作(联网)的方式,将用户委托的文件或包裹,快捷而安全地从发件人送达收件人的门到门(手递手)的新型运输方式。

快递有广义和狭义之分。广义的快递是指任何货物(包括大宗货件)的快递;而狭义的快递专指商务文件和小件的紧急递送服务。从服务标准来看,快递一般是指在 48 小时之内完成的快件送运服务。从快递的定义中,可以概括出快递的以下三个特征:

- 从经济类别来看,快递是物流产业的一个分支行业,快递研究从属于物流学的范畴。
- 从业务运作来看,快递是一种新型的运输方式,是供应链的一个重要环节。
- 从经营性质来看,快递属于高附加值的新兴服务贸易。

另外,狭义的快递和快运也存在一定的区别。两者叫法不同,含义基本相同,它们都是指物品的快速运输,但快递的时效性强,是门到门的服务,且快件体积小、品种较多;快运的时效性要求相对较低,不一定是门到门的服务,可由货主自取。此外,快运物品一般体积和重量较大,单价较低。

2. 快递的特征

现代快递产业兴起于 20 世纪 70 年代的美国,是市场经济发展应对服务贸易扩大的客观需求,也是全球经济一体化的产物。快递就是以最快的速度在货主、快递公司和客户之间运送急件。快递作为先进的生产力,是运输业中最快捷、最周到的一种服务形式,但同传统运输既有联系又有区别。快递的基本特征主要表现在以下六个方面:

(1)快捷性

快递服务推出不同时段的限时(准时)服务,能满足客户在快件时效性上的迫切需求。快递的实物传递性,决定了快递服务在保证安全、准确的前提下,传递速度是最重要的反映快递服务质量的核心要素。传统运输出于理念、体制、运能、网络和技术的原因，无法从根本上克服"等"和"慢"的致命弱点。

(2)安全性

快递服务具有安全性的特点。快递物品在快递公司自身的网络中封闭式运转，并利用精密的信息系统全程监控快递物品，不间断地运送和监控以确保门对门、手递手，最大限度地保障快递物品的万无一失。

在货源集散地，尤其是经营区域的中心地区，快递公司必须设置专用集配、中转和控制中心，配备有大型仓库群、计算机中心、控制中心、指挥中心、客户服务中心、运输工具、存放中心等，这些配置充分保证了快递物品的安全性。而传统运输常因超出自身系统运力，倒手环节多而无力操控过程，导致服务失败(丢失或损失)的概率较高。

(3)服务性

从本质上说，快递服务只是实现物品的空间位置转移，并不产生新的产品。因此，服务性是其基本特征之一。

快递服务具有服务广度、服务深度及服务舒适度三个方面的意义。服务广度是指快递服务的业务种类及其满足用户需求的程度。服务深度是指为用户提供快递服务的完全程度和便利程度。提供的服务越全面、越便利，即需要由用户自己完成的工作量越小，服务程度越深。服务舒适度是指以员工服务态度、服务质量和工作效率为核心，用户在使用过程中心理感受的优劣程度。在运输过程方面，快递业与一般物流业的区别并不明显，根本的区别就在于服务末端的最后一公里，在与客户直接打交道的这个阶段，体现出快递业的服务水平。

(4)专业化

快递服务实现了标准化和信息化，达到了收件、派送、分拨、转运、录入、预报、查询、报关、统计、结算等各个环节紧密结合。由于时代和经济发展规模的局限，传统运输的专业化程度远远低于现代快递服务。

(5)网络化

健全的揽收和配送网络是经营快递业务的基础，也是快递公司经营实力的重要体现。快递服务的网络化表现在两个方面：一方面，快递服务主要依靠各种交通运输工具，如飞机、火车、汽车、船舶等组成的物理网络来实现，同时快递网络的建立具有实物网络的明确指向性，在网络局部拥塞或利用不足的情况下，各线路物流交叉调度的灵活性及可实现性差；另一方面，快递服务的全过程必须在全国(或全球)范围内由不同的企业合作完成，或者同一企业在不同区域合作完成。真正合格的快递公司，都拥有自身的国际、国内网络。

(6)信息化

快递服务信息化的发展将企业的所有运行环节有机结合起来，形成一个闭路循环，为企业管理者提供强大的统计、查询、决策等诸多功能。目前，快递公司应用得比较多的信息化技术主要集中于PDA(掌上电脑)、GPRS(通用分组无线服务技术)、Bar(雷达波的一次扫描)、Code(条码技术)、RFID(射频识别技术)、蓝牙等。

2.1.2 快递的分类与服务要素

1. 快递的分类

快递服务按照不同的标准可以划分为不同的类别。

(1) 按照快递服务区域分类

我国《快递服务》国家标准根据快递服务区域和相应时限将快递服务划分为同城快递服务、境内异地快递服务、港澳台快递服务和国际快递服务。

① 同城快递服务(Urban Express Service)。同城快递服务是指寄件人和收件人在中华人民共和国境内同一个城市的快递服务,同城快递服务除与客户有特殊约定(如偏远地区)外,服务时限应满足不超过24小时的要求。与国际快递服务和国内异地快递服务相比,同城快递服务是近年来快递市场中发展最快的业务,通常使用简单的交通工具,属于劳动密集型业务。

② 境内异地快递服务(Inland Express Service)。境内异地快递服务是指寄件人和收件人分别在中华人民共和国境内不同城市的快递服务。境内异地快递服务包括区域内和区域间的业务。区域内的业务主要通过公路或铁路运输完成,区域间的业务通常通过航空工具完成。境内异地快递服务除与顾客有特殊约定(如偏远地区)外,服务时限应满足不超过72小时的要求。

③ 港澳台快递服务(Hong Kong,Macao and Taiwan Express Service)。港澳台快递服务是指寄件人和收件人分别在中华人民共和国境内和中国的香港特别行政区、澳门特别行政区、台湾地区的快递业务。

④ 国际快递服务(International Express Service)。国际快递服务是指寄件人和收件人分别在中华人民共和国和其他国家或地区的快递服务,递送时间以寄件人约定的服务时间为准。国际快递服务是快递市场上利润最高的高端业务。经营国际快递服务的企业必须拥有足够的航空和地面运输能力,以及遍布世界主要国家和城市的枢纽中心与投递网络,还要拥有先进的信息跟踪和控制技术。目前,在我国经营国际快递业务的主要是外资快递企业、国际货物运输代理企业、中国邮政速递服务公司、中国民航快递公司等,一些民营快递企业(如顺丰、申通等)也开辟了自己的国际快递服务。

(2) 按照送达时间分类

快递具有较强的时效性,快件到达目的地的时间往往是考验快递企业服务质量的重要指标。按照送达时间的不同,快递一般分为即日达、次早达、次日达、隔日达和普达快递。

① 即日达快递。这是指在当日截件时间之前快递收派员前去取件,当日实现送达的门到门快递服务。

② 次早达快递。这是指在当日截件时间之前快递收派员前去取件,于取件后下一个工作日的中午12点前送达的快递服务。

③ 次日达快递。这是指在当日截件时间之前快递收派员前去取件,于取件后下一个工作日的下午6点前送达的快递服务。

④ 隔日达快递。这是指在当日截件时间之前快递收派员前去取件,于取件后第二个工作日的下午 6 点前送达的快递服务。

⑤ 普达快递。这是指在当日截件时间之前快递收派员前去取件,于取件后约 2—4 日后送达的快递服务,主要面对非限时需求的客户。

2. 快递的服务要素

快件的运送作为一个复杂的过程会涉及很多环节,每个环节又有很多要素参与,主要包含快件、服务人员、服务单据、服务设施设备及用品等。

(1) 快件

快件是快递服务组织依法递送的信件、包裹、印刷品等的统称,按照内件性质可划分为信件类快件和物品类快件。

寄件人或收件人在快件寄递过程中有时会有一些特殊要求,从而形成特殊快件,常见的特殊快件包括改寄件、委托件、自取件、到付件等。

快件在寄递过程中不能正常寄递时就会形成异常件,常见的异常件包括拒付件、拒收件、错发件、无着件、破损件、损毁件、丢失件等。

(2) 服务人员

快递企业中的服务人员包括收派员、处理员、客服人员、国际快件报关员等。

① 收派员,是指从事上门揽收快件和投递快件等工作的工作人员。

② 处理员,是指从事快件分拣、封发、转运等工作的人员。

③ 客服人员,是指在呼叫中心、快递营业场所专门受理收寄、查询、投诉、索赔等申请或业务咨询的人员。

④ 国际快件报关员,是指通过全国报关员资格考试,依法取得报关从业资格,并在海关注册登记,代表快递服务组织向海关办理国际快件以及港澳台快件报关业务的人员。

(3) 服务单据

服务单据包括快递运单、改寄申请单、索赔申告单、回单、快件报关单及形式发票。

① 快递运单,也叫快件详情单,是指用于记录快件原始收寄信息及服务约定的单据。

② 改寄申请单,是指寄件人申请改变收件人地址所填写的单据。

③ 索赔申告单,是指用户申请快件赔偿所填写的单据。

④ 回单,是指应寄件人要求,在收件人签收快件的同时,需收件人签名或签章后返还给寄件人的单据。

⑤ 快件报关单,是指进出口快件用户或其代理人,按照海关规定的格式对进出口快件的实际情况做书面声明,以此要求海关对其快件按适用的海关制度办理通关手续的单据。

⑥ 形式发票,是指按照海关要求提供的,证明所寄物品品名、数量、价值等,以便海关进行监管的报关文件。

(4) 服务设施设备及用品

快递服务设施包括快递营业场所、快件处理场所、海关快件监管场所和呼叫中心;快递服务设备包括跟踪查询系统、手持终端;快递服务用品包括快递封套、快递包装箱及快递包装袋。

① 快递营业场所，是指快递服务组织用于提供快件收寄服务及其他相关服务的场所。

② 快件处理场所，是指快递服务组织专门用于快件分拣、封发、交换、转运、投递等处理活动的场所。

③ 海关快件监管场所，是指快递服务组织按照海关要求设置的用于办理国际快件及港澳台快件海关监管业务的场所。

④ 呼叫中心，是指快递服务组织利用现代通信与计算机技术，主要处理快件寄递过程中的各种电话呼入和呼出业务的运营操作场所。

⑤ 跟踪查询系统，是指通过条码、阅读器等手段，记录快件从收寄到投递全过程信息，供用户随时获取快件寄递状态和结果的信息系统。

⑥ 手持终端，是指在快件收寄、分拣和投递等过程中，用于扫描快件条码，进行相关信息处理的一种便携设备。

⑦ 快递封套，是指以纸板为主要原料，经模切、印刷和黏合等加工后，制成提供给用户的可装载快件的信封式封装用品。

⑧ 快递包装箱，是指以瓦楞纸板为主要原料，经模切、压痕、印刷和钉合等加工后，制成提供给用户使用的可装载快件的箱式封装用品。

⑨ 快递包装袋，是指提供给用户使用的可装载快件的袋式封装用品。

2.1.3 快递与物流的区别以及电子商务快递服务的优势

1. 快递与物流的区别

根据国家标准《物流术语》对物流的定义，物流(Logistics)是指物品从供给地向接收地的实体流动过程，根据实际需要，将运输、储存、装卸、搬运、包装、流通加工、配达、信息处理等基本功能实施有机结合。

从对快递的定义与特点分析可知，从提供服务的类型而言，快递和物流同属于一类，即都是通过运输实现物品"流动"的服务。快递服务与物流服务，表面上看都是对物品空间位置的一种转移，但又有明显的不同，最本质的区别是快递服务属于邮政业，具有实物通信性质；而物流服务是与生产活动相关的物质资料的供应，与商品(货物)运输相关联，不具有实物通信性质。除此之外，在服务形式、封装要求、内件性质、受理方式、重量要求、规格要求、资费标准、作业方式、时限要求、享受政策、业务定位、市场准入、国家定位、标准体系、政府管理、名址要求等方面有明显的区别(见表2-1)。

表2-1 快递服务与物流服务(货物运输、零担、整装)的区别

序号	类别	快递服务	物流服务
1	服务形式	门到门，桌到桌	形式不限
2	封装要求	带有本企业专用标识的封装品(封装、包装箱、邮袋等)，每件必须单独封装	无特殊要求，符合运输要求即可
3	内件性质	严格执行禁限寄物品规定	无特殊要求，符合运输要求即可

(续表)

序号	类别	快递服务	物流服务
4	受理方式	填写、确认快递运单	签订运输合同
5	重量要求	单件重量不宜超过50公斤	货运重量不限,不超载即可
6	规格要求	单件包装规格任何一边的长度不宜超过150厘米,长、宽、高三边长度之和不宜超过300厘米	规格不限,不超高、超宽即可
7	资费标准	价格较高	价格适中
8	作业方式	收寄、运输、分拣、投递且不需存储等	运输(储存)等
9	时限要求	快速、及时,一般2天之内	双方约定,时间较长
10	享受政策	税收、道路通行等方面均享受国家相关优惠政策	执行服务业政策或其他政策
11	业务定位	国际及国内法律均有规定	国内法律有规定,主要是交通法
12	市场准入	属于经营邮政通信业务许可	属于经营道路运输业务许可
13	国家定位	属于邮政业	属于服务业
14	标准体系	执行《快递服务》国家标准	执行物流标准的相关规定
15	政府管理	邮政管理部门	交通部门,物流管理、综合管理部门
16	名址要求	每件都要填写收件人和寄件人特定名址	不需要每件都填写名址

2. 电子商务快递服务的优势

相较于传统快递服务,电子商务快递服务具有以下特点:

① 对网络平台的依赖性。电子商务交易过程中的信息发布、讨价还价、支付货款等都是依赖网络平台进行的,专门为电子商务提供快递服务的电子商务快递也必然要依赖网络平台,通过网络平台获取收货人的姓名和具体地址,并通过网络平台推荐给消费者使用。

② 价格、时间的高度敏感性。网上购物的优势在于价格,大部分人选择网上购物的主要原因之一是网上物品的价格相对便宜。尤其是C2C电子商务模式下的个人网店卖家,他们销售的商品单价较实体店的低,交易量也比较小,这就决定了他们对物流费用的承担能力比较低,对快递物流价格比较敏感。此外,电子商务的买方对快递物流的准时性也非常敏感,一旦在时间方面满足不了他们的需求,他们就可能更换快递服务方,或者对电子商务的卖方进行投诉。

③ 在地域上,发货方比较集中,收货方比较分散。电子商务的发展与地域经济的发展密切相关,地域经济越发达,就会有越多的商家成为电子商务的卖方。目前,B2C和C2C电子商务的卖方大多集中在长三角、珠三角和环渤海经济圈等小商品集散地;而B2C和C2C电子商务的买方则比较分散,分布在全国各个地方。

④ 电子商务平台参与服务链的利润分成，且监控整个服务链的顺利进行。快递企业与电子商务平台实现数据对接，获取需要递送的商品、收货方等具体信息，由此需要向电子商务平台支付相应的平台使用等相关费用。此外，电子商务平台接收买方使用快递物流的反馈信息，以此挑选和推荐快递物流并监控整个服务链的顺利进行。

2.2 快递网络以及快递的工作流程

2.2.1 快递网络

1. 快递网络的概念

快递网络是若干面向客户服务的呼叫中心、收派处理点、负责快件集散的分拣转运中心以及连通这些网点的网络，按照一定的原则和方式组织起来的，在控制系统的作用下，遵循一定的运行规则传递快件的网络系统。快递网络是一个统一的整体，各部分紧密衔接，依靠全网的整体功能，完成快件递送的任务。快递网络可以抽象地概括为物理层、业务层和控制层，以物理层为基础，在业务层的规范下，使快件得以迅速、有序地传递，控制层起监督、控制和协调作用，保证全网的畅通。

2. 快递网络的构成

快递网络是依附于交通运输网络的一种特殊的网络，是由众多的快递呼叫中心、快件取送点（服务网点）、各级中转点（集散中心）和运输路线，按照一定的原则和方式连接起来的传递系统。点和线是网络的基本构成要素，快递网络中的点就是呼叫中心、服务网点和各级中转点；线就是运输路线。此外，权也是网络的基本构成要素，快递网络的权指的是点的处理能力、边的长度，以及边上的货运量、运输成本、运输时间等。

（1）呼叫中心

呼叫中心也称客户服务中心，是快递行业经常使用的、能帮助快递企业提高工作效率的应用系统，它通过电话、互联网系统负责处理客户委托，帮助客户查询快件信息，回答客户有关询问，受理客户投诉等业务工作。首先，不论客户身在何处、从事什么工作都可以在客户感觉方便时提供服务；其次，基于网络的客户服务中心，可以让所有的客户沟通联络都处于管理监控之下，有利于提高快递企业服务品质；最后，现代化的客户服务中心可以随时随地、有效地进行客户调查和分析，收集和整理客户需求信息。

（2）服务网点

服务网点通常负责快件的收寄和投递任务，是整个快递网络的初始端和结束端，通常也被称为收派网点。服务网点散布在快递业务覆盖区域内，是最接近客户和直接面向客户的网点，是客户和快递网络联系的主要途径。快递企业采取门到门的服务模式，取件人员和取件车辆从服务网点出发，前往客户所在地上门收取快件，通过这一过程，快件开始进入快递网络，成为整个快递运输网络的初始端。当快件通过运输到达目的地服务网点之后，派件员会完成快件上门投递的工作，最终完成整个快递传送过程。一些快递网络的个别服务网点同时也是营业场所,具有经营职能,而且可以方便愿意到网点自取和交寄快件的客户。

在生活中,快递服务网点的设置要综合考虑多种因素,诸如地理位置、交通条件、客户密度、环境条件、组织管理和成本等,最终做出最优的选择。网点设置应当遵循的原则就是在成本费用一定的情况下,尽量接近用户;同时,对不同经济发展水平和生活水平的地方,各指标还应有所侧重。

(3) 中转点

中转点是网络中的集散节点,其基本功能是对快件进行集散和转运,这类网点也称集散点、集散中心等。与物流分拨中心相比,中转点通常不包括仓储、加工功能,其主要作用是将从其他网点汇集来的快件进行集中、交换和转运,实现快件在网络中从分散到集中再到分散的流动;在实际运作中,将与中转点相连的其他网点的快件在某一时段统一集中到中转点,然后进行交换。为了实现以上功能,中转点一般具有不同程度的机械化、自动化处理能力,以提高工作效率、降低成本。中转点的规模不同,负责的具体工作也不同,较小的中转点称为分部、点部或营业所等,主要负责当地快件的集散、分拣并分发到对应的上级中转点,同时也负责快件的派送工作。大型的中转点也称中转中心或分拨场,主要负责一个片区或全网快件的集散处理。中转中心将下属各中转点的快件集中后再统一处理,通过汽车、火车或飞机等运输方式发往其他中转中心,或者发送至下属相应中转点。而其他中转点则介于最大中转点和最小中转点之间,各自覆盖相应的区域,构成整个快递网络中的节点。相较于服务网点,中转点的数量要少得多。

中转点作为整个快递网络中的重要组成部分,选择时应该考虑流量流向、交通条件、地理环境、城市规划和政策、与其他中转点的衔接、作业效率、边际成本等因素。中转点的数量要与辐射的区域相匹配,不能太多也不能太少,如果中转点数量过多,则会导致每个中心处理快件的数量减少,不利于提升整体的工作效率,同时会加大成本。中转批次的设定一般要综合考虑时效、流量、处理能力和成本等因素,使最低的处理量大于维持生产的最低成本费用,同时有利于提高全网的作业效率。

(4) 运输路线

快递运输路线是指在服务网点、中转点之间的运输路线,承担运送快件的功能。运输按规定路线和班期运行,从而形成无形的连线,将快递网络的各个节点连接起来,构成一个整体的网络。快件通过运输线路从分散到集中,再从集中到分散,有规律地流动。快递使用的运输工具主要是汽车和飞机,同时也会使用火车,长距离运输主要使用飞机,因为飞机具有速度快和不受距离限制的特点,现在国内外的快递企业大量地使用飞机以提高时效。由于整个快递网络中节点数较多,各节点的功能和地位各不相同,节点间快件流动的疏密程度也不同,导致连接不同节点的运输路线的地位也不相同,具有层次性的特征,而不同层次中运输路线的功能、地位和传递速度不同。

在实际运作中,运输路线会根据运输的距离、运送的货量以及货物的重要程度分为干线和支线,在不同的线路使用的运输工具也不相同,从而产生了不同的传递速度和传递时间。跨省或跨区域的连接中转中心的线路一般称为一级干线,多使用飞机或大型汽车运输;省内或区域内下级各地区之间的线路一般称为二级干线或一级支线;省级以下地区内的线路一般称为支线,也可进一步分为各级支线;城市内的线路一般称为市内支线,多使用汽车运输。

3. 快递网络的结构模式

在构建快递网络时,根据运输量、时限要求、网络节点数量、网络衔接方式等的不同,主要分为三种网络结构模式:

(1)点点直达模式

点点直达模式就是在每一个运输节点之间建立运输投递的路线,这些运输路线错综复杂,形成了网状的运输网络。点点直达模式能够带来各节点间较快的传递速度,是时限最短的一种网络结构模式。在运输节点数量相对较少,且每个节点之间的运输量达到一定规模的情况下,点点直达模式可以减少换装次数,降低中转货损,节省装卸费用,提高运输速度,产生比较好的效率和效益。但是,如果运输节点过多,或者各节点之间的运输量规模较小或运量不平衡,则完全采用点点直达模式会产生网络不经济,带来较大的成本支出,这个时候我们应当考虑其他快递网络结构模式。点点直达模式如图2-1所示。

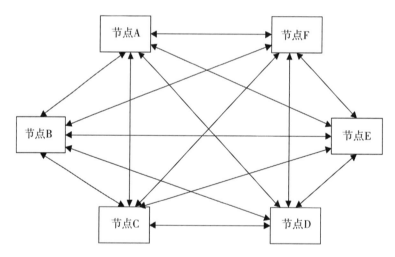

图2-1　点点直达模式

(2)中转模式

中转模式就是设置一定数量的中转运输节点,将周围多个运输节点的运输量集中到中转运输节点进行运输量合并后,再进行运输的网络结构模式。根据运输业网络规模经济的概念,将同方向不同运输量合并,可以充分利用固定设施和载运工具的能力,包括使用大型的交通运输工具和实现较高的实载率。而中转模式恰好能够做到合并运输量,实现大型车辆运输或提高实载率,形成网络规模经济。在运输节点数量众多,且各节点间运输量相对较少或不平衡的情况下,中转模式较为适用。中转模式如图2-2所示。

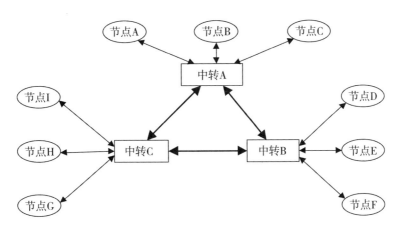

图 2-2　中转模式

(3) Hub 模式

Hub 模式就是将所有的运输量集中到一个中心节点(Hub),然后通过该中心节点再向其他各节点发运的网络结构模式。利用 Hub 模式可以实现运输量最大限度的合并,从而产生网络规模经济,但相应地产生了不同程度的逆向运输和对流运输等情况,还会带来一定的时间延长。Hub 模式如图 2-3 所示。

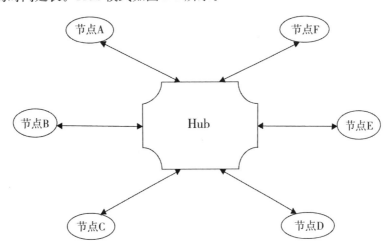

图 2-3　Hub 模式

4. 快递网络的层次

快递网络的运输路线本身就具有层次性,根据地位和作用的不同,整个快递网络可以划分为三个层次,分别为区间干线网、区内干线网和市内网。

(1) 区间干线网

区间干线网由区域之间中转中心的连接路线构成。在现实生活中,一般是省与省的中转枢纽之间的连接网络。中转中心一般是区域内最大的集中区域内快件中转的集散点,区域之间的快件交换通过区间网络线路和区域中转中心组成的区间干线网完成,经常使用飞机和大型陆运工具。区间干线网采用最多的一种网络连接形态是两两直连的全连接网络结构，每个区的跨区域快件分别就近向各枢纽集货，枢纽间再通过双向直连实现干线运输。这种方式的优点在于全网速度快，时效性强且成本较低，而缺点在于各个网络节点的投入较大。另一种形态是集中枢纽结构，呈现纯辐射式形态，即网络中只存在一个核心枢纽，各个区收取的跨区域快件统一向该中心枢纽集中转运，分拣处理之后，又从该中心枢纽向各区派发，这种方式对运力保障能力要求较高。还有一种形态是集中枢纽加直连结构，这种方式综合了前两种形态的特点，呈现混合轴辐式形态，即网络中的核心枢纽发挥转运功能，但各区之间货量足够大时也辅助以直连。

（2）区内干线网

区内干线网是连接区内各城市的网络，主要承担区内快件的处理和交换。区内的快件通过区内多级中转点中转和交换，进出区域的快件则通过区间干线网相连的中转枢纽进行，各城市之间主要使用汽运和特快列车运输，形成对区内各级城市的有效覆盖。在枢纽城市和下级城市之间主要是快速汽运专线直连，呈纯轴辐式形态。下级城市之间依据货量、距离、交通等多种因素决定是否直连，与枢纽城市一起构成的局部网络呈混合轴辐式形态。再下级城市间的直连相对于上级城市会逐渐减少，与最下级城市直连的局部轴辐式形态明显。区内干线网一般总体上呈多层混合轴辐式形态。

（3）市内网

市内网是一个城市内的区域网络，覆盖了全城的所有取送点和中转点，职责是城市内的快件业务，以及进出城市的快件。在城市内多使用小型汽车或其他交通方便的运输工具。网络结构主要采取纯辐射式、直线式、环形和混合形等几种形态，而城市内的快递网络部分一般可以单独看作一个系统来独立进行网络设计和构建。

5. 快递网络的外部性

网络外部性是新经济中一个重要概念，是指连接到一个网络的价值取决于已经连接到该网络的其他用户的数量。通俗地讲，就是每个用户从使用某产品中得到的效用与用户的总数量正相关。用户数量越多，每个用户得到的效用就越大，网络中每个用户的价值与网络中其他用户的数量成正比。例如，微软公司的计算机操作系统的垄断地位，就是依靠网络外部性获得的。之所以绝大多数计算机用户使用微软的 Windows 操作系统，不是因为该系统技术最先进，更不是因为该系统价格最低，主要原因是其他人都在使用 Windows 操作系统，如果你不使用该系统，那么就无法与其他人兼容，成为一个与世隔绝的"信息孤岛"。

网络外部性会受到以下一些因素的影响：

① 网络规模的大小。这与网络中的节点数有关。

② 网络关联度的强弱。如果网络中有很多节点，但是各节点之间彼此不联系，那么这个网络的价值只表现为自有价值。

③ 网络标准。与兼容度有关，现在网络的竞争表现为标准的竞争，每个厂商都希望自己的产品能够成为行业标准，这使得网络的外部性取决于各产品之间的兼容度。

快递服务是具有网络外部性的典型市场。快递企业服务网点的增加在给消费者带来便利的同时也会使得企业的客户数量增加,同时反向带动企业服务网点的建设。当然,我们在网点的设立和线路的开辟上还应考虑其他影响因素。

2.2.2 快递的工作流程

1. 快递的工作流程

一个快件的运输和配送需要多个环节的紧密协作,这些环节构成一个完整的快递工作流程,包括快件收寄、快件处理(分拣封发)、快件运输和快件派送等,如图2-4所示。

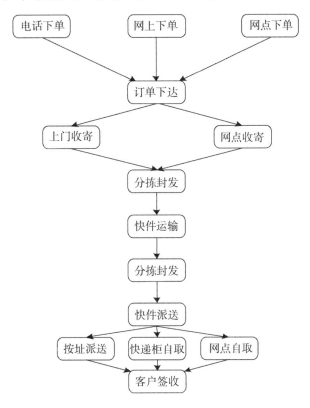

图2-4 快递的工作流程

(1)快件收寄

快件收寄是快递工作流程的首要环节。这一环节又分为由快递公司的快递员直接上门收寄和客户前往网点收寄两种方式,其主要任务包括验视快件、指导客户填写运单和包装快件、计费称重、运回快件及交件交单等工作。

收寄工作流程为:①准备好设备、工具、单证等;②检验快件是否符合寄运规定;③解答客户相关问题;④协助客户填写运单,协助包装;⑤引导客户到收费柜台交付运费;⑥将运单信息录入系统,并把粘贴好运单的快件交送处理人员。

(2)快件处理

快件处理是整个快递工作流程的重要环节,具体包括分拣和封发两个环节,主要任务是依据客户运单填写的收寄信息和地址,将快件按照流向的区域进行整理、分拣、集中和封成总包,然后发往目的地;经过快件运输环节后,再执行反向的快件处理工作,以实现快件由分散到集中,再从集中到分散的处理过程。

分拣工作流程为:①检查运单填写是否规范,粘贴是否正确;②检查快件重量规格,检查是否属于禁限寄物品;③选择合适的分拣方式,规范化分拣。

快件封发是指将封装后的总包按规定装码在运输设备和工具中的过程。

封发工作流程为:①手工登单或条码扫描登单,分拣系统自动形成清单;②制作总包包牌并放置;③将多个发往同一寄达地的快件集中规范地放置在包袋中,封扎袋口;④检查质量;⑤总包的堆位和码放。

(3)快件运输

快件运输是指在统一的组织调度和指挥下,根据地域限制和时间要求,利用不同的交通运输工具,包括航空、铁路、公路及水运等,最终使得快件到达目的地的处理过程。

运输工作流程为:①运单信息扫描传输;②按照快件大小、重量及特殊要求摆放入车(包);③将快件运回中转处理站;④与中转站人员交接快件;⑤交接运单与账款。

(4)快件派送

作为一个重要的环节,快件派送包括按址派送、快递柜自提和网点自取三种方式,是快递工作的最后一个流程,具体包括快递的交接、选择派送路线、核实用户身份、确认付款方式、提醒客户签收、整理信息和交款等工作;客户则需要拆件检查和确认签收。

按址派送作为主要的派送方式,其工作流程为:①扎捆快件;②安全装卸、搬运快件;③安全保管与派送快件;④到达客户处,核实身份,提示客户验收;⑤办理到付款和代收款业务;⑥指导客户签收快件;⑦整理回单及交款。

2. 快递企业的取送模式

快递企业的取送模式是指企业向寄件客户取件和将快件送至收件客户所采用的方式。根据快递的交接地址是客户还是受理点,可将取送模式分为门到门模式与点到点模式,而将与客户协商后确定的取送模式称为定制化取送模式,其与门到门模式的区别在于取件或派件之前与寄件客户或收件客户有一个信息的双向沟通。

当寄件客户提出寄件请求时,企业安排取件人员在规定的时间内办理快件的寄送手续,其中寄件客户提出寄件请求的方式有直接电话联系收件员、通过企业客服电话、网上下订单或直接送至就近的快递受理点等方式。当快件到达收件客户区域时,企业将安排派件员根据用户要求或直接按姓名、地址将快件交至收件客户手中,或通知客户到指定地点领取。为了提高一次取送成功率,有些企业与客户协商后再执行取送作业。对于长期客户,大部分快递企业会与客户协商,实行定时定点取送。对于一些重要客户(主要为制造企业),快递企业会深入挖掘企业对服务质量和服务时效的要求,从出厂到消费者实行一体化服务。

2.3 快递服务的发展

2.3.1 快递服务的发展历程

1. 快递服务的起源

我国作为一个拥有悠久历史的文明古国,自古以来就有很多伟大的创新。我国古代就已经拥有快递服务,只不过那时候的快递只具有现代快递行业的雏形,同时因受到地理因素和交通工具的限制也只能完成一些简单的传递任务。快递服务在我国古代经历了"步传、车传、马传、驿站、递铺(急脚递)、邮驿合并(新式邮政)"的发展过程。据史书记载,最早的信息传递,是尧帝时期的"彭邮";而到了奴隶社会的商周时期,商纣王把"彭邮"上升为"音传通信""声光通信";西周时期出现了实物传递,分为"轻车快传""边境传书""急行步传"方式,邮驿制度开始形成,而烽火报警方式则广泛用于军事通信。春秋时期,邮驿制度发展成为"单骑通信"和"接力传递",出现了"马传"。孔子曾说:"德之流行,速于置邮而传命。"到了封建社会的秦朝,公文分为"急字"和"普通"两种文书,在传递方式上便有了快递和普递之分;到了汉朝,为求安全和速度,传送方式都为"马递";南北朝时期,紧急公文要求日行四百里;隋唐时期,敕书等文件要求日行五百里;北宋时期,出现了专司通信的"递铺"传递方式,分为"步递、马递和急脚递",马递和急脚递都属于当时的快递。古代快递递送的是官府文书,主要服务于朝廷和官府,是政治和军事的"耳目延伸器",带有明显的官方色彩,与普通百姓基本无缘。国外也从很早就有了类似的信息和物品传递活动,人们熟知的马拉松的故事,就是一个快速传递信息的生动事例。

20世纪初,资本主义经济快速发展,现代快递行业开始诞生。1907年8月,美国联合包裹速递服务公司(UPS)创始人吉姆·凯西(Jim Casey)和克劳德·里安(Claude Ryan)以100美元为注册资金,在华盛顿州西雅图创建了美国信使公司。创业之初,他们租用了一间简陋的办公室,雇用了十几名员工担任信使,利用市内的几个服务网点,接听客户电话后,指派距离最近的信使前去收件(有商务文件、小包裹、食物等),然后按发件人的要求和时限送到收件人手中。这便是现代国内快递的开端。而国际快递,则是在其后几十年才出现的。

国际快递业务起源于发生在美国旧金山的一个偶然事件。1969年3月的一天,美国大学生阿德里安·达尔希(Adrian Dalsey)到加利福尼亚州一家海运公司看望朋友,正巧碰到该公司发生了业务事故,一艘德国船舶已经到达目的地夏威夷港,而提货单仍在旧金山制作中,如果利用邮寄方式寄送提货单,则需要一周的时间才能寄到夏威夷港,由此公司会产生一大笔经济损失。达尔希主动提出,愿意乘飞机将提货单等文件取回送到夏威夷港。管理人员盘算:此举可以节约高昂的港口使用费和货轮滞期费等开支,便同意他充当一次特殊的信使。达尔希完成任务后,便联合拉里·赫尔布罗姆(Larry Hilblom)和罗伯特·林恩(Robert Lynn)于1969年10月在美国旧金山成立了DHL公司,公司名称由达尔希、赫尔布罗姆和林恩三人英文名字的首字母缩合而成,该公司在百慕大注册,总部设在比利时的布鲁塞尔,主要经营国际业务,国际快递由此开创先河。

2. 我国快递服务的发展历程

回首我国快递服务的发展,我们会发现快递诞生于地下运作,成长于街道、巷道、里弄或库房。通过原始积累,快递服务发展至今取得了长足的进步。目前,我国已经形成以沿海大城市群为中心的区域性快运速递圈,同时这些速递圈又以滚动式、递进式的扇面辐射,部分大城市已经成为区域性快递产业中心,而且全国范围内形成了以基本交通运输干线为基础的若干快递通道,使我国快递业系统形成了一定的网路与分工。

回顾我国快递服务的发展,大致经历了三个发展阶段:

(1) 20 世纪 70 年代末至 90 年代初:起步阶段

我国的快递服务是从国际快递业务开始起步的,源自外向型经济的拉动。在这一阶段,我国的快递行业经历了从无到有,取得了一定的发展。这个阶段的特点是中国邮政(EMS)迅速发展,外资企业逐步进入中国市场。

1978 年中国大地正处于改革开放的巨变之中,全社会都处于变化当中,农村开始实行家庭联产承包责任制,高度集中的计划经济体制变成了社会主义市场经济体制,深圳、珠海、厦门、汕头试办经济特区,福建省和广东省成为对外开放的先行者。在快递行业,日本海外新闻普及株式会社(OCS)与中国对外贸易运输总公司在 1979 年 6 月签订了我国第一个快件代理协议。跟随改革开放后很多的第一次一起,我国快递行业正式起步了,而中国对外贸易运输总公司成为我国第一个经营快递的企业。随后,其他国际快递企业纷纷进入中国市场,相继与中国对外贸易运输总公司达成快递服务代理协议,开展国际快递业务。

正是在邮政业内外环境变化、国内国际经济形势影响的情况下,1980 年 7 月 15 日,中国邮政开办了国际邮政特快专递业务;1984 年 4 月,又开办了国内邮政特快专递业务;1985 年 12 月 3 日,中国邮政成立了中国速递服务公司,使其成为我国第一家专业快递企业。我国 EMS(邮政特快专递服务)的诞生成就了我国快递行业的兴起。

(2) 20 世纪 90 年代至 21 世纪初:成长阶段

这一阶段的特点是民营快递企业开始发展,快递经营主体多元化格局逐步形成。

1992 年之后,我国改革开放进入新的发展阶段。港台地区的劳动密集型产业大量转移到珠三角地区,进行来料/来件加工或进料加工,从而使香港地区成为我国内地与国际发达市场之间的贸易桥梁,大量的文件或货物在珠三角和香港之间传递,快递企业应运而生。长三角地区的乡镇企业快速发展,抓住有利的时机和政策,开始成为国际供应链上的一个重要环节。相应地,许多民营快递企业迅速崛起,包括顺丰、宅急送、申通等快递企业开始成立。民航、中铁等其他非邮政国有企业,也开始成立自己的快递服务公司。民航快递借助民航系统的航线、场站和国际交往的优势,国内、国际快递业务齐头并进;中铁快运则利用中国铁路旅客列车行李车作为主要运输工具,辅以快捷方便的短途接运汽车,开辟了具有铁路特色的快递服务。同时,我国快递市场的快速发展让国际快递企业更加重视这个潜力无穷的庞大市场,联合包裹(UPS)、联邦快递(FedEx)、敦豪快运(DHL)和荷兰天地快运(TNT)开始抢滩中国,这些国际快递企业利用与国内企业合作的机会,加大战略性投资,快速铺设网络,建立信息系统,我国在国际快递市场上占据越来越大的份额。

这一阶段,我国快递业务有了较快的发展,业务量急剧上升。根据中国海关的数据,全国的进出口快件由1993年的669万件上升到1998年的1 034万件。2000年,中国邮政快件业务量达到11 031.4万件,如果以中国邮政业务量占当时快递行业总业务量50%的比例估算,可以推算出20世纪90年代末我国整个快递行业总业务量达到2.2亿件,呈几何倍数递增。

(3)21世纪初至今:快速发展阶段

进入21世纪后,我国以更快的速度和更大的规模融入世界经济。特别是我国加入世界贸易组织(WTO)后,与世界市场的互动步伐进一步加快,快递行业进入了快速发展的黄金时期,业务量以每年30%的速度递增,一些企业的业务增长速度甚至达到60%以上。

在这一阶段,国有快递企业加大发展力度。中国邮政本身在1997年还占据着国内速递业务市场97%的市场份额,可到了2002年已经下滑到40%,而中国邮政长期占领的国际快递业务在2004年物流市场大部分开放以后也降到20%。为了应对自己在千禧年之后的颓势,首先,中国邮政不断增加新的服务项目和增值服务。其次,中国邮政不断提高信息技术水平及其处理能力,建立了以国内300多个城市为核心的信息处理平台,与万国邮联(UPU)查询系统链接,实现了中国邮政邮件的全球跟踪查询,建立了网站、短信、客服电话三位一体的实时信息查询系统。再次,中国邮政继续加强航空网络和邮件处理中心的建设,依托中国邮政航空有限公司,2004年建立了以上海为集散中心的"全夜航"航空集散网,2006年5月亚洲地区规模最大、技术装备先进的中国邮政航空速递物流集散中心也在南京建成并投入使用。最后,中国邮政完成股份制改造,成立了中国邮政速递物流股份有限公司。经过不断努力,2010年,中国邮政的营业收入终于突破了200亿元大关。

经过几十年的发展,民营快递企业网络快速扩展,市场份额不断提升,经营逐步走向正轨,其代表企业顺丰、中通、申通、天天、圆通等已经成为我国快递行业民族品牌的佼佼者。顺丰快递公司目前已经拥有6万多名员工、4 000多台自有营运车辆、30多家一级分公司、2 000多个自建营业网点,服务网络覆盖20多个省份和港台地区。中通快递公司分别在全国各省会城市(除台湾地区外)以及其他大中城市建立起了800多个分公司,吸收了1 100余家加盟网点,全网络有4万多人。天天快递公司现有15个集散中心、140个分公司、3个全资子公司(上海、南京、杭州)、1个控股公司(北京),快递网络分布在全国1 200多个城市,形成了以珠三角、长三角、环渤海湾为重点的快递网络布局。

在国内快递企业快速发展的同时,国际快递企业也逐步摆脱合资模式,成立独资企业,向国内快递市场扩张。TNT收购华宇物流集团;FedEx收购大田集团在双方合资企业中50%的股份及大田集团的国内快递网络,获得大田集团所有的快递业务,并在广州建立亚太区转运中心,在杭州建立中国区转运中心;UPS在上海建立转运中心。

总之,国内快递市场的发展一直保持着高昂的势头,不论是国有企业、私营企业还是国际企业,都在我国这个庞大的市场中快速发展。我国快递行业发展阶段及特点如图2-5所示。

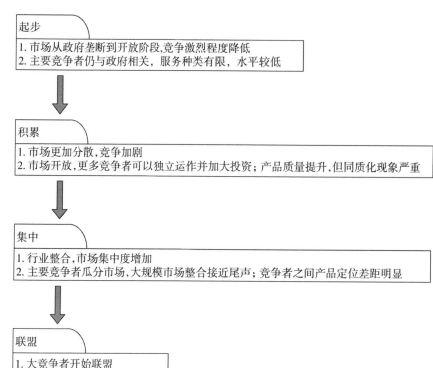

图 2-5　我国快递行业发展阶段及特点

2.3.2　知名快递企业的发展概况

1. 国际快递企业概况

(1)联合包裹速递服务公司(United Parcel Service,UPS)

UPS成立于1907年,总部位于美国华盛顿州西雅图市,是世界上最大的快递承运商与包裹递送公司,凭借在200多个国家和地区同时管理物流、资金流与信息流的能力,UPS以建成一体化运输服务企业为发展目标,将公司定位为全球商业的促成者,成为首个推出个性化供应链解决方案的物流企业。UPS以其褐色的卡车而闻名,在美国,它就是包裹车的代名词。

20世纪80年代,航空包裹递送需求的增长以及联邦航空业规定的取消,为UPS创造了新的契机。但规定取消的同时也造成了变动,如建立了新航线,减少了航班,放弃了一些航线。为了保证可靠性,UPS开始组建自己的货运机队。随着对更快捷服务需求日益增长，UPS进入隔夜空运业务领域。到1985年，UPS在美国48个州和波多黎各自治邦开展了隔日空运服务，随后阿拉斯加州与夏威夷州也加入进来。同年，UPS进入一个新的纪元，开展了国际空运包裹与文档服务，将美国与6个欧洲国家连接起来。1988年，美国联邦航空局(FAA)授权UPS运营自己的飞机，这样UPS成为一家正式的航空公司。据统计，截至2016年，UPS已投入使用的车辆有108 210辆，租赁飞机达420架，为220多个国家和地区提供服务。经历近一个世纪的发展，UPS已成为全球的配送专家。在UPS，全球配送不仅涉及管理货物的运送，还涉及管理伴随货物一起传送的信息流与资金流。到现在，UPS已经开始为客户提供物流、全球货运、金融、邮件和咨询服务，以提高客户服务水平。

(2)联邦快递(Federal Express，FedEx)

FedEx在1971年由前美国海军陆战队队员弗雷德·史密斯(Fred Smith)在阿肯色州小石城创立，在1973年迁往田纳西州孟菲斯，因为小石城机场官员拒绝为公司提供设施。作为美国快递业发展史上成长最快的公司，史密斯在耶鲁大学读书期间，首次提出"隔夜送达"的想法，并在1971年开始正式筹建。FedEx提出了百分之百按时配送、百分之百信息反馈、百分之百客户满意的服务保证，承诺"按时送达"，其快递服务实行按货物送达时间缓急差别定价。迁往田纳西州后，FedEx为25个城市提供服务，但困难重重，初期出现严重亏损。数年后，业务开始有所改善，到了1975年7月，公司首度出现盈利并安装了第一个投递箱。1978年，FedEx正式上市。经过多年的发展，FedEx已经成为全球知名的快递企业。1994年，FedEx推出FedEx.com，这是第一个提供在线包裹状态跟踪的运输网站，使客户能够通过互联网开展业务。2003年，FedEx推出首款混合动力电动卡车，这类车辆不但速度没有降低，而且可以使用电力，大大降低了成本。2010年，FedEx推出第一款用于美国包裹投递业务的全电动卡车。2014年，FedEx旗下的Tech-Connect开设了一个30 000平方米的包装实验室，为FedEx客户提供免费的包装测试和设计服务。2015年，FedEx收购了北美最大的第三方物流供应商之一Genco，并重新命名为FedEx Supply Chain。2018年7月19日，《财富》世界500强排行榜发布，FedEx位列第155。2018年12月18日，世界品牌实验室编制的《2018世界品牌500强》揭晓，FedEx排第52位。

(3)敦豪航空货运公司(DHL Express，简称DHL)

DHL于1969年在美国旧金山由阿德里安·戴尔斯(Adrian Dalsey)、拉里·希尔布洛姆(Larry Hillblom)和罗伯特·林恩(Robert Lynn)创立。DHL成立第三年，中国香港企业家钟普洋因工作关系结识了创始人之一的戴尔斯，加入了DHL的创办行列，于1972年以敦豪名称在中国香港开设了敦豪国际(香港)，负责美国本土以外的国际快递业务，将DHL的航线扩展到中国香港、日本、菲律宾、澳大利亚和新加坡。1974年，DHL在伦敦开设了第一家英国营业机构。1976—1978年，DHL的事业版图扩展到了中东、拉丁美洲和非洲三大区域。1983年，DHL成为第一家服务东欧国家的航空货运公司，在美国的辛辛那提设立了国际分拨中心。1985年，DHL在比利时的布鲁塞尔设立了一家一流的国际转运中心，每晚处理超过165 000票货物。1993年，DHL投资6 000万美元在巴林建立了一家新的国际转运中心。2002年年初,德国邮政全球网络成为DHL的主要股东。到2002年年底,DHL已经100%由德国邮政全球网络拥有。2003年,德国邮政全球网络将下属所有的快递和物流业务整合至一个单一品牌——DHL。2005年12月,德国邮政全球网络并购Exel(英国英运物流集团)的举措进一步巩固了DHL品牌。整合后的DHL的专业服务来自由德国邮政全球网络收购的几家公司。截至2018年,DHL的服务网络遍及全球220多个国家和地区,全球约380 000名尽心尽职的员工向120 000多个目的地客户提供快捷、可靠的服务。DHL是全球快递、洲际运输和航空货运的领导者,也是全球第一的海运和合同物流提供商。DHL为客户提供从文件到供应链管理的全系列的物流解决方案。在2012年,DHL开设了其在亚洲最大的快递中心,这一中心位于上海浦东国际机场,价值1.75亿美元,为上海与北亚、欧洲和美国之间的高需求航线提供服务。为了应对错综复杂的市场,DHL在2014年提出了"2020战略",确定了集团未来几年的发展方向,定义了集团下一阶段的发展。作为快递行业的著名企业,DHL也在不断回馈社会,其在2017年提出将在2050年之前将所有与物流相关的排放减少到零,并计划扩大自身的绿色产品和服务组合。经过多年的发展,DHL取得了显著的成就,在2018年《财富》世界500强中排名第119。

(4)荷兰TNT快递公司(TNT)

TNT于1946年在澳大利亚创立,1961年,TNT在澳大利亚证券交易所成功上市,这既证明了它在澳大利亚已经站稳脚跟,也暗示了它急需寻找新的市场份额。20世纪七八十年代,TNT的开拓者将公司新的增长点从澳大利亚转向了世界,他们在欧洲、北美和巴西各处购买运输公司,全力实施全球扩张计划,运营的范围也从公路、铁路扩展到海运和航空运输。到了20世纪90年代,通过兼并其他企业,TNT发展成为一个包含若干个子快递公司的TNT集团,在世界各地的员工人数也首次超过70 000名。但是,辉煌的背后也存在极大的隐患。1996年,TNT的高层将公司卖给了荷兰邮政集团(KPN),KPN将其皇家PTT邮政与TNT集团合并组建了TPG(TNT Post Group)集团公司。TPG的业务分为邮件、快件和物流三大部分,由于快件与物流保留了TNT品牌,所以现在称为荷兰TNT快递公司。2015年4月7日,FedEx以44亿欧元收购了荷兰TNT快递公司。

2. 国有快递企业概况

(1)中国邮政(EMS)

1980年7月,中国邮政开办了国际邮政特快专递业务,是我国速递服务最早的供应商;1984年4月,又开办了国内邮政特快专递业务;1985年12月,成立中国速递服务公司,使其成为我国第一家专业快递企业,公司的管理组织模式实行公司—分公司—速递服务站三级管理;1987年5月,开启与国际非邮政快递公司的合作,诞生"中速快件"业务;1995年11月,中国邮政航空公司成立,是国内第一家全货运航空公司;2000年,开办直递业务,进入物流领域;2001年8月,开办国内快递包裹业务,提供陆运快递服务;2004年8月,中国邮政航空公司推出全夜航,成为国内唯一一家夜航公司,推出一、二线城市次晨达、次日递业务;2006年5月,规模排名亚洲最大、世界第三的南京邮政速递物流航空集散中心正式落户南京;2009年2月,推出100个重点城市间的国内时限承诺服务;同年7月,国际承诺服务进军欧洲,并推广至英国、西班牙;2010年6月,中国邮政速递物流公司完成股份制改造,成立中国邮政速递物流股份有限公司;2010年12月,中国邮政速递物流收入突破200亿元大关;2013年1月,南京集散中心正式全面投入使用,充分利用全自动化的邮件分拣处理设备,实现全夜航邮件的集中上机分拣,日处理量30万件;2015年1月,中国邮政速递物流股份有限公司中邮海外仓1号仓上线启用,标志着中国邮政"走出去"战略迈出重要一步;2017年12月,中国邮政全国云仓网络布局已初步完成,共计472个仓储中心,总面积约361万平方米,六大枢纽仓均具备百万单发货能力。

中国邮政速递物流股份有限公司在内地31个省(自治区、直辖市)设立了全资子公司,并拥有中国邮政航空有限责任公司、中邮物流有限责任公司等子公司。截至2010年年底,公司注册资本80亿元人民币,资产规模超过210亿元,员工近10万人,业务范围遍及31个省(自治区、直辖市)的所有市县乡(镇),通达包括中国香港、澳门、台湾地区在内的全球200余个国家和地区,营业网点超过4.5万个。

(2)中铁快运(CRE)

中铁快运全称中铁快运股份有限公司,是中国铁路总公司直属控股企业,成立于1997年,位于北京。初期业务主要是在北京、上海等7个城市针对小件货物提供特快专递运输服务,后来也开办国际货运代理业务,依托我国铁路健全的铁路网络系统,通过北京、丹东、上海、大连、珲春、深圳、阿拉山口7个口岸分别办理国际铁路联运快运、国际空运、国际海运快件,以及内地与香港间直通联运快件业务。

中铁快运在国家工商行政管理总局注册,注册资金28.9亿元,设有18个分公司,拥有8个控股子公司,经营网络覆盖全国2856个县级以上行政区域,形成了国内覆盖范围最广、规模最大的专业快运经营网络。

(3)民航快递(CAE)

民航快递有限责任公司成立于1996年,虽然起步时间晚,但凭借自身快捷、可靠的特点,在短时间内就成为能和中国邮政、中铁快运并驾齐驱的国有快递公司。民航快递在成立之初把"时效品牌建设"放了首位,实施品牌战略计划。1996年年底,民航快递正式向社会推出了"12、24、36、48小时四个时间段的门到门服务"时效产品,客户可以根据自己的需要,选择不同时间段的时效产品。这不但大大增加了民航快递的客户,还大大提升了民航快递的知名度。2002年,民航快递推出"8小时时限的门到门服务"时效产品,这一举措使得其品牌价值得到进一步的提升。民航快递还加强了其快递网络的建设,先后在北京、上海、广州等20多个省市设立了自己的分公司,而分公司也按照要求在当地和省内周边二、三线城市设立了营业网点,2000年以后,民航快递基本建立起一个可以覆盖全国的配送网络。在信息建设方面,1997年7月,民航快递启动了民航快递综合管理信息系统建设,先与北京、上海、广州、深圳、厦门、沈阳、成都、西安8个分公司实现了远程网络联通,之后又完成了香港、郑州、海南、哈尔滨、青岛、山东、大连、武汉、南京、宁波的联网,部分地区建立了局域网,在2000年基本形成了全国计算机信息管理系统。

2005年，民航快递搭建了民航快递全国统一客户服务电话平台。这些举措使得民航快递增强了对外的核心竞争力。

多年来，民航快递的业务量每年以较大幅度递增，准时送达率始终保持全国领先地位，民航快递品牌获得了较好的美誉度、认知度和信任度。

3. 民营快递企业概况

我国的民营快递企业发展迅速，代表企业有顺丰速运、申通快递、中通快递、圆通速递、韵达速递、百世快递以及京东物流，这些企业的简介及发展历程详见二维码。

民营快递企业概况

2.3.3 快递服务行业的最新动态

1. 我国快递市场现状

（1）全球快递大国

网购已经成为现代都市人常用的一种购物方式，随之而来的是快速增长的快递市场。国家邮政局统计数据显示，2017年，全国快递服务企业业务量累计完成400.6亿件，同比增长28%；业务收入累计达4 957.1亿元，同比增长24.7%。我国已经成为名副其实的快递大国。

（2）快递业将由低价竞争向差异化高价值方向发展

快递业形成价格战的主要原因是快递时限产品单一同质化竞争，没有形成差异化和专业化的快递市场竞争格局。以"三通一达"（申通、圆通、中通、韵达）为代表的民营快递企业的客户群是相对低价值的个人客户，他们对价格敏感且对时效要求较高，品牌忠诚度较差。顺丰的主要客户群是中小企业，顺丰在这个领域无疑占有很大的优势。但国外快递企业，如FedEx和UPS，它们的客户群主要是高端客户和外资公司。高端客户是指邮递奢侈品、精密仪器、高端鲜花等高价值、对价格不敏感、对安全性和时效性要求高的客户。这也就是外资快递企业在市场占有率低的情况下仍可以获得高收入的原因。国内快递企业应将快递产品向差异化高价值方向开发。

市场定位是指根据细分市场上竞争者产品与服务所处的地位和客户对某些产品与服务的重视程度，塑造本企业产品与服务与众不同的鲜明形象并传递给客户，从而占据强有力的竞争位置。国际快递市场的大部分份额为外资快递企业所占据，民营快递企业在国内快递市场上具有优势。我国的民营快递企业应当整合自身资源优势，提升整体服务水平，明确地形成个性化的市场定位，树立品牌意识，积极开拓和坚守各地细分市场，提高客户的忠诚度和美誉度。

（2）快递业的市场集中度将进一步提升

2013年，"三通一达"、顺丰速运和邮政速递前六强已经占到快件市场份额的82%以上，这主要是由于其服务范围广、网点综合实力相对较强、市场定位覆盖"高中低"，从而成为多数电商快递的首选。

我国快递业真正开始市场化的时间并不长，行业还处于从竞争向垄断发展的阶段，成熟度不高在情理之中。由于电子商务的发展大大扩展了快递业的市场空间，给了众多民营快递企业生存空间。但是,由于国家政策提高了行业准入标准,而市场对快递企业的管理、服务水平也有了更高的标准,加之快递业本身对规模经济和范围经济的依赖,使快递业已经不仅仅是劳动密集型产业,同时也是资本密集型和技术密集型产业。随着行业壁垒的逐步提高,快递企业的优胜劣汰正在加剧。因此,低集中度的局面并不会延续很久,整个行业必然朝着更高的市场集中度和更高的成熟度发展。

2. 我国快递新模式

近年来,电子商务迅猛发展,成为支撑电子商务的重要一环,快递业迎来了发展的黄金时期。众所周知,派送环节是快递网络的重点一环,也是快递服务的"最后一公里",在确保快件即时安全送达、提升服务质量、宣传品牌形象、提高客户满意度、使快递走向千家万户中发挥了重要作用。与此同时,在快递业务旺季期间,"最后一公里"配送脱节、货件积压成为快递公司的"死穴"之一,同时也成为热衷网购消费者的"心理障碍"。

(1) 快递"零售店"模式

结合我国的国情以及目前我国快递业发展的阶段和特点来看,解决"最后一公里"收派难题,靠快递公司单方面去做是不可能的。近年来,包括快递业在内的邮政业也开始尝试与零售业合作,充分利用超市、便利店等的便利条件,扩展服务领域,解决"最后一公里"收派难题。

(2) 快递"地铁收发室"模式

自 2011 年以来,京东商城与北京京投轨道交通资产经营管理有限公司合作,分布在北京地铁 5 号线和 10 号线的 20 个车站外便利车兼职做起了市民网购的"收发室",这是全国首个地铁与电子商务企业合作的自提业务。目前,在北京地铁 5 号线、10 号线的各站点均有京东商城的自提服务,快递人员每天坐地铁送货,环保省时。市民上午在网站下单购物,下班回家出站就能取货,并可以用现金及 POS 机刷卡支付货款,极大地缓解了北京"快递逢节便慢递"的窘况。

(3) 快递"社区收发室"模式

2011 年,北京在海淀区、朝阳区等的社区和高校,建立了首批 15 个物流"社区收发室",共覆盖 100 个社区,服务 13.2 万余户居民。快递公司选择社区里的小卖部或者报刊亭作为代收点,把快递送到"共同配送"站点后,工作人员按照小区归类,统一配送上门。目前,"社区收发室"已陆续接入了申通、汇通、韵达等多家快递公司,实现了 24 小时营业,试运营一周的日业务量可达上万件。

(4) 快递"24 小时公共智能包裹站"模式

浙江邮政大楼正式向社会推出了"智能便民柜"。它外形酷似小区楼道里的报刊箱,操作全部由电脑自动控制,开关也需要凭密码进行,操作平台上方还有摄像头,实时记录开箱人信息,收件人可以凭借密码直接收取信件。

2.4 快递在经济发展中的作用

2.4.1 快递在电子商务中的作用

电子商务已经融入现代社会生活并飞速发展。我国电子商务市场近年来的增长速度一直远高于国民经济增长速度。2017 年,我国电子商务交易额达到 29.16 万亿元,网上零售市场交易额达到 7.18 万亿元。电子商务已经成为主流商务模式之一,在今后的一段时间里,我国电子商务将继续保持高速发展。电子商务(特别是 C2C 和 B2C)的发展离不开快递物流,电子商务依托快递物流实现了跨越式发展,快递物流在消费流通领域的作用日益突出;而电子商务对快递物流的发展也起到了促进作用,电子商务配送已成为拉动快递物流增长的重要力量。2017 年,我国电子商务带动的包裹量超过 400.6 亿件,全国快递物流 1/3 以上的业务量是由电子商务引发的。电子商务与快递物流是新经济时代发展密切相关、业务互为支撑的两个行业。电子商务与快递物流的合作是信息化服务应用与快递物流资源的有机结合,它为广大客户提供了更快速、更经济便捷的服务渠道,同时为客户降低了成本,并加强了运营商、供货商与服务商三者之间的相互促进、共赢发展。在电子商务与快递物流的合作中,如何处理好配送问题,促进两者合作优化与创新,将是决定我国电子商务与快递物流发展的重要因素。

快递业的蓬勃发展,为电子商务的迅速崛起提供了物流支持。新兴的电子商务具有信息化、自动化、现代化和社会化的特点,较之传统商业,既减少了库存和资金积压,又降低了物流成本,提高了经济效益和社会效益。电子商务使商业模式发生了重大变革,同时也为快递业的发展提供了技术条件和市场环境,为快递企业实现规模化经营创造了有利条件。

快递业尚不能很好地满足电子商务发展的需要。由于 2011 年年初出现的普遍的爆仓现象,一批电子商务企业开始考虑自行发展快递服务以保证供应;但是,这不符合专业化分工的规律。每个企业自办快递的成本必然比第三方物流大幅提高。在电子商务发展的刺激下,仓储、配送能力将会有一个爆发式增长,快递业的竞争将更加激烈。

2.4.2 快递在网络经济中的作用

我国的国民经济以第二产业为主体,物质生产规模宏大,物流承载的物质总量早已是世界第一位。我国每年物流的物质总量超过 320 亿吨,总价值达 100 万亿元。从周转的物质总量角度看,快递业在物流业所占比重是很小的,但是快递业的重要性在迅速提高。世界越来越扁平化,世界变得越来越小,人们的生活节奏越来越快,人们之间的联系越来越密切、越来越直接,这一切都与各种网络密不可分,而其中之一就是快递业形成的网络。各种网络使社会上每一个人、每一个机构组织之间的关系不再是以往纯粹的垂直关系,而是越来越趋向于一种平等的关系。因此,所有的网络产业均被定义为准公用产业。当然,各种网络的公用性程度是不同的。网络运行速度的加快,拉近了人与人之间的距离。快递业务的特点,一是速度快,二是准确直达。通过快递业务,人与人之间形成了一种平等而直接的关系。

快递业递送的往往是重要信息。快递业递送的物品中,有许多不仅仅是一件物品,更多的是对某一信息的回应,或者是一个凭据、一个问候、一份思念。

快递业递送的往往是社会经济生活中的要件。一般的货物运输不能保证机器设备核心部件、高价值物品、包装和安全方面有特殊要求的物品,以及时效性要求高的物品的递送等,这往往要求由快递业来承担。快递业是物流业中附加价值最高的部分,是高效率商业活动、高技术产业和高质量生活的必要条件。

快递业递送的往往是最终产品。快递业为邮购和电子商务服务,保证了物品价值得到直接实现。以信息网络和快递网络为基础的电子商务,一步到位地解决了销售、购买、支付、运输、配送所有环节的问题,不但提高了效率,而且改变了人们的生活方式和交往方式乃至思维方式。快递业务成为满足人们需要的最贴身的服务方式。

快递过程中没有停滞与迂回。快递缩短了生产与流通的过程和时间,加快了经济运行速度,例如制造业中样品和合同的及时送达等。传统物流业中存在大量的商品积压、拥塞现象,而快递业的精准特点正是为了避免这些矛盾而产生的。

快递业注重递送的时效性和安全性。与传统物流业相比,快递业更利于实现资源的整合和协调。快递市场规模的增长也与物流市场规模的增长呈线性正相关关系。同时,由于快递业需求的收入弹性高于传统物流业,其增长速度远高于传统物流业。

快递业是发达国家完成工业化、进入信息化阶段的产物。一旦快递业务渗透到经济运行的各个环节,物流的核心部分实现了高速运转,快递业务就成为提高经济效益的重要手段。因而,快递业的规模和水平成为一国经济发展水平的标志之一。我国物流业的总体规模高居世界第一位,而快递业的规模居世界第三位,这表明我国快递业虽有长足发展,但与发达国家相比还有很大的距离。一系列增值服务产品的推出,在提高企业竞争力和开拓市场方面将发挥极大的促进作用,也将是快递企业新的利润增长点。

为了保证物流业与快递业的迅速发展,我国物流业基础设施、骨干网络的建设规模创造了人类历史新纪录,海运、铁路、公路、航空系统的建设均走在世界前列;地方政府积极推动各地物流园区(基地、中心)和各类货运枢纽、场站的建设,众多物流企业基地建设全面提速;重要物流节点与骨干网络相连接,我国物流的网络优势正在形成。

物流信息技术的应用,大大提高了快递业的处理技术与能力,推动了快递业的第二次飞跃。快递企业非常重视现代技术的投入,其中信息化和数字化趋势非常明显。大型快递企业普遍采用了网络服务与电子商务系统、电子计算系统、信息实时追踪与控制系统,而且全部属于专用系统,提升了其服务质量,对于控制成本和扩大客户产生了深远影响。

2.4.3 快递对整个经济社会的作用

(1)促进国民经济产业结构调整

快递业的发展已经成为国民经济结构调整的动力之一,其发展不仅与机场、道路、信息技术等的发展有着密切的关系,还需要依托国家和地区经济、社会等条件的支持。随着快递业的不断扩大,其对我国经济的影响日益显现。快递业的发展对传统运输业和传统邮政业提出了有力的挑战,正在促使这两个传统服务业向新型服务业转型。传统的运输业提供标准化的货运服务,传统的邮政业提供政府指定专营下的寄递普遍服务,这些服务都不能满足现代社会对文件、样品等递送上快速、方便、安全等方面的特殊要求。快递业从诞生的那天起,就分流和替代了大量的传统服务业务。快递业促使这些传统服务业调整与更新,极大地提高了服务业的效率和竞争力,并使服务业上升到一个新的规模和水平。

快递业尤其是国际快递业的发展,提高了出口产品的竞争力。在经济全球化的今天,国际市场瞬息万变,技术创新日新月异,产品更新越来越频繁,市场的竞争往往就是时间和速度的竞争,尤其是高科技企业,对迅速、高效、安全的快递服务需求十分迫切,快递服务的最大贡献就在于能够使世界各地区的企业在全球化的市场上展开有效竞争。对于高科技企业来说,加快进入市场甚至比节省成本更加重要,快递服务已经成为出口部门建立快速反应机制的重要组成部分。

(2)优化生产力布局和资源配置

快递业的发展可以增强区域经济核心竞争力,而核心竞争力主要来源于产业竞争力。从辐射范围来看,快递业几乎涉及国民经济的各个方面,是一个跨行业、跨部门、跨区域的复合型产业,具有极强的经济渗透效应,其发展将会带动物流基础设施完善、科技创新投资,也会带动机械、电子、信息、通信等相关行业的进一步发展,促使产业结构、产品结构、企业组织结构的调整与优化。

目前我国不少地区产业结构雷同,重复建设严重。据专家分析,我国东部、中部、西部地区产业结构相近系数高达 0.95 左右。现阶段,我国大多数城市的主导产业相似性很高,大多以钢铁、石化、电子、汽车等产业为主,它们在产业结构中的比重都较高,规模优势不明显,企业生产和销售成本较高。

快递业以极强的时效性,极大地扩大了生产企业的市场范围,企业的选址布局将有更大的可选空间,产业的选址布局不再仅仅依靠原材料产地或消费市场,不同的地区可以依托资源优势发展相关的生产和经营活动,形成区域间的合理分工与协作。这样不但使各地区和企业避免了不合理的重复建设以及由此造成的盲目竞争,而且使各地区的资源优势得到了充分利用。

区域中心城市作为区域商品集散中心,消费集中且需求量大,中心城市及周边地区存在经济和物质上的明显不对称性,在这种非对称结构中,中心城市发挥着"中心地"和"增长极"的作用,作为核心枢纽,将其他地区"极化"成一个商品流通整体。以信息化、网络化为构成要素的现代快递业可以促进区域经济新产业的形成,可以优化产业结构,增加就业机会,降低企业运营成本和提高资源配置效率。因而,区域经济一体化必须有发达的物流快递系统的支持。

(3)提高经济运行效率

快递服务可以提高企业流动资本周转率,降低企业运营成本,提高区域资源配置效率,增强市场反应能力,强化企业核心竞争力。伴随着经济的发展,人民生活水平提高,市场竞争加剧,消费者行为发生了较大的改变。消费者倾向于购买差异化的产品,使得流行商品的流行时间缩短,这要求企业压缩库存规模,实现即时销售,准确核算商品的空间位移效率。现代快递企业利用其在信息技术上的优势,可以及时确定商品位置,并使得生产企业、销售企业和客户之间保持及时交流,提高三者相互间的信任度,在一定程度上降低企业的销售费用,使客户的需求及时得到满足,提高物品的递送效率,为企业实现零库存创造条件;同时,企业的流动资金快速周转,可以提高企业的盈利水平。

现代快递业的发展,使工商企业对市场变化的反应能力得以增强,供应链上的企业紧密联系在一起并形成联盟关系,共同面对来自其他供应链的竞争。这有助于减少企业交易过程中的不确定性,减少交易费用,降低履约风险,同时可以提高企业对不确定性环境的认知及适应力。企业之间的稳定合作关系还可以抑制双方的机会主义行为,减少因交易主体有限而产生的额外费用。用最短的时间、以最佳的方式、提供最合适的产品,这对一个企业的发展是最重要的。借助于一个稳定、高效的快递体系,可以实现生产商、分销商、零售商和最终用户之间的无缝对接,即时掌握用户需求及产品流动状况,进而调节生产和库存,以最低的总成本快速满足市场需求,从而获得竞争优势。

(4)增加就业

作为新兴产业,快递业对先进技术装备尤其是运输设备和信息通信设备的依赖程度很高。但是从要素密集程度分析,快递业实际上属于劳动密集型产业。目前,我国快递企业及其分支机构总数超过2万家,实际从事快递服务的各类人员超过100万人。快递业就业人员在国民经济总就业人口中所占比重迅速上升。其中,民营快递企业就业人员占快递业总就业人员的80%以上。在民营快递企业就业构成中,30%为下岗工人,50%为进城农民工。可见,快递业的发展为我国农村剩余劳动力和城镇下岗工人提供了大量的就业机会。在我国城镇化进程中,快递业将是解决就业问题的渠道之一。

本章小结

本章以淘宝速达为引导案例,由此引入了快递的概念,给出了快递的定义,讲解了快递的特征,对快递进行了详细的分类;同时,论述了快递网络的构成、结构模式及其工作流程等。本章进一步回顾了快递的发展历程,介绍了我国快递市场的概况,介绍了一些国内外知名快递企业的状况,使得读者对整体快递行业的发展有一个清晰的认识。快递作为人们日常生活中必不可少的服务,在经济发展中起到了重要作用,了解其作用有助于我们更好地学习电子商务快递服务相关知识。

思考题

1. 快递的概念及特征是什么?
2. 简述快递的分类。
3. 简述快递的工作流程,并结合自己的网购经历简单谈谈体会。
4. 结合自己身边接触过的快递企业,谈谈快递行业的发展态势。
5. 讨论快递到底对我们的社会产生了什么影响。

第 3 章

电子商务物流的客户服务管理

教学目的
- 以客户为中心的市场细分
- 客户满意度分析
- 新形势下的客户关系管理策略

客户服务管理是电子商务物流企业提高市场竞争力的重要手段。本章首先介绍了市场细分的基础、影响因素、分析方法及策略方向等。然后阐述了客户满意的重要性及其影响因素,并结合现实情况总结了提升电子商务物流服务客户满意度的措施。最后介绍了辅助客户成功以及恶意差评的背后交易,并进一步阐述了基于互联网思维的服务创新、个性化物流服务,以及"互联网+"背景下服务价值共创的相关内容,帮助读者深入了解电子商务物流的客户服务管理。

引导案例

京东"您好+"个性化服务

2018年4月28日是京东一年一度的配送员日。在这一天,全国各地的优秀配送员代表受邀来到京东总部,用他们丰富的实战经验为已成行业标杆的京东物流配送"您好+"个性化服务建言献策。

大家都对京东小哥统一的标准化服务印象深刻,但你不知道的是,基于不同地域、不同人群、不同场景的京东小哥有着自己的独门绝技。对于他们来说,送快递已经是门"艺术"了。

学好普通话,还要会"第二方言"

随着人口城镇化以及各地区间人口迁移的巨大变化,目前京东物流配送站的配送员基本来自全国各地,并不熟悉当地语言,但为了给当地人做好服务,京东小哥除须学会标准普通话外,还须掌握"第二方言"。配送员林羲松从特区深圳赶来,反复强调,作为一名配送员应该熟练一些方言。"我们那边有些城中村的老年人只会粤语,听不懂普通话,不懂粤语就很不方便。"为了提升片区的整体服务质量,林羲松经常为不会讲粤语的同事充当翻译,教他们学习些常用语,"学粤语有个窍门——抽时间看看TVB电视剧,这不就有意思多了。"

确认过口音,应是过了四级的人

黄幼华来自湖北武汉,平时很爱说话的他此时手里捏着一些小纸片默不作声,上面满是一些送货时常用的英语单词。他的客户有些"特殊"——华中科技大学的各国留学生。说起工作,黄幼华对自己会说英语这件事比较低调,但热心的服务让他成了留学生圈子里的"红人"。他不仅能"双语"送货,还会主动帮一些看不懂中文的留学生在京东App上下单,"虽然得多花点时间,但能让外国人感受到咱们电子商务的便利,我就很开心,也挺骄傲的。"

梅雨季节里的特殊防雨层

我国幅员辽阔,各区域的环境气候因素给配送工作带来的问题也各不相同。除公司会针对每个区域制定相应的服务标准外,配送员们也是八仙过海,各显神通。5月将至,长江以南多数地区又将迎来梅雨季节,杭州的杨二建对此颇有体会,他的"法宝"就是手中的塑料袋。"赶上我们那边梅雨季,一天到晚都下雨。"为了防止货物在运送过程中淋湿,杨二建电动车上的防雨布几乎永远都扎得紧紧的。"那个月,不管出来是阴天还是晴天,防雨布一定要盖好,还要带够塑料袋和防雨包材。等下雨了再去盖,上边的货可能就已经湿了。"针对南方的雨水天气,公司已经在商品外包装上加了防雨层,但杨二建还是坚持在纸箱外再套一层防雨包材,"以防万一,谁也不想收到湿乎乎的货吧!"多想一层,这就是杨二建的"法宝"的秘密,而这个秘密,也已经逐渐被推广到整个区域供学习。

拥有 500 位好友的大 V

在京东物流现行的"您好＋"个性化服务中,有很多流程化的服务标准。例如,有一条是要求配送员主动询问客户是否需要扔垃圾。而来自西安的张力,自己把这项服务"温暖化"了。不管送不送货,只要顺路经过,他就会随手将老客户的垃圾袋带走,"天热的时候垃圾放在门口,楼道里都有味道,我带下去,就是举手之劳而已。"张力在自己建的 500 人大群里做上了"客服"。"在一个小区送货久了,我和客户都成了朋友。"说着他掏出手机展示了自己 500 多人的客户群。平时他还会在这个群里做客服,解决客户下单、收货及售后的一些问题,"这样把问题解决在萌芽状态,会大大降低客户的投诉量。"张力自豪地说。

在丘陵地区送货,有点费鞋

吕国枫一张口,东北人爽朗的劲儿就立刻显现出来,他工作的突出特点就是"费鞋"。大连属于丘陵地区,坡多弯急,为安全起见,送货只能用封闭式货车,但有些比较狭窄的小路,货车过不去,经常要下车步行去送货。就这样,鞋走坏了一双又一双。也因为"用脚丈量"的态度,配送片区的各类客户信息他都烂熟于心,哪家有老人,哪家人腿脚不便,他一清二楚。通常他会把整箱的啤酒搬到客户要放的特定位置,帮老人把饮水机上的空桶换了。吕国枫笑呵呵地说:"你买货我搭服务,俺们东北人都是活雷锋。"

京东物流早已制定了一整套细致严谨的"您好＋"个性化服务标准流程,包括站点清洁物品配备、纸箱回收、携带生活垃圾、站点鞋套配备、特殊节日惊喜交付以及特定场合惊喜服务等。在实际工作中,很多看着硬性的标准被这些"可爱"的配送员活学活用了,京东物流正在陆续把可复制的"个性化服务"向更大范围推广。

值得一提的是,在一线配送员不断主动追求服务品质提升的同时,京东物流也一直非常注重从精神、物质及认同等多个层面激励员工,持续鼓励员工的正向行为。借"4·28配送员日"之机,京东物流表示将成立专项基金,每年投入 6 000 万元用于奖励在服务质量提升上表现优秀的配送员,同时为所有的一线配送员应对突发事件提供支持。

热爱是做好一切工作的源泉。这些京东物流最可爱的人正在用他们发自内心的热爱为他们的这份工作注入活力。也正是他们的这份热爱提升了物流的客户服务水平,使得京东物流广受好评。京东物流也将持续用人性化的管理方式鼓励那些温情满满的个性化服务,给予大家最有力的支持,让越来越多的员工一同加入这场暖心行动,为客户、为整个社会增加温度。

资料来源:简族. 配送员小哥独门绝技大揭秘:京东物流全新升级"您好＋"个性化服务[EB/OL]. (2018-04-27)[2019-02-01]. http://www.sohu.com/a/229739138_281697

3.1 以客户为中心的市场细分

有人曾请教一位营销大师,如果有一桶冰,如何把它们卖给因纽特人?这位大师回答,冰可以做成杯子,用来喝伏特加;冰也可以当作添加剂;冰还可以让牙疼患者缓解牙痛。对于对冰本身并不感兴趣的因纽特人来说,只要冰能满足他们的某种特定需求,他们就会购买这种产品。

当今社会,一个企业要面对庞大的购买者群体。由于客户在心理特征、收入状况、消费偏好等方面存在巨大差异,客户的需求不尽相同,一个企业不能也不可能满足客户的全部需求。市场细分就是根据客户对产品和市场营销组合的不同需求,把市场分割为具有不同消费需求或行为的购买者群体,并勾勒出细分市场的轮廓,目的是针对每个购买者群体采取独特的产品或市场营销组合战略,使企业找到自己的目标市场,确定针对目标市场的最佳营销策略以求获得最佳收益。因此,企业要通过市场调研,将客户划分为不同的群体,并结合自身的目标和资源情况确定能为之提供有效服务的目标市场,同时制定合适的市场营销战略来满足目标市场的需求。但是,市场细分的定义和特点是什么?市场细分的意义是什么?什么是有效的细分市场?下面将对这些问题进行详细的阐述。

3.1.1 市场细分的概念与基础

1. 市场细分的概念

市场细分这一概念最早由美国营销学家温德尔·史密斯(Wendell Smith)于1956年提出。他认为,市场细分就是根据客户购买行为的差异,把整个市场分为若干个具有类似需求的消费群体,成为子市场或者亚市场。市场细分是指根据客户属性,将一个很大的消费群体划分成一个个细分群,隶属同一细分群的客户彼此相似,而隶属于不同细分群的客户则被视为是不同的。营销者通过市场调研,依据客户的需求和欲望、购买行为和购买习惯等方面的差异,把某一产品的市场整体划分为若干个客户群。每一个客户群就是一个细分市场,每一个细分市场都是由具有类似需求倾向的客户构成的群体。结合客户关系管理的思想,我国学者齐佳音等人认为,市场细分是企业在明确的战略、业务模式和特定的市场中,根据客户的属性、行为、需求、偏好及价值等因素对客户进行分类,并提供相应的产品、服务和营销模式的过程。

根据所处时代和行业环境的不同,有关市场细分这一概念形成了两大流派:以产品为中心的市场细分和以客户为中心的市场细分。以产品为中心的市场细分主要为营销决策者所使用。营销决策者根据不同的营销决策目标(产品定位、定价、广告定位等),围绕某产品或品牌的特定消费情境对客户进行细分。细分变量包括产品使用率、消费态度、寻求的利益等,目的是要了解客户对某产品或品牌的心理需求和消费行为差异,以选择最有利的目标客户群及恰当的营销策略。但是,这种以产品为中心的市场细分不能替代对消费心理、消费行为差异本质的分析和概括,它无法对客户在价格决策、媒体习惯、产品功能偏好等各个方面表现出来的各种特征做出深层次的系统分析。这种市场细分针对不同的营销细分任务采取不同的细分标准,必然导致各种营销决策的细分方法缺乏连贯性,从而大大降低了整合效率。随着市场的不断发展,以产品为中心的营销理念已逐渐被以客户为中心的营销理念代替。一个产品的成功与否是由市场决定的,而市场的成功又取决于客户的成功。在企业经营的各种要素中,只有客户,特别是忠诚客户才能为企业创造价值。企业的长远利益在很大程度上取决于企业的客户关系价值和对客户资产的管理能力。换言之,品牌建设必须建立在让客户感动、让企业和客户双赢的基础上。所以,以客户为中心的市场细分理论和方法成为大多数企业认可与推崇的市场细分方法。

按照客户欲望与需求,把因规模过大导致企业难以服务的总体市场划分成若干具有共同特征的子市场,处于同一子市场的消费群被称为目标消费群,相对于大众市场而言,这些子市场的目标消费群就是分众了。以客户为中心的市场细分是第二次世界大战结束后,美国众多产品市场由卖方市场转变为买方市场这一新的市场形势下,企业营销思想和营销战略的新发展,更是企业贯彻以客户为中心的现代市场营销观念的必然产物。

市场细分和目标市场选择是市场营销活动过程的一个重要步骤,企业特别是电子商务企业认识到,对于不同的客户群,应选择其中的若干个作为目标市场,并且根据这一目标市场的特点,正确制定营销战略目标和营销策略。企业在经营中会意识到,在通常情况下,任何一个企业都无法为市场上的所有客户提供最佳服务。这是因为客户人数众多、分布广泛,而且每一客户的购买需求差异很大。所以,企业要想取得竞争优势,就要识别自己能够提供有效服务的最具吸引力的目标市场,而不是四面出击。目标市场营销能够帮助卖方更好地识别市场营销机会,从而为每一个目标市场提供适销对路的产品。同时,卖方调整产品价格、销售渠道和广告宣传,能有效地进入目标市场,可以将营销努力集中在最有可能使之满意的购买者身上,而不是分散努力。因此,掌握市场细分的方法、选择目标市场、准确进行市场定位,是正确制定市场营销战略的前提。在由以产品为中心向以客户为中心的营销理念转变的过程中,客户资源已经成为企业抢夺的焦点。市场细分作为一种市场营销理论和方法,能够指导企业准确地定位市场目标,从而成为一种贯穿企业的客户获取、客户保持及客户发展等客户关系管理的重要基础分析手段。

2. 市场细分的基础

(1)客户需求的差异性

客户需求的差异性是指不同客户之间的需求是不一样的,在市场上,客户总是希望按照自己的独特需求去购买产品。根据客户需求的差异性,我们可以把市场分成"同质性需求"和"异质性需求"两大类。同质性需求是指由于客户需求的差异性很微小,甚至可以忽略不计,因此没有必要进行市场细分。异质性需求是指由于客户所处的文化背景、地理条件和社会环境不同,自身的心理状态和购买动机也不同,形成了他们对产品的价格、质量、样式上需求的差异性,而这种需求的差异性就是市场细分的基础。

(2)客户需求的相似性

在同一地理条件、社会环境和文化背景下的人们形成相对类似的人生观、价值观,他们的消费习惯和需求特点也大致相同。正是因为客户的需求在某些方面的相对同质,市场上有着绝对差异的客户才能按照一定的标准聚合成不同的群体。所以,客户需求的绝对差异决定了市场细分的必要性,而客户需求的相对同质则使市场细分有了实现的可能性。

(3)企业资源的有限性

企业受到自身条件的限制,不可能向客户提供能满足其一切需求的产品和服务。为了进行有效的竞争,企业必须进行市场细分,选择最有利可图的细分目标市场,集中企业的所有资源,制定有效的竞争策略,以取得和增强竞争优势。因此,有限的企业资源和有效的竞争是对市场细分的客观要求。

3.1.2 市场细分的特点与意义

1. 市场细分的特点

(1)市场细分的不确定性和动态性

市场细分的不确定性是指客户行为特征受个人偏好、环境、社会等多种因素的影响,具有不确定性。市场细分的动态性是指随着时间的推移,客户的行为会发生变化。因此,在不同时间收集的数据,其反映的规律可能不一样,这就要求市场细分方法能够在这种不确定性和动态性中准确把握并分析客户行为的规律性。

(2)市场细分随企业战略的转变而变化

随着企业不断发展,其战略可能根据产品、市场和战略目标的变化而发生转变。那么,市场细分这一工作就要结合企业战略的转变而重新进行。由此可见,对于一个企业来说,对其客户群体的细分并不是一成不变的。

(3)市场细分结果的不唯一性

根据不同的细分标准,细分结果可能不尽相同。因此,为了尽量提高细分结果的准确性,企业往往需要对多次细分结果进行认真的分析,从而找出最适合企业营销特点的细分客户群体。

(4)市场细分对分类结果的评价与一般的分类有不同的标准

对于一般的分类问题,其准确性十分重要;而在客户关系管理中,分类问题更强调有用性,即在特定条件下实现特定目标。例如,某药厂在选择潜在客户群时,假设面临两种分类模式得出的结果为:一个结果是被确诊为某一种疾病的人可能是潜在客户,这类人在目标区域(某一城市)中有 100 人,这种分类的准确率为 80%;另一个结果是具有某一特点的人群可能是潜在客户,这种人在目标区域(某一城市)中共有 10 万人,这种分类的准确率为 10%。在这个例子中,尽管第二种分类模式的准确率较低,但是由于它能发现更多的潜在客户,因此这个分类结果更有用。

2. 市场细分的意义

(1)有利于企业制定市场营销战略

市场营销战略包括确定目标市场和选定适当的营销组合。实际应用中有两种途径:第一,从细分市场到营销组合,可以先将一个异质市场细分为若干个子市场,然后从若干个子市场中确定目标市场,采取和企业内外部环境相适应的目标市场策略,针对目标市场设计有效的市场营销组合;第二,从营销组合到细分市场,可以在建立营销组合后,对产品、销售及价格等做出多种安排,将产品投入市场进行试销,根据市场反馈信息,研究客户对不同营销组合的反应有何差异,进行市场细分,确定目标市场,再按照目标市场的需求特点,调整营销组合。

(2)有利于企业发现市场营销机会

市场营销机会是已出现但尚未得到满足的需求。这种需求往往是潜在的,一般不容易发现。运用市场细分的手段便于发现这类需求,并从中寻找适合本企业开发的需求,从而抓住市场机会,使企业赢得市场主动权。

(3)有利于企业集中资源

市场细分使企业能集中资源,有效地与竞争对手相抗衡。任何一个企业的资源,包括人力、物力、财力和信息等都是有限的。在企业间竞争日益激烈的情况下,市场细分有利于企业发现目标客户群的需求特点,从而调整企业产品结构,增加产品特色,集中企业各方面资源,提高企业的市场竞争能力,有效地与竞争对手相抗衡。通过市场细分,选择适合自身的目标市场,企业就可以集中各类资源去争取局部市场上的优势,然后再占据目标市场。

(4)有利于企业拓展市场

市场细分能有效拓展市场,扩大市场占有率。企业对市场的占有不是一蹴而就的,必须循序渐进,逐步拓展。通过市场细分,企业可以先选择最适合自己的某些子市场作为目标市场,在这一步实现后再逐渐向外推进、拓展,从而扩大市场占有率。通过市场细分,企业能够对每一个子市场的购买潜力、满足程度、竞争情况等进行对比分析,从而找到有利于本企业的市场机会,使企业及时做出生产、销售决策,或者根据本企业的生产技术条件制订新产品开发计划,进行必要的技术储备,掌握产品更新换代的主动权,开发新的市场,以便更好地适应市场需求。

(5)有利于企业扬长避短

市场细分有利于企业扬长避短,发挥优势。每一个企业的经营能力对于整体市场来说都是有限的,企业必须将整体市场细分,确定自己的目标市场,把自己的优势集中在目标市场上;否则,企业就会失去优势,使自己在激烈的市场竞争中处于劣势。特别是有些小企业,更应该注意利用市场细分原理,选择适合自己的市场。

(6)有利于企业选择目标市场

市场细分后的子市场是比较具体的,相对容易了解客户的需求,企业可以按照自己的经营思想、方针及生产技术和营销能力,逐步确定自己的服务对象——目标市场。针对较小的目标市场,便于制定特殊的营销策略;同时,在细分市场上,容易获得和反馈信息。客户的需求一旦发生变化,企业就可以迅速改变营销策略,制定相应的对策,以适应市场需求的变化,提高企业的竞争力和应变能力。

(7) 有利于企业提高经济效益

前面几个方面的作用都能使企业提高经济效益。除此之外,在细分市场后,企业可以针对自己的目标市场,生产出适销对路的产品,这样既能满足市场的需要,又可增加企业的收入。当产品适销对路后,企业可以加速产品的流转,加大生产的批量,降低企业的生产及销售成本,提高工人的劳动熟练程度,提高产品的质量,从而有利于全面提高企业的经济效益。

当然,以客户为中心的市场细分也容易出现一些问题。例如,只注重市场细分的过程而轻视最终的目标,认为市场细分得越细越好;流于表面,没有深度;只在静态中进行细分,没有考虑动态的变化;只考虑细分而没有考虑细分之后可能出现的融合等。以上任何一个问题的出现,都会影响企业后续的经营活动。企业尤其是电子商务企业应该以严谨的态度对待市场细分工作,要保证市场细分工作的顺利实施就应该在组织架构和管理水平的科学性上多下功夫,要秉持动态的观念,把握好深度与广度,兼顾过程与目标,解决好细分与生产经营之间的关系。

3.1.3 电子商务物流市场客户细分的影响因素

美国宾夕法尼亚大学提出,消费市场的细分分为两大步骤:一是宏观细分,即在整个市场范围内,按照组织的大小、所处的地点、产品或服务的使用率和使用目的等因素,识别具有共性的子市场;二是微观细分,即在宏观细分出的子市场中,再按照组织的产品、技术、质量、应用、采购原则、决策结构、决策过程和买卖双方的关系等进行目标市场细分。以客户价值为导向,对电子商务物流市场进行客户细分,通常会受到客户显性因素、人文因素、行为因素及心理因素的影响。

1. 显性因素

显性因素包括客户的地区分布、行业分布、组织分布等。不同地区、不同行业、不同组织归属的客户在消费行为上差异很大,企业根据不同的客户进行细分,可以掌握具有不同显性因素客户的消费属性。

2. 人文因素

人文因素由客户的个人信息、人文属性组成,比如性别、年龄、信仰、爱好、收入、家庭成员数、信用度、性格、价值取向等。

3. 行为因素

依据客户的消费行为分析其消费习惯,从而找到客户之间的共同点,据此进行客户细分。在快递行业,对客户进行细分主要依据使用频率、流向流量、账期、口碑传递等变量。

4. 心理因素

每个行业的每个客户在进行消费时,都会产生一定的心理活动,这决定了某个人或者某类人对产品或服务的想法、认知及评价,从而引发实际的活动。因此,企业也要从心理因素角度来考虑客户细分。

3.1.4 物流市场客户细分的分析方法

企业在评价和分析客户价值以后,可据此对市场中的经济型客户进行细分。经济型客户细分是区别于以人口统计、地理分布等非经济指标进行的客户细分。客户细分方法如图 3-1 所示。

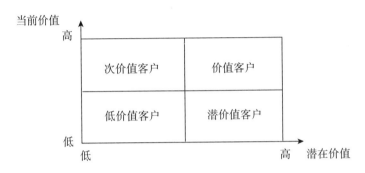

图 3-1 基于客户价值的客户细分方法

客户价值评价体系最终将产生四种结果,即低价值、潜价值、次价值和价值客户群体,按照(当前价值,潜在价值)的描述方式,分别对应(低、低)、(低、高)、(高、低)、(高、高)。依据这种分类标准进行客户细分,其评价结果对应的客户依次为低价值客户、潜价值客户、次价值客户和价值客户,如表 3-1 所示。

表 3-1 客户价值评价体系对应客户细分

客户细分	价值趋势	当前价值		潜在价值	
		高	低	高	低
低价值客户	视情况		√		√
潜价值客户	价值上升		√	√	
次价值客户	价值下降	√			√
价值客户	价值增长	√		√	

对于不同价值客户,企业应有相应的策略:
(1)低价值客户
① 客户本身还在发展:需要花费成本保持。
② 客户处于生命周期末期:继续保持,平衡成本与收益,不额外投入。
③ 客户对价格极其敏感且感化成本很高:企业应放弃。

(2)潜价值客户

企业应倾向性地投入资源挖掘其购买能力。

(3)次价值客户

企业应配置更多的资源,让其价值转变。

(4)价值客户

企业应持续投入相匹配的资源,进行长期、密切的合作。

3.1.5 物流市场客户细分的策略方向

在电子商务物流市场中,客户是快递企业的利润来源,是快递企业发展的外部基石,是快递企业核心竞争力的基础,而客户的需求如何实现甚至超越客户期望则成为快递行业业务发展的动力源。任何一家快递企业的生产服务资源都是有限的,面对需求、偏好、购买行为等方面存在多元化差异的数量庞大的客户群体,无法采用千篇一律的大众营销方式,而只能基于各企业针对所属目标客户群体进行的客户细分,设计和提供适销对路的快递物流服务方式,树立明确鲜明的品牌形象,以有限资源获取最大收益。

快递是我国物流产业发展的重要组成部分。从目前快递物流市场发展现状、客户需求特征、消费者购买行为、社会经济发展结构等方面来看,总体而言,快递企业基于客户价值进行的客户细分策略应从以下几个方面来规划考虑:

1. 地域细分

按照地域细分,我国快递物流市场基本分为国际快递、国内快递和同城快递。而每种地域细分下的快递业务,客户对服务质量、价格的敏感度是不同的。如何根据企业自身的资源优势及目标地域客户价值的特点选定服务地域和种类很重要。

2. 个性细分

每个客户在快递运输方式、运送时限、邮品安全及自费标准等方面有不同的偏爱和需求,各个快递企业应当根据自身的品牌美誉度及市场占有情况进行有选择的重点市场营销,建立自己的重点目标市场及次要目标市场,或者确定放弃的市场。

3. 服务细分

客户委托的邮品千差万别,不同的客户有着不同的需求特征,快递企业需要根据自己想要实现的客户价值,结合自身的服务产品定位,找到一个匹配点;同时也要根据不同服务产品的细分,找到符合自身的服务优势,扬长避短,发挥自己的竞争优势,避免自己的薄弱方面恰好与这方面强势的竞争对手对标。

快递物流服务行业的市场细分可以用图3-2来概括,可以围绕细分客户的需求特征和使用特征来判定客户价值,从而给出快递企业相应的营销措施。

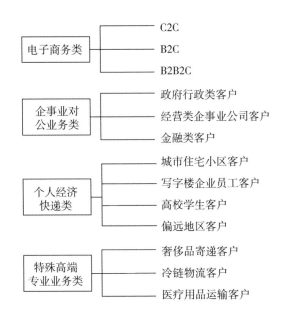

案例分析——
亚马逊的快递物流服务

案例分析——
美国UPS的服务与定价策略

图 3-2　快递物流服务行业客户细分一览

案例分析详见二维码。

3.2　客户满意度分析

客户满意对企业的客户关系管理而言至关重要。美国消费者事务办公室(U. S. Office of Consumer Affairs)提供的调查数据表明：

(1)平均每个满意的客户会把他满意的购买经历告诉至少 12 个人,在没有其他因素干扰的情况下,这 12 个人中有超过 10 个人表示一定会光临。

(2)平均每个不满意的客户会把他不满意的购买经历告诉 20 个人以上,而且这些人都表示不愿意接受这种恶劣的服务。

企业总是通过生产和经营的各个环节来最大限度地减少成本、压缩费用、提高销售价格以实现利润最大化,但成本是由各种资源组成的,不可能没有限制地去削减。随着市场竞争日益激烈,企业很难通过这种方式去获取更多的利润。当企业很难通过削减成本去获取利润时,就会将焦点转向客户,并希望通过满足客户的需求来维护其利润。因此,企业开始自内而外地转向客户,不断满足客户需求,提高客户满意度和企业经济效益,客户满意度的理念也就随之而生。

3.2.1　客户满意的基础

1. 客户满意的概念

美国学者理查德·卡多佐(Richard Cardozo)在 1965 年首次将客户满意(Customer Satisfaction,CS)的概念引入市场营销领域。随着市场竞争日趋激烈,客户满意日益受到学术界和企业界的重视。20 世纪 80 年代,美国将客户满意作为现代企业经营活动中一种重要的理念和手段,随后其他发达国家也开始重视客户满意。尽管学者们对客户满意的研究已经持续二三十年,但迄今为止并未取得一致的结论。

《美国市场营销学会顾客满意度手册》对客户满意的定义是:满意=期望-结果。换句话说,客户满意是客户对产品的感知与认知相比较之后产生的一种失望或愉悦的感觉状态。

菲利普·科特勒(Philip Kotler)认为,满意是指一个人对一种产品的可感知效果(或结果)与他或她的期望值相比较后所形成的愉悦或失望的感觉状态,是一种心理活动。乔纳森·巴斯基(Jonathan Barsky)认为,客户满意是指客户使用前的预期与使用后所感知的效果相比较的结果。约翰·霍华德(John Howard)认为,满意是付出成本与预期使用产品获得效益的比较结果。约亨·沃茨(Jochen Wirtz)认为,客户满意是客户对产品或服务预期的绩效与感知的绩效进行比较而产生的。欧内斯特·卡多特(Ernest Cadotte)认为,客户会将先前购买经验与购买后的实际感知做比较,用以评价满意的程度。

根据学者们对客户满意的定义,可以归纳出客户满意的四个特性:

① 心理感受,即客户满意是客户在消费企业的提供物(价值组合与方案)之后所感到的满足状态,是个体的一种心理体验。

② 相对性,即客户满意是相对的,没有绝对的满意。因此,企业应该不断创新,向绝对满意趋近。

③ 个体性,即客户满意有鲜明的个体差异。

④ 伦理性,即客户满意是建立在伦理、法律和社会责任的基础上的,有悖于伦理、法律和社会责任的满意行为不是客户满意的本意。

就电子商务企业来说,客户对电子商务企业网站上所提供的各种产品和服务的可感知效果与他或她的期望值进行比较后,形成的愉悦或失望的感觉状态就是"客户满意"。而客户满意度就可以看作可感知效果与期望值之间的差异程度。如果可感知效果低于期望值,客户就会不满意;如果可感知效果与期望值匹配,客户就会满意;如果可感知效果超过期望值,客户就会非常满意。通过客户满意度分析,电子商务企业不仅能够了解客户对网站上所提供的产品和服务的满意程度,还能够了解各项影响因素的重要性和满意程度,从而有的放矢地改进和完善网站的各项功能与服务。

2. 物流服务的客户满意度

所谓物流服务的客户满意度,指的是客户在物流服务上的期望值和客户消费后获得的感受的对比状况。物流服务客户满意度的高低与物流服务提供者的资源水平、经营管理等有重要的关系,并受多种因素的影响。因此,我们在分析物流服务客户满意度时,需要结合不同角度进行研究。

当下我国学术界在物流服务客户满意度上有着如下见解:第一,在物流服务客户满意影响因素中,最为明显的是可靠性和快捷性,其次是物流成本、货差率及货损率;第二,在物流服务质量水平影响因素中,最为明显的是配送和运输效率;第三,在客户的角度上,物流服务水平的决定因素有两个,一是企业物流服务能力,二是企业物流服务态度;第四,部分学者认为,客户在评价企业产品或服务质量时,企业的信誉和文化也会产生一定影响。物流服务客户满意度研究,作为客户满意度研究的一种,可以沿用国内外对客户满意度研究的理论。

3. 客户满意的重要性

客户满意对企业的客户关系管理战略有着重要影响。具体而言,客户满意对企业客户关系管理战略的重要性体现在以下几个方面:

(1) 有助于提高企业的利润率

满意的客户比不满意的客户有着更高的品牌忠诚度,更有可能再次购买企业的产品或服务,这种重复的购买行为将会增加企业的销售额。此外,满意的客户通常愿意为产品或服务支付更高的价格,对价格上涨也有着更高的容忍度。这样,企业就有机会制定更高的价格水平。

(2) 有助于抵御竞争对手

客户满意是抵御竞争对手的有效手段。在日趋激烈的市场竞争中,客户对产品或服务的要求或者对超出预期的要求日益显著。如果竞争对手能更好地满足客户需求,让客户更满意,那么客户很有可能会转投竞争对手。只有能让客户满意的企业才能建立长久的竞争优势,从而有效抵御竞争对手。

3.2.2 客户满意的影响因素

客户满意是一种心理感受,是一个复杂的心理过程,不同客户的心理过程不一样,即使是同一个客户在不同情境下购买同一产品或服务,其满意度也不相同。在电子商务环境下,交易双方的个性、心理及行为更加复杂。客户满意的影响因素主要有主观因素和客观因素两方面。

1. 影响客户满意的主观因素

(1) 客户期望

客户期望是指市场上的客户从各种渠道获得企业及其产品、价格、服务等信息后,在内心会对企业及其产品、价格、服务等形成一种"标准",进而会对企业的行为形成一种期盼。期望的满足程度会影响客户的满意度和惊喜度。

客户期望影响客户满意度,从而影响企业的销售量和收入。根据客户满意度的定义或对客户满意度定义的分析,客户期望和客户满意成反方向变化。降低客户期望可以提高客户满意度,但是这样会缩小客户群体,降低购买额;相反,提高客户期望有利于吸引客户购买,但是这样会降低客户满意度。

(2) 客户感受

客户感受是指由于客户经历、背景、需求等方面存在差异,不同的客户对同一产品和服务的感受水平不一。积极或消极的感情和心情,会直接影响客户对服务过程的体验和感知,并对满意度造成正面或负面影响。另外,公正感是客户满意的核心影响因素。例如,客户会自问:与别的客户相比,我是不是被平等对待了?我为这项服务花费的金钱是否合理?与我花费的金钱和精力相比,我得到的服务是否值得?不公正的待遇是客户投诉和客户流失的重要原因。

2. 影响客户满意的客观因素

影响客户满意的客观因素主要是指企业提供的产品和服务,包括以下几个层次:

(1)核心产品和服务

核心产品和服务是创造客户价值的根本。技术的进步、竞争的激烈导致产品越来越同质化,竞争对手之间的产品和服务太相似。在许多行业,优秀的核心产品和服务只是成功的基础,只能代表进入市场的基本条件,而非企业的核心竞争力。

(2)价格

服务定价的高低,会通过客户的期望对客户满意产生影响。服务定价提高,会引起客户对服务期望的提高,从而对服务质量更加挑剔,客户满意的难度提高。过高和明显不合理的服务定价,会导致客户对服务供应商产生欺骗、唯利是图的不良印象,对客户满意产生负面影响,甚至使双方之间的关系破裂。

(3)情感

情感是指服务的感性因素。感觉与情感的沟通,本质上是企业带给客户的感受,这是建立客户关系进而创造价值的重要组成部分。在电子商务交易中,交易双方订单的磋商和谈判是在销售人员和客户在网络平台中不见面的情况下进行的,这时销售人员的言行将直接影响客户满意度。在很多情况下,哪怕是销售人员不经意的一句话,如没有及时地回复、问答,或者用词不礼貌,都有可能使客户产生某种反感情绪。所以,销售人员要通过客户行为的微小、细节之处,尽可能迅速地了解客户的性格、消费行为特征和心理变化。

(4)服务和系统支持

企业的营销与服务体系是否一致、简洁,能否为客户带来方便,售后服务时间长短,服务人员的态度、响应时间及投诉与咨询的便捷性等都会影响客户的满意度。例如,凯美瑞汽车的经销商们在售前、售中及售后都能为客户提供一对一的服务,给众多车主留下了良好的口碑。"店里的人会帮我安排好保养时间,完全不用我操心。通过休息室里的可视化看板可以看到维修保养的每一个进度,让人觉得很安心。"一名凯美瑞车主对他们的服务这样评价。因此,优质的客户服务是提高客户满意度的保障。又如,海尔在实施"星级服务"的过程中,推出了"一、二、三、四"模式,即一个结果,服务圆满;两条理念,带走客户的烦恼,留下海尔的真诚;三个制度,服务投诉率小于十万分之一,服务遗漏率小于十万分之一,服务不满意率小于十万分之一;四个不漏,一个不漏地记录客户反映的问题,一个不漏地处理客户反映的问题,一个不漏地复查处理结果,一个不漏地将处理结果反映给设计、生产、经营部门。正是靠着不断完善的"星级服务",海尔才能不断向客户提供意料之外的满足,让客户在使用海尔产品时放心、舒心。

(5) 企业形象

客户对企业产品和服务的了解,首先来自企业的形象、品牌和口碑效应。当客户计划购买时,他们会非常关心购买什么样的产品,购买谁家的产品,企业形象在这时就会起到非常大的决定作用。通常,客户的第一选择总是脑中第一个出现的品牌的产品,一般情况下,客户是希望购买质量好、价格又不太贵的产品,也就是高性价比的产品。因此,企业形象是影响客户满意度的重要因素之一。

3.2.3 客户与电子商务、配送、服务评价的关系

1. 客户与电子商务的关系

在当今电子商务蓬勃发展的时代,企业必须迅速地对客户提出的各种各样且不断增加的需求做出反应,由此就对企业能为客户提供的服务提出了更高的要求。为了能够维持住优质客户,企业为客户提供的服务应渗透到所提供的产品的整个生命周期中。在客户购买产品之前,企业可以通过视频短片、网站介绍等电子手段提供服务;客户可以直观地体验产品,确定自己的需求。在客户购买产品时,企业可以通过实时交流软件与客户进行沟通,回答客户提出的各种问题,消除客户的后顾之忧;客户满意之后可以下订单、在线支付等,获得自己所需的产品。在客户购买产品之后,企业可以通过网络及时地收集客户的反馈意见,不断地改进服务,向客户提供持续的支持;客户可以对所购买的产品进行评价,或者联系企业提供后续的服务。

目前,电子商务企业在互联网上可以为客户提供多种形式的服务,主要包括互动交流、比较选择、技术支持、信息反馈、个性定制等。对于企业来讲,为了提高客户服务水平,可以运用许多工具来支持此项工作,如客户个性化网页、客户关系管理系统、常见问题回答、自动应答沟通工具、电子邮件、呼叫中心等。除上述工具和方法外,企业还会培养一批训练有素的客户服务人员,他们拥有熟练的技能,可以和客户保持良好的关系,了解客户的需求,倾听客户的反映,加强企业与客户之间的联系。在电子商务环境下,企业应准确高效地处理客户请求,利用各种手段帮助客户进行相互学习,为客户搭建更便捷、舒适的购买环境,及时解决客户在交易时遇到的各种困难等。

当今时代,只有那些可以正确分析客户需求,并能以最快的速度响应市场变化的企业才能够快速发展。因此,企业开展电子商务,一个最重要的目标就是利用网络最大化地满足客户需求,以最快的速度响应这种需求,为客户提供最舒心、合适的服务。只有这样,企业才能维持住优质客户。电子商务时代既需要技术,又需要服务,二者缺一不可,通过技术可以进一步提高服务质量,在服务中遇到的需求反过来又可以进一步促进技术的发展。

服务的目标就是使客户满意,然而在现实中,客户的需求是各种各样的,一个企业因资源有限不可能满足所有客户的所有需求,就需要制定合适的客户服务准则。客户服务不足或者过多都会影响企业的健康发展,因此必须结合多种背景情况,制定好客户服务准则。要实现这一目标,就要弄清楚客户实际需要的是什么。有些企业在制定客户服务

准则时,不知不觉地把自己的一些主观经验作为依据,却忽视了市场具有不断变化的特征,不了解客户的服务是具有层次性的,造成制定出的准则缺乏针对性。其实,客户认为的在服务过程中最需要的东西才是客户真正的需求,才是制定客户服务准则最需要考虑的,如网购客户的需求就是购买物品时的便捷性、灵活性及售后服务等。因此,在确定客户服务准则时,存在一个战略性选择的问题,一旦确定了客户服务的重点,企业的一些资源就应该向这些重点集中。

电子商务平台为企业与客户进行一对一式的服务和交流提供了便利条件。企业可以在网络上与许多的潜在客户进行互动式交流,共同制定服务准则,为双方创造价值。

2. 客户与配送的关系

配送是指在经济合理区域范围内,根据客户要求,对物品进行拣选、加工、包装、分割、组配等作业,并按时送达指定地点的物流活动。配送是物流中一种特殊的、综合的活动形式,是商流与物流的紧密结合,包含了商流活动和物流活动,也包含了物流中若干功能要素。

就大一些的物流系统来说,在经过一系列的环节之后,最终到达配送这个环节。因此,配送是整个物流系统的终端,是直接面向客户的部分。以一次配送活动为例,从开始接受并处理订单,通过整个物流过程,使得处于相对静态的物品经历了一次有目的的、时间比较短暂的动态流动过程,最终的配送则是这个过程的一个缩影。

无论配送之前的物流过程多么复杂而最终客户能够感受到的只是配送那一小段,客户是否满意,完全取决于对配送的一些主观评价。也就是说,如果能够在客户所希望的时间段内,以他所希望的方式得到他希望得到的产品,那么他就会认同整个物流过程。至于之前的情况怎样,客户是不会特别介意的。配送完成的质量以及能够达到的为客户服务的水平,体现了整个物流系统满足客户需求的水平,因此配送这个终端的价值实现具有非常重要的意义。

配送最基本的一个功能就是送货。这种送货的模式是一种由确定的组织机构,通过一种确定的渠道,依靠一套特定的资源,按照一种特定的规则来完成的。配送还具备一些中转功能,能够实现从配送单位到客户的一种特殊的送货。

配送的关键是能够把配和送很好地结合起来,这就要求工作人员能够处理好每个环节的具体情况,使配送达到一定的规范,利用规模上的一些优势来获得较低的成本。配送要以客户真正的需求为核心,真正地从客户的利益出发,实现客户的想法。

配送的目的是让客户在现有的资源情况下得到最好的服务。在配送开始前后以及配送过程中,一定要经常与客户进行沟通,让客户充分地参与,共同完成配送,并且让客户了解到配送过程中可能遇到的各种问题,使其做好心理准备,防止客户期望与具体情况之间出现较大的落差。在配送的具体操作上,客户要与配送单位紧密地配合,共同承担义务与责任,以此保证整个配送过程的服务质量。

3. 客户与服务评价的关系

高质量的客户服务可以有效地提升客户价值,增强客户满意度,是维持老客户和开发新客户的基础。客户服务活动本身固有的一些特性决定了客户总是要参与到服务的过程中,因此服务质量在某种程度上是与客户的主观评价分不开的。

客户服务评价是进行客户服务质量管理的一个基础,通过它能够全面掌握客户服务的整体过程,判断客户服务目标的可操作性和最终出现的结果,分析在这一过程中资源方面的利用效率和客户发展方面的潜力,并且能够为企业今后采取适宜的激励和淘汰机制提供必要的依据。

企业应当建立科学的客户服务评价制度,从根本上保证这项工作能够分层次、全方位、持续性地进行,保证评价结果客观、真实、有效,以便发现服务中比较薄弱的环节;应当明确负责客户服务评价的具体管理人员的职权范围,并设定具体的奖惩措施。

评价指标是对客户服务中关键控制因素的一个具体反映,企业应当建立一套完整的指标体系,从而可以从不同的方面反映企业客户服务工作水平。企业设计出来的指标应当目的明确,具有可行性,能够被绝大多数人理解和接受。评价指标应当尽量量化,对于实在无法量化的指标,可采用定性描述的方法。好的指标体系,应当对每个指标的具体评价方法做出具体的说明。具体的评价方法也有很多,企业应当根据实际情况具体分析,根据指标的不同特点采用合适的方法开展工作。对服务评价必须做全面、细致的分析,找到各种控制因素之间的一些内在联系,以便对企业客户服务工作的现状和未来发展趋势做出合理的判断。

分析结果也应该形成书面报告,为管理层的决策提供依据。客户是服务结果的最终承受者,他们对企业客户服务的满意度和评价结果可以用来衡量这一工作的整体水平,同时也能促进企业进一步提高和改进客户服务工作。

客户满意度是评价企业服务水平最重要的一个指标,这个指标经常会被提及,体现了企业对客户满意度的重视。客户满意度是一个定性指标,虽然可以通过各种方法来获取,但可操作性比较差,很难把握。在评价这一指标的过程中,应该尽量地将它再细分,分解成多个子目标,同时结合企业的一些具体情况,争取从不同的层面,如实地反映客户的满意度。

此外,客户在与企业进行交易的过程中,还有一些指标会对最终的服务评价结果产生影响,比如交付的目标时间、与客户的信息沟通能力、订单成交的便捷性、订单的满足比率、订单处理的正确性、订单变动的灵活性、订单的追踪、退货比率、客户投诉比率和处理效率、票据的及时性和准确性等。企业还应当结合自身特点,对以上指标进行修改与完善,并根据评价结果与目标水平之间的差距,适时地纠正与调整,不断提高客户服务质量。

客户服务评价结果能够反映企业提供的产品或服务满足客户需求的程度,这些需求可以转化为一系列评价指标。在实际操作过程中,企业与客户之间是一个双向互评的过程,通过比较分析两者之间的符合程度,可以明确企业客户服务工作的改进与完善方向。

3.2.4　客户满意度低的原因分析

1. 快递员专业素质偏低，服务意识不足

目前，我国多数快递行业从业人员受教育程度不高。从网点负责人到配送人员，没有技术分级，也没有要求掌握物流相关专业知识，技术含量低、运转低效是快递企业的现状。国内快递行业采用的最基本的运作模式仍是人工分拣，智能设备因成本高、需要具备专业知识的操作人员而极少被采用，这也是我国快递企业效率低下的一个原因所在。我国快递行业的从业人员整体素质偏低，没有从业相关培训，缺乏服务意识，服务质量有待提高。

从近年来快递服务投诉统计来看，客户对快递服务的投诉主要集中在以下几个方面：收件延迟，服务态度差，快递物品丢失、损坏等。由于快递一线人员集中在配送环节，而我国对快递配送人员缺乏劳动保障机制，基本社会福利普遍无法得到保障。大部分快递员认为工作时间长、劳动强度大、收入待遇水平不能达到预期，缺乏晋升空间。以每年的"双十一"为例，快递企业为了抢占更大的市场份额，不惜高价抢夺快递员，同时，为了支付高额工资又不得不收取更多的快件，"双十一"结束后，收件数量回落，快递企业再辞退临时招收的快递员。这种饮鸩止渴的做法造成了快递物流行业从业人员跳槽频繁，影响了快递企业的稳定性，增加了企业成本，形成了恶性循环。

2. 行业内竞争激烈，低价恶性竞争现象严重

伴随电子商务的快速发展，快递业务量激增，并随之孕育了大量的快递企业，包括顺丰、"三通一达"在内，国内各类快递企业已超过 8 000 家。入行门槛低也使得快递行业的竞争日趋白热化，快递企业为了获得更多的业务不惜降低单件价格，与低价对应的是企业的高成本，价格战造成的恶性竞争一直是快递行业发展的痛点。如何在恶性竞争中找到立足点，是快递行业面临的新挑战。

3. 缺乏信息安全意识，客户隐私保护不到位

随着快递业务量的增加，快递已经成为绝大多数人生活中必不可少的一部分，有关快递企业内部员工贩卖客户个人信息的事件层出不穷。虽然我国《快递市场管理办法》明确规定，快递企业与快递从业人员不得违法泄露在从事快递服务过程中知悉的客户信息，并提出了惩罚机制，但是在实际监管快递企业的过程中并未加强落实，并且一旦客户发现问题，在调查取证时会存在困难，造成客户对快递企业的信任度降低。

4. "最后一公里问题"亟待进一步解决

快递行业为了实现快递门到门、桌到桌的服务，一直在突破末端配送问题。为了解决"最后一公里"难题，快递行业开始探索智能快递柜、菜鸟驿站模式。智能快递柜模式近年来呼声较高，快递柜凭号就能拿件，省时省力，省却了投递员与客户不能面对面对接的烦恼，也方便了客户，客户体验度较高。但是，由于物业门槛高、维护保养费用高、前期没有布局准备，再加上快递柜的数量和空间不能满足部分快递的要求，客户不能按时取件,使得快件由原来的爆仓转变为现在的爆柜。菜鸟驿站作为菜鸟网络的五大战略方向之一,旨在通过社会化协同形成快递城市末端网络,菜鸟驿站不仅包括校园菜鸟驿站,还包括社区便利店、连锁超市、邮局报刊亭等,但菜鸟驿站是加盟制,缺乏统一管理标准,在服务质量上经常有负面反馈;此外,菜鸟驿站由各大快递公司加盟,快递流通量大,客户在高峰期时取件等待时间较长。

3.2.5 提高客户满意度的措施

1. 提升快递从业人员素质和服务意识

当前我国快递市场较为混乱,缺乏明确的管理体制。政府有关部门应出台相关法律法规,规范快递市场环境,同时加大对民营快递企业的扶持力度,促进快递市场的公平和良性竞争。企业应注重内涵和形象双重建设,对内规范企业内部管理,健全快递从业人员劳动保障机制,尤其是快递配送员的保障机制,降低行业内快递配送员的跳槽率,维护快递市场稳定运作;对外注重品牌建设,学习国际先进企业的标准化管理经验,引进专业物流管理人才,提升快递从业人员的形象和业务素质水平。

2. 积极开拓快递服务市场,实现多元化发展

快递企业要在激烈的竞争中立足就必须创新服务方式,提供不同的快递服务以满足不同层次客户的需求,并收取不同的费用。创新服务方式有利于避免单一的薄利多销的价格恶性竞争造成市场乱象,也有利于快递行业的可持续发展。快递行业需主动提升服务维度,开发潜在客户群体的服务需求,针对客户的特殊需求积极提供人性化服务,在配送方式、送货时间上给予更多的选择空间,向高端快递行业转型。此外,快递行业还要积极与制造企业、电子商务企业合作,利用自身的配送优势开发新的合作平台。快递企业只有从单一的配送价格利润争夺转向综合实力的提升,才能真正立足于市场。

3. 加强信息化建设,解决末端投递难题

在大数据信息化时代,快递企业要提高业务处理能力,必须在网络布局上占绝对优势。然而,面对庞大的数据,快递企业自身要重视企业信息化建设,完善物流管理系统,实现快递物流与电子商务数据的高效对接,在完成数据流通的同时更注重保障客户信息安全。与此同时,快递企业之间也要建立互通的数据平台,做到业务互补,从共赢角度出发,利用信息流通和网点布局共同解决末端投递难题。

4. 围绕需求痛点提升服务交互体验

要使客户更容易、更放心地使用快递终端服务,快递企业应当积极创新各个接触点的服务交互体验。这种创新在于了解各种客户深层次的需求,并利用这些深刻的见解发展其与企业之间的关系。微博、微信等社交媒体产生的评价信息是了解客户需求痛点或预期的一个重要途径,快递企业可以从中获取客户对快递各环节的体验的第一手看法,并借助大数据分析,发现需改进的问题点,例如客服热线标准答案的实用性低、公共安全事件多发下安全感缺失等。围绕安全感,顺丰在App中增设了客户信任机制,增加了快

递员的头像推送,让客户可以提前知道将和自己联系的快递员的工号、照片等基本信息,并提供了其配送工作的数据,还附上了印象标签,从而增加了投递上门的安全感。

5. 快递终端服务系统新策略

要以客户和快递员的行为洞察为基点,尝试通过服务工具、设施的系统整合来提升服务的效能与品质。目前国内快递门店的服务设施大多较为分散、组合性差,只满足基本的服务功能,与客户、快递员的多样化需求和品牌价值体验的要求相比尚显不足。快递企业可以通过观察与访谈,重构收件、信息填写、整理、运送、派件、签收等各种流程场景,从中发现新的机会,即快递柜台、陈列架、快递小车甚至快递员随身的工具应是基于不同定位的、模块化的、可扩展的,使其更具整合性;对于快递员的服务而言,可进一步设计称重、电子书写、移动条码打印等快递工具,使其与便携包整合起来,同时预留可扩展的新模块。这些将进一步凸显快递服务的专业性与品牌理念。

6. 强化互联网策略,创新服务模式

就长远发展来看,快递企业必须更新服务观念,进一步强化互联网思维,积极拥抱互联网。可以说,在当前引入O2O模式对快递企业做好客户关系管理有着十分重要的意义。所谓的客户关系管理O2O模式,就是将线下快递客户需求与互联网结合在一起,让互联网成为客户线下交易的前台。在这种情况下,快递企业线下服务需求可以借助互联网平台得到扩展,同样,客户也可以在互联网平台上筛选产品服务。鉴于互联网的技术优势,快递企业可以通过O2O模式,真正促进客户关系管理实现"裂变式"的提升。快递企业可大力推广已有App或微信公众号以及其他快递下单、追踪软件,推进客户关系管理优化升级。

3.3 新形势下的客户关系管理策略

3.3.1 恶意差评的背后交易

恶意差评是指客户在电子商务平台购买物品后,对卖家的一种无根据的、恶意的评价,以此达到影响卖家诚信度、降低卖家竞争力的目的。这是不公平竞争的一种,或者是客户对卖家的恶意报复。总而言之,恶意差评都是为了满足部分人的不正常心态、动机而存在的。恶意差评分为两种:一是涉嫌同行业的恶意差评,如评价人与被评价人是相同或类似商品的经营者,评价人对被评价人或其出售的商品做出"差评",从而打击竞争对手,但无法提供充分证据;二是在交易过程中,评价人利用中评或差评,对被评价人进行威胁,或提出不合理的要求(如退货退款、降价等)。随着网购时代的兴起,淘宝、京东、苏宁等已经逐渐成为网购的首选。为了维护客户的权利,更好地监督卖家的诚信,电子商务平台推出了评价系统。评价系统本身是为了更好地维护消费环境,对网购商品有更详细、明确的判断,但是某些唯利是图、以差评逼迫卖家、从中牟取利益的"恶意差评师",利用对所购商品的恶意诋毁,让其他客户对商品失去信心,再威胁店主给钱消除评价。

这种行为是恶意差评中最常见的一种。在网上购物时，人们往往青睐的是那些信誉度高的卖家。对卖家来说，自己好比是鱼，信誉度好比是水，没有了水，鱼就会干渴而死。正是因为信誉度太重要了，让一些人动起了歪脑筋，甚至衍生出了一种新兴职业——"恶意差评师"。这就是为什么"恶意差评师"会变成一种职业了，行业潜规则下居心不良者看到的是巨大的"商机"。

一种职业的兴衰，往往和消费需求有不可分割的关系，可谓哪里有需要哪里就有价值，差评师也是卖家对好评需求的一个衍生品。电子商务的兴起催生了不少新兴职业，不光彩的差评师便是其中之一。因为网络交易虚拟性强，客户在网购时最看重的购买标准是卖家的信誉度，而购物网站的"差评""好评"是多年来逐步形成的一套信用评价体系，是客户网购时的重要参考指标。如果正面评价多，卖家的信誉度就高，就会有更多的客户愿意购物，这就是卖家常常雇水军、刷信誉的原因，于是"刷钻师"应运而生；反之，如果卖家很少有客户光顾，或者负面评价多，一些卖家为了维持生意，就只好花钱更改差评。对于客户来说，卖家雇水军在网络上"灌水"，客户开始会上当受骗，但久而久之，客户对网络的信任度降低，最后受损的就不仅仅是客户了。对于卖家来说，差评师集体勒索，发动"群狼战术"，"群狼"中也许还有自己的竞争对手，这简直是他们的噩梦。可以说，恶意差评是网络交易的过街老鼠，人人喊打。

3.3.2 基于互联网思维的服务创新

首先，要从服务流程中发现新的服务机会，结合新信息技术创新服务模式，以确保快递服务的效用、性能、价值，以及客户支持和质量保证等。查克·马丁（Chuck Martin）在《决胜移动终端》中提出了移动消费生命周期的概念，同理，快递服务成功的关键不再仅仅是收件与寄件。以寄件为例，客户在预备、在途、在店、咨询、处理与后续等多个阶段都有机会被施加影响。通过客户或快递员的行程分析，借助系统图和故事板重建问题发生时的特定情境，即可从中发现各接触点的问题和新的服务机会点。例如，将智能终端、RFID 标签、移动应用、电子支付等信息和通信技术与终端服务的多个节点相连接，就会产生很多可能性。目前，各快递移动应用除提供自助下单、查件、订单管理、服务点查询、运费查询等快件管理服务外，还提供便民服务、短信实时推送、导航定位、线下自取等，而线上服务、新型跟踪服务正成为快递服务的热点。例如，UPS 的 iPad 版 App 提供客户在线追踪包裹、寻找货物递送服务点等功能，强化的地图功能针对运输中的货物提供了绝佳的视觉显示，货物运输进度的详细信息也能在运输途中定期更新；客户登入 UPS My Choice 专区，可重设递送路径、修改订单甚至预览递送路径规划。可见，新型的跟踪服务以及便利的订单调整功能将成为快递服务的核心功能。

其次，要充分利用移动、社会化与场景的结合开发多种新型服务。客户已经进入移动时代，移动终端在诸多场景中的应用呈上升趋势，移动消费、社交网络互动为服务产品的个性化及客户的广泛参与带来了更大的空间。通过移动应用与社交网络，可以针对某些女性客户推出优惠券及提供费用折扣，或利用节日发放服务红包；也可以尝试拓展业务边界，与其他电子商务企业合作提供免费服务；还可以鼓励客户参与评价反馈。例如，

Postmates 公司推出了当日达与 1 小时送达服务,合作零售商通过 App 提交始发地和目的地后,附近的快递员就会领取包裹并在短时间内送达;Postmates 公司可以对快递物品进行拍照,让收件人提前看到内容物照片,寄件人和收件人还可同时看到全程信息,并根据情况对快递员进行打分。DHL 则针对定时达服务,将特定的投递服务外包给顺路的个人志愿者。

3.3.3 个性化物流服务

在竞争愈发激烈的物流市场中,个性化物流服务已成为物流企业提高客户满意度的重要手段,也是新形势下客户关系管理的热点话题。物流企业对市场进行细分后,根据不同的客户需求提供差异化、定制化的服务,提升客户的满意度和忠诚度,企业价值。例如,京东推出了"定时达"服务,在定时达区域,客户可以享受七天内三个时间段的预约配送(09:00—15:00,15:00—19:00,19:00—22:00,晚间时段为支持夜间配送区域),这使客户可以选择自己便于取快递的时间。在互联网普及的新形势下,个性化物流服务非常必要。

从本质上讲,个性化服务是一种现代物流营销观念,应当说现代物流的个性化服务趋势是现代物流营销观念逐步走向成熟的必然结果。这种营销观念,要求百分之百地将满足客户需求置于核心位置,但这并不等于说传统的物流服务不把满足客户需求作为服务目的,只是传统的物流服务在具体运行时,往往受到观念、体制和模式方面的种种局限,不可能将个性化服务做到非常完美,而是一种以满足大众需求为基本前提的服务。客户存在于物流企业的假定当中,客户只能从物流企业根据自身假定而做出的服务模式当中进行选择,尽管物流企业也想尽可能地满足客户的各种需求,但是由于客户的需求千差万别,而且大规模的经营格局、程式化的运作模式和高成本的投入,迫使它们根本无法将视点定格在每一个具体的客户身上,因此肯定会有一定数量的客户个体被排斥在外,这一点显然与市场发展趋势相背离。普遍来讲,客户对现代物流服务的要求都较高,一般要求现代物流企业提供 24 小时全天候准时服务、服务速度快、对运输全过程负全责。但现代物流企业更要求纵深渗透客户需求,这就必须以客户的具体需求为提供服务的基本前提,也就是以需求的个性化决定服务的个性化。这时的物流企业只能打破自身固定的运行模式,专门为不同的客户设计并提供一整套运行流程和操作方案,以完全适应客户的实际需求,这就如同服装厂商真正做到为每一位个体客户量体裁衣,度身定制。

物流服务提供者与客户显然是一个利益共同体,物流运作所带来的利润应当是客户经济效益的一部分。换言之,客户一旦选定了物流服务提供者,同时也就选定了取得更好经济效益的手段。互利共赢是双方之间结成牢固同盟的动因和最终结果。这就要求物流服务提供者与客户之间是一种相互融合的关系,而不仅仅是一种简单叠加的关系,这是个性化服务最重要的本质特征。从本质上讲,物流运作是生产流程的一种延伸和辅助,如后勤保障、原料供应、零件储备、后续加工、仓储运输等,但这种延伸和辅助是整个生产过程的有机部分,不但不可缺少,而且是生产厂商得以提高经济效益的重要因素。因此,一个成功的物流合作项目往往意味着一个双赢的利益共同体的形成。事实证明,物流服务提供者对客户了解得越深,个性化服务特征也就越鲜明,所得到的收益也就越大。这种合作的直接结果是:成本控制的理想化以及生产利润和效率的最大化。个性化服务符合物流一体化的发展趋势,是有效联结供应商、生产厂商、批发商和零售商的重要手段。随着现代社会全球化、网络化的发展,现代企业的竞争不是单个企业间的竞争,而是一种网络间的竞争;现代企业的竞争优势不是单一企业的优势,而是一种网络优势。因此,企业经营网络的构建是当今竞争战略的主要内容。个性化的物流服务作为一种特有的服务方式,一方面以商品为媒介,打破了供应商、生产厂商、批发商和零售商之间的隔阂,有效地推动了商品从生产到消费全过程的顺利流动;另一方面通过自身特有的系统设施,不断将商品销售、在库等重要信息反馈给流通中的所有企业,并通过知识、诀窍等经营资源的蓄积,使整个流通过程能不断适应市场变化,进而创造出一种超越单个企业的供应链价值。

3.3.4 "互联网+"环境下服务价值共创

在"互联网+"环境下,互联网技术与商业模式为物流企业提供了突破式发展的新引擎和新模式,物流服务创新与价值创造活动更加开放和协同,各价值创造主体之间通过服务资源优化配置和创新资源互惠共享,实现价值共创。为有效推进"互联网+"环境下物流企业更好地为客户提供个性化物流服务并向价值共创型企业转型,物流企业可以从打造或融入"互联网+"物流服务生态系统,推进物流 4.0,以智能物流为核心实现纵向、横向以及端到端的集成,强化资源整合能力,成为"互联网+"物流服务生态系统的资源整合者等方面入手。

1. 打造或融入"互联网+"物流服务生态系统

进入"互联网+"时代,商业竞争已经从企业与企业之间、供应链与供应链之间的竞争演化到商业生态系统之间的竞争。在互联网领域,BAT(百度、阿里巴巴、腾讯)分别构建了各自的商业生态系统。在物流领域,菜鸟网络、传化"公路港"等都在打造物流服务生态系统,整合服务资源,不断创新服务模式。因此,在"互联网+"环境下,传统物流企业要创新服务,整合客户、其他物流服务提供者共同创造物流服务价值,就必须结合自身实力(包括资金、人才、创新能力等)打造或融入"互联网+"物流服务生态系统,并依托物流服务生态系统,从客户、服务和模式三个维度不断创新。在客户维度,要明确客户的需求是价值创造的起点,客户是价值的共同创造者,要充分整合客户的知识和技能,在客户及合作伙伴的共同努力下为客户创造优质的、差异化的服务体验;在服务维度,要以一流的"服务商"创建引领性的一流服务解决方案,即通过"互联网+"物流服务生态系统选择一流的、有共同价值主张的利益相关方或合作方,并从系统和功能的层面创建具有引领性的一流服务解决方案;在模式维度,企业、客户和合作方实现价值共创、共赢和共享,共同推进物流服务生态系统的可持续发展。

2. 推进物流 4.0,以智能物流为核心实现纵向、横向以及端到端的集成

随着移动互联网、物联网、云计算、大数据等"互联网+"技术与物流行业深入融合,

物流产业发展进入物流4.0阶段。物流4.0的核心是智能物流,通过智能物流连接客户、各物流服务主体、利益相关方等物流资源和要素,以实现服务及要素的在线化和数据化,从而推动物流资源的优化配置与服务创新。标准化和信息化是实现物流4.0的基础,物流4.0包括纵向集成、横向集成和端到端的集成。首先,通过纵向集成,实现物流企业内部从底层的物流装备设施到管理运作的物流执行系统(如仓库管理系统、企业资源计划等)以及上层的物流决策分析系统(如物流商业智能系统等)的集成,从而确保物流决策、运作管理和操作流程的集成及信息的实时共享;其次,通过横向集成,实现与上游的合作伙伴、下游的客户以及其他第三方服务提供商的信息、流程的集成,确保物流服务供应链的实时化、协同化和可视化,从而为物流服务价值共创各利益相关方参与价值创造提供技术和运作基础;最后,通过端到端的集成,实现对物流服务全生命周期的集成,即从客户提供服务需求、物流企业提供服务价值主张、到客户参与物流服务解决方案设计,各方参与物流服务实施、物流服务绩效评价与利益分配全过程,实现信息、知识、服务、交易、结算、评价等全流程的集成,从而有效促进物流服务的价值共创。

3. 强化资源整合能力,成为"互联网+"物流服务生态系统的资源整合者

按照服务主导逻辑理论的观点,操作性资源(如知识、技能等)是竞争性优势的根本性源泉,而所有经济性和社会性行动者都是资源整合者。从这一理论观点出发,传统物流企业要向价值共创型企业转型并取得市场竞争优势,就必须成为资源整合者,强化资源(尤其是操作性资源)的整合。首先,要在更高层次上提升和整合企业内部资源,强化企业自身的核心竞争力,从资源整合和全局优化的角度,在更高层次上提升内部资源的互补性、不可或缺性以及物流服务供应链架构能力;其次,要依托"互联网+"技术和平台,在更高层次上接入外部资源,通过关系整合、资本运作等方式突破原有的资源简单整合或功能整合模式,在更高层次、更大范围上利用、整合国内乃至全球的专业物流服务资源,从而提升企业提供综合物流服务解决方案的能力;最后,要在更广层面上整合物流服务价值共创的相关者。在"互联网+"物流服务价值共创情景下,参与价值共创的外部资源不仅包括上游的供应商、中介商和下游的客户,还包括政府、行业主管部门及相关资源(如技术标准、服务标准、行业规则等),企业必须通过关系整合、构建产业联盟等多种途径来整合各利益相关者的资源,并与各利益相关者共同制定规则,不断创新物流服务模式、创造附加价值。

本章小结

客户是一个企业最有价值的资源,忠诚的客户可以为企业带来直接的长期效益,其所起到的宣传作用也是不可低估的,他们可以成为企业最有说服力的营销人员。然而在激烈的市场竞争环境下,即使是再忠诚的客户也会面临多种选择,使企业的客户服务管理工作面临巨大的挑战。因此,对于电子商务企业来讲,提高企业的竞争力,加强与改善客户服务管理工作,保持企业老客户的高忠诚度,同时不断挖掘新客户,是非常紧要的任务。

本章主要介绍电子商务物流的客户服务管理相关内容，介绍了以客户为中心的市场细分，阐述了市场细分的相关知识，分析了客户满意度，总结了提升客户满意度的措施，最后从辅助客户成功、恶意差评的背后交易、基于互联网思维的服务创新、个性化物流服务、"互联网＋"环境下服务价值共创等角度介绍了新形势下的客户关系管理策略。

思考题

1. 什么是市场细分？
2. 应从哪几方面分析客户满意度？
3. 新形势下的客户关系管理策略是怎样的？

第 4 章

电子商务物流系统

教学目的
- 物流系统概述
- 物流网络
- 物流标准化
- 电子商务物流系统

  信息技术的发展步伐因全球经济一体化而变得越来越快。近年来,我国物流业中信息技术逐步普及,这让物流作业的效率更高,物流资源的利用更加合理。当前,物流业的发展和电子商务已经密切结合在一起。现代物流支撑着电子商务的网上交易,而电子商务又促进了现代物流信息的交易和管理。本章从引导案例出发,介绍了物流系统的概念和构成,给出了物流网络的组成和规划步骤,论述了物流标准化的相关内容,分析了电子商务下物流系统的构建。

引导案例

壹米滴答:带网加盟信息化系统——银河系统

上海壹米滴答供应链管理有限公司(以下简称"壹米滴答")萌芽于2015年3月,由陕西卓昊物流、湖北大道物流、东北金正物流、山东奔腾物流、山西三毛物流及四川全桥物流联合创建,同年10月11日在西安正式进行品牌发布。公司以"客户首选的、基于物流的综合服务平台"为愿景,首创网络众筹、运力众包等运营模式,通过省地直达、县镇直通,打造"滴答到门""小票快运""大票零担""整车业务"主营产品;以"末端无盲点的配送优势+省内中转无缝对接"支撑专线大车落货。公司坚持"让物流更智能,让连接更高效"的企业使命,以信息化系统为纽带,汇聚各区域领先物流网络及优质专线公司,融合共享,强强连接,通过多品牌聚合运营,实现标准化、信息化及网络的集约化整合发展,打造一个共生、共赢的物流生态圈。

壹米滴答以区域联盟起步,把各自独立的省内网络"B网"进一步向外扩张,并结合自建形成全国性快运网络"A网",最终形成A、B两网融合的创新商业模式。截至2018年12月,壹米滴答快速完成了内地网络覆盖31个省区(自营省区24个、成员省区7个),并可通达港台;拥有12 000多家网点、近1 500多条干线、2 255台车辆、近200个分拨中心、70万平方米操作面积,一二级城市覆盖率100%、区县级覆盖率90%,全国员工16 000多名,是全国干支线数量和货量均领先其他同行的零担快运网络平台。目前,壹米滴答已完成六轮融资,累计融资额超过30亿元人民币。

成立初期的壹米滴答致力于快速把全网织起来,在系统建设方面快速整合各省的网络。自建系统由于周期长,无法在短时间内把各省的网络连接起来,公司在充分调研后,将卓昊物流系统进行自我升级改造,在加盟企业中推广使用,先后有陕西、四川、湖北、山东、山西等省份陆续上线,这样就实现了省与省之间的数据联动和交互,全网在最短的时间内通过信息化系统进行了整合,一张全网由下而上地构建起来。公司在搭建全网的同时,主要考虑的是省际业务的实现,各省的省内业务还是在各省自有的信息系统上实现,省内与省际双系统并行。由于省内与省际业务隔离,无形中增大了各省操作的复杂度,因此系统的统一势在必行。随着壹米滴答的发展,公司也要涉足省内业务,经过深思熟虑,公司在2016年启动了新系统建设战略,银河系统应运而生。

银河系统是壹米滴答发展和建设的核心业务系统,是支撑公司全国业务的重要系统平台。该系统技术含量高、开发周期长、业务形态复杂、子系统众多。系统建设宏观上结合了行业现状,顺应物流行业发展方向,紧扣多方用户需求,以提高物流服务能力和效率;以数据获取、整合和共享为核心,以信息安全为基础,提供可靠、有效、实时的业务和信息服务,充分体现系统在物流行业的先进性和智慧化,也为公司的发展注入了新的动力。公司以互联网技术人才优势为依托,结合现代物流信息化的建设要求,做到五个统一[产品与服务统一、品牌统一(双品牌)、结算统一、信息系统统一、管理统一],建设智慧化、智能化、业务集中化、处理高效化的统一信息平台。

银河系统是壹米滴答自主研发的核心业务系统,它包括营收、运营、财务、结算、质控、数据分析等子系统,覆盖物流所有的业务操作环节。

- 营收子系统:拥有订单查询、订单审核、订单分派、订单合并、订单配车、订单跟踪等主要功能,可有效提升订单处理能力,改善用户体验。
- 运营子系统:运营管理的核心是智能化,集订单处理、车辆管理、运输调度管理、作业执行追踪、出入库管理、库存管理、资源管理于一体,可实现物流作业的历史轨迹和实时状态的全程透明化跟踪。
- 财务子系统:主要是处理公司与客户之间货物账款的结算,包括营收款管理、代收款管理、应收应付账款管理、业务的核销以及凭证的管理等功能。
- 结算子系统:主要是实现公司与各省区以及省区与各网点之间的结算业务。
- 质控子系统:主要是将整个运输及货物的质量管理业务线上化,监管公司各环节的质量,包括投诉、仲裁、理赔等功能,以解决客户的困难和疑问,务实公司的服务理念。
- 数据分析子系统:通过数据分析,快速地为公司各职能部门做出正确、有效的决策。

壹米滴答各省已全面上线银河系统,目前在线网点近9 000家,在线用户29 000个,省际业务货量日均1.7万吨,省内业务货量日均1.3万吨。银河系统实现了所有业务操作无缝对接,无论是网点、分拨中心,还是各职能部门,其业务工作效率均有大幅提升;在网点开单、配载、运输、配送、结算等各环节缩短了时效,真正让智能与智慧融入实际操作。银河系统为壹米滴答的业务发展保驾护航,而壹米滴答有了银河系统,才真正体现出企业的核心价值:客户首选的、基于物流的综合服务平台以及让物流更智能、让连接更高效。

资料来源:中国物流与采购网. 壹米滴答带网加盟信息化系统——银河系统[EB/OL].(2019-02-20)[2019-03-28]. http://www.chinawuliu.com.cn/xsyj/201902/20/338593.shtml

4.1 物流系统概述

4.1.1 物流系统的含义、特点及目标

1. 物流系统的含义

"系统"一词创成于英文system的音译。系统是同类或相关事物按一定的内在联系组成的整体。相较于环境而言,系统具有一定的目的和一定的功能,并相对独立。

物流系统(Logistic System)是指由两个或两个以上的物流功能单元构成,以完成物流服务为目的的有机集合体。如图4-1所示,物流系统的"输入"指采购、运输、储存、流通加工、装卸、搬运、包装、销售、物流信息处理等物流环节所需的原材料、劳动力、能源等要素,由外部环境向系统提供的过程。物流系统主要受内部环境和外部环境的影响,从而

使其整体构成十分复杂,其中外部环境存在过多的不确定要素,内部环境存在相互依赖的物流功能要素。物流系统成功的关键是使物流系统整体优化及合理化,并服从或改善社会大系统的环境。

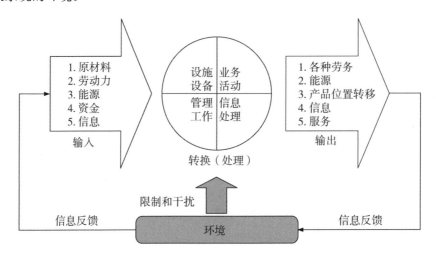

图 4-1 物流系统模式

2. 物流系统的特点

(1)物流系统是一个"人机系统"

物流系统由人和设备、工具组成,它表现为物流劳动者运用运输设备、装卸搬运机械、仓库、港口、车站等设施,作用于物资的一系列物流活动。在这一系列物流活动中,人是系统的主体。因此,在研究物流系统的各方面问题时,应把人和物有机地结合起来,作为不可分割的整体加以考察和分析,而且始终把如何发挥人的主观能动作用放在首位。

(2)物流系统是一个大跨度系统

物流系统的大跨度表现在两个方面,一是地域跨度大,二是时间跨度大。在现代经济社会中,企业间物流经常会跨越不同地域;国际物流的地域跨度更大,通常采取储存的方式解决产需之间的时间矛盾,这样时间跨度往往也很大。大跨度系统带来的主要是管理难度较大,对信息的依赖程度极高。

(3)物流系统是一个可分系统

物流系统属于中间层次系统范畴,其本身就具有可分性,可以分解成若干个相互联系的子系统。这些子系统的多少和层次是随着人们对物流系统认识和研究的深入而不断深入、不断扩充的。例如,根据物流系统的运行环节,可以将其划分为以下几个子系统:物流的包装系统、物流的装卸系统、物流的运输系统、物流的储存系统、物流的流通加工系统、物流的回收再利用系统、物流的情报系统及物流的管理系统等。另外,物流系统在整个社会再生产中主要处于流通环节,因此它必然受更大的系统(如流通系统、社会经济系统)的制约。

(4)物流系统的稳定性较差而动态性较强

物流系统和生产系统的一个重大区别在于:生产系统按照固定的产品、固定的生产方式,连续或不连续生产,少有变化,系统稳定的时间较长;而一般的物流系统,总是联结多个生产企业和用户,随着需求、供应、渠道、价格的变化,系统内的要素及系统的运行也经常发生变化,难以长期稳定。社会物资的生产状况及需求变化、资源变化、企业间的合作关系随时随地会影响物流,而物流受到社会生产和社会需求的广泛制约,所以物流系统必须是具有环境适应力的动态系统。稳定性差、动态性强带来的主要问题要求系统有足够的灵活性与可改变性,这自然会增大管理和运行的难度。

(5)物流系统是一个复杂系统

物流系统运行对象——"物"遍及全部社会物质资源,资源的大量化和多样化带来了物流的复杂化。从物资资源上看,品种成千上万,数量极大;从从事物流活动的人员上看,需要数以百万计的庞大队伍;从资金占用上看,物流活动占用着大量的流动资金;从物资供应点上看,物流活动遍及全国各地。这些人力、物力、财力资源的组织和合理利用,是一个非常复杂的事情。

物流活动全过程始终贯穿着大量的物流信息,物流系统要通过这些信息把物流子系统有机地联系起来。如何把信息收集全、处理好,并使之指导物流活动,也是非常复杂的事情。

(6)物流系统功能要素间有非常强的效益背反现象

效益背反又称二律背反,是指物流系统的若干功能要素之间存在损益的矛盾,即某一个功能要素发生优化的同时,另一个或另几个功能要素可能会发生恶化;反之亦如此。这是一种此消彼长、此盈彼亏的现象,虽然在许多领域中这种现象也存在,但是在物流领域中,这种现象似乎尤其严重。发生这种现象的主要原因是物流系统的"后生性"。物流系统中的许多要素,在按新观念建立物流系统前,早就是其他系统的组成部分,因此往往较多受原系统的制约,而不能完全按物流系统的要求运行。

3. 物流系统的目标

物流系统是社会经济系统的一部分,其目标是获得宏观和微观经济效益。

物流系统的宏观经济效益是指物流系统作为国民经济的一个子系统,对整个社会流通及国民经济效益的影响。物流系统本身虽很庞大,但也不过是更大系统中的一部分,必然寓于更大的系统之中,其根本目的是给整个社会经济发展和国民经济运行创造顺畅、有效、低成本的物流条件,必须起到满足国民经济不断增长的需求和保证可持续发展的作用。

物流系统的微观经济效益是指物流系统本身在运行过程中所获得的企业效益,其直接表现在企业组织"物"的流动以实现目标的所耗与所得之比上;系统基本稳定运行后,主要表现在企业通过物流活动所获得的利润,或者物流系统为其他系统所提供的服务上。

企业建立和运行物流系统时,要以上述两个效益为目标。具体来说,物流系统的目

标是以最少的费用提供最好的物流服务,总结为以下五个方面(简称"5S 目标"):

(1)服务(Service)

物流系统是流通系统的一部分,具体联结着生产与再生产、生产与消费,因此要求具有很强的服务性。这种服务性表现在物流系统本身有一定的从属性,要以客户为中心,树立客户第一的观念;其利润的本质是过渡性的,不一定是以利润为中心的系统。物流系统采取送货、配送等形式,就是这一目标的体现,近年来出现的准时供货方式(JIT)、快递方式也是这一目标的体现。

(2)迅速及时(Speed)

及时性是服务性的延伸,既是客户的要求,也是社会发展进步的要求。马克思从资本角度论述了流通这一目标,指出流通的时间越短、速度越快,资本的效能就越大,并要求"力求用时间去消灭空间"及"把商品从一个地方转移到另一个地方所花费的时间缩短到最低限度"。随着社会化大生产的发展,对物流及时性的要求更加强劲。在物流领域采用直达运输、复合一贯制运输、时间表系统等管理和技术,就是这一目标的体现。

(3)规模优化(Scale Optimization)

由于物流系统比生产系统的稳定性差,因此难于形成标准的规模化模式,其规模效益不明显。物流系统以物流规模为目标,以此追求规模效益。在物流领域以分散或集中的方式建立物流系统,研究物流集约化程度,就是这一目标的体现。

(4)库存控制(Stock Control)

库存控制是及时性的延伸,也是物流系统本身的要求,涉及物流系统的效益。物流系统是通过本身的库存,对千百家生产企业和消费者的需求起到保证作用,从而创造一个良好的社会外部环境。同时,物流系统又是国家进行资源配置的一环,系统的建立必须考虑国家进行资源配置、宏观调控的需要。在物流领域中正确确定库存方式、库存数量、库存结构、库存分布,就是这一目标的体现。

(5)节约空间(Space Saving)

节约是经济的重要规律,在物流中除需节约流通时间外,物流系统所需的空间也是节约的一个重要部分。依靠发展立体设施和有关的物流机械,充分利用空间和面积是节约空间、降低投入、提高相对产出的重要手段。

4.1.2 物流系统的构成要素

1. 基本要素

物流系统的基本要素由四方面构成,即人的要素、财的要素、物的要素和信息要素。人是指劳动者,是所有系统的核心要素,也是所有系统的第一要素;财是指物流中不可缺少的资金,资金是所有系统的动力;物包括物流系统的劳动对象,即各种实物;信息包括物流系统所需处理的信息,即物流信息。

2. 功能要素

物流系统的功能要素是指物流系统所具有的基本能力,这些基本能力有效地组合、联结在一起,就形成了物流系统的总功能,从而能够合理、有效地实现物流系统的总目的。

物流系统的功能要素一般包括运输、储存保管、包装、装卸搬运、流通加工、配送、物流信息等,如果从物流活动的实际工作环节考察,物流活动由上述七项具体工作构成。上述功能要素中,运输及储存保管分别解决了供给者与需求者之间场所和时间的分离,分别是物流创造"场所效用"及"时间效用"的主要功能,因而在物流系统中处于主要功能要素地位。

物流系统的功能要素反映了整个物流系统的能力,增强这些要素,使它们更加协调、更加可靠,就能够提高物流系统运行的水平。因此,这些功能要素是物流科学重点研究和重点发展的内容。

3. 支撑要素

物流系统处于复杂的社会经济系统中,物流系统的建立需要许多支撑手段,要确定物流系统的地位,协调与其他系统的关系。物流系统的支撑要素主要包括:

(1) 体制、制度

物流系统的体制、制度决定了物流系统的结构、组织、领导和管理方式,国家对物流系统控制、指挥、管理的方式以及物流系统的地位、范畴,是物流系统的重要保障。有了这个支撑要素,才能确立物流系统在国民经济中的地位。

(2) 法律、规章

物流系统的运行,不可避免地会涉及企业或个人的权益问题。法律、规章一方面限制和规范物流系统的活动,使之与更大的系统协调;另一方面给予保障,合同的执行、权益的划分、责任的确定都要靠法律、规章维系。

(3) 行政、命令

物流系统一般关系到国家军事、经济命脉,所以行政、命令等手段也常常是支撑物流系统正常运转的重要因素。

4. 物质基础要素

物流系统的建立和运行,需要大量的技术装备手段,这些手段的有机联系对物流系统的运行有决定意义。这些要素主要包括:

(1) 物流设施

物流设施是组织物流系统运行的基础物质条件,包括物流站、物流场、物流港、物流中心、仓库、物流线路等。

(2) 物流装备

物流装备是保证物流系统运行的条件,包括仓库货架、进出库设备、加工设备、运输设备、装卸机械等。

(3) 物流工具

物流工具是物流系统运行的物质条件,包括包装工具、维护保养工具、办公设备等。

(4) 信息设施

信息设施是收集和传递物流信息的物质手段，包括通信设备及线路、计算机及网络等。

5. 物流系统化要素

将非常复杂的要素构成一个有机的、能够有效运转的系统，需要将这些分散的要素联结起来的系统化要素，主要包括：

(1) 信息和信息技术

各要素之间信息及时传递，并根据这些信息进行协调和反馈，使各要素顺利沟通是把系统联结起来的重要手段。从某种意义上来讲，没有信息和信息技术的支撑，各种复杂的要素不可能联结成物流系统。

(2) 标准化

标准化是各种系统形成联系的基础。对于物流系统来讲，标准化的要求更高。主要原因是：一方面，物流系统更加广泛、更为复杂，只有标准化，才能使本来不相干的要素实现对接；另一方面，物流系统中的一些要素也是其他系统纵向组成的一部分，只有依靠标准化，才能实现和其他系统的联结。所以，标准化是保证物流活动各环节工作协调运行、物流系统与其他系统在技术上实现联结的重要支撑条件。

4.1.3 物流系统分析

1. 物流系统分析的含义

物流系统分析是指在一定的时间、空间里，将物流系统所从事的物流活动和过程作为一个整体来处理，以系统的观点、系统工程的理论和方法进行分析研究，以实现其时间和空间的经济效应。在分析物流系统时要运用科学的分析工具和方法，对系统的目的、功能、结构、环境、费用和效益等进行充分、细致的调查研究，收集、比较、分析和处理有关数据，建立若干个替代方案，比较和评价物流结果，寻求系统整体效益最佳和有限资源配置最佳的方案，为决策者的抉择提供科学依据。物流系统分析不同于一般的技术经济分析，要求把构成物流系统的各项因素看作一个整体，确定它们之间的相互联系，从而明确目标，选出最优对策。物流系统分析的目的在于通过分析比较各种替代方案的有关技术经济指标，得出决策者形成正确判断所需的资料和信息，以便获得最优物流系统方案。

物流系统分析涉及的问题很广，如搬运系统、系统布置、物流预测、生产－库存系统等。由于物流系统分析需要的信息量大，为了准确地收集、处理、分析、汇总、传递和储存各种信息，要运用多种数理方法和计算机技术，只有这样才能分析、比较实现不同系统目标和采用不同方案的效果，为系统评价和系统设计提供足够的信息和依据。

2. 物流系统分析的作用

从系统开发程序(见图4-2)中系统分析所处的位置可以了解系统分析在系统开发过程中的作用。由图4-2可知，整个系统开发过程可以分为系统规划、系统设计和系统实施三个阶段。

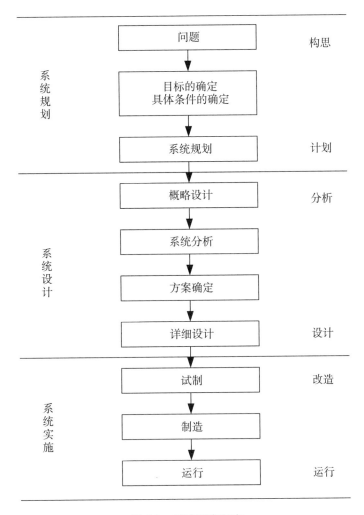

图 4-2 系统开发程序

第一阶段为系统规划阶段。在此阶段,主要的任务是定义系统的概念,明确建立系统的必要性,在此基础上明确目的和确定目标;同时,提出系统应具备的环境条件和约束条件。

第二阶段为系统设计阶段。在此阶段,首先要对系统进行概略设计,其内容主要是制订各种替代方案;然后进行系统分析,分析内容包括目的、替代方案、费用、效益、模型和评价标准等;最后在系统分析的基础上确定系统设计方案,据此对系统进行详细设计。

第三阶段为系统实施阶段。在此阶段,首先是对系统设计中一些与系统有关的关键项目进行试验和试制,在此基础上进行必要的改进,然后投入运行。

由此可见,系统分析在整个系统开发过程中处于非常重要的地位,它起到承上启下的作用,特别是当系统中存在不确定因素或相互矛盾的因素时更需要通过系统分析来给予保证,只有这样才能避免技术上的大量返工和经济上的重大损失。

3. 系统分析的特点

系统分析以整体效益为目标，以寻求解决特定问题的最佳策略为重点，运用定性和定量分析方法，基于各种价值观念做出判断和优选，以求得有利的决策。

（1）以整体效益为目标

在一个系统中，处于各个层次的子系统都具有特定的功能及目标，彼此分工协作，实现系统整体的共同目标。例如，在物流系统布置设计中，既要考虑需求，又要考虑满足需求的运输、储存、设备选型等问题；在选择厂（库）址时，既要考虑造价，又要考虑运输条件、能源消耗、环境污染、资源供给等因素。如果只研究改善某些局部问题，而忽略或不够重视其他子系统，则系统整体效益将受到不利影响。所以，从事任何系统分析，都必须以发挥系统整体最大效益为准，不可只局限于个别部分，以免顾此失彼。

（2）以特定问题为对象

系统分析是一种处理问题的方法，有很强的针对性，其目的在于寻找解决特定问题的最佳策略。物流系统中的许多问题都含有不确定因素，而系统分析就是针对这种不确定的情况，研究解决问题的各种方案及其可能产生的结果。不同的系统所要分析解决的问题当然不会相同，即使对相同的系统所要解决的问题也要进行不同的分析，拟定不同的求解方法。所以，系统分析必须以能求得解决特定问题的最佳策略为重点。

（3）运用定量方法

解决问题，不应单凭想象、臆断、经验和直觉。物流系统分析特别注重实践性，深入现场调查研究取得第一手数据至关重要。在许多复杂的情况下，需要有精确、可靠的数字和资料作为科学判断的依据。如果利用数学模型有困难，则还要借助于结构模型解析法或计算机仿真模型。

（4）基于价值判断

从事系统分析时，必须对某些事物做某种程度的预测，或者用过去发生的事实作为样本，以推断未来可能出现的趋势或倾向。由于所提供的资料有许多是不确定的变量，而客观环境又会发生各种变化，因此在进行系统分析时，还要基于各种价值观念做出判断和选优。

4. 系统分析的步骤

系统分析是在确定系统目标和原则的基础上，分析各级子系统的功能和相互关系及其对环境的影响，运用科学的分析工具和方法，对系统的目的、功能、结构、环境、费用和效益等进行调研、收集、比较、分析和数据处理，并且建立若干个替代方案和必要的模型，进行仿真实验；把各种结果进行比较和评价，找出系统整体效益最佳和有限资源配置最佳的方案，提供科学的决策依据。系统分析没有固定的方法和程序，一般可以按照图4-3所示步骤来进行。

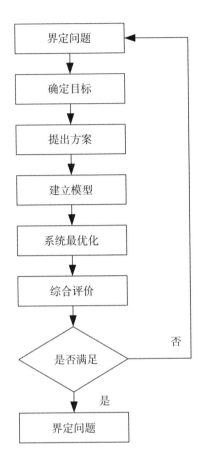

图 4-3 系统分析的步骤

(1) 界定问题

进行系统分析首先要界定问题的范畴、明确问题的性质,清楚地了解问题的范畴和本质,是包括运输、储存保管、装卸搬运等许多环境在内的大系统,还是一个物流中心或一个仓库内部的系统;是改善一个原有物流系统,还是设计一个新物流系统。通常,问题是在一定的外部环境作用和内部发展需要中产生的,它不可避免地带有一定的本质属性,只有明确了问题的范畴和性质,系统分析才有可靠的起点。

(2) 确定目标

系统分析是针对所提出的具体目标而展开的,目标通过某些指标来表达,而评价标准是衡量目标达到的尺度。由于实现系统目标是靠多方面的因素保证的,因此系统优化的目标必然有若干个。在多目标的情况下,要考虑各目标之间的协调,防止发生抵触或顾此失彼的情况,同时要注意目标的整体性、可行性和经济性。

(3) 提出方案

提出方案必须以资料为依据。方案的可行性论证要有精确的数据为支撑,要为系统分析做好准备。

(4) 建立模型

建立模型是为了找出说明系统功能的主要因素及其相互关系,确认主要因素的影响程度、相关程度,以及总目标和分目标的达成途径及其约束条件。根据表达方式和方法的不同,模型有图式模型、模拟模型、数学模型之分。

(5) 系统最优化

运用最优化理论和方法,对若干个替代方案进行仿真和优化计算,求出几个替代解。

(6) 综合评价

在考虑前提条件、假定条件、约束条件后,结合相关知识和经验决定最优解,从而为选择最优系统方案提供必要的信息。对于复杂系统,系统分析不是一次就能够完成的,有时要根据分析结果对原提出的目标进行再探讨,甚至重新划定系统范围再做系统分析。

5. 物流系统分析的方法

对物流系统进行规划、管理、控制,选择最优的系统方案,寻求降低物流费用、提高物流效益的途径等是物流系统分析的目的。对物流系统进行分析,必须运用各种现代科学的理论和方法。常用的理论和方法包括:

(1) 数学规划法

数学规划法是一种对系统进行统筹规划、寻求最优系统解决方案的数学方法。其具体理论和方法包括线性规划、动态规划、排队论和库存论等,其中线性规划、动态规划和库存论等用来解决物流系统中物料储存的时间与数量问题。

(2) 统筹法

统筹法又称网络计划法,是指运用网络来统筹安排,合理规划系统的各个环节。比如用网络图描述活动流程的线路,把事件作为节点,在保证关键线路的情况下,安排其他活动,调整相互关系,以保证按期完成整个计划。

(3) 系统优化法

系统优化法是指在一定的约束条件下,求出使目标函数最优的解。物流系统包括许多参数,这些参数相互制约,互为条件,同时受外界环境的影响。物流系统优化研究,是在不可控参数变化时根据系统的目标确定可控参数的值,使系统达到最优状态。

(4) 系统仿真法

系统仿真法是指根据系统分析的目的,在分析系统各要素性质及其相互关系的基础上,建立能描述系统结构或行为过程、具有一定逻辑关系或数量关系的仿真模型,据此进行试验或定量分析,以获得正确决策所需的各种信息。

上述方法各有特点,在实际中都得到了广泛应用,其中系统仿真技术近年来应用最为普遍。系统仿真技术的发展及应用依赖于计算机软硬件技术的飞速发展。今天,随着计算机科学与技术的飞速发展,系统仿真技术的研究也在不断完善,应用也在不断扩大。

4.2 物流网络

4.2.1 物流网络概述

1. 物流网络的内涵

物流过程,按其运动程度(相对位移大小)来观察,是由许多运动过程和许多相对停顿过程组成的。所谓物流网络,是指由执行物流运动使命的线路和执行物流停顿使命的节点两种基本元素组成的网络结构。

物流网络可以分为广义的物流网络和狭义的物流网络两种。广义的物流网络是从宏观角度探讨的,可以分为实体网络和信息网络。实体网络是指物流企业及其物流设施、交通工具、交通枢纽等在地理位置上的合理布局而形成的有形网络;信息网络是指物流企业、制造企业、商业企业通过互联网和移动通信网络等现代信息技术,把各自的物流信息连接整合而形成的信息资源共享网。

狭义的物流网络主要是指物流企业经营活动中涉及的物流运输网络、物流信息网络、物流客户网络。物流运输网络是指一个物流企业的物流节点、运输线路和运输工具等组成的运输网络;物流信息网络是指一个物流企业建立的有关客户需求信息、市场动态、企业内部业务处理情况等信息共享的网络,是依靠现代信息技术建立起来的物流节点间的信息网络;物流客户网络是指由物流企业所服务的对象组成的一个虚拟网络,客户越多,物流客户网络越大。本节主要介绍广义物流网络的相关内容。

2. 物流网络的特性

(1)网络经济性

网络经济性又称网络效应、网络外部性、需求方规模经济性,是指连接到一个网络的价值取决于已经连接到该网络的其他人的数量。物流网络也是网络的一种,具备网络的基本经济特性。也就是说,当其他条件不变时,连接到一个较大的网络优于连接到一个较小的网络。如果一个物流企业的客户数量足够多,物流网络规模足够大,那么它显然是潜在客户的首选。

对于物流企业来说,物流网络规模越大,一方面根据网络经济的边际效益递增性,巨大的网络规模会降低企业的平均运营成本;另一方面可以为客户提供更多的仓储、运输及其他增值服务,吸引更多的潜在客户,占据更大的市场份额,从而带来更多的收益。

(2)规模效应性

规模效应性是指物流网络必须具有一定的规模,只有这样才能发挥物流网络的规模效应。主要体现在以下几个方面:

① 运输网络幅员经济,即运输线路越长、网点越多、网络覆盖区域越大,单位物流运输成本越低。

② 运输线路通过密度经济,即具体运输线路上物流运输量越大,该线路的单位物流

运输成本越低。

③ 载运工具能力经济,即载运工具能力越大,单位物流运输成本越低。

④ 车(船、机)队规模经济,即车队的规模越大,经营效率越高或单位物流运输成本越低。

⑤ 港站(或枢纽)处理能力经济,即港站处理的客货发到与中转数量或处理的载运工具发到、中转、编解和配载数量越大,单位物流运输成本越低。

⑥ 运输距离经济,即单位物流运输成本随着运输距离的不断延长而下降,又称为运价递远递减规律。

4.2.2 物流中心的规划与建设

1. 物流中心的功能

国家标准《物流术语》将物流中心定义为:"从事物流活动的场所或组织。应基本符合下列要求:(1)主要面向社会服务;(2)物流功能健全;(3)完善的信息网络;(4)辐射范围大;(5)少品种、大批量;(6)存储、吞吐能力强;(7)物流业务统一经营、管理。"物流中心是综合性、地域性、大批量的物资物理位移集中地,它集商流、物流、信息流和资金流于一体,是产销企业间的中介。

理论上,物流中心具有以下一些基本功能:

(1)运输集散功能

物流中心是一个覆盖一定地域的网络,需要拥有或租赁一定规模的运输工具。物流中心首先应该负责为客户选择满足其需要的运输方式,然后具体组织网络内部的运输作业,在规定的时间内将客户的商品运送到目的地。除交货需要客户参与外,整个过程都由物流中心负责,以提高客户的满意度。因此,运输集散功能是物流中心的基本功能之一,特别是在强调差异化营销的时代,商品流通呈现多批次、少批量趋势,生产企业以前的运输功能就必然由物流中心取代,从而使生产企业集中精力于生产,同时也降低了生产企业的管理成本,提高了物流效率和企业利润。

(2)商品的分拣、配货中心功能

随着流通体系的不断完善和营销渠道的进一步细分,商品、原材料进货或发货方面越来越显现出多样化、差异化的趋势。在这种趋势下,商品的分拣、配货功能显得日益重要。商品分拣与配货对保证商品的顺利流动,建立合理、高效的物流网络具有积极的意义。而物流中心正是专门从事分拣、配货工作的机构或物流据点,把不同企业生产的产品集中至物流中心,然后处理不同客户的订单,按客户要求的种类、数量进行集中配置,再向客户发送货物,可以大大节约商品分拣、配货的作业量。对于连锁形式的零售业来讲,利用物流中心的分拣、配货功能直接送货到货架,同样可以节约大量的费用,提高零售业的竞争力,有利于实施企业整体发展战略。对整个社会的发展和产业利益来讲,因为商品的分拣和配货工作是集中在物流中心而非每个企业单独完成的,从而实现了商品配送的集约化,有效避免了分散运输、交叉或迂回运输现象,实现了社会物流成本优化的目标。

(3)储存功能

物流中心可以有效地组织货源,调节商品的生产与消费、进货与销售之间的时间差。尽管物流中心不以储存商品为目的,但是为了保证市场的需求以及配货、流通加工等环节的正常运转,也必须保持一定的库存。虽然如此,但是物流中心的储存保管功能与传统仓库的储存保管功能是有区别的:物流中心的保管功能是与企业经营战略紧密相连的,是一种企业管理功能;而传统仓库的保管只是一种静态的商品储存活动,其本身并不具备经营管理活动的性质。

(4)装卸搬运功能

这是为了加快商品在物流中心的流通速度而必须具备的功能。公共型的物流中心应该配备专业化的装载、卸载、提升、运送、码垛等装卸搬运机械,以提高装卸搬运作业效率,减少作业对商品造成的损毁。

(5)包装功能

物流中心的包装作业一般不是改变商品的销售包装,而是为了便于商品运输配送而对其进行组合、加固等。当然,随着物流中心的进一步发展和企业对物流中心服务的差异化要求,物流中心的包装功能也可以向着便于商品销售的方向发展。

(6)流通加工功能

商品位移过程中要经过很多流通加工作业,这主要是为了方便生产和销售。贴商标、制作并贴条码是物流中心应具备的最基本的流通加工功能;此外,随着零售业的不断发展,物流中心的流通加工功能将得到进一步发挥。

从一些发达国家物流中心的具体实践来看,它还具有以下增值性功能:

(1)结算功能

物流中心的结算功能是物流中心功能的一种延伸。物流中心的结算不仅是物流费用的结算,在从事代理、配送的情况下,物流中心还要代货主向收货人结算货款等。

(2)需求预测功能

自用型物流中心经常负责根据物流中心商品的进货、出货信息预测未来一段时间内商品的进出库量,进而预测市场对商品的需求。

(3)物流系统设计咨询功能

公共型物流中心要充当货主的物流专家,因而必须为货主设计物流系统,代替货主选择和评价运输商、仓储商及其他物流服务供应商。

(4)物流教育与培训功能

物流中心的运作需要货主的支持与理解,通过向货主提供物流培训服务,可以培养货主与物流中心经营管理者的认同感,提高货主的物流管理水平,将物流中心经营管理者的要求传达给货主,也便于确立物流作业标准。

2. 物流中心的规划

物流中心是服务于区域或社会物流的,而社会物流过程又与资源分布、经济水平、地理环境、工业布局、运输网络等密切相关。由于我国地区经济发展很不平衡，因此政府主管部门、第三方物流经营者必须根据各地区的社会经济特点，确定物流中心建设与完善的规划方案，以及实现一定范围物流系统化的途径和方式。

(1) 物流中心规划涉及的因素

多角度理解物流中心的含义，并以此指导物流中心的建设是合乎我国国情的。如果将物流中心的概念拔得很高，就会使许多在社会物流系统化中地位很重要，但出于种种原因尚存在一些缺陷的物流中心，被排斥在物流中心、区域物流系统之外，这样做会使人感到"物流中心"可望而不可即，影响人们开发、研究区域或社会物流网络体系的积极性及区域物流网络的形成进程，并直接影响到物流服务水准的提高和社会物流总成本的降低。进行物流中心规划需要考虑以下因素：

①区域经济发展背景资料：区域经济发展规划，产业布局，工业、农业、商业、住宅布局规划。

②交通运输网及物流设施现状：交通运输干线、多式联运小转站、货运站、港口、机场布局现状。

③城市规划：城市人口增长率，产业结构与布局。一些城市的物流中心选址不合适，往往会出现主干线通道交通阻塞、运距过长造成能源浪费、车辆空载率增高、车辆调度困难等问题。

④环境保护与社会可持续发展。据东京大学的越正毅教授对交通阻塞造成的间接经济损失的推断，仅东京圈因交通阻塞而造成的间接经济损失一年就达一兆日元。

不同类型物流基础设施的规划与筹建主体不同，某种程度上也会影响到物流中心的运行。

(2) 物流中心的数目与规模

①物流中心的数目与服务水准。物流中心少，物流功能比较集中，物流成本一般较低；物流中心多，服务网点分散，集散迅速，物流服务水准一般较高，但物流成本一般也较高。

②物流中心的数目与规模。物流中心少，物流功能集中，物流中心的规模较大，才能满足物流要求；反之，物流中心多，平均物流中心的规模应小一些，才能节约投入资本。

③物流中心的规模与土地占用。两者关系密切，土地占用面积大，征地及建设费用高，需要削减物流成本的企业，其业务所涉及的物流中心布局要合适。

(3) 物流中心布局与选址的方法

物流中心布局与选址的常用数学模型主要有：考虑一个或多个物流中心的布局选址模型，考虑运输费用及多个物流中心的布局选址模型等。物流中心布局选址的数学模型在实际应用中往往只有理论或实践指导意义，法律、法规、规划、土地使用权、物流业务种类、物流中心、筹资能力、交通环境、自然条件等很难在一个已具规模的中心城市、区域经济圈模型中都体现出来。因此，需要结合定性分析和定量分析，或采用综合集成的方法进行布局选址工作。

(4)物流中心规划的原则

①根据系统的概念,运用系统分析的方法求得整体优化,同时也要把定性分析、定量分析和个人经验结合起来。

②以流动的观点作为物流中心规划的出发点,并贯穿物流中心规划的始终,因为企业的有效运行依赖于人流、物流、信息流的合理化安排。

③从宏观(总体方案)到微观(每个部门、库房、车间),再从微观到宏观。例如,布置设计要先进行总体布置,再进行详细布置;而详细布置方案又要反馈到总体布置方案中予以评价,再加以修正甚至从头做起。

④减少或消除不必要的作业流程,这是提高企业生产效率和减少消耗最有效的方法之一。只有在时间上缩短作业周期,空间上减少占用面积,物料上减少停留、搬运和库存,才能保证投入资金最少、生产成本最低。

⑤重视人的因素。物流中心的设计,实际上是人—机—环境的综合设计,要考虑创造一个良好、舒适的工作环境。物流中心的主要活动是物资的集散和进出,在进行物流中心的规划与设计时,环境条件非常重要。诸如相邻的道路、站点、港口和机场等因素,如何与城市中心内的道路、物流路线相衔接,形成内外一体、圆滑通畅的物流通道至关重要。

3. 物流中心的筹建

(1)多方筹资组建

物流中心集约化可以大幅提高物流网络的效率,从完整的物流中心职能分析,物流中心经营者应当重视现代高科技特别是信息技术的运用,实现集约化运营。而具有相当规模的物流中心,往往需要较大的资金投入,各国采用的不同的物流中心筹资组建方式可供我们参考。例如,在法国巴黎的Semmaris物流中心筹资建设中,国家出资占最大份额53.21%,巴黎市出资占2%,马恩河谷省出资占6.87%,银行出资占5.50%,物流企业及其他方面出资占17.90%。我国应当扬长避短,充分发掘和利用已有的、利用效率尚不高的物流资源,这样可以大大减少区域物流中心以外的资本投入。由于区域物流中心的效益更多地体现为社会经济效益和综合效益,我国各级政府应特别重视汽车空驶的减少、道路运用效率的提高、物流费用的降低、货物时间效能的增加等,在物流中心筹资、选址、建设及运营方面也应给予必要的支持。

(2)逐步完善物流中心的功能

从物流系统的结构可知,社会物流系统化是可以分层次形成的,对相应的物流中心的功能也是可以分层次逐步完善的。不同功能层次的物流中心所需的硬件与软件、资金与技术投入是不同的,物流中心的基础设施建设要尽快形成规模,政府、有关部门及物流企业可以先从局部的、专项的物流系统化,逐步延伸到区域的、全国的、综合的物流系统化,乃至国际物流系统化。物流中心也可以在物流集散中心的功能层上,逐步向货物集散中心、物流信息中心、物流控制中心合为一体的高级功能层发展。

(3)政府主管部门要注重宏观规划与监督

物流中心的规划、建设直接关系到其效率、效益的发挥,因此政府及有关主管部门应当站在部门、行业协作的高度,一方面,做好社会物流中心的宏观规划工作,如交通部提出的在全国45个城市建立公路运输主枢纽的规划,规划中的货运枢纽经过功能扩展之后,基本上能够履行货物集散中心、物流信息中心、物流控制中心的综合职能。另一方面,在法规、政策等方面应为社会物流系统化开绿灯,鼓励多元主体投资筹建、完善各种类型的物流中心,对业已存在的物流中心,应促进其功能完善,向规模经济方向发展;对过度分散的、功能单一的物流中心,可以考虑应用市场机制进行物流所需资源的社会配置,使物流中心在社会物流网络中起到应有的作用和得到相应的地位。

4.2.3 物流实体网络

物流实体网络有两个主要组成部分,即物流线路和物流节点。

1. 物流线路

物流线路是运输工具的载体和通过的路径,物流活动中物质资料的空间转移是通过运输工具在线路上的移动实现的,没有线路物流就无法实现物质资料的转移。因此,线路是物流功能实现的客观条件。物流线路广义上是指所有可以行驶的和航行的陆上、水上、空中线路,狭义上是指已经开辟的可以按规定进行物流运营的路线和航线,在物流管理领域一般指后者。物流线路有以下几种类型:

(1) 铁路线路

铁路线路分为正线、站线、段管线、岔线及特别用途线。正线是指连接车站并贯穿或直接伸入车站的线路;站线是指站内除正线以外的到发线、调车线、牵出线、装卸线、货物线及站内指定用途的其他线路;段管线是指机务、车辆工务、电务等段专用并由其管理的线路;岔线是指在区间或站内接轨,通向路内外单位的专用线;特别用途线是指安全线和避难线。根据线路意义及其在整个铁路网中的作用,可以将其划分为三个等级:Ⅰ级铁路,保证全国运输联系,具有重要的政治、经济、国防意义,以及在铁路网中起骨干作用的铁路,远期国家要求的年输送能力$\geqslant$800万吨;Ⅱ级铁路,具有一定的政治、经济、国防意义,在铁路网中起联络、辅助作用的铁路,远期国家要求的年输送能力$\geqslant$500万吨;Ⅲ级铁路,为某一地区服务,具有地方意义的铁路,远期国家要求的年输送能力$<$500万吨。

(2) 公路线路

公路线路是所有线路中最多、最复杂的。我国公路目前有以下几种分类:

① 按行政等级划分。公路按行政等级可分为国家公路、省公路、县公路、乡公路、村公路(简称为国道、省道、县道、乡道、村道)以及专用公路六个等级。一般把国道和省道称为干线,把县道和乡道称为支线。国道是指具有全国性政治、经济意义的主要干线公路,包括重要的国际公路、国防公路,连接首都与各省、自治区、直辖市首府的公路,连接各大经济中心、港站枢纽、商品生产基地和战略要地的公路。国道中跨省的高速公路由交通部批准的专门机构负责修建、养护和管理。省道是指具有全省(自治区、直辖市)政治、经济意义,并由省(自治区、直辖市)公路主管部门负责修建、养护和管理的公路干线。县道是指具有全县(县级市)政治、经济意义,连接县城和县内主要乡(镇)、主要商品生产

和集散地的公路，以及不属于国道、省道的县际公路。县道由县、市公路主管部门负责修建、养护和管理。乡道是指主要为乡（镇）村经济、文化、行政服务的公路，以及不属于县道以上公路的乡与乡之间及乡与外部联络的公路。乡道由人民政府负责修建、养护和管理。村道是指直接为农村生产、生活服务，不属于乡道及以上公路的建制村之间和建制村与乡镇联络的公路。乡（镇）人民政府对乡道、村道建设和养护的具体职责，由县级人民政府确定。专用公路是指专供或主要供厂矿、林区、农场、油田、旅游区、军事要地等与外部联系的公路。专用公路由专用单位负责修建、养护和管理，也可委托当地公路部门修建、养护和管理。

②按使用任务、功能和适应的交通量划分。公路按使用任务、功能和适应的交通量可分为高速公路、一级公路、二级公路、三级公路、四级公路五个等级。高速公路为专供汽车分向分车道行驶并应全部控制出入的多车道公路。一级公路为供汽车分向分车道行驶并可根据需要控制出入的多车道公路。二级公路为供汽车行驶的双车道公路。三级公路为主要供汽车行驶的双车道公路。四级公路为主要供汽车行驶的双车道或单车道公路。

(3) 水运线路

水运是使用船舶运送客货的一种运输方式。水运主要承担大批量、长距离的运输，是在干线运输中起主力作用的运输形式。在内河及沿海，水运也常作为小型运输工具使用，承担补充及衔接大批量干线运输的任务。

水运分海洋运输和内河运输两种，它们以大自然赐予的海洋和河流为交通线。但是，并不是所有的河流、湖泊都可以成为现成的水路。如果需要通航吨位较大的船舶，则窄的河道要加宽、浅的要挖深，有时还需开挖沟通河流与河流之间的运河，才能为大型内河船舶提供四通八达的航道网。海洋运输简称"海运"，是使用船舶等水运工具经海上航道运送货物和旅客的一种运输方式。它具有运量大、成本低等优点，但运输速度慢，且受自然条件影响。内河运输简称"河运"，是使用船舶和其他水运工具，在国内的江、河、湖泊、水库等天然或人工水道运送货物和旅客的一种运输方式。它具有成本低、耗能少、投资省、少占或不占农田等优点，但受自然条件限制较大，速度较慢，连续性差。

港口是水运的起点和终点，船只的补给、旅客的上下、货物的装卸和船舶的检修都在这里进行。一个港口集疏运货物和旅客的能力，即每年有多少货物和旅客在这里集中起来用船舶运往外地，又有多少货物和旅客运到这里的能力，称为港口的吞吐能力。

集装箱运输是指将多种多样的杂货集装于具有统一长、宽、高规格的箱体内进行运输。这些集装箱既可以装船利用水路运输，又可以通过铁路、公路运输，中途更换车船不必把货物取出，可以提高装卸效率，有利于机械化操作，消化繁重的体力劳动，减少货物的损失，简化繁杂的手续，加快车船的周转，降低运输成本。同时，集装箱运输可做到从发货人的仓库直接送到收货人的仓库，不必利用中转仓库，实行"门到门"的运输服务。集装箱运输最早出现在美国，20 世纪 60 年代末推广到世界各地。

(4) 空运线路

空运是用飞机或其他航空器作为载体的一种运输方式，也叫空中运输。一般是比较急用的货物,在公路运输不能符合客户时效要求的情况下会选择空运。空运以迅捷、安全、准时的超高效率赢得了相当大的市场份额,大大缩短了交货期,对于物流供应链加快资金周转及循环起到了极大的促进作用。各大航空公司相继投入大量航班分取货运这块蛋糕,但空运相对海运成本较高。

空运具体的运作方式主要有班机运输、包机运输、集中托运、航空急件传送、货到付款、集装箱运输等。班机运输是指有固定开航时间、航线和停靠航站的航空货运方式,其最大特点是可以确切掌握起运和到达时间。包机运输是指航空公司或包机代理公司,按照与租机人事先商定的条件和费率将整架飞机或一部分舱位租给包机(舱)人,从一个或几个航空站装运货物至指定目的地的运输方式。一般而言,包机(舱)的运费较班机为低,但活动范围较小。集中托运是指集中托运人将若干批单独发运的零星货物组成一整批,集中向航空公司办理托运,填写一份总运单发送到同一到达站,再由集中托运人委托在当地的代理人负责收货和分拨给实际收货人的运输方式,其最大特点是可以争取到比零星托运为低的运费,并简化货主自行办理托运的手续。航空急件传送即航空快递,特别适用于急需物品、医疗器械、贵重物品、图纸资料、关键零部件、货样、单证等小件物品的快捷运输,适应现代社会快节奏的需要。货到付款是指由发货人或其代理人与承运人之间事先达成协议,由承运人在货物运抵目的地交给收货人的同时,代发货人或其代理人收取航空运单上所记载货物的货款,然后寄给发货人或其代理人的运输方式,也就是代收货款业务。而航空运费、声明价值费及相关手续费,则由发货人预付,也可由收货人在目的地支付。集装箱运输在空运中的使用是大势所趋,但因飞机舱位形状特殊,使用的集装箱除在大型飞机货舱中可使用的标准箱外,还包括尺寸、容积、形状各异的非标准箱。使用集装箱运输主要是为了提高运输效率、节约包装费用及加快周转速度等。

2. 物流节点

物流节点是指物流网络中连接物流线路的结节之处。广义的物流节点是指所有进行物资中转、集散和储运的节点,包括港口、航空港、火车货运站、公路枢纽、大型公共仓库及现代物流(配送)中心、物流园区等。狭义的物流节点仅指现代物流意义上的物流(配送)中心、物流园区和配送网点。

物流节点是现代物流系统中有重要地位的组成部分,具有以下功能:

①衔接功能。物流节点将各个物流线路连接成一个系统,使各个线路通过节点变得更为贯通而不是互不相干,这种作用称为衔接作用。在物流未系统化之前,不同线路的衔接有很大困难。例如,轮船的大量输送线和短途汽车的小量输送线,两者输送形态、输送装备都不相同,再加上运量的巨大差异,往往只能在两者之间有长时间的中断后再逐渐实现转换,这就使两者不能贯通。物流节点利用各种技术、管理方法,可以有效地起到衔接作用,将中断转化为通畅。物流节点的衔接作用可以通过多种方法实现,主要有:通过转换运输方式衔接不同的运输手段;通过加工衔接干线物流及配送物流;通过储存衔接不同时间的供应物流和需求物流;通过集装箱、托盘等集装处理衔接整个"门到门"运

输,使之成为一体。

②信息功能。物流节点是整个物流系统或与节点相接物流信息传递、收集、处理、发送的集中地,这种信息作用在现代物流系统中起着非常重要的作用,也是复杂的物流单元能连接成一个有机整体的重要保证。在现代物流系统中,每一个节点都是物流的一个信息点,若干个这种类型的信息点和物流系统的信息中心结合起来,便成了指挥、管理、调度整个物流系统的信息网络,这是物流系统得以建立的一个前提条件。

③管理功能。物流系统的管理设施和指挥机构往往集中设置于物流节点之中,实际上,物流节点大都是集管理、指挥、调度、信息、衔接及货物处理于一体的物流综合设施。整个物流系统运转的有序化和正常化,整个物流系统的效率和水平取决于物流节点管理功能的实现情况。

在各个物流系统中,节点都起着若干作用,但随整个系统目标的不同以及节点在网络中地位的不同,节点的主要作用往往不同。根据物流节点的作用可以将其分成以下几类:转运型物流节点、储存型物流节点、流通型物流节点、综合型物流节点。

(1)转运型物流节点

转运型物流节点是以接连不同运输方式为主要职能的节点。铁路线路上的货站、编组站、车站,水运线路上的港口、码头,空运线路上的航空港,不同运输方式之间的转运站、终点站等都属于这种节点。一般而言,由于这种节点处于运输线路上,又以转运为主,因此货物在这种节点上停滞的时间较短。

(2)储存型物流节点

储存型物流节点以存放货物为主要职能的节点,货物在这种节点上停滞的时间较长。在物流系统中,储备仓库、营业仓库、中转仓库、货栈等都属于这种节点。尽管不少发达国家仓库的职能已发生了大幅度变化,一大部分仓库转化成不以储存为主要职能的流通仓库甚至流通中心,但是在现代世界上任何一个有一定经济规模的国家,为了保证国民经济的正常运行,企业经营的正常开展以及市场的正常流转,仓库的储存职能仍是不可缺少的,总还是有一大批仓库仍以储存为主要职能。在我国,这种类型的仓库还占主要成分。

(3)流通型物流节点

流通型物流节点以组织物资在系统中运动为主要职能的节点,在社会系统中则是以组织物资流通为主要职能的节点。现代物流中常提到的流通仓库、流通中心、配送中心就属于这种节点。需要说明的是,在各种以主要功能分类的节点中,都可以承担其他职能而不完全排除其他职能。例如在转运型物流节点中,往往设置有储存货物的货场或站库,从而具有一定的储存职能,但是由于其所处的位置主要负责转运,因此按其主要功能应归为转运型物流节点。

(4)综合型物流节点

综合型物流节点在物流系统中可以实现两种以上主要职能,并将这些职能有机结合于一体,有完善设施、有效衔接和协调工艺等作用的集约型节点。现代物流大量化和复杂化的特点,要求物流服务更加精密准确,物流系统更加简洁高效,因此就产生了这种综合型物流节点,这也是现代物流系统中节点发展的方向之一。

物流节点还有一些其他分类方式,例如根据物流节点主要服务地域层次可划分为国际物流节点、区域物流节点、城市物流节点;根据物流节点经营性质可划分为自用型物流节点、公共型物流节点;根据物流节点在物流网络中发挥的作用可划分为转运型物流节点、集散型物流节点;根据物流节点在供应链中的地位可划分为供应型物流节点、销售型物流节点。

4.2.4 物流网络规划

1. 物流网络规划的必要性

物流网络规划就是为了更加有效地进行物流活动,充分、合理地实现物流系统的各项职能,使物流网络在一定外部和内部条件下达到最优化,分析、权衡影响物流系统的内部、外部各要素及其之间的关系,确定物流网络的设施数量、容量和用地等。物流网络规划的总目标是网络总成本最小化,包括库存持有成本、仓储成本和运输成本,同时满足客户对反应时间的要求。物流网络的最优化通常是在满足客户反应时间要求的前提下,使分销设施数量尽可能地减少,在库存持有成本与运输成本之间达到平衡。物流网络规划的必要性体现在以下几点:

① 现代物流网络环节众多,涉及面广,许多环节之间还存在效益背反现象,这就需要一个全面、系统、综合的物流规划对其进行必要的统筹安排。

② 物流网络建设的投资规模巨大,为了防止盲目投资导致的低水平重复,需要以物流网络规划为指导,以提高物流网络的投资效益。

③ 我国物流业整体发展水平还不高,要想有一个比较好的基础,实现跨越式发展,也需要物流网络规划的有力指导。

2. 物流网络规划的内容

一般意义上,物流网络规划主要包括两方面内容:一是确定网络中每个节点物流设施(如仓库、港口、站台)的数量、地理位置,以及各个节点在网络中需要承担的工作与需求分配,这是物流网络规划最基础的部分;二是货物从起运地到接收地经中间节点所使用运输方式和线路的选择。前者就是所谓的各类型物流节点(即设施)的选址问题,这些物流节点是货运往最终消费者过程中临时经停的站点,决定了整个物流网络的模式、结构和形状。后者涉及铁路、水路、航空、管道、公路运输,以及这些运输方式组合形成的多式联运的选择问题。相较于前者来讲,企业在后者上具有一定的自由度,但是最优运输方式和路线的选择及确定并不是一件容易的事情,它需要用到运筹学、应用数学、图论与网络分析等理论知识。

在真实的世界里,不同行业的物流网络规划有着各自的特征。例如,对于大型制造商来说,其物流网络规划要解决的问题包括:在现有服务水平及成本水平下,满足现有及未来需求的最优物流网络结构是什么?需要什么物流设施?位置在哪里?如何在物流网络中进行库存分配?现有仓库的能力能否满足现在和未来的需求?每个门店(客户)

由哪个仓库来补货？物流网络中怎样的运输模式及运输路径是最优的？物流网络中各运输路线的能力能否满足需要？现有物流网络的运营成本是多少？哪些仓库需要关闭、扩大或缩小？新开的仓库对成本有多大的影响？等等。

3. 物流网络规划的步骤

物流网络的规划，基本上是以追求最小化物流总成本与最大化客户满意度为出发点，同时兼顾成本与服务水平，从整合物流角度来规划整体物流网络。由此，物流网络规划的方法是根据物流设施、存货、运输与服务水平之间的相互关系，找出彼此之间的约束与联系，采用数学方法与原理，求得最优解。物流网络规划的步骤一般如下：

第一阶段，考虑企业本身的能力与资源状况，利用多目标规划方法产生不同组合的解。

第二阶段，利用多准则评估方法，加入相关的量化考虑因素，从上述多目标规划所产生的多组可行解中找出最佳的规划方案。

物流网络规划的细化步骤包括：

① 找出物流网络规划的约束条件。其中，约束条件可能包括总采购、配送及仓储成本，最短运送时间，平均客户服务水平。

② 根据约束条件构造符合的物流网络模型。

③ 将符合的物流网络模型转化成数学模型，求出多组可行解。

④ 利用可行的评估方法或准则，对以上求出的多组可行解进行评估，将各可行解进行排序，从中选出最佳的规划方案。

4.3 物流标准化

4.3.1 物流标准化概述

1. 物流标准化的概念

标准是对重复出现的事物和概念所做的统一规定，它以科学技术和实践经验的综合成果为基础，经有关方面协商一致，由主管机构批准，以特定形式发布，作为共同遵守的准则和依据。

标准化是指在经济、技术、科学及管理等社会实践中，对产品、工作、工程、服务等普遍的活动制定、发布和实施统一的标准的过程。标准化的内容实际上就是经过优选之后的共同规则，为了推行这种共同规则，世界上大多数国家都有标准化组织，例如英国的标准协会(BSI)，我国的国家质量监督检验检疫总局等。位于日内瓦的国际标准化组织(ISO)负责协调世界范围的标准化问题。目前，标准化工作开展较普遍的领域是产品标准，这也是标准化的核心；围绕产品标准，工程标准、工作标准、环境标准、服务标准等也出现了发展的势头。

物流标准化是指以物流为一个大系统，制定系统内部设施、机械装备、专用工具等各分系统的技术标准;制定系统内各分领域(如包装、装卸、运输等方面)的工作标准;以系统为出发点,研究各分系统和分领域中技术标准与工作标准的配合性,按配合性要求,统一整个物流系统的标准;研究物流系统与其他相关系统的配合性,进一步谋求物流大系统的标准统一。

2. 物流标准化的特点

物流标准化主要有以下特点:

① 物流标准化更要求体现科学性、民主性和经济性。科学性、民主性和经济性是标准的"三性",由于物流标准化的特殊性,因此必须非常突出地体现这"三性",这样才能搞好物流标准化。

科学性要求体现现代科技成果,以科学实验为基础,在物流标准化中,还要求与物流的现代化(包括现代技术及管理)相适应,要求能将现代科技成果连接成物流大系统;否则,尽管各种具体的硬技术标准化水平要求颇高,十分先进,但是如果不能与系统相协调,则单项技术再高也是空的,甚至还起相反作用。所以,这种科学性不仅表现在本身的科学技术水平方面,还表现在科学技术的协调与适应能力方面,使综合的科学技术水平最优。

民主性标准的制定采用协商一致的办法,广泛考虑各种现实条件,广泛听取意见,而不过分偏重某一方面意见,使标准执行减少阻力,易于贯彻执行。物流标准化由于涉及面广,要想达到协调和适应,民主决定问题,不过分偏向某一方面意见,使各分系统都能被采纳和接受,就显得更加重要。

经济性是标准化的主要目的之一,也是标准化生命力的决定因素。物流过程不像深加工那样会引起产品的大幅增值,即使通过流通加工等方式,增值也是有限的。所以,物流费用多开支一分,就要影响到一分效益,但是物流过程又必须大量投入和消耗,如不注重标准的经济性,片面强调反映现代科学技术水平,片面顺从物流习惯及现状,则会引起物流成本的增加,自然会使标准失去生命力。

② 物流标准化有非常强的国际性。由于经济全球化使国际交往大幅增加,而所有的国际贸易又最终靠国际物流来完成,因此各个国家都很重视本国物流与国际物流的衔接,在本国物流管理发展初期就力求使本国物流标准与国际物流标准化体系一致;若不如此,不但会加大国际交往的技术难度,更重要的是在本来就很高的关税及运费基础上又增加了因标准化体系不统一而造成的效益损失,使国际贸易成本增加。所以,物流标准化的国际性也是其不同于一般产品标准化的重要特点。

③ 物流标准化贯彻安全与保险原则。物流安全是近些年来非常突出的问题,往往是一个安全事故使一个公司损失殆尽,几十万吨的超级油轮、货轮遭受灭顶损失的事例也并不乏见。当然,除经济方面的损失外,人身伤害也是经常出现的,如交通事故对人的伤害,危险品爆炸、腐蚀、毒害对人的伤害等。所以,物流标准化的另一个特点是在物流标准中对物流安全性、可靠性做出规定,以及为物流安全性、可靠性统一技术标准和工作标准。

物流保险的规定是与物流安全性、可靠性标准有关的标准化内容。在物流中，尤其是在国际物流中，都有世界公认的保险级别与保险条款，虽然许多规定并不是以标准化形式而是以立法形式出现的，但是其共同约定、共同遵循的性质是通用的，是具有标准化内涵的，其中不少申报手续、文件等都有具体的标准规定，保险费用等的计算也受标准规定的约束，因而物流保险的相关标准化工作，也是物流标准化的重要内容。

4.3.2 物流标准化基点

1. 集装

物流是一个非常复杂的系统，涉及面广泛，过去构成物流这个大系统的许多组成部分也并非完全没有标准化，只是形成了局部标准化或与物流某一局部有关的横向系统的标准化。从物流系统来看，这些局部标准化之间缺乏配合性，不能形成纵向的标准化体系。所以，要形成整个物流系统的标准化，就必须在局部中寻找一个共同的基点，这个基点能贯穿物流全过程，形成物流标准化工作的核心，这个基点的标准化成了衡量物流全系统标准化的基准，是各个局部标准化的准绳。

为了确定这个基点，人们将进入物流领域的产品（货物）分成了三类，即零杂货物、散装货物与集装货物。这三类货物的标准化难易程度是不同的。

零杂货物及散装货物在物流节点上，例如在换载、装卸时，都必然发生组合数量及包装形式的变化，因此要想在这些节点上实现操作及处理的标准化相当困难。

集装货物在物流过程的始末都是以一个集装体为基本单位，其包装形式在装卸、输送及保管等物流节点基本不会发生变化，即集装货物在节点上容易实现标准化。至于零杂货物的未来，一部分会向集装靠拢、向标准包装尺寸靠拢；另一部分则会保持多样化的形态，难以实现标准化。

不论是国际物流还是国内物流，可以肯定的是，集装是使物流全过程贯通而形成体系，保持物流各节点上使用的设备、装置及机械之间整体性及配合性的核心。所以，集装系统是使物流过程连贯而建立标准化体系的重点。

2. 配合性

配合性是衡量物流标准化成败的重要标准。以集装为物流标准化的基点的作用之一，就是以此为准解决全面的标准化。因此，必须实现集装与物流其他各节点之间的配合性。

① 集装与生产企业最后工序（也是物流活动的初始环节）——包装的配合性。包装尺寸和集装尺寸的关系应当是：集装尺寸是包装尺寸的倍数系列，而包装尺寸是集装尺寸的分割系列。

② 集装与装卸机具、装卸场所、装卸小工具（如吊索、跳板等）的配合性。

③ 集装与仓库站台、货架、搬运机械、保管设施乃至仓库建筑（净高度、门高、门宽、通路宽度等）的配合性。

④ 集装与保管条件、工具、操作方式的配合性。

⑤ 集装与运输设备、设施,如运输设备的载重、有效空间尺寸等的配合性。

⑥ 集装与末端物流的配合性。末端物流是送达消费者的物流,是以消费者的需求为转移的。一般来说,占消费者中大多数的零星消费者的需求是逆规格化方向而行的,消费者追求多样化,这就使多样化的末端物流与简单化的主体物流(集装)的配合性出现困难。主体物流转变为末端物流,就要对简单化的集装进行多样化的分割,以解决集装简单化与末端物流多样化之间的矛盾。

⑦ 集装与国际物流的配合性。从国际经济交往来看,以国际标准为主体并与国际标准接轨是集装标准化应该做的事情,其中最重要的是和国际海运集装箱接轨。这个接轨可以使国际海运集装箱通过我国的铁路和公路运输直达内地,从而充分发挥集装箱联运"门到门"的优势。

4.3.3 我国物流标准化现状

1. 我国物流标准化取得的成果

近年来,我国国民经济与对外贸易的发展为我国物流标准化的发展提供了良好的机遇,尤其是国内的专业化物流公司和商业企业配送中心渐成气候,一些大型制造企业也在物流配送方面有所动作。随着物流产业基础市场的发展,我国的物流标准化工作开始启动,并取得了一系列成绩,具体表现在以下几个方面:

① 制定了一系列物流或与物流有关的标准。据粗略统计,我国现已制定并颁布的物流或与物流有关的标准有近千个。在包装标准方面,我国已全面制定包装术语、包装尺寸、包装标志、运输包装件基本试验、包装技术、包装材料、包装材料试验方法、包装容器、包装容器试验方法、产品包装、运输、贮存与标志等方面的标准;在物流机械与设施方面,我国已制定起重机械、输送机械、仓储设备、装卸机械、自动化物流装置以及托盘、集装箱等方面的标准。

从系统性的角度来看,已不是单纯制定技术标准,有关物流行业的通用标准、工作标准和管理标准也已开始制定。从标准层次的角度来看,制定的与物流有关的标准既有企业标准和地方、行业标准,又有不少国家标准,其中一部分标准还采用国际标准或国外先进标准。从部门的角度来看,我国与物流关系比较密切的一些部门均制定了一系列与物流有关的标准,特别是制定了许多国家标准系列中比较欠缺的作业标准和管理标准。

② 建立了与物流有关的标准化组织、机构。我国已建立了一套以国家质量监督检验检疫总局为首的全国标准化研究管理机构体系,而这中间有许多机构和组织从事着与物流有关的标准化工作。2003年8月,受国家标准化管理委员会直接领导的全国物流信息管理标准化技术委员在北京召开成立大会;2009年6月,国家标准化管理委员会建立了全国标准化研究管理机构体系。

③ 积极参与国际物流标准化活动。我国参加了国际标准化组织(ISO)和国际电工委员会(IEC)与物流有关的各技术委员会与技术处,并明确了各自的技术归口单位。此

外,还参加了国际铁路联盟(UIS)和国际铁路合作组织(OSJD)等两大国际铁路权威机构。

④ 积极采用国际物流标准。我国在包装、标志、运输、贮存方面的近百个国家标准中,已采用国际标准的约占 30%;在公路、水路运输方面的国家标准中,已采用国际标准的约占 5%;在铁路运输方面的国家标准中,已采用国际标准的约占 20%;在车辆方面的国家标准中,已采用国际标准的约占 30%。此外,在商品条码、企事业单位和社团代码、物流作业标志等方面也相应地采用了一些国际标准。表 4-1 显示了我国截至 2018 年已发布的物流标准化类型。

表 4-1 物流标准化类型

一级类型	二级类型	三级类型	标准数量(个)
基础类标准	术语		39
	导则		7
	图形符号与标号		14
公共类标准	综合类标准		37
	物流设施设备标准	货架	16
		仓库	10
		货运场站	3
		托盘	30
		叉车	6
		集装箱袋	22
		装卸搬运设备	20
		搬运设备	14
		包装	28
		运输设备	19
	物流技术、作业与管理标准	仓储	6
		装卸搬运	14
		包装	18
		运输	22
	物流信息标准	单证	21
		编码	57
		信息系统	33
		报文	65
		信息交换	15

(续表)

一级类型	二级类型	三级类型	标准数量(个)
专业类标准	农副产品、食品冷链物流标准		156
	其他农副产品、食品物流标准		15
	汽车物流标准		20
	医药物流标准		16
	家电物流标准		5
	煤炭物流标准		8
	粮油物流标准		56
	电子商务物流与快递标准		58
	出版物物流标准		14
	烟草物流标准		40
	木材物流标准		14
	进出口物流标准		43
	化工和危险货物物流标准		55
	酒类物流标准		10
	钢铁类物流标准		6
	应急物流标准		4
	棉花物流标准		3
	其他物流标准		14
标准化工作指导性标准			41

⑤ 积极开展物流标准化的研究工作。在经济全球化的今天，我国物流国际化是必然趋势，如何实现我国物流系统与国际物流大系统顺利接轨，关键在于物流标准化。至此，物流标准化工作被提到了前所未有的高度上，全国不少相关科研院所、高等学校的科研机构都投身到这项研究工作当中。

2. 我国物流标准化存在的问题

(1)物流基础设备、用具不统一

以托盘为例，托盘是物流作业中最基本的装载单元，在货物运输、装卸搬运等环节起着承上启下的关键作用。国务院办公厅转发的《物流业降本增效专项行动方案(2016—2018年)》中明确了推广1.2米×1米的标准托盘，与欧美等国家相同，但是也有企业采用日韩的托盘标准，或者自己定义的托盘标准，以至于存在多种不同标准的托盘。各企业托盘标准不统一，就难以实现托盘的循环利用，我国目前有托盘11亿多个，其中大部分都在企业内部使用，存在大量闲置浪费的现象。除此之外，由于标准化程度低导致各种运输方式间的衔接不通畅，增加了运输成本，降低了物流作业效率。

(2) 各地区分割管理，缺乏协调与配合

物流涉及的方面十分广泛，我国物流行业除国家统一管理的机构外，还涉及铁路、航空等部门。我国在1978年左右才引进物流的概念，而在我国物流系统形成之前，铁路、航空等与物流调度相关的部门已制定并实施了本部门的标准。因此，物流各环节无法相互衔接，导致衔接环节效率低下。在各地区、城乡之间，或多或少都存在"封闭"问题，这体现在当地政府出台的一些便捷优惠政策只针对本地企业。各种运输方式之间的标准不统一，导致物流效率降低。而各环节的不协调，使得信息交互和共享难以实现，无法形成一体化的供应链。

(3) 物流信息标准化杂乱

物流标准化的一大特点就是信息标准化。由于供应链不断完善，货物从原材料供应、流通加工再到最后产成品销售，涉及的环节越来越多，信息交互也越来越频繁。近年来，随着科技的不断发展，许多企业开始建设自己的信息系统，但企业之间的数据传输格式、物流术语、计量单位、编码等的不统一使得信息交互不通畅，形成了许多"信息沙漠"。物流信息标准化不仅有利于实现企业间的信息交互和共享，更有利于在信息数据的基础上做出物流战略决策，完善物流系统。

(4) 已有的物流标准推广应用缓慢

为了加快我国物流标准化建设，政府早已制定了一些有关物流的国家标准，如《物流术语》《商品条码》《储运单元条码》等，但这些标准在物流企业中的实际推广应用十分缓慢。一方面，在物流行业标准制定之前，许多企业已制定了自己的标准，而更换统一标准的设备需要大量资金投入，在不影响企业正常运营、国家不强制要求下，企业不会自觉地执行国家标准；另一方面，国家在制定标准时，没有与企业进行充分沟通，企业主体作用的表达空间有限，一些标准并不适用于实际情况中，导致物流标准化无法贯彻落实。

(5) 物流标准化人才严重短缺

物流标准化包括基础标准化、运输方式标准化、仓储标准化、信息标准化及服务标准化等，表现出强烈的专业性。虽然随着近年来物流行业的发展，我国开始重视物流人才的培养，开设物流管理专业的院校近400所，物流人才的数量和质量较之前有了较大提升，但是物流标准化专业还未纳入高等学校招生目录，高校中未开设物流标准化专业，在物流管理专业中也基本未涉及物流标准化模块教学，不能形成物流标准化系统知识体系，使得很多物流标准化工作人员都不能真正理解物流标准化的内在逻辑。在物流标准的制定和推广过程中，人才短缺问题凸显，严重影响了我国物流标准化体系的建设和物流标准的推广。

3. 我国物流标准化建设的对策

(1) 完善物流基础标准

建设物流标准化体系首先要统一物流设施设备的标准，例如托盘标准、集装箱标准、包装标准、运输车辆的车厢标准等。国务院办公厅转发的《物流业降本增效专项行动方案(2016—2018年)》中明确规定了推广1.2米×1米的标准托盘，但不同尺寸的托盘仍然大量存在。企业不愿意落实这些标准是因为更换设备需要充足的资金,这对已经有自己标准的企业来说会增加成本,所以很多企业在不强制要求的情况下会不愿意更换。为了推动标准化的实施,政府和行业协会可以提供一些优惠措施,如以旧换新、折旧收购已有的设备、设立专项资助资金等。基础标准推广以后能够使物流各环节转移更容易,费用更低,与国际接轨的基础标准也为我国国际物流奠定了坚实的基础。

(2)充分发挥政府职能部门的组织和协调功能

我国政府在物流标准的制定中担任着指挥者的角色,为了深化物流体制改革,建议政府与物流行业协会及有关部门共同进行标准的制定,协调各部门管理的范畴,抛开各部门各自的利益,为实现物流标准化的共同目标而相互协调和配合,将物流标准化规程进行分解,根据我国物流行业的实际需求,结合物流企业的实际问题,制定与国际标准接轨的物流标准体系。政府在制定完相关标准之后还要大力推广,出台相关的优惠政策,督促企业按照标准进行作业。

(3)加强物流信息标准化建设

物流信息标准化是现代物流的一大特点,也是物流标准化建设的重心。我国最早从日本引进物流思想,日本也是物流信息标准化程度非常高的国家。现代物流对现代信息网络的依赖程度很高,实现物流信息标准化需要统一的电子数据交换(EDI)。近年来,随着科技的不断发展,许多企业开始建设自己的信息系统,但数据传输格式、物流术语、计量单位、编码等的不统一使得信息交互不通畅,形成了许多"信息沙漠"。EDI 不只是简单的数据交换,企业必须按照国际标准发送和接收信息,EDI 的处理真正实现了全自动化,减少了人工可能出现的错误,提高了物流作业效率。实现物流信息标准化的另一个关键点是整合资源,对各物流企业来说,一个公共的、集合各种有效信息的物流信息平台能够使企业的闲置资源得到利用。此外,基于物流信息标准化,能为供应链提供具有战略性的解决方案。

(4)引导企业参与物流标准的制定

在引导企业参与物流标准的制定上,我国可以向发达国家学习。我国部分物流企业在标准化方面意识淡薄,只着眼于企业自身的发展,这不利于我国整体物流标准化的实现。政府应该积极宣传物流标准化,引导企业共同参与制定物流标准。企业可以提出在发展过程中遇到的实际问题以及对未来发展的需求,这样政府才能从实际出发,制定出适合企业、符合企业需求的标准体系,提高物流标准的使用率。在物流标准制定完毕之后,可以先应用于一些企业的实践中,待实践出结果之后,再进行全面的推广。另外,由于科技的不断发展,国际物流标准也一直在发生改变,政府可以联合物流行业协会和组织成立物流标准系统探察组织,及时掌握物流标准动态,紧跟国际步伐,结合我国物流行业实际情况,不断完善适合我国国情的物流标准。

(5)重视物流标准化人才的培养

首先,重视物流标准化工作在现代物流发展中的地位,全行业统一的信息标准、设备标准、服务标准等可以最大限度地节约社会资源,提高物流作业效率。其次,在高校中开设物流标准化专业,为物流标准化人才培养奠定基础;在科研院所中开设物流标准化研究方向,为物流标准化培养高层次人才。再次,发挥中国物流与采购联合会等机构的作用,定期开办物流标准化研讨会和物流标准化培训班,为物流标准化的发展和基层物流标准化人才的培养提供土壤。最后,在企事业单位设立物流标准化部门,负责物流标准的推广,让企业中人人了解物流标准化、人人遵守物流标准化,形成物流标准化人才梯队。

4.4 电子商务物流系统

4.4.1 电子商务物流系统概述

1. 电子商务物流系统的概念

电子商务物流系统是指在实现电子商务特定过程的时间和空间范围内,由所需位移的商品(或物资)、包装设备、装卸搬运机械、运输工具、仓储设施、人员和通信联系设施等若干相互制约的动态要素构成的、具有特定功能的有机整体。该系统主要针对电子商务企业的需要,采用网络化的计算机技术以及现代化的硬件设备、软件系统及先进的管理手段,严格地、守信用地进行一系列分类、编配、整理、分工和配货等理货工作,定时、定点、定量地交给没有范围限制的各类用户,满足其对商品的需求。

电子商务物流系统的目的是在保证商品满足供需的前提下,通过各种物流环节的合理衔接,以占用最少的资源,按时完成商品(物资)的转移,并取得最佳的经济效益。电子商务物流系统既是电子商务系统中的一个子系统或组成部分,也是社会经济大系统中的一个子系统。

2. 电子商务物流系统的构成

完整的电子商务交易包括商流、物流、信息流和资金流四个方面,在当前情况下,随着支付体系的不断建立健全,商流、信息流、资金流都可以在网上完成。因此,如何建立服务于电子商务的高效可靠的物流系统,已经成为电子商务解决方案的核心部分和竞争的关键所在。新型的电子商务物流系统可以使商品流通较传统的物流和配送方式更容易实现信息化、自动化、现代化、社会化、智能化、合理化和简单化,既能减少生产企业的库存,加速资金周转,提高物流效率,降低物流成本,又能刺激社会需求,有利于整个社会的宏观调控,也有利于提高整个社会的经济效益,促进市场经济的健康发展。

电子商务物流系统与传统物流系统相比并无本质区别,只是在信息化、自动化技术的采用以及时效的要求上更为严格,尤其强调物流信息的流程性和整体系统的合理化。随着电子商务交易过程中实物的流动过程,拥有畅通的信息流能把相应的采购、运输、仓储、装卸搬运、配送等业务活动联系起来,使之协调一致,这是提高电子商务物流系统整体运作效率的必要途径。

图 4-4 为一个简单的电子商务物流系统,其中大方框中的内容即为电子商务物流系统的主要结构模块。

图 4-4　电子商务物流系统

电子商务对物流系统结构的影响主要表现在以下几个方面：

(1) 中间环节减少

通过网络可以使网上客户直接面对产品制造商，并且可以直接通过网络完成所需的交易和个性化服务，因此传统物流系统中的批发商和零售商等中间环节将被逐步取代，网络直销形式有可能在未来的几年里大行其道。但是，区域销售代理有可能加强其在渠道和地区性市场中的地位，作为制造商产品营销与服务功能的直接延伸。

(2) 运输空间扩大和交货速度提高

由于电子商务面对的消费群体极其广泛以及客户对产品可得性的心理预期加大，电子商务业务的拓展，将会使运输空间扩大和交货速度提高。因此，在电子商务物流环境下，物流系统中的诸如配送中心、运输路线等设施的布局、结构和任务等都将面临较大的调整，以满足客户的需要。与此同时，采用高效率的优化理论与信息化、自动化技术来完成这样的工作，已成为一种趋势。另外，随着专业化的分工与合作不断增加，有可能出现更大的、更全面提供各种物流业务的物流公司，同时也会出现更加专业化、具有特色服务和个性化服务的物流公司。

(3) 物流系统结构趋于分散

由于信息共享、信息处理容量的扩大与即时性的提高，使制造商得以在全球范围内进行合理的资源配置与优化，客观上对物流系统提出了更高的要求。与此同时，也正是因为这种变化，会导致物流系统结构趋于分散并逐步趋于虚拟化。不过，发生这种变化的企业多半是那些正规的、拥有品牌的、具有核心竞争力的大型企业，它们已在管理与组织上实现了模块化和标准化。

(4) 某些特殊物流环节趋于隐形化

许多具有特色的产品，比如书报、音乐、软件、资讯等，由于自身的特殊性，会作为一种特殊的产品在网络上直接进行销售和配送，这些产品无须经过传统的物流配送环节就可以直接通过网络送到客户手中。这些数字化的产品将会对传统的物流系统产生巨大的冲击，并导致电子商务物流系统发生巨大的整合与优化，以满足市场变化的需要。

3. 电子商务物流系统的特点

在电子商务环境下，客户的购买行为与传统的购买行为有所不同，也就决定了电子商务物流服务形式和手段的特殊性。在网上购物的客户不但希望能够方便、快捷地寻觅到所需的特定物品，而且希望能够得到实时的信息反馈，如是否有存货、何时能够收到货物等;同时,客户也十分关注如果在网上选购的物品不甚理想或者物品在运输途中受损,能否及时、便利地办理退货等。电子商务物流服务由具备实力的服务商提供最大限度地满足客户需求的外包服务。

传统物流系统与电子商务物流系统的区别如表 4-2 所示。

表 4-2 传统物流系统与电子商务物流系统的区别

领域(环节)	传统物流	电子商务物流
业务推动力	物质财富	IT 技术
服务范围	单项物流服务:运输、仓储、包装、装卸搬运、配送等	综合物流服务
通信手段	电话、传真	大量使用互联网、EDI 进行数据交换
仓储	集中分布	分散分布
包装	批量包装	个别包装、小包装
运输频率	低	高
交付速度	慢	快
IT 技术应用	少	多
订单量	少	多

4. 电子商务物流系统的合理化

电子商务物流系统的各种功能是相互联系的,只有整体考虑和综合管理物流系统的各子系统,才能有效地推进物流系统的合理化。物流系统作为电子商务运作的基础,它的改善可以带来巨大的经济利益,物流系统的合理化对电子商务企业来说至关重要,必将成为电子商务企业最重要的竞争领域。电子商务物流系统合理化的作用主要体现在以下五个方面:

① 确保电子商务企业的正常运转。电子商务物流系统的作用主要包括:将商品在适当的交货期内准确地向客户配送;满足客户的订货要求,不缺货;实现运输、装卸和仓储自动化;适当配置仓库和配送中心的位置;确保信息畅通。

② 降低物流成本和费用。对于电子商务企业来说,物流费用在企业总成本中占有相当大的比重。物流系统合理化可以提高物流作业效率,减少运输费用和仓储包装费用,从而达到降低成本的目的。

③ 合理运输。运输是物流当中最为重要的一个环节,在电子商务环境下,物流系统合理化是指充分应用信息技术,合理地组织运输,根据不断变化的实际情况,在良好的信息系统的支持下,不断地调整运输方式,使运输尽量达到合理化。

④ 压缩库存。库存控制是物流系统合理化的重要内容,库存控制的目的是指采用各种方法,使电子商务企业在满足客户需求的前提下把库存控制在合理的范围内。

⑤ 提高客户服务水平。通过将电子商务技术和传统的物流服务相结合,可以产生良好的效果,也可以达到合理运输及更好地压缩库存的目的,而这些物流系统合理化的措

施,归根结底是为了更好地为客户服务。通过电子商务物流系统的合理化,可以提高客户服务水平,提高客户满意度,从而促进企业的发展。

而对于电子商务企业来说,要实现电子商务物流系统的合理化,必须注意以下几个方面:

① 仓储合理化。电子商务企业的流动资金大部分被库存商品占用,降低库存可以减少流动资金占用,加快资金周转速度。在满足客户需求的前提下,尽量降低库存是仓储合理化要实现的目标。可以采用 ABC 管理方式,即根据物品的重要程度分为特别重要的库存(A 类)、一般重要的库存(B 类)和不重要的库存(C 类)三个等级,针对不同的等级分别进行管理和控制。

② 运输合理化。由于网络的无地域性,电子商务企业服务的对象也处于不同的区域,要完成相应的物流,必然涉及运输。因此,电子商务企业的运输合理化具有重要意义。对运输网络进行合理的配置、选择最佳的运输方式、采用各种方法提高车辆的运送效率、推进共同运输等方式,是实现运输合理化的主要途径。

③ 配送合理化。配送是电子商务物流系统区别于传统物流系统的重要环节之一。国外企业在推行配送合理化时采用的一些方法,具有很好的借鉴作用。这些方法包括推行具有一定综合性的专业化配送,以及共同配送、准时配送、即时配送等。

④ 物流成本合理化。物流成本合理化管理主要包括物流成本预测和计划、物流成本计算、物流成本控制、物流成本信息反馈以及物流成本决策等方面的内容。通过物流成本合理化,对物流成本的预测、计划和控制,进而达到物流成本合理化的目的。

⑤ 建立健全物流信息系统。信息系统是电子商务物流系统有别于传统物流系统的一个重要方面,信息系统水平是物流现代化的标志。电子商务物流信息系统建设一般包括即时有效的物流管理系统、运输规划和安排系统、订货管理系统以及物流运作决策支持系统等。信息系统是实现物流系统合理化的最有效的手段和方法,只有不断完善和发展信息系统,才能实现物流系统的合理化。

需要强调的是,物流系统合理化追求的并不只是各个单一环节的合理化,而是从整体效益出发,力求在确保实现整体目标的前提下,对各个物流环节进行优化。

4.4.2 电子商务物流系统的构建

随着互联网的迅速发展,电子商务已逐渐成为商家从事商业活动的新模式,呈现出强劲的发展势头。电子商务作为一种崭新的商务运作方式,给人类带来了一次新的产业革命。电子商务与物流是相辅相成的,物流是电子商务的一个重要组成部分,是电子商务的支点;而电子商务的发展又进一步促进物流的发展,使物流走向信息化、网络化、现代化。

1. 电子商务物流系统分析

(1)电子商务对物流的效率提出了更高的要求

电子商务要求多批次、小批量配送和适时配送,并强调对客户的高水平、个性化服务,这使得物流运作的难度相比在传统商务下更大,运输成本、仓储成本也居高难下。如何实现物流运作的敏捷性,加快交货速度,提高服务水平,同时优化成本,成为企业物流运作的核心问题。电子商务的跨区域性使得客户在地理分布上可能十分分散,送货地点不集中,因此提供电子商务物流服务的企业需要对销售区域进行定位,对不同的销售区域采取不同的物流服务政策,才能实现物流的经济性。

(2)电子商务为物流运作效率的提高提供了一定的条件

电子商务通过即时的信息共享和动态的信息管理,为企业在一个较大范围内实施资源的合理配置提供了条件。电子商务下的物流企业可以通过互联网合作完成物流管理和运作,物流信息高度集成,物流作业部门与上下游企业及客户之间的联系加强,物流更加灵活、方便。针对电子商务下物流的新特点,企业必须根据新环境下的要求,充分利用电子商务带来的优势,对物流系统进行认真的设计、优化、再造物流系统;必须充分整合物流资源,改善物流网络结构;优化运输手段与承运方式,合理设计运输系统;优化库存控制,提高保管功效,改进商品包装,实现搬运合理化;逐步建设一批跨区域、范围广、规模适度的物流配送中心。

合理的物流系统设计可以使企业缩短配送时间,降低成本,提高客户满意度,从而在电子商务中取得核心竞争优势。因此,面向电子商务的物流系统设计必须实现物流运作系统化、物流服务网络化、物流管理信息化、物流经营全球化的目标。

2. 电子商务物流系统设计

为了实现上述设计目标,企业必须按照由上到下、由整体到局部的顺序,从战略层、战术层和操作层三个层面对其物流系统进行设计和改造,把对物流系统设计的认识提高到战略高度,从总体结构的设计细化到具体操作的设计,有计划、有针对性地逐步完善电子商务下的物流系统。设计的主要内容如表 4-3 所示,可分为供应链规划、库存控制、运输规划、信息系统设计四个部分。

表 4-3 面向电子商务的物流系统设计的主要内容

设计层面	供应链规划	库存控制	运输规划	信息系统设计
战略层	物流节点的数量、位置、规模确定 各节点间的供应和服务关系确定 产品存储点决策	自营/外包决策 库存控制策略制定 产品及时送达水平的确定 仓库布局 物料管理设计	自营/外包决策 运输方式选择 运送方案制定	信息系统设计与开发(系统功能设计、对象模型设计、系统编码设计、系统测试)
战术层	生产计划 资源获取	订货策略 储存方案	路径选择策略	信息系统维护制度制定
操作层	物资需求计划/灾难恢复计划/企业资源计划	订货 库存作业	运输路线选择 载荷平衡	数据更新 网络维护

战略层设计包括确定产品从供货点到需求点流动的结构(包括确定物流节点的数量、位置,分派给各物流节点的产品和客户,物流节点之间应使用什么样的运输服务,如何服务),物流的外包决策、信息系统的设计与开发等,规划期较长。从战略角度进行物

流系统设计有利于提高整个物流系统效率。这是众多企业在匆忙投资电子商务物流时普遍忽视的一个问题。战术层设计包括生产或分销计划、资源分配、操作方案设计、操作制度制定等，一般以季度或年度为规划期。操作层设计包括针对当前任务的运输实施、物资调剂、具体操作方法决定等，通常以天、周或月为规划期。

此外，还有用来应对未预料到的事件的物流设计，如用来应对意外紧急缺货的物流设计。应急计划的宗旨是尽量减少为完成突发性紧急任务所需的时间和成本。

从总体上看，面向电子商务的物流系统设计较之传统商务下的物流系统设计突出了物流信息系统的功能。作为企业开展电子商务的基础，物流信息系统为电子商务运作和物流管理提供了坚实的平台。物流信息系统的功能是在保证订货、进货、库存、出货、配送等信息通畅的基础上，使通信据点、通信线路、通信手段网络化，以提高物流系统的效率。

企业在设计物流信息系统时，需要考虑以下因素：

① 系统的集成性，包括整合企业内部物流业务的能力以及整合企业外部资源的能力。

② 技术的先进性与开放性，以及与电子商务平台集成的能力。

③ 理念的先进性和前瞻性，如应用的个性化、全方位协同商务等。

④ 系统的可延伸性，即系统所涵盖业务情景的丰富程度，以便企业可以在未来随市场环境变化及时调整业务流程，而不需要重复大量的信息技术投入。

3. 电子商务物流系统设计评价

在电子商务物流系统设计中，应充分利用电子商务的信息网络，尽可能地通过信息共享来配置整合资源，加强企业内部和企业之间的合作，以提高物流作业的效率和敏捷性，并降低物流成本。

在电子商务中，商家在商品的需求预测上面临更大的困难。而需求的高度不确定性使得企业必须持有大量的安全库存才能保证商品的按时供应，从而导致库存成本居高不下、缺货率上升和送达迟延。电子商务给库存控制带来了极大的挑战，在物流系统设计中加强信息沟通功能，可以在一定程度上解决这一难题。

在物流系统设计中必须考虑到电子商务对物流敏捷性的要求。对于大多数 B2C 企业来说，电子商务的快速发展导致装运规模缩小和送货上门服务需求增长，这就要求物流系统必须是敏捷灵活的。如果在设计物流系统时没有考虑到这些特点，企业的运输成本就会明显上升，而且会降低客户满意度。但在提高敏捷性的同时，也必须充分利用每一个运输整合的机会，可采用多点停留(Milk Runs)和越库(Cross Docking)等先进技术，并在企业间开展合作，以降低小批量货运的成本。

电子商务物流系统的设计应主要针对企业的核心业务，按照适度外包的原则，将非核心的物流业务外包给专业物流公司，与专业物流公司互相协调和配合以形成更强的竞争力。

我国加入世界贸易组织后，发达国家的物流公司会很快进入国内市场，这一方面会加剧国内物流行业的竞争,另一方面对促进我国电子商务的发展大有好处。

本章小结

随着计算机科学和自动化技术的发展,物流系统也迅速向自动化物流系统演变。而电子商务的迅速发展,使得电子商务物流系统在传统物流系统的基础上有了进一步的改变。本章以壹米滴答为引导案例,介绍了物流系统的概念及其构成要素,讲解了物流网络的组成、规划及建设步骤,详细论述了物流标准化的概念以及我国物流标准化的现状,进一步阐述了电子商务物流系统的概念、构成及构建。本章通过描述物流系统的特点,引出电子商务环境下物流系统的新改变和新特点,使读者对电子商务物流系统有一个全面的认知。

思考题

1. 物流系统的特点是什么?
2. 物流系统的构成要素有哪些?
3. 如何进行物流系统分析?物流系统分析的步骤有哪些?
4. 物流网络的组成部分是什么?
5. 为什么要进行物流网络规划?如何进行物流网络规划?
6. 如何理解物流标准化?物流标准化对现代物流的发展有什么意义?
7. 电子商务环境下的物流系统较之传统的物流系统有什么改变?为什么会有这些改变?
8. 如何构建电子商务物流系统?

第 5 章

电子商务物流基本功能及其合理化

教学目的

- 运输的方式及其合理化的途径
- 仓储管理及其合理化的途径
- 装卸搬运的概念及其合理化的途径
- 包装的概念与包装技术
- 流通加工的作用及其合理化的途径
- 配送的概念与配送合理化措施

外界对物流给予了很大的期望,如何降低经营成本、提高效益,即如何实现物流合理化成为近年来的一个热点研究问题。电子商务物流有运输、仓储、装卸搬运、包装、流通加工和配送六个基本功能要素,本章分别针对电子商务物流的六个基本功能要素及其合理化措施展开详细的介绍。

引导案例

菜鸟网络、京东与苏宁的绿色包装解决方案

一、菜鸟网络：考虑行业相关方的整体普及性与接受度

菜鸟网络作为一个平台，考虑到企业定位，在开展绿色工作时更侧重于考虑行业相关方的整体普及性与接受度。菜鸟网络遵循减量化、再利用、再循环、可降解来推进绿色包装；提出到 2020 年从阿里巴巴电子商务平台发出所有包裹的 50％ 实现绿色化，并且实现碳减排 362 万吨。

菜鸟网络在绿色包装及绿色物流方面的主要举措有：

首先，推行减量化，在考虑提升物流运作效率的前提下，运用智能打包算法，根据消费者订单包含的产品，推荐包装解决方案，进而实现减量包装，提升整个纸箱空间的利用率，减少塑料填充物的使用。目前，该算法平均可以减少 5％ 的包装，如 2017 年"双十一"期间发货量超过 10 亿件，采用该算法可节省 4 500 多万个箱子。

其次，推行菜鸟电子面单替代传统三联面单，阿里巴巴电子商务平台上商家的使用率已经达到 80％，每年节约纸张费用可达 12 亿元。

再次，推出全生物降解袋、无胶带纸箱，联合天猫企业共同开设绿色包裹采购专区。

最后，与蚂蚁森林开展深度合作，消费者在收到绿色包裹之后，可以在蚂蚁森林上自动获得绿色能量，达到条件之后，公益组织会在敦煌种下一棵树。此外，菜鸟网络还设计了标准化绿色回收专区，在十个城市开启纸箱回收，并在厦门打造第一个绿色物流城市。

二、京东：携手上下游推动供应链 B2B2C 绿色环保

京东在绿色包装方面的探索主要是推行减量化包装，推行生物降解和循环包装，联合供应链上下游推行供应链包装。

京东在绿色包装及绿色物流方面的主要举措有：推行 400 克重的三层纸箱，完善物流体系及规范操作以减少包装的使用；在自营物流上百分之百推广电子面单；降低胶带宽度、启动纸箱回收，对包装缓冲物进行减量化；推行电子签收，并在部分业务上使用免胶带纸箱；举办电子商务物流包装大赛，启动绿色供应链行动，推行青流计划，携手上下游企业推动整个供应链的 B2B2C 绿色环保。

从供应链的角度，京东与品牌商合作推行简约包装、直发包装。通过其消费大数据和物流大数据，京东会告诉品牌商包装哪里有问题、应该怎么解决。此外，京东还会要求产品能够以初始的包装形式被反复利用，以达到重复使用的目的。

三、苏宁：遵循国际 3R 标准，呼吁上下游合作

苏宁在绿色包装的应用方式和方法上，目前主要遵循国际 3R 标准，即包装轻量化、重复利用及回收。

在包装轻量化方面，苏宁于 2016 年推出了胶带和面单瘦身计划，极大地降低了相关包装材料的使用量，减少了对环境的污染。

在重复利用方面，苏宁于 2017 年推出了可循环的共享快递盒，收货人在签收之后，快递员会直接回收箱子。截至2017年10月,苏宁一共投放了5万个共享快递盒,累计节约纸箱650万个。在2018年,苏宁整体投放了20万个共享快递盒。

在回收方面,苏宁推出了纸箱回收系统,由快递员对客户现场讲解回收办法,并将返回仓库的纸箱贴上专有环保标签进行再次使用。苏宁还要求生产出来的物品就是可利用的资源,尽可能减少不可回收的垃圾。例如,苏宁采用牛皮纸胶带,可以大大提高纸箱回收再利用的价值。

此外,在智能化方面,苏宁还推出了包装推荐系统。该系统可以对商品各类信息以及尺寸、重量进行精准的评估,通过大数据计算对商品与纸箱尺寸进行匹配,并且计算出商品在纸箱内如何摆放最节省耗材,从而达到减少耗材使用量、提升员工作业效率的目标。

资料来源:李妮. 菜鸟、京东、苏宁、小米、顺丰绿色包装解决方案大比拼,你挺谁?[EB/OL].(2017-11-26)[2019-03-23]. https://www.iyiou.com/p/60694.html

5.1 运输及其合理化

5.1.1 运输概述

1. 运输的概念

广义的运输是指人和物通过运力在空间上的移动,其具体活动是人和物的载运及输送。物流领域的运输专指物的载运及输送,是指利用设备和工具,将物品从一地点向另一地点运送的活动,包括集货、分配、搬运、中转、卸下、分散等一系列操作。它是在不同地域范围内(如两个城市、两个工厂之间),对物品进行空间位移,以改变物品的空间位置为目的的活动。运输和搬运的区别在于:运输是在较大空间范围(不同地域范围)内的活动,而搬运则是在同一地域范围内的活动。

运输是物流不可缺少的环节。物流系统通过运输完成对客户所需原材料、在制品和制成品在地理上的移动。一般来说,运输成本是目前物流总成本中最大的成本项目。国家发展改革委数据显示,2018年上半年全国社会物流总费用6.1万亿元,运输费用3.1万亿元,仓储费用2.1万亿元,管理费用0.9万亿元。从中可以看出,运输在整个物流活动中的占比是较大的,运输费用可节约的潜力也是巨大的。因此,运输的合理化在物流管理中十分重要。

2. 运输的地位

(1)运输是物流的主要功能要素之一

按物流的概念,物流是"物"的物理性运动,这种运动不但改变了物的时间状态,而且改变了物的空间状态。而运输承担了改变物的空间状态的主要任务,是改变物的空间状态的主要手段,运输再配以搬运、配送等活动,就能完成改变物的空间状态的全部任务。

(2) 运输是社会物质生产的必要条件之一

运输是国民经济的基础。马克思将运输称为"第四个物质生产部门",将运输看作生产过程的继续,这种继续虽然以生产过程为前提,但如果没有这种继续,生产过程不能最终完成。因此,虽然运输这种生产活动和一般生产活动不同,它不创造新的物质产品,不增加社会产品数量,不赋予产品以新的使用价值,只变动其所在的空间位置,但是这一变动使生产能够继续下去,使社会再生产不断推进,可以将其看作一种物质生产部门。

(3) 运输可以创造"场所效用"

场所效用的含义是:同种"物"由于空间场所不同,其使用价值的实现程度不同,其效益的实现也不同。由于改变场所而最大限度地发挥了"物"的使用价值,提高了投入产出比,因此可称为"场所效用"。通过运输,将"物"运到场所效用最高的地方,就能发挥"物"的潜力,实现资源的优化配置。从这个意义上讲,运输也相当于提高了"物"的使用价值。

(4) 运输是"第三利润源"的主要源泉

运输是运动中的活动,它和静止的保管不同,要靠大量的动力消耗才能实现这一活动,而运输又承担着大跨度空间转移的任务,活动的时间长、距离长、消耗也大。消耗的绝对数量越大,运输费用节约的潜力也就越大。

从运输费用来看,运输费用在物流总费用中所占的比例最高。据中国报告网发布的《2018年中国第三方物流行业市场分析报告——行业运营态势与发展前景研究》,我国2017年物流费用构成占比如图5-1所示,其中交通运输费用占55%,有些产品的运输费用甚至高于产品的生产费用,运输费用节约的潜力是比较大的。

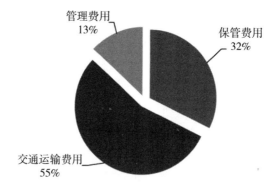

图 5-1 2017 年我国物流费用构成占比

由于运输总里程长,运输总量巨大,通过运输合理化可大大缩短运输吨千米数,从而显著节约运输费用。

5.1.2 运输方式

物流运输的基本方式主要包含铁路运输、公路运输、水路运输、航空运输及管道运输五种,将不同运输方式组合起来所形成的运输称为联合运输。

1. 铁路运输

(1)铁路运输的概念及特点

铁路运输是指利用机车、车辆等技术设备,沿铺设轨道进行运输的运输方式。铁路运输是发展较早的一种运输方式,是随着蒸汽机车的发明和锻铁铁轨的出现,于19世纪初在世界上投入使用的,并逐渐成为陆路交通的主要运输工具。

铁路运输具有以下优点:

① 运输能力强大,适合大批低值货物的长距离运输。

② 单车装载量大,加上有多种类型的车辆,几乎能够承运任何货物,不受重量和容积的限制。

③ 运输速度较快,平均车速在五种基本运输方式中排第二位,仅次于航空运输。

④ 受气候和自然条件影响较小,在运输的经常性方面占优势。

⑤ 可以方便地实现驮背运输、集装箱运输及多式联运。

铁路运输的缺点主要有:铁路线专用,固定成本高,货物在途时间长,运输中货损率比较高,不能实现"门到门"运输等。

根据上述特点,铁路运输担负的主要功能是:大宗低值货物的中、长距离(经济里程一般在200公里以上)运输,也较适合运输散装货物(如煤炭、金属、矿石、谷物等)、罐装货物(如化工产品、石油产品等)。

(2)铁路运输的种类

① 整车货物运输。整车货物运输适合大量的货物运输,是整车租用的一种运输方法。在铁路运输中,整车货物运输占很大的比重。利用整车运输货物时,可以直接到车站或通过联运者办理。

② 集装箱货物运输。集装箱货物运输是指将货物装入集装箱内,再将其合并成一个单元装载到货车上进行运输的方式。集装箱的装卸可以借助机械完成,从而大大提高装卸效率,缩短运输时间。

(3)铁路运输发展状况

中国国家铁路集团有限公司的统计显示,2018年国家铁路完成货物发送量31.9亿吨,同比增长9.3%,增运2.72亿吨,超额完成全年增运2亿吨的目标任务。增加的货运量与公路完成同等货运量相比,可节省299万吨标准煤,减少二氧化碳排放736万吨,为打好污染防治攻坚战特别是打赢蓝天保卫战做出了积极贡献。2018年,铁路集装箱、商品汽车、冷链运输分别同比增长33.4%、25.1%和52.3%。

2. 公路运输

(1)公路运输的概念及特点

从广义上说,公路运输是指利用载运工具(汽车、拖拉机、畜力车、人力车等)沿公路实现旅客或货物空间位移的过程。从狭义上说,公路运输即汽车运输。物流运输中的公路运输专指汽车运输,其在提供现代物流服务方面发挥着核心作用。

汽车运输具有以下优点:

① 不需中转,运送速度较快;
② 可以实现"门到门"的直达运输,因而货损货差少;
③ 机动方便;
④ 原始投资少,经济效益高;
⑤ 驾驶技术容易掌握。

但是,汽车运输也存在一些问题,主要是装载量小、运输成本高、燃料消耗大和环境污染严重等。

基于上述特点,汽车运输担负的主要功能是:

① 独立担负经济运距内的运输,主要是中短途运输。高速公路的兴建,使汽车运输从中短途运输逐渐形成短、中、远程运输并举的局面,这是一个不可逆转的趋势。

② 补充和衔接其他运输方式。所谓补充和衔接,是指当其他运输方式担负主要运输时,由汽车担负起点和终点处的短途集散运输,完成其他运输方式到达不了的地区的运输任务。

(2)公路运输的种类

① 按托运批量大小可分为整车运输与零担运输。凡托运方一次托运货物在3吨及以上,为整车运输。整车运输的货物通常有煤炭、粮食、木材、钢材、矿石、建筑材料等,一般都是大宗货物,货源的构成、流量、流向、装卸地点都比较稳定。整车运输一般多是单边运输,应大力组织空程货源,充分利用全车行程,提高经济效益。凡托运方一次托运货物不足3吨的,为零担运输。零担运输非常适合商品流通中品种繁杂、量小批多、价高贵重、时间紧迫、到达站点分散等特殊情况下的货物运输,弥补了整车运输和其他运输方式在运输零星货物方面的不足。

② 按运送距离可分为长途运输与短途运输。按交通部规定,公路运输运距在25千米以上为长途运输,25千米及以下为短途运输。各地根据具体情况有不同的划分标准。

③ 按货物的性质及对运输条件的要求可分为普通货物运输与特种货物运输。被运输的货物本身性质普通,在装卸、运送、保管过程中没有特殊要求的,称为普通货物运输。相反,被运输的货物本身性质特殊,在装卸、运送、保管过程中需要特定条件、特殊设备保证其完整无损的,称为特种货物运输。特种货物运输又可分为长大、笨重货物运输,危险货物运输,贵重货物运输和易腐货物运输。各类运输有着不同的要求和运输方法。

④ 按运输的组织特征可分为集装化运输与联合运输。集装化运输也称成组运输或规格化运输,它是以集装单元为运输单位,保证货物在整个运输过程中不受损失,而且便于使用机械装卸、搬运的一种货运形式。集装化运输最主要的形式是托盘运输和集装箱运输。集装化运输促进了各种运输方式之间的联合运输,构成了直达运输集装化的运输体系,是一种有效的、快速的货运形式。联合运输就是两个或两个以上的运输企业,根据同一运输计划,遵守共同的联运规章或签订的协议,使用共同的运输票据或通过代办业务,组织两种或两种以上的运输工具相互接力,联合实现货物的全程运输。

(3)公路运输发展状况

当前,我国经济处在非常敏感的转型期,在铁路货运改革的背景下,一些不可再生资源的运输量减小,比如煤和冶炼物资等的运输需求呈现明显的下降趋势,铁路货运量在干线货运体系中的占比波动较大,并且出现了下行状况。近两年,我国高速公路货运量和年均增长率都实现了非常明显的快速增长。2017年我国公路货运量为368亿吨,同比增长10.1%;2018年1—8月我国公路货运量为249.3亿吨,同比增长7.4%。2010—2018年我国公路货运量及增速如图5-2所示。

图 5-2 2010—2018 年我国公路货运量及增速

资料来源:作者根据相关资料整理绘制。

3. 水路运输

(1)水路运输的概念及特点

水路运输是指利用船舶、排筏和其他浮运工具,在江、河、湖泊、人工水道以及海洋上运送旅客和货物的一种运输方式。

水路运输具有以下优点:

① 可以利用天然水道,线路投资少,且节省土地资源;

② 船舶沿水道浮动运行,可实现大吨位运输,降低运输成本,对于非液体货物的运输而言,水路运输一般是运输成本最低的运输方式;

③ 江、河、湖、海相互贯通,沿水道可以实现长距离运输。

但是,水路运输也存在一些缺点,如平均航速较低,受气候影响大,可达性差及载运、搬运要求高等。

基于上述特点,水路运输的主要功能是:

① 承担大批量货物,特别是散装货物的运输;

② 承担原料、半成品等低价货物,如建材、石油、煤炭、矿石、粮食等的运输;

③ 承担国际贸易运输,是国际贸易的主要运输手段之一。

(2)水路运输的种类

① 内河运输。内河运输是一种古老的运输方式,是水路运输的重要组成部分。目前,万吨级顶推船队和千吨级机动船已成为现代内河运输的主力。

②海上运输。海上运输包括远洋运输和沿海运输。远洋运输一般是伴随国际贸易而进行的国际货物运输,成为国际贸易的重要组成部分。沿海运输是利用沿海航道在港口之间进行的货物运输。海上运输又分为定期航班运输和不定期航班运输。

(3)水路运输发展状况

2018年1—8月我国水运货运量为44.8亿吨,同比增长3.3%;2017年1—12月我国水运货运量为66.6亿吨,同比增长4.3%。2010—2018年我国水运货运量及增速如图5-3所示。

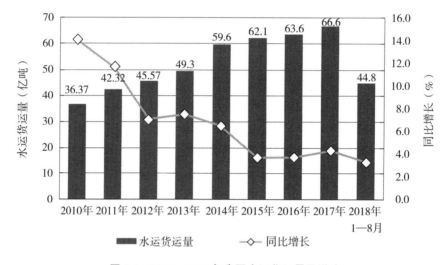

图5-3 2010—2018年我国水运货运量及增速

资料来源:作者根据相关资料整理绘制。

4. 航空运输

航空运输简称空运,是使用飞机运送客货的运输方式。航空运输的运费远高于其他运输手段,因此过去除紧急或特殊场合外,一般不使用飞机运送货物。但是,现今航空运输已经在商业上普遍使用,快递、冷链成为现阶段航空物流市场的主体。

航空运输的优点是航线直、速度快,可以克服各种天然障碍,作为长距离不着陆运输,对货物的包装要求较低;缺点是载运能力小,受气候条件限制比较大,可达性差,运输成本高。航空运输的上述特点,使得它主要担负贵重、急需或容易破损的小批量货物的运输和邮政运输。

跨境电商多使用航空运输,其迅速发展促进了航空快件的增长。我国跨境电商交易规模从2008年的0.8万亿元升至2017年的逾8万亿元,占我国外贸总额的比重从不足4%升至逾30%。此外,生鲜等冷链航空运输的发展同样显著。日本至我国的跨境电商货运从2009年开始,以水果、甜品、海鲜为主;阿里和京东等电商平台的进口生鲜商品销售量年增速都在200%以上,由冷链市场形成的航空物流需求逐步增加。未来,跨境电商与冷链市场将释放巨大的发展空间,成为航空物流业务增长的核心驱动力。

近几十年来,航空技术得到了迅速发展,大型喷气机的开发及使用,使得航空运输能力大幅提高,运行成本下降,运费逐渐低廉化。另外,随着综合物流成本意识的增强,具有高速运输特点的航空运输的利用范围正在不断扩大。2017年,民航全行业完成运输总周转量1 083.08亿吨公里,同比增长12.6%;国内航线完成运输总周转量694.60亿吨公里,同比增长11.7%;国际航线完成运输总周转量388.48亿吨公里,同比增长14.3%。2012—2017年,民航全行业运输总周转量年均增长12.2%。

5. 管道运输

管道运输是利用运输管道,通过一定的压力差完成气体、液体和粉状固体运输的一种现代运输方式。管道运输运量大、运输快捷、效率高、占地少、不受气候影响、运行稳定性强、便于运行控制、耗能低、有利于环境保护,但灵活性较差,承运的货物种类比较单一。管道运输主要担负单向、定点、量大的液体状货物的运输。

管道运输按照运输对象可分为原油管道运输、成品油管道运输、天然气管道运输及煤浆管道运输等。

5.1.3 运输合理化

运输是物流最重要的功能要素之一,物流的合理化在很大程度上依赖于运输的合理化。在物流过程中,运输合理化是从物流的总体目标出发,运用系统理论和系统工程原理及方法,充分利用各种运输方式,选择合理的运输路线和运输工具,以最短的路径、最少的环节、最快的速度和最少的劳动消耗,组织好物质产品的运输活动。

1. 影响运输合理化的因素

影响运输合理化的因素主要有以下五个:

(1) 运输距离

运输既然是商品在空间上的移动(或称位移),那么商品移动的距离即运输里程的远近,是决定运输合理与否的一个最基本的因素。物流部门在组织商品运输时,首先要考虑运输距离,尽可能地实行近产近销,避免舍近求远。

(2) 运输环节

在物流过程的各个环节中,运输是一个很重要的环节,也是决定物流合理性的一个重要因素。因为运输业务还需要装卸、搬运和包装等工序,多一道环节,就要多耗费很多劳动。所以物流部门在调运商品时,对有条件直运的,应尽可能组织直运,使商品不进入中转仓库,越过一切不必要的中间环节,由产地直接运到销地或用户,减少二次运输。

(3) 运输工具

要根据不同商品的特点,分别利用铁路、公路或水路运输等不同运输方式,选择最佳的运输线路,合理使用运力。可以改进车船的装载技术和装载方法,提高技术装载量;或者使用最少的运力,运输更多的商品,提高运输生产效率。

(4) 运输时间

对商业物流来说,为了更好地为客户服务,及时满足客户的需要,时间起到了决定性作用。运输不及时,不但容易错失销售机会,造成货物脱销或积压,而且由于商品在运输过程中停留时间过长,也容易引起商品的货损货差,增加物流管理费用,降低运输效率。在市场变化很大的情况下,时间问题更为突出。所以,在物流过程中,要特别强调运输时间,要抢时间、争速度,要想方设法加快货物运输,尽量压缩待运时间,使货物不要长期徘徊、停留在运输途中。

(5) 运输费用

运输费用占物流总费用的比重很大,是衡量物流经济效益的重要指标,也是组织合理运输的主要目的之一。运输费用的高低,不仅影响商业物流企业或运输部门的经济效益,还影响销售成本。

上述因素既相互联系,又相互影响,有的还相互矛盾。例如,在一定条件下,运输时间缩短了,运输费用却不一定降低;或运输费用降低了,运输时间却又延长了。在一般情况下,运输时间和运输费用是考虑合理运输的两个主要因素,它们集中体现了物流过程中的经济效益。因此,要综合分析运输时间和运输费用,寻求最佳的运输方案。

2. 不合理运输的形式

不合理运输是指不考虑经济效益,违反商品的合理流向和各种运力的合理分工,不充分利用运输工具的装载能力,环节过多,从而导致浪费运力,增加商品流转费用,延缓商品流转速度,增加商品损失等不良后果的运输形式。不合理运输主要有以下七种形式:

(1) 运输车辆空驶

造成运输车辆返程或启程空驶的原因往往有以下几种:一些企业未能充分利用社会化的运输体系,依靠自备车辆送货提货;一些运输车辆过分专用,从而很难搭运返程货物;由于缺少周密的运输组织计划或空车配货信息网络平台,导致运输车辆返程运力浪费等。

(2) 对流运输

对流运输亦称相向运输或交错运输,是指同一种货物或彼此间可以互相代用的货物,在同一线路上或平行线路上做相对方向的运送,而与对方运程的全部或部分发生重叠交错的运输。在判断对流运输时需注意的是,有的对流运输是隐蔽的,如不同时间的相向运输。

(3) 迂回运输

迂回运输是指舍近求远、绕道进行的一种运输,只有在计划不周、地理不熟、组织不当时才会发生这种不合理运输。最短距离如果遇交通阻塞、道路情况不好或对噪声、排气等有特殊限制而不能使用时发生的迂回,不能称为不合理运输。

(4) 重复运输

重复运输有两种情况:一种是本来可以直接将货物运到目的地,但是在未达目的地之处或在目的地之外的其他场所将货卸下,再重复装运送达目的地;另一种是同品种货物在同一地点一面运进,一面又向外运出。重复运输增加了不必要的中间环节,从而降低了流通速度,增加了运输费用。

(5) 倒流运输

倒流运输是指货物从销地或中转地向产地或起运地回流的一种运输现象。倒流运输也可以看成隐蔽对流运输的一种特殊形式,除非是退货或者返厂重修而引发的倒流运输,否则倒流运输纯粹是一种运力的浪费,其不合理程度要高于对流运输。

(6)过远运输

过远运输是指在选择进货单位或调运物资时,可采取近程运输而未采取,舍近求远造成拉长货物运距的浪费现象。过远运输往往是由厂商信息不对称或者厂商供应端选择过于单一造成的。

(7)运力或托运方式选择不当

运力选择不当是指未能充分利用各种运输工具的优势而造成的不合理运输现象,如弃水走陆、铁路或大型船舶过近运输、运输工具承载能力选择不当等。托运方式选择不当是指可以选择最好的托运方式而未选择,从而造成运力浪费及费用支出加大的一种不合理运输现象,如本应整车托运而未选择,反而采取零担托运等。

上述不合理的运输形式都是在特定条件下产生的,在进行判断时必须注意其不合理的前提条件,否则容易出现判断失误。

3. 运输合理化的途径

(1)提高运输工具实载率

提高运输工具实载率是指充分利用运输工具的额定能力,减少车船空驶和不满载的时间,减少浪费,从而求得运输合理化。在公路运输中,可以通过电子商务物流信息共享,采用集中配送、共同配送等方式,实现运输工具的满载满容,降低空驶率;在铁路运输中,可以采用整车运输、合装整车、整车分卸及整车零卸等具体措施,提高实载率。

(2)减少动力投入,增强运输能力

运输的投入主要是动力投入和基础设施建设。在物流基础设施建设已定型或已完成的情况下,应尽量减少动力投入,如采用水运拖排和拖带、顶推法等。在物流基础设施建设规划方面,要从国家、区域、地方物流系统化、全局化的角度,合理规划和设置物流园、物流中心及配送中心,以缩短运输路线,节约运费,降低运输成本,达到运输合理化的目的。

(3)发展社会化的运输体系

运输社会化是指发挥运输的规模效益优势,实行专业分工,打破一家一户自成运输体系的状况。在社会化运输体系中,各种联运是水平较高的运输方式,联运方式充分利用面向社会的各种运输系统,通过协议进行一票到底的高效运输。

(4)开展中短距离铁路、公路分流,"以公代铁"的运输

在公路运输经济里程范围内,或者经过论证,超出通常平均经济里程范围,应尽量利用公路进行运输。

(5)发展直达运输

直达运输是实现运输合理化的重要形式。通过合理规划运输路线,减少中转换载,提高运输速度,节省装卸费用,降低中转货损,达到节省运输时间和运输费用的目的。

(6)发展配载运输

配载运输是指充分利用运输工具的载重量和容积,合理安排装载的货物及载运方法

以求得合理化的一种运输方式。配载运输往往是轻重商品的混合配载,在以重质货物运输为主的情况下,同时搭配一些轻泡货物,在基本不增加动力投入并且不减少重质货物运输的情况下,解决了轻泡货物的搭运,效果显著。

(7) 发展特殊运输技术和运输工具

运用先进的科学技术是运输合理化的重要途径。例如,专用散装及罐车解决粉状、液状物运输损耗大、安全性差等问题,袋鼠式车皮、大型半挂车等解决大型设备整体运输问题,滚装船解决车载货的运输问题,集装箱船解决一般船只容量不足、运输速度慢等问题,这些都是通过运用先进的科学技术来实现运输的合理化。

(8) 通过流通加工,使运输合理化

有些产品由于本身形态及特性问题,很难实现运输的合理化。但如果进行适当加工,就能够有效解决运输合理化问题。例如,将造纸材料在产地预先加工成干纸浆,再压缩体积运输,就能够解决造纸材料运输不满载的问题;将轻泡产品预先捆紧包装成规定尺寸,就能够提高装载量;将水产品及肉类预先冷冻,就可以提高车辆装载率并降低运输损耗。

5.2 仓储及其合理化

5.2.1 仓储概述

1. 仓储的概念

仓储是通过仓库对物资进行储存和保管,是指在原产地、消费地或者在这两地之间存储商品(原材料、部件、在制品、产成品),并向管理者提供有关存储商品的状态、条件和处理情况等信息。也就是说,仓储是商品在离开生产过程尚未进入消费过程的间隔期内的暂时停滞。

2. 仓储的种类

按经营主体,仓储一般可划分为自营仓储、营业仓储和公共仓储。

(1) 自营仓储

自营仓储主要包括生产企业的仓储和流通企业的仓储。生产企业自营仓储是为保障原材料供应、满足半成品及成品保管需要而进行的仓储保管,其储存对象较为单一,以满足生产为原则。流通企业自营仓储是为流通企业所经营的商品而进行的仓储保管,其目的是支持销售。

自营仓储不具有经营独立性,仅仅是为企业的产品生产或商品经营活动服务,相对来说规模小、数量众多、专业性强、仓储专业化程度低、设施简单。

(2) 营业仓储

营业仓储是仓储经营人以其拥有的仓储设施,向社会提供仓储服务。仓储经营人与存货人以订立仓储合同的方式建立仓储关系,并且依据合同约定提供仓储服务并收取仓储费。

营业仓储面向社会,以经营为手段,实现经营利润最大化。与自营仓库相比,营业仓储的使用率较高。

(3) 公共仓储

公共仓储是公用事业的配套服务设施,为车站、码头提供仓储配套服务,其运作的主要目的是保证车站、码头等的物资作业和运输,具有内部服务的性质,处于从属地位。但对于存货人而言,公共仓储也适用营业仓储的关系,只是不独立订立仓储合同,而是将仓储关系列在作业合同、运输合同之中。

3. 仓储在物流中的作用

(1) 仓储是保证社会再生产过程顺利进行的必要条件

商品的仓储过程不仅是商品流通的必要保证,也是社会再生产过程得以顺利进行的必要条件。缺少了仓储,流通过程便会终止,再生产过程也将停止。

(2) 仓储是物流系统中不可缺少的重要环节

从供应链角度来看,物流过程由一系列的"供给"和"需求"组成,在供需之间存在物的"流动",也存在物的"静止",这种静止是为了使前后两个流动过程更好地衔接,缺少必要的静止会影响物的有效流动。仓储环节正是起到了物流中的有效静止作用。

(3) 仓储能对商品进入下一环节前的质量起保护作用

商品在物流过程中,通过仓储环节在进入下一环节前进行检验,防止伪劣商品混入市场。因此,为保证商品的质量,要把好仓储管理这一关,以保证商品不变质、不受损、不短缺和有效的使用价值。

(4) 仓储是加快商品流通,节约流通费用的重要手段

商品在仓库内滞留,表面上是流通的停止,而实际上恰恰促进了商品的流通。一方面,仓储的发展,在调配余缺、减少生产和销售部门的库存积压、在总量上减少地区内商品的存储量等方面起到了非常积极的作用;另一方面,在仓储环节充分做好商品收发和出库前的准备,将缩短商品流通的时间。

(5) 仓储为商品进入市场做好准备

仓储可以使商品在进入市场前完成整理、包装、质检、分拣、加标签等加工工作,以便缩短后续环节所需的时间,为进入市场做好准备。

5.2.2 仓储合理化

所谓仓储合理化,就是建立合适的仓储条件,对合适的仓储品种进行合适的库存管理的综合性系统工程。仓储合理化具体包括仓储条件合理化、仓储品种结构合理化、仓储数量合理化和仓储时间合理化,具体表现为有合理的库存品种结构、合适的库存数量、合理把握仓储时间,为被储存物资建立起完善、合理的保管场所和保管条件。

仓储合理化的途径包括:

(1) 遵循先进先出原则

在仓储合理化的实现过程中,要认真遵循先进先出原则。为了保证各个商品都能够

正常流转,需加快流转速度,提高库存周转率和仓容利用率。

(2)提高仓容利用率

提高仓容利用率通常采用以下办法:

① 提高库存周转率。让物资快进快出,加快流转,是提高仓容利用率的最佳途径。

② 采用高垛方法,以增加储存高度。采用高层货架仓库、集装箱等都可大大增加储存高度。

③ 缩小库内通道宽度,以增加储存有效面积。采用窄巷道式货架,配以轨道装卸设备,以降低对车辆运行宽度的要求;采用侧叉车、推拉式叉车,以缩小叉车转弯所需宽度;减少库内通道数量,以增加储存有效面积。

(3)采用科学的储存管理方式

为保证仓库的地质地理条件、温度湿度、通风光照、能源条件、防火防盗安全条件、仓储规划布局、保管规章制度等全面合理化,采取以下一些措施是必要的:

① 采用计算机仓储管理系统。计算机管理可以实现各个商品迅速有效的进销存数量管理、储存定位管理,能大大节约寻找、存放、取出商品的时间,节约不少物化劳动及活劳动,而且能防止差错,减少空位的准备量,提高仓库的利用率。

② 采用"五五化"堆码方式。"五五化"堆码方式是我国仓储管理中常用的一种方法,即储存商品时,以"五"为基本单位,堆成总量为"五"的倍数的垛形,如梅花五、重叠五等。采用这种方式堆码后,有经验的人可以过目成数,大大加快人工点数的速度,减少差错。

③ 采用现代储存保养技术,如自动存取技术、自动识别技术、自动分拣技术、计算机管理控制技术等。

④ 采用集装箱、集装袋、托盘等储运装备一体化的方式。这种方式通过物流活动的系统管理,使仓储、运输、包装、装卸一体化,不但能够促使仓储实现合理化,更重要的是能够促使整个物流系统实现合理化。

实现仓储合理化的技术多种多样,下一小节主要介绍仓储合理化技术中的密集式仓储技术。

5.2.3 密集式仓储技术

近年来,随着国内经济的高速发展以及建设用地资源的日益紧缺,如何在有限的空间里存储最大量的物品、提高库容率,成为生产企业与流通企业急需解决的问题。密集式仓储技术正是在这一背景和需求下产生的。

密集式仓储技术是相对于单位建筑空间而言的,与传统的巷道式仓储货架相比,其通过减少巷道数量或缩小巷道宽度,可以使面积利用率达到50%或空间利用率达到40%以上。密集式仓储技术的价值在于节约用地,降低建筑能耗,节约成本。根据货物存取原理的不同,密集式仓储技术可以分为被动式密集仓储技术与主动式密集仓储技术两种类型。

1. 被动式密集仓储技术

被动式密集仓储技术的特点是货物静止,叉车或堆垛设备深入密集货格通道内进行存取作业,出入库效率大大降低,无法满足高吞吐量作业需求。被动式密集仓储技术主要包括窄巷道货架、驶入式货架、重型移动式货架等,这些技术都是传统的密集式仓储技术。

① 窄巷道货架,又称 VNA(Very Narrow Aisle)货架,是狭窄巷道应用于传统货架结构的存储货架(见图 5-4)。其巷道的宽度比常规的托盘式货架要小得多,最多可以节省 40% 的过道空间,空间利用率得以提高。货架结构与横梁式货架相近,而且可以充分利用空间。窄巷道货架需要使用特殊形式的叉车——VNA 叉车,因为在窄巷道中要实现叉货、存取货、转向、升降等操作,所以对叉车的要求就是足够灵活、小巧又能满足正常作业,VNA 叉车比一般叉车的造价高。

图 5-4　窄巷道货架

② 驶入式货架,又称贯通式货架或通廊式货架(见图 5-5),是一种叉车进入货架内部进行存取货作业的货架,叉车的运行通道即货物的存储空间,托盘按深度方向连续存放于支撑导轨之上,为先进后出型货架。

图 5-5　驶入式货架

③ 重型移动式货架，其特点在于每排货架底部有一个电机驱动，由装置在货架下的滚轮沿铺设于地面上的轨道移动，可实现货架连续排布，一组货架只需要一条通道，实现了高密度存储。在需要存取货物时，移动货架，出现一条作业通道，方便叉车驶入通道作业。移动式货架可以实现任意顺序存取货物。

2. 主动式密集仓储技术

主动式密集仓储技术采用"设备不动，货物运动"的工作模式，即通过在深货格货架内安装动力装置，使货物具有运动自发性，无须其他运行载体来存取，货物就可以自行到达指定位置，是一种既能满足高密度存储，又能保证高吞吐效率的全新密集仓储技术。根据深货格货架内安装动力装置的不同，主动式密集仓储技术可以分为重力式、穿梭车式和动力式三种类型。

① 重力式密集仓储（见图5-6），即在货格通道深度方向设置有一定倾斜角度、无动力的重力辊道，货物从辊道高处放入，依靠重力自动滑动到辊道低处，为使货物保持相对均匀的滑动速度，需要在辊道中加设阻尼装置。该仓库进、出货分别位于货架两侧，仅可实现先进先出功能。

- 优点：重力式密集仓储的空间利用率高，非常适用于规格统一、批量大的货物。
- 技术难点及缺点：重力式密集仓储利用辊道运输托盘，对辊子有较高的同心度要求，且对托盘质量要求较高，最好选用硬木材质托盘，其次是塑料托盘，否则容易发生托盘卡住难以滑动的局面；为保证托盘受控滑动，需要安装阻尼装置、缓冲装置以及出货分离装置，因此造价较高，后期维护成本也较高。

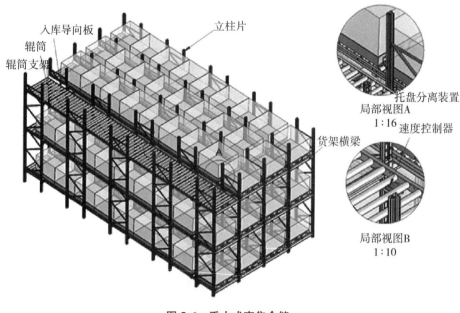

图5-6 重力式密集仓储

② 穿梭车式密集仓储，通过在货格通道深度方向设置穿梭车导轨，存货时只需将货

物放在导轨的最前端,导轨上的无线遥控穿梭车会自动承载托盘在导轨上运行,将其放置于导轨指定货位处;取货时穿梭车会将托盘放置于导轨的最前端,叉车取走即可。穿梭车货架既可以实现先进先出,又可以实现先进后出。

- 优点:穿梭车式密集仓储可以实现货物在货架内的自动运输,适应性良好,多数密集仓储问题都可以解决,且可根据实际情况灵活地选择先进先出或先进后出功能。
- 技术难点及缺点:穿梭车式密集仓储是多个通道内的所有货物共用一个动力装置,所以单个货格通道内的货物移动方式与动力式、重力式密集仓储的货物整体移动方式不同,只能实现单个托盘单次作业,在存取不同品规的货物时,穿梭车需借助叉车或堆垛机不断更换通道,出入库效率在一定程度上受到影响。

③ 动力式密集仓储,通过在货格通道深度方向设置动力辊道,存货时将货物放在货格通道的最前端,依靠动力货物自动移动到货格通道最深处;取货时动力辊道将托盘移动至货格通道最前端,堆垛设备取走即可。由于动力辊道可以双向运动,因此动力式密集仓储既可以实现先进先出,又可以实现先进后出。

- 优点:动力式密集仓储可以实现货物在货格通道内的整体运输,不同货格通道动力独立,全部货格通道可以实现同时存取作业,存取效率与稳定性高于穿梭车式和重力式密集仓储;并且由于其运输货物实现了自动化,从而能够减少人员活动,提高人员工作效率及作业安全性。
- 技术难点及缺点:该系统投资成本及后续维护成本比较高。

综合来看,重力式与穿梭车式密集仓储无法解决批量小、品规多货物的存取问题,因为此类货物通常无法实现单一品规货物占满独立货格通道,为了提高通道利用率,必须将多个品规货物混合存储于同一个货格通道内。在取货时,经常需要对货格通道内的货物进行多次搬运后,才能将指定品规货物移动至最前端,因而混合通道存取任意品规货物的效率极低。动力式密集仓储利用货格通道内货物可双向整体运动的特性,借助前后两端自动堆垛设备的配合,可以巧妙、高效地解决该问题。对于批量大、品规统一的货物,存入直线货格通道,每一个货格通道内存储相同品规的货物,货物通过入库堆垛设备存入,在货格通道内单向移动,通过出库堆垛设备取出。对于批量小、品规多的货物,不同品规的货物混合存入相邻两个货格通道组成的旋转货格通道,每次出库作业时,根据所取品规货物离出库口的位置确定旋转方向,两个通道在出入库堆垛设备的配合下,实现货物相对连续的旋转移动,直至指定品规货物移动至货格通道最前端,由出库堆垛设备实现出库作业。

5.3 装卸搬运及其合理化

5.3.1 装卸搬运概述

1. 装卸搬运的概念

在同一地域范围内(如车站范围、工厂范围、仓库内部等)改变"物"的存放、支撑状态的活动称为装卸,改变"物"的空间位置的活动称为搬运,两者全称为装卸搬运。有时候或在特定场合,单称"装卸"或单称"搬运"也包含"装卸搬运"的完整含义。

国家标准《物流术语》将搬运定义为:在同一场所内,对物品进行水平移动为主的物流作业。将装卸定义为:物品在指定地点以人力或机械装入运输设备或卸下。将单元装卸定义为:用托盘、容器或包装物将小件或散装物品集成一定质量或体积的组合件,以便利用机械进行作业的装卸方式。

在物流领域(如铁路运输)中,常将装卸搬运这一整体活动称作"货物装卸";在生产领域中,常将这一整体活动称作"物料搬运"。实际上,活动内容都是一样的,只是领域不同而已。

在实际操作中,装卸与搬运是密不可分的,两者是伴随在一起发生的。因此,在物流学中并不过分强调两者的差别,而是作为一种活动来对待。

搬运的"运"与运输的"运"是不同的,搬运是在同一地域的小范围内发生的,而运输则是在较大范围内发生的,两者是量变到质变的关系,中间并无一个绝对的界限。

2. 装卸搬运的原则

(1)尽量不进行装卸

装卸作业本身并不产生价值,但是如果进行了不适当的装卸作业,就可能造成商品破损,或使商品受到污染。因此,尽力排除无意义的装卸作业是理所当然的。尽量减少装卸次数以及尽可能地缩短搬运距离等,所起的作用也是很大的,因为装卸作业不仅要花费人力和物力,增加费用,还会使流通速度放慢。如果多增加一次装卸,费用就会相应地增加一次,同时还会增加商品污损、破坏、丢失、消耗的机会。因此,装卸作业的经济原则就是"不进行装卸",在进行装卸搬运时,应当考虑如何减少装卸次数、缩短商品搬运距离。

(2)装卸的连续性

装卸的连续性是指两处以上的装卸作业要配合好。进行装卸作业时,为了不使连续的各种作业中途停顿而能协调进行,整理作业流程是很有必要的。因此,要进行"流程分析",使经常相关的作业配合在一起,如把商品装到汽车或铁路货车上进行运输,或把商品送往仓库进行保管时,应当考虑取卸的合理性或出库的方便性。针对某一次装卸作业,某一个装卸动作,有必要考虑下一步的装卸作业或动作,从而使装卸有计划地进行。要使一系列的装卸作业顺利进行,作业动作的顺序、作业动作的组合或装卸机械的选择及运用是很重要的。

(3)减轻人力装卸

减轻人力装卸就是把人的体力劳动改为机械化劳动。在不得已的情况下,非依靠人力不可时,尽可能不要让搬运距离太远。关于减轻人力装卸问题,主要是在减轻体力劳动、缩短劳动时间、防止成本上升、保障劳动安全卫生等方面推进省力化、自动化。

(4)提高搬运灵活性

物流过程中,常需将暂时存放的物品再次搬运。从经常发生搬运作业的角度考虑,物品的堆放方法是很重要的,这种便于物品移动的程度,称为搬运灵活性,用灵活性指数表示。

(5)商品整理

商品整理就是把商品汇集成一定的单位数量,然后再进行装卸,这样即可以避免商品损坏、消耗、丢失,又容易查点商品数量,最大的优点在于装卸、搬运的单位加大,使机械装卸成为可能,并提高了装卸、搬运的灵活性等。

(6)物流整体

装卸作业要考虑整个物流过程。装卸要起到支持并提高运输、储存保管能力和效率的作用,而不是阻碍作用。对于商品的包装来说也是一样的,过去是以装卸为前提进行包装,要运进许多不必要的包装材料,而采用集合包装,不仅可以减少包装材料,还可以省去许多徒劳的运输。

3. 装卸搬运的方式

(1)按作业场所分

① 车间装卸搬运:指在车间内部工序间进行的各种装卸搬运活动。

② 站台装卸搬运:指在车间或仓库外的站台上进行的各种装卸搬运活动。

③ 仓库装卸搬运:指在仓库、堆场、物流中心等处进行的各种装卸搬运活动。

(2)按作业方式分

① 吊装吊卸法(垂直装卸法):主要是使用各种起重机械,以改变货物铅垂方向的位置为主要特征的方法,这种方法应用面最广。

② 滚装滚卸法(水平装卸法):是以改变货物水平方向的位置为主要特征的方法。

(3)按作业对象分

① 单件作业法:是指单件、逐件装卸搬运的方法,这是以人力作业为主的作业方法。

② 集装作业法:是指对货物先进行集装,再对集装件进行装卸搬运的方法。集装作业法仅对集装体进行作业,因而货损货差小。集装作业的作业范围较广,一般货物都可以进行集装。

4. 装卸搬运在物流中的地位

装卸搬运活动的基本动作包括装车(船)、卸车(船)、堆垛、出入库以及连接这些动作的短程输送,是随运输和保管等活动而产生的必要活动。在整个物流供应链中,装卸搬运活动是不断出现和反复进行的,它出现的频率高于其他各项物流活动。由于每次装卸搬运活动都要花费很长的时间,因此装卸搬运活动往往成为决定物流速度的关键。装卸搬运活动所消耗的人力也很多,所以装卸搬运费用在物流成本中所占的比重也较高。以我国为例,铁路运输始发和到达的装卸搬运费用大致占运费的 20% 左右,水路运输占 40% 左右。因此,为了降低物流成本,装卸是重要环节。

此外,进行装卸搬运操作时往往需要接触货物,因此这个环节很有可能在物流过程中造成货物破损、散失、损耗、混合等。例如,袋装水泥纸袋破损和水泥散失主要发生在装卸搬运过程中,玻璃、机械、器皿、煤炭等产品在装卸搬运时最容易产生损失。

由此可见，装卸搬运活动是影响物流效率、决定物流技术经济效果的重要环节。

5.3.2 装卸搬运设备

装卸搬运设备分为装卸搬运车辆、起重机械、连续输送机械。

1. 装卸搬运车辆

典型的装卸
搬运车辆

装卸搬运车辆是指依靠本身的运行和装卸机构功能，实现货物的水平搬运和短距离运输、装卸的各种车辆。装卸搬运车辆可分为固定平台搬运车、牵引车和起升车辆。典型的装卸搬运车辆参见二维码。

2. 起重机械

常见的
起重机械

起重机械是指用来垂直升降货物或兼做货物的水平移动，以满足货物的装卸、转载等作业要求的机械。起重机适用于装卸大件笨重货物，借助各种吊索具也可用于装卸其他货物；同时，起重机械也是唯一以悬吊方式装卸搬运货物的设备。常见的起重机械参见二维码。

3. 连续输送机械

常见的连续
输送机械

连续输送机械是指以连续方式，沿着一定的线路从装货点到卸货点均匀输送散装货物和成件包装货物的机械。仓储中主要运用的连续输送机械是辊筒输送机、皮带输送机、链式输送机和悬挂式输送机。常见的连续输送机械参见二维码。

5.3.3 装卸搬运合理化

装卸搬运是在物流各环节的连接点上进行的，只有合理地设计连接的时间和地点，尽量避免不必要的装卸，才能避免在搬运过程中浪费时间，减少因装卸搬运而造成的物品破损等。因此，装卸搬运作业应追求合理化。

1. 装卸搬运合理化的基本原则

要实现装卸搬运合理化，必须遵循以下原则：

（1）减少装卸搬运环节，降低装卸搬运次数原则

虽然装卸搬运是物流过程中不可避免的环节，但是装卸搬运本身有可能成为影响物品价值的原因，如无必要，应该将装卸搬运的次数控制在最小范围内。可以通过合理安排作业流程、采用合理的作业方式、合理设计与布局仓库，实现物品装卸搬运次数的最小化。

（2）搬运距离（时间）最小化原则

搬运距离长短与搬运作业量大小和作业效率是联系在一起的，在货位布局、车辆停放位置、进出库作业程序等设计上应充分考虑物品搬运距离的长短，以物品搬运距离最小化为原则。

（3）提高装卸搬运的灵活性原则

在组织装卸搬运作业时，应该灵活运用各种装卸搬运工具和设备，前道作业要为后道作业着想。物品所处的状态会直接影响装卸搬运的效率，在整个物流过程中，物品要

经过多次装卸和搬运,前道的卸货作业与后道的装载或搬运作业关系密切。如果卸下来的物品零散地码放在地上,在搬运时就要一个一个地搬运或重新码放在托盘上,因此增加了装卸次数,降低了搬运效率。如果卸货时直接将物品码放在托盘上,或者运输过程中以托盘为包装单位,就可以直接利用叉车进行装卸或搬运作业,实现装卸搬运作业的省力化和效率化。同样,在进出库作业中,利用传送带和货物装载机装卸物品,也可以达到省力化和效率化的目的。

(4)单元化原则

单元化原则是指将物品集中成一个单位进行装卸搬运的原则。单元化是实现装卸搬运的重要手段。在物流作业中广泛使用托盘,通过叉车与托盘的结合可以提高装卸搬运的效率。单元化不仅可以提高作业效率,而且可以防止物品损坏和丢失,使物品数量的确认也变得更加容易。

(5)机械化原则

机械化原则是指在装卸搬运作业中,用机械作业替代人工作业的原则。实现作业的机械化是实现省力化和效率化的重要途径,机械化通过改善物流作业环境,将人从繁重的体力劳动中解放出来。机械化原则同时包含了将人与机械合理地组合到一起,发挥各自的长处。在许多场合,简单机械的配合同样可以达到省力化和效率化的目的。当然,机械化的程度除技术因素外,还与物流费用的承受力等经济因素有关,片面强调全自动化会造成物流费用的膨胀。发达国家物流领域机械化程度高的主要原因是劳动力费用高昂以及劳动力不足,与其使用人工作业,不如在作业机械上增加投资,通过机械的使用节约劳动力费用,因此许多完全可以依靠人工或简单机械来完成的装卸作业,改由机械或自动化机械去完成。根据我国国情,我们不能盲目地同发达国家攀比,要充分考虑到物流费用的承受力。

(6)标准化原则

标准化有利于节省装卸搬运作业的时间,提高作业效率。在装卸搬运作业中,应对装卸搬运的工艺、装备、设施及货物单元等制定统一标准,使装卸搬运标准化。

(7)系统化原则

系统化原则是指将各个装卸搬运活动作为一个有机整体实施系统化管理。也就是说,运用系统化的观点,提高装卸搬运活动之间的协调性,提高装卸搬运系统的整体功能,以适应多样化、高度化物流的需求,提高装卸搬运的效率。

2. 装卸搬运合理化的途径

装卸搬运合理化的途径主要有以下几种:

(1)防止无效装卸

无效装卸是指货物必要装卸劳动之外的多余装卸劳动。无效装卸会减缓物流速度、耗费劳动、增加物流费用。要防止以下几种无效装卸:

① 防止过多的装卸搬运次数。装卸搬运次数是指产品生产和流通过程中发生装卸搬运作业的总次数。对于企业物流而言,从原材料进厂卸车到成品入库,要发生若干次

装卸搬运作业;对于社会物流而言,从成品装车到进入消费,也要发生多次装卸搬运作业。每一次装卸搬运都意味着要耗费一定的人力和物力,过多的不必要装卸搬运无疑会大大增加装卸搬运成本、延长物流时间。因此,尽量减少装卸搬运次数,是装卸搬运合理化的主要内容之一。

②防止过大包装的装卸搬运。包装是物流中不可缺少的辅助手段。包装过大,会使装卸搬运增加作用于包装上的无效劳动。而包装的轻型化、简单化和实用化,则可不同程度地减少作用于包装上的无效劳动。

③防止无效物质的装卸搬运。进入物流过程的货物,有时混杂着没有使用价值的杂物,如矿石中的水分、杂质等。在反复装卸搬运货物时,实际上也对这些无效物质反复消耗着劳动,形成消费,增加费用。

(2)利用重力作用,减少能量消耗

在装卸搬运时,考虑重力因素,利用货物本身的重量进行一定落差的装卸搬运,可以减少劳动力和其他能量的消耗,是装卸搬运合理化的重要方式。例如,对火车、汽车进行卸车时,利用力学斜面原理,使用滑板、滑槽等,使货物从高处降至低处,完成货物的卸车作业。这种方法不需要复杂的设备,不消耗能源,可大大减轻人员的劳动强度。

(3)提高货物装卸搬运活性及运输活性

装卸搬运活性是指货物从静止状态转变为装卸搬运运动状态的难易程度。容易转变为下一步装卸搬运而不需要过多地做装卸搬运前的准备工作,这种情形下的装卸搬运活性高;反之,活性就低。货物的运输活性是指装卸搬运操作直接为运输服务,使货物在下一步直接转入运输状态。运输活性越高,货物越容易进入运输状态,能带来缩短运输时间的效果。在装卸搬运作业中,对待运物品,应尽量使之处于易移动的状态,将货物整理成堆或者放置在托盘、车或运输带上,以提高装卸搬运活性和运输活性,缩短装卸搬运时间,提高装卸搬运速度。装卸搬运活性指数可用 0—4 共五个级别来表示,如表 5-1 所示。

表 5-1 装卸搬运活性指数

编号	物品状态描述	装卸搬运活性指数
1	零散地放在地面上	0
2	已被捆扎或集装起来	1
3	被置于箱内,码放到托盘或送货小车上	2
4	装载到台车上或起重机等机械上,处于可移动状态	3
5	码放到传送带上,已被启动,处于直接作业状态	4

(4)合理选择装卸搬运方式,节省体力消耗

在装卸搬运过程中,必须根据货物的种类、性质、形状及重量确定装卸搬运方式,以节省工人体力消耗,提高装卸搬运效益。在装卸中,对货物的处理大体有三种方式:一是分块处理,即按普通包装对货物逐个进行装卸;二是散装处理,即对粉粒状货物不加小包

装进行原样装卸;三是单元组合,即货物以托盘、集装箱为单元进行组合后装卸。在组合单元时,可充分利用机械操作,提高作业效率。

5.4 包装及其合理化

5.4.1 包装概述

1. 包装的概念

国家标准《物流术语》定义包装为:为了在流通过程中保护产品、方便储运、促进销售,按一定技术方法而采用的容器、材料及辅助物等的总体名称。也指为了达到上述目的而采用容器、材料和辅助物的过程中施加一定技术方法等的操作活动。

按照物流的需要,包装分为工业包装和商业包装两大类。工业包装又称运输包装或外包装,其主要作用是保证产品在储运过程中的安全,并能方便产品的装卸、储运、交接等活动。商业包装又称单体包装、销售包装或内包装,是与消费者直接见面的包装,其侧重点在于包装的造型和装潢,具有一定的保护性、方便性和促销性。

包装已融合在各类产品的开发设计和生产之中,成为现代产品生产不可分割的一部分,几乎所有的产品都要通过包装才能成为商品进入流通过程。

2. 包装的作用

包装是物流的起点,是现代物流最根本的组成部分、基础和物质保证。选择合适的包装材料、设计合理的包装结构和采用正确的包装技术是实现物流优化的重要前提。包装与物流的密切关系可以通过以下方面得到反映。

(1)产品防护性

包装最根本的目的就是给产品以保护和防护。产品防护性可以通过合理的包装来实现。只有根据运输、装卸搬运、仓储的手段和条件,考虑物流的时间和环境,按照产品的特性和保护要求来选择合理的包装材料、包装技术、缓冲设计、包装结构、尺寸、规格等要素,才能实现物流的首要任务——使产品完好无损地实现物理转移。

(2)传递信息的载体

物流信息管理是现代物流的关键和核心,产品的各种信息都会在产品的各种包装上得到反映和体现。所以,在不同层次的包装上应该设置哪些标签、标记、代码和其他相关信息,对于物流信息管理、整个物流供应链管理乃至整个物流系统管理都是至关重要的。信息是物流网络控制的根本依据和决策依据,只有掌握了物流系统中全面、及时、准确的信息,才能保证物流网络的可控性。

(3)物流成本控制

由于物流系统中的所有环节均与包装有关,因此包装对于物流成本的控制显得至关重要。例如,采用纸箱、托盘加集装箱的方式,可以改变原油的木箱包装而节省运输成本;有效地设计包装容器的堆码高度,可以很好地提高仓库的利用率而节省仓储费用等,这些都可以确保包装在各个环节帮助和实现物流成本的有效控制。

(4)商品附加值的体现

包装的作用体现在两个方面:一是保护商品,实现商品价值和使用价值;二是包装也是一种商品,是商品的组成部分,商品价值中就包含包装本身的价值。商品包装的优劣直接影响商品的销量与价格。改变包装有可能把滞销商品变为畅销商品,把一般商品提高档次,提高商品价格。

包装将物流供应链乃至物流系统中的各个环节有机、高效、系统地组合成一个产生综合效率的整体。同时,注意各个物流环节与包装的密切关系,可以在整体运营中取得先机。对于越来越多的走向国际市场的企业来说,注意与国际物流及包装法规、标准的接轨,是实现国际化运营的根本保证。

5.4.2 包装技术与方法

1. 固定缓冲包装技术

防震包装又称缓冲包装,在各种包装技术中占有重要地位。产品从生产出来到开始使用要经过一系列的运输、保管、堆码和装卸过程,置于一定的环境之中。在任何环境中都会有外力作用在产品之上,并使产品发生机械性损坏。为了防止产品遭受损坏,就要设法减小外力的影响,所谓防震包装就是指为减缓内装物受到冲击和震动,保护其免受损坏而采取一定防护措施的包装。

(1)全面防震包装

全面防震包装是指内装物与外包装之间全部用防震材料填满进行防震。所用防震材料主要有聚苯乙烯泡沫塑料、纸浆模制品、现场发泡材料和其他一些丝状、薄片状、粒状缓冲材料等,如图5-7所示。

图5-7 全面防震包装

(2)部分防震包装

部分防震包装是指对于整体性好的产品和有内包装容器的产品,仅在产品或内包装的拐角或局部地方使用防震材料进行衬垫。所用防震材料主要有泡沫塑料防震垫、充气塑料薄膜防震垫和橡胶弹簧等。这种包装方法主要是根据内装物的特点,使用较少的防震材料,在最适合的部位进行衬垫,力求取得好的防震效果,并降低包装成本;适用于大批量物品的包装,目前广泛用于电视机、洗衣机、仪器仪表等的包装上,如图5-8 所示。

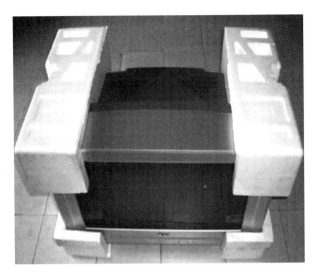

图 5-8　部分防震包装

(3)悬浮式防震包装

悬浮式防震包装是指对于某些贵重易损的物品,为了有效地保证其在流通过程中不受损害,往往采用坚固的外包装容器,把物品用带子、绳子、吊环、弹簧等物吊在外包装中,不与四壁接触。这些支撑件起着弹性阻尼器的作用。

除上述防震包装有较强的防破损能力外,物流过程中有效的防破损保护方法还包括捆扎、裹紧、集装及采用高强度保护材料等。

2. 防潮包装技术

防潮包装就是采用具有一定隔绝水蒸气功能的防潮包装材料对物品进行包封,隔绝外界湿度变化对产品的影响,同时使包装内的相对湿度满足物品的要求,保护物品的质量。其原理是根据流通环境的湿度条件和物品特性,选择合适的防潮包装材料和合适的防潮包装结构,防止水蒸气通过或者减少水蒸气通过,达到防潮的目的。

除去包装内潮气、保持干燥的方法有两种,即静态干燥法和动态干燥法。静态干燥法采用干燥剂除湿,适合小型包装和有限期的防潮包装;动态干燥法采用除湿机械将包装内的潮湿空气吸出,适合大型包装和长期储存包装。一般常用的干燥剂有硅胶、分子筛、铝凝胶和氯化钙。其中,分子筛在较高温度下仍能保持较好的吸湿效果,这是它的优点;但它的再生温度很高,使用不方便。

3. 防锈包装技术

(1)防锈油包装技术

大气锈蚀是空气中的氧、水蒸气及其他有害气体等作用于金属表面引起电化学作用的结果。如果使金属表面与引起大气锈蚀的各种因素隔绝(即将金属表面保护起来),那么就可以达到防止金属被大气锈蚀的目的。防锈油包装技术就是根据这一原理将金属涂封防止锈蚀的。用防锈油封装金属制品,要求油层有一定的厚度,油层的连续性好,涂层完整。不同类型的防锈油要采用不同的方法进行涂覆。

(2)气相防锈包装技术

气相防锈包装技术就是用气相缓蚀剂(挥发性缓蚀剂),在密封包装容器中对金属制品进行防锈处理的技术。气相缓蚀剂是一种能减慢或完全停止金属在侵蚀性介质中的破坏过程的物质,它在常温下即具有挥发性,在密封包装容器中,在很短的时间内挥发或升华出的缓蚀气体就能充满包装容器内的每个角落和缝隙,同时吸附在金属制品的表面上,从而起到抑制大气锈蚀金属的作用。

4. 防霉包装技术

在运输食品和其他有机碳水化合物货物时,货物表面可能生长霉菌,在流通过程中如遇潮湿,则霉菌生长繁殖极快,甚至可能伸延至货物内部,使其腐烂、发霉、变质,因此要采取特别防护措施。

防霉包装是防止包装和内装物霉变而采取一定防护措施的包装。它除防潮措施外,还要对包装材料进行防霉处理。防霉包装必须根据微生物的生理特点,改善生产和控制包装储存等环境条件,达到抑制霉菌生长的目的。第一,尽量选用耐霉腐和结构紧密的材料,如铝箔、玻璃和高密度聚乙烯塑料、聚丙烯塑料、聚酯塑料及其复合薄膜等,这些材料具有微生物不易透过的性质,有较好的防霉效能。第二,选用有较好密封性的容器,因为密封包装是防潮的重要措施,如采用泡罩、真空和充气等严密封闭的包装,既可阻隔外界潮气的侵入,又可抑制霉菌的生长和繁殖。第三,采用药剂防霉的方法,可在生产包装材料时添加防霉剂,或用防霉剂浸湿包装容器和在包装容器内喷洒适量的防霉剂,如采用多菌灵(BCM)、百菌清、水杨酰苯胺、菌启净、五氯酚钠等,用于纸与纸制品、皮革、棉麻织品、木材等包装材料的防霉。第四,采用气相防霉处理,主要有多聚甲醛防霉腐剂、充氮包装、充二氧化碳包装,它们也具有良好的防霉效果。

5. 防虫包装技术

商品在流通过程中,仓储环节的主要危害之一是仓库害虫对内装物的侵害。防虫包装是为保护内装物免受虫类侵害而采取一定防护措施的包装,目的就是破坏害虫的正常生活条件,扼杀和抑制其生长繁殖,以防止害虫蛀蚀商品。

防虫包装技术常用的是驱虫剂,即在包装中放入有一定毒性和臭味的驱虫药物,利用药物在包装中挥发的气体杀灭和驱除各种害虫,常用的驱虫剂有苯、对位二氯化苯、樟脑精等;也可采用调节温度、电离辐射、微波、远红外线、真空包装、充气包装、脱氧包装等技术,使害虫无生存环境,从而防止虫害。

6. 危险品包装技术

危险品有上千种,按危险性质,交通运输及公安、消防部门将危险品分为十大类,即爆炸性物品、氧化剂、压缩气体和液化气体、自燃物品、遇水燃烧物品、易燃液体、易燃固体、毒害品、腐蚀性物品、放射性物品,有些物品同时具有两种及两种以上的危险性能。对于这些危险品的物流过程,要分别采用特殊的包装技术予以防护。

(1)防毒包装

对有毒物品的包装要明显地标明有毒的标志。防毒的主要措施是包装严密不漏、不透气。例如,重铬酸钾(红矾钾)和重铬酸钠(红矾钠)为红色透明结晶,有毒,应用坚固铁桶包装,桶口要严密不漏,制桶的铁板厚度不能小于1.2毫米。对有机农药一类的物品,应装入沥青麻袋,缝口严密不漏;如用塑料袋或沥青纸袋包装的,则外面应再用麻袋或布袋包装。用作杀鼠剂的磷化锌有剧毒,应用塑料袋严封后再装入木箱中,箱内用两层牛皮纸、防潮纸或塑料薄膜衬垫,使其与外界隔绝。

(2)防蚀包装

对有腐蚀性的物品,要注意物品和包装容器的材质,以防止两者发生化学变化。金属类的包装容器,要在容器壁上涂上涂料,以防止腐蚀性物品对容器的腐蚀。例如,包装合成脂肪酸的铁桶内壁要涂有耐酸保护层,如果铁桶被物品腐蚀,则不仅包装会破损,而且物品会随之变质。再如,氢氟酸是无机酸性腐蚀性物品,有剧毒,能腐蚀玻璃,不能用玻璃瓶作为包装容器,应装入金属桶或塑料桶,然后再装入木箱;甲酸易挥发,其气体有腐蚀性,应装入良好的耐酸坛、玻璃瓶或塑料桶中,严密封口,再装入坚固的木箱或金属桶中。

(3)防燃爆包装

对黄磷等易自燃物品的包装,宜将其装入壁厚不小于1毫米的铁桶中,桶内壁须涂有耐酸保护层,桶内盛水,并使水面浸没物品,桶口严密封闭,每桶净重不超过50公斤。对于遇水引起燃烧的物品,如碳化钙,遇水即分解并产生易燃乙炔气,应用坚固的铁桶包装,桶内充入氮气;如果桶内不充氮气,则应装置放气活塞。

对易燃、易爆物品,例如有强烈氧化性,遇有微量不纯物或受热即急剧分解引起爆炸的物品,防燃爆包装的有效方法是采用塑料桶包装,然后将塑料桶装入铁桶或木箱中,每件净重不超过50公斤,并装有自动放气的安全阀,当桶内达到一定气体压力时能自动放气。

7. 特种包装技术

(1)充气包装

充气包装是采用二氧化碳气体或氮气等不活泼气体置换包装容器中空气的一种包装方法,因此也称气体置换包装。这种包装方法是根据好氧性微生物需氧代谢的特性,在密封的包装容器中改变气体的组成成分,降低氧气的浓度,抑制微生物的生理活动、酶的活性和鲜活商品的呼吸强度,达到防霉、防腐和保鲜的目的。

(2)真空包装

真空包装是将物品装入气密性容器后,在容器封口之前用真空泵系统抽真空,使密封后的容器内基本没有空气的一种包装方法。一般的肉类商品、谷物加工商品以及某些容易氧化变质的商品都可以采用真空包装,真空包装不但可以避免或减少脂肪氧化,而且可以抑制某些霉菌和细菌的生长;在对其进行加热杀菌时,容器内部气体已排除,因此加速了热量的传导,提高了加热杀菌的效率,也避免了在加热杀菌时因气体膨胀而使包装容器破裂。

(3)收缩包装

收缩包装就是用收缩薄膜裹包物品(或内包装件),然后对薄膜进行适当加热处理,使薄膜收缩而紧贴于物品(或内包装件)的包装方法。收缩薄膜是一种经过特殊拉伸和冷却处理的聚乙烯薄膜,由于薄膜在定向拉伸时产生残余收缩应力,这种应力受到一定热量后便会消除,从而使其横向和纵向均发生急剧收缩,同时使薄膜的厚度增加,收缩率通常为30%—70%,收缩力在冷却阶段达到最大值,并能长期保持。

(4)拉伸包装

拉伸包装是从20世纪70年代开始采用的一种新包装技术,它是由收缩包装发展而来的。拉伸包装是依靠机械装置在常温下将弹性薄膜围绕被包装件拉伸、紧裹,并在其末端进行封合的一种包装方法。由于拉伸包装无须进行加热,因此消耗的能源只有收缩包装的1/20。拉伸包装可以捆包单件物品,也可以用于托盘包装之类的集合包装。

(5)脱氧包装

脱氧包装是继充气包装和真空包装之后出现的一种新型除氧包装方法。脱氧包装是在密封的包装容器中,使用能与氧气起化学作用的脱氧剂与之反应,从而除去包装容器中的氧气,达到保护内装物的目的。脱氧包装方法适用于某些对氧气特别敏感的物品,使用于那些即使有微量氧气也会使品质变坏的食品包装中。

(6)泡罩包装

泡罩包装是将产品封合在透明塑料薄片形成的泡罩与底板(用纸板、塑料薄膜或薄片、铝箔或它们的复合材料制成)之间的一种包装方法。泡罩包装最初主要用于药品包装,现在除药品片剂、胶囊栓剂等医药产品的包装外,还广泛应用于食品、化妆品、玩具、礼品、工具和机电零配件的销售包装。

(7)贴体包装

贴体包装就是把透明的塑料薄膜加热到软化程度,然后覆盖在衬有纸板的商品上,从下面抽真空,使加热软化的塑料薄膜按商品的形状粘附在其表面,同时也粘附在承载商品的纸板上,冷却成型后成为一种新型的包装物体。

贴体包装由于使商品被一层完全透明的塑料薄膜裹覆,被包装的商品能整齐、牢固、透明、美观、色彩鲜艳、形体清楚地呈现在"货架"上,使商品更富有魅力,若贴体包装的纸板上印上五彩缤纷的图案和文字,则更能增加商品的吸引力。商品不仅一目了然,而且商品的形状手感颇佳,客户触摸外表,对商品会产生一种"亲切感""安全感"。

5.4.3 包装合理化

包装是物流的起点,包装合理化是物流合理化的重要内容,也是物流合理化的基础。

包装合理化主要包括包装尺寸标准化、包装作业机械化、包装成本低廉化、包装单位大型化等。

(1)包装尺寸标准化

包装尺寸的设计必须考虑其与物流其他环节、其他运载工具的关联性,如与托盘、集装箱、车辆、货架等物流载运工具相匹配。实现包装尺寸的标准化对于实现物流整体合理化具有特别重要的意义。

物流整体合理化要求包装、运输、装卸搬运、仓储等不同物流环节的机械器具的尺寸设计建立在共同的标准之上,这一共同标准就是物流基础模数。目前,国际标准化组织(ISO)认定的物流基础模数尺寸是 600 毫米×400 毫米。

(2)包装作业机械化

实现包装作业机械化是提高包装作业效率、减轻人工包装作业强度、实现省力的基础。包装作业机械化首先从工业包装开始,之后向装箱、封口、挂提手等工业包装关联作业推进。

(3)包装成本低廉化

包装成本主要包括包装材料费与劳务费等。

首先是包装材料费。包装材料费在包装总成本中占比最大,不少都超过包装总成本的 50%。因此,降低包装成本首先应该从降低包装材料费开始,在保证功能的前提下,尽量降低材料的档次,节约材料费支出。包装材料所使用的纸箱、木箱、塑料容器等会消耗大量的自然资源。实现包装材料节省化的重要途径是加大包装材料的再利用程度,加强废弃包装材料的回收,减少过剩包装;开发和推广新型包装方式,减少对包装材料的使用。

其次是劳务费。节约劳务费的办法是提高包装作业的机械化程度,降低包装作业对人工的依赖程度;或者通过机械与人工的合理组合,在半机械化条件下从事包装作业。这样既可以提高机械化程度,又可以节约人工,使包装成本得到有效控制。

(4)包装单位大型化

随着交易单位的大量化和物流过程中装卸搬运的机械化,包装单位大型化趋势也不断增强,大型包装有利于机械的使用,提高装卸搬运效率。

5.5 流通加工及其合理化

5.5.1 流通加工概述

1. 流通加工的概念

流通加工(Distribution Processing)是指在物品从生产地到使用地的过程中,根据需要施加包装、分割、计量、分拣、刷标志、栓标签、组装等简单作业的总称。

流通加工是流通中的一种特殊形式,是现代社会化分工、专业化生产的新形式,也是物流过程不可缺少的基本功能要素之一。流通加工在流通中起着"桥梁"和"纽带"的作用,但是它不是通过保护流通对象的原有形态来实现这一作用的,它和生产一样,是通过改变或完善流通对象的原有形态来实现这一作用的。

流通加工和一般生产型加工在加工方法、加工组织、生产管理方面并无显著差别,但在加工对象、加工程度方面差别较大。其主要区别如下:

① 流通加工的对象是进入流通过程的最终产品,具有商品的属性,以此区别多环节生产加工中的一环。生产加工的对象不是最终产品,而是原材料、零配件、半成品。

② 流通加工大多是简单加工而不是复杂加工。一般来说,如果必须进行复杂加工才能形成人们所需的商品,那么这种复杂加工应专设生产加工过程,生产过程理应完成大部分加工活动,流通加工对生产加工只是一种辅助及补充。特别需要指出的是,流通加工绝不是对生产加工的取消或代替。

③ 从价值观点来看,生产加工的目的在于创造价值和使用价值,而流通加工的目的则在于完善使用价值,并在不做大改变的情况下提高价值。

④ 流通加工的组织者是从事流通工作的人,能紧密结合流通工作的需要进行加工活动。从加工单位来看,流通加工由流通企业完成,而生产加工则由生产企业完成。

⑤ 商品是为交换、消费而生产的,流通加工是为消费(或再生产)而进行的加工,与商品生产加工有共同之处。但是,流通加工有时是以自身流通为目的的,纯粹是为流通创造条件,这种为流通所进行的加工与直接为消费所进行的加工在目的上有着显著的差别。

2. 流通加工的作用

(1)提高原材料利用率

利用流通加工环节集中下料,是将生产企业运来的简单规格产品,按使用部门的要求进行下料。集中下料可以优材优用,小料大用,合理套裁,取得很好的技术经济效果。

(2)提高加工效率和设备利用率

物流企业建立集中的加工店,可以采用效率高、技术先进、加工量大的专门机具和设备。这样可以提高加工质量和加工效率,设备利用率也将有所提高,从而降低加工费用及原材料成本。

(3)满足用户多样化需求

用量小或临时需要的用户,缺乏进行高效率初级加工的能力,依靠流通加工可以使其省去进行初级加工的投资、设备和人力。

3. 流通加工的类型

根据不同的目的,流通加工具有不同的类型。

(1)为适应多样化需要的流通加工

为了实现高效率、大批量的生产,生产部门的产品往往不能完全满足用户的需要;为了满足用户对产品多样化的需要,同时保证高效率的大批量生产,可将生产出来的单一化、标准化的产品进行多样化的改制加工。例如,对钢材卷板进行舒展、剪切加工,对平板玻璃按需要规格进行开片加工等。

(2)为方便消费、省力的流通加工

根据下游生产的需要将商品加工成生产直接可用的状态。例如,根据需要将钢材定尺、定型,按要求下料;将木材制成可直接投入使用的各种型材;将水泥制成混凝土拌合料,使用时只需稍加搅拌即可使用等。

(3)为保护商品的流通加工

在物流过程中,为了保护商品的使用价值,延长商品的使用寿命,防止商品在运输、仓储、装卸搬运、包装等过程中遭受损失,可以采取稳固、改装、保鲜、冷冻、涂油等方式。例如,水产品、肉类、蛋类保鲜、保质的冷冻加工、防腐加工等,丝、麻、棉织品的防虫、防霉加工等。又如,金属材料的防锈加工,木材的防腐朽、防干裂加工,煤炭的防高温自燃加工,水泥的防潮、防湿加工等。

(4)为弥补生产加工不足的流通加工

由于受到各种因素的限制,许多产品在生产领域的加工只能到一定程度,而不能完全实现终极的加工。例如,木材如果在产地完成成材加工或制成木制品的话,就会给运输带来极大的困难,所以在生产领域只能加工到圆木、板、方材这个程度,进一步的下料、切裁、处理等加工则由流通加工完成;钢铁厂大规模的生产只能按规格生产,以使产品有较强的通用性,从而使生产能有较高的效率,取得较高的效益。

(5)为促进销售的流通加工

流通加工也可以起到促进销售的作用。例如,将过大包装或散装物分装成适合一次销售的小包装;将以保护商品为主的运输包装改换成以促进销售为主的销售包装,起到吸引消费者、促进销售的作用;将蔬菜、肉类洗净切块,以满足消费者的要求等。

(6)为提高加工效率的流通加工

许多生产企业的初级加工数量有限,致加工效率不高。而流通加工以集中加工的形式,解决了单个企业加工效率不高的弊病。它以一家流通加工企业的集中加工代替若干家生产企业的初级加工,促使生产水平有了一定的提高。

(7)为提高物流效率的流通加工

有些商品本身的形态使之难以进行物流操作,而且商品在运输、装卸搬运过程中极易受损,因此需要进行适当的流通加工加以弥补,从而使物流各环节易于操作,提高物流效率,降低物流损失。例如,造纸用的木材磨成木屑的流通加工,可以极大地提高运输工具的装载效率;自行车在消费地的装配加工,可以提高运输效率、降低损失;石油气的液化加工,可以使很难输送的气态物转变为容易输送的液态物,也可以提高物流效率。

(8)为衔接不同运输方式的流通加工

在干线运输和支线运输的节点设置流通加工环节,可以有效解决大批量、低成本、长距离的干线运输与多品种、小批量、多批次的末端运输和集货运输之间的衔接问题。可以在流通加工点与大生产企业间形成大批量、定点运输的渠道,以流通加工中心为核心,组织对多个用户的配送;也可以在流通加工点将运输包装转换为销售包装,从而有效衔接不同目的的运输方式。例如,散装水泥中转仓库把散装水泥装袋、将大规模散装水泥转化为小规模散装水泥的流通加工，就衔接了水泥厂大批量运输和工地小批量装运的需要。

(9) 生产与流通一体化的流通加工

依靠生产企业和流通企业的联合，或者生产企业涉足流通，或者流通企业涉足生产，形成的对生产与流通加工进行合理分工、合理规划、合理组织，统筹进行生产与流通加工的安排，就是生产与流通一体化的流通加工形式。这种形式可以促成产品结构及产业结构的调整，充分发挥企业集团的经济技术优势，是目前流通加工领域的新形式。

(10) 为实施配送的流通加工

配送中心为了实现配送活动，满足客户要求而对物资进行加工。例如，混凝土搅拌车可以根据客户要求，把沙子、水泥、石子、水等各种不同材料按比例要求装入可旋转的罐中，在配送路途中，车辆边行驶边搅拌，到达施工现场后，混凝土已经均匀搅拌好，可以直接投入使用。

5.5.2 流通加工合理化

流通加工合理化的含义是实现流通加工的最优配置，也就是对是否设置流通加工环节、在什么地方设置、选择什么类型的加工、采用什么样的技术装备等问题做出正确抉择。这样做不但要避免各种不合理的流通加工形式，而且要做到最优。

1. 不合理流通加工的形式

(1) 流通加工地点设置不合理

流通加工地点设置（即布局状况）是决定整个流通加工是否有效的重要因素。一般来说，为衔接单品种、大批量生产与多样化需求的流通加工，加工地点设置在需求地才能实现大批量干线运输与多品种末端配送的物流优势。将加工地点设置在生产地，一方面，为了满足用户多样化的需求，会出现多品种、小批量的产品由生产地向需求地的长距离运输；另一方面，在生产地增加了一个加工环节，同时也会增加近距离运输、仓储、装卸搬运等一系列物流活动。所以，在这种情况下，不如由原生产单位完成这种加工，而无须设置专门的流通加工环节。

一般来说，为方便物流的流通加工地点应设置在生产地，设置在进入社会物流之前。如果将其设置在物流之后，即设置在需求地，则不仅不能解决物流问题，还会在流通中增加中转环节，因而也是不合理的。即使在生产地或需求地设置流通加工地点的选择是正确的，还有流通加工在小地域范围内的正确选址问题，如果处理不善，则仍会出现不合理问题。这种不合理主要表现在交通不便，流通加工与生产企业或用户之间距离较远，加工点周围的社会环境条件不好等。

(2) 流通加工方式选择不当

流通加工方式包括流通加工对象、流通加工工艺、流通加工技术、流通加工程度等。流通加工方式的确定实际上是指与生产加工的合理分工，把本来应由生产加工完成的作业错误地交给流通加工来完成，或者把本来应由流通加工完成的作业错误地交给生产加工去完成,都会造成分工不合理。

流通加工不是对生产加工的代替,而是一种补充和完善。一般来说,如果工艺复杂,技术装备要求较高,或加工可以由生产过程延续或轻易解决的,则都不宜再设置流通加工。

(3)流通加工作用不大,形成多余环节

有的流通加工过于简单,或者对生产和消费的作用不大,甚至有时由于流通加工的盲目性,同样不能解决品种、规格、包装等问题,相反却增加了作业环节,这也是流通加工不合理的重要表现形式。

(4)流通加工成本过高,效益不好

流通加工的一个重要优势就是它拥有较大的投入产出比,因而能有效地起到补充、完善作用。如果流通加工成本过高,就不能实现以较低的投入实现更高使用价值的目的,这势必会影响它的经济效益。

2. 流通加工合理化的途径

要实现流通加工合理化,主要应从以下几个方面加以考虑:

(1)加工和配送结合

加工和配送结合即将流通加工设置在配送点。一方面按配送的需要进行加工,另一方面加工又是配送作业中分货、拣货、配货的重要一环,加工后的产品直接投入配送作业,这就无须单独设置一个加工的中间环节,而使流通加工与中转流通巧妙地结合在一起。同时,由于配送之前设有必要的加工,可以大大提高配送服务水平,这是当前对流通加工进行合理化的重要形式,在煤炭、水泥等产品的流通中已经表现出较大的优势。

(2)加工和配套结合

配套是指对使用上有联系的用品集合成套地供应给用户使用。例如,方便食品的配套。配套的主体来自各个生产企业,但是有的配套不能由某个生产企业全部完成,如方便食品中的盘菜、汤料等。这样,在物流企业进行适当的流通加工,可以有效地促成配套,大大提高流通加工作为供需桥梁与纽带的作用。

(3)加工和运输结合

流通加工能有效衔接干线运输和支线运输,促进两种运输形式的合理化。利用流通加工,在支线运输转干线运输(简称"支转干")或干线运输转支线运输(简称"干转支")等这些必须停顿的环节,不进行一般的支转干或干转支,而是按干线运输或支线运输合理的要求进行适当加工,从而大大提高运输及运输转载水平。

(4)加工和商流结合

流通加工也能起到促进销售的作用,从而使商流合理化,这也是流通加工合理化的方向之一。

(5)加工和节约结合

节约能源、节约设备、节约人力、减少耗费是流通加工合理化重要的考虑因素,也是目前我国设置流通加工并考虑其合理化的较普遍形式。

对流通加工合理化的最终判断,要看其能否实现社会和企业本身两个效益,而且是否取得了最优效益。流通企业更应树立社会效益第一的观念,以实现产品生产的最终利益为原则,只有在生产流通过程中不断补充、完善,企业才有生存的价值。如果只是追求企业的局部效益而不适当地进行加工,甚至与生产企业争利,就有违流通加工的初衷,或者其本身已不属于流通加工的范畴。

5.6 配送及其合理化

5.6.1 配送的概念

配送是英文 Delivery 的意译,根据国家标准《物流术语》,配送的定义为:在经济合理区域范围内,根据用户要求,对物品进行拣选、加工、包装分割、组配等作业,并按时送达指定地点的物流活动。配送是以社会分工为基础的综合性、完善化和现代化的送货活动,是物流中一种特殊的、综合的活动形式。

配送是商流与物流的紧密结合,包含了商流活动和物流活动,也包含了物流中若干功能要素。从物流角度来讲,配送是物流的一个缩影,在某一小范围内是物流全部活动的体现。一般的配送集装卸、包装、保管、运输于一体,通过这一系列活动将货物送达目的地。特殊的配送则还要以加工活动为支撑,包括的面更广。但是,配送的主体活动与一般物流有所不同,一般物流是运输及保管,而配送则是运输及分拣配货。分拣配货是配送的独特要求,也是配送中有特点的活动,以送货为目的的运输则是最终实现配送的主要手段。

从商流角度来讲,配送和物流的不同之处在于:物流是商流与物流分离的产物,而配送则是商流与物流结合的产物,配送本身就是一种商业形式。虽然在具体实施配送时,也有以商流与物流分离形式实现的,但是从配送的发展趋势来看,商流与物流越来越紧密的结合是配送成功的重要保障。

配送应以最合理的方式进行,不宜过分强调"按用户要求"进行,因为用户受自身局限,提的要求有时实际会损害其自我或双方的利益。对于配送者来讲,必须以"要求"为据,但是不能盲目,应该追求合理化,进而指导用户,实现共同受益的商业原则。

配送与运输、送货的区别如表 5-2 所示。

表 5-2 配送与运输、送货的区别

项目	主要业务	一般特点
配送	分货、配货、送货、运输方式和工具选择、路线和行程确定、车辆调度	支线、市场末端、短距离、多品种、小批量、多批次、短周期的货物移动
运输	集货、送货、运输方式和工具选择、路线和行程确定、车辆调度	干线、中长距离、少品种、大批量、少批次、长周期的货物移动
送货	由生产企业承担,中转仓库的送货只是一项附带业务	简单的货物输送活动,技术装备简单

配送是物流活动的最后一环,也是至关重要的一环,由于与客户面对面接触,配送质量的好坏直接关系到客户服务的质量和水平。在现今绝大多数的配送活动中,或多或少地包含了流通加工环节。关于配送及配送管理的具体内容,详见第8章"电子商务物流配送管理"。

5.6.2 配送合理化

电子商务环境下,消费者分布可能非常分散,在进行配送决策时必须全面、综合地加以考虑,以避免不合理配送所造成的损失。但有时,某些不合理现象是伴生的,在追求合理时,可能会产生某些不合理。一般来说,经济效益是配送首要衡量的标志,但在决策时常常需要考虑多方面因素,有时即使是赔本的买卖也要做。对于配送决策的优劣,不能简单下结论,因为它没有一个绝对的标准。了解不合理配送的形式对于合理化配送益处甚大。

1. 不合理配送的形式

(1)资源筹措不合理

配送是利用较大批量来筹措资源,通过筹措资源的规模效益来降低资源筹措成本,使配送资源筹措成本低于用户自行筹措资源的成本,从而取得优势。如果不是集中多个用户需要批量筹措资源,而仅是为某一两个用户代购代筹,那么对用户来讲,不仅不能降低资源筹措成本,相反还要多支付一笔配送企业的代购代筹费,这显然是不合理的。

资源筹措不合理还有其他表现形式,如配送量计划不准,资源筹措过多或过少,在筹措资源时不考虑建立与资源供应者之间长期稳定的供需关系等。

(2)库存决策不合理

配送应充分利用集中库存总量低于各用户分散库存总量的优势,从而大大节约社会储存成本,同时降低用户实际平均分摊库存负担。因此,配送企业必须依靠科学管理来实现一个低总量库存,否则就仅仅表现为库存转移,而出现不能实现社会库存降低的不合理问题。配送企业库存决策不合理还表现为储存量不足,不能保证随机需求,失去应有的市场机会。

(3)价格不合理

通常,配送价格应低于不实行配送时的价格——用户自己进货时产品购买价格加上自己提货、运输、进货之成本总和,这样才会使用户实现购买力节余。有时,由于配送有较高的服务水平,价格稍高,用户也是可以接受的,但这并不是普遍原则。如果配送价格普遍高于用户自己进货价格,则会损伤用户利益,这是不合理的。如果配送价格过低,使配送企业在无利或亏损状态下运行,则会损害配送企业的利益,这也是不合理的。

(4)配送与直达的决策不合理

一般的配送总会增加一些环节,但是环节的增加可降低用户平均库存水平,因此增加环节不但足以补偿增加环节的支出,还能够取得剩余效益。但是,如果用户使用批量大,可以直接通过社会物流系统均衡批量进货,较之通过配送中转进货更可能节约费用,那么在这种情况下,不直接进货而通过配送,就属于不合理范畴。

(5) 送货中的运输不合理

配送与用户自提相比,尤其是对多个小用户来说,可以集中配装一车送几家,从而大大节省了运力和运费。如果不能利用这一优势,仍然是一户一送,而车辆又达不到满载,就属于不合理范畴。此外,其他不合理运输的表现形式在配送中也可能出现,使配送变得不合理。

(6) 经营观念不合理

在配送中,常常由于经营观念不合理,致使配送优势无从发挥,从而损害配送效益的形象。这是在开展配送时尤其需要注意的不合理现象。例如,配送企业利用配送手段,向用户转嫁资金;在库存过大时,强迫用户接货,以缓解自己的库存压力;在资金紧张时,长期占用用户资金;在资源紧张时,将用户委托的资源挪作他用等。

2. 配送合理化的途径

国内外推行配送合理化,可供借鉴的途径主要有:

(1) 推行一定综合程度的专业化配送

通过采用专业设备、设施及操作程序,取得较好的配送效果并降低配送过程综合化的复杂程度及难度,从而使配送合理化。

(2) 推行加工配送

通过加工和配送相结合,充分利用本来应有的中转而不增加新的中转,求得配送的合理化;同时,加工借助于配送,加工目的更明确,与用户联系更紧密,更避免了盲目性。两者有机结合,不过多增加投入却可追求两个优势、两个效益,这是配送合理化的重要经验。

(3) 推行共同配送

共同配送是在核心组织(配送中心)的统一计划、统一调度下展开的,因此协调指挥机构必须有较强的组织能力。对于参与协作的配送企业来说,可以借此扩大销售渠道和开展联合经营。对于用户来说,可以保证重点建设项目的需要。通过共同配送,可以以最近的路程、最低的配送成本完成配送,从而使配送合理化。

(4) 实行送取结合

配送企业应与用户建立稳定、密切的协作关系。配送企业不但成为用户的供应代理人,而且成为用户的储存据点,甚至成为用户产品的代销人。在配送时,配送企业将用户所需的物资送到,再将该用户生产的产品用同一车辆运回,使之也成为配送企业的配送产品之一,或者作为代存代储,从而免去了用户的库存包袱。这种送取结合,使运力充分利用,也使配送企业的功能有更大的发挥,从而使配送合理化。

(5) 推行准时配送

准时配送即按照商定的时间和规定的数量配送货物的运送形式。准时配送是配送合理化的重要内容。配送做到了准时,用户才有货源,才可以放心地实施低库存或零库存,才可以有效地安排接货的人力、物力,以达到最高的工作效率。另外,保证供应能力也取决于准时供应。准时供应配送系统是现在许多配送企业追求配送合理化的重要手段。

(6) 推行即时配送

即时配送是根据用户提出的时间要求、供货数量和品种及时地进行配送的形式。由于即时配送完全是按照用户的要求进行的,因此客观上能促使用户压缩自己的库存,使其货物的"经常库存"趋于零。即时配送是最终解决用户断供之忧、大幅提高其供应能力的重要手段。即时配送是配送企业快速反应能力的具体化,是配送企业能力的体现。即时配送虽然成本较高,但它是整个配送合理化的重要保证。

本章小结

本章通过引导案例阐述了合理化的重要性,并根据电子商务物流的基本功能要素——运输、仓储、装卸搬运、包装、流通加工和配送,分别介绍了它们的概念及其合理化的有效途径。运输部分主要介绍了运输在物流系统中的地位,并从不同角度对运输进行了分类,最后详细分析了运输合理化。仓储部分主要介绍了仓储的基础知识及其合理化方法,同时对密集式仓储技术进行了详细阐述。装卸搬运部分详细分析了装卸搬运的合理化方法,装卸搬运作业贯穿于整个物流活动的始终,是整个物流活动中出现频率最高的活动,对物流技术经济效果及物流效率影响最大。包装部分介绍了包装的基础知识及包装技术与方法,包装作业是物流的起点,是现代物流的基础。配送部分详细介绍了配送合理化的有效途径,合理化的配送能够大幅提升物流利润。

思考题

1. 电子商务物流的基本功能要素有哪些?
2. 现实中有哪些运输方式?
3. 如何进行科学的仓储管理?
4. 装卸搬运合理化的途径有哪些?
5. 为什么要进行包装?
6. 流通加工的作用是什么?
7. 配送与运输、送货有什么区别?

第 6 章

电子商务物流模式

教学目的
- 自营物流模式
- 第三方物流模式
- 物流联盟模式
- 第四方物流模式
- 逆向物流模式
- 众包物流模式
- 电子商务物流模式的选择

任何一笔电子商务交易都包含着商流、物流、资金流和信息流,这些环节都将影响电子商务交易的业务量和客户满意度。电子商务的快速发展带动了我国电子商务物流的增长,企业主体多元发展,经营模式不断创新,服务能力显著提升。本章探讨了电子商务物流市场的含义、特征、构成以及我国电子商务物流市场的现状;分析了电子商务物流模式,介绍了电子商务物流模式选择的层次分析法。

引导案例

苏宁自营物流

苏宁物流集团是苏宁控股集团旗下八大产业集团之一,在智慧零售变革趋势下,专注于服务消费零售全渠道、全场景、全客群的发展模式,依托领先的软硬件支持,打造技术驱动的物流基础网络,面向合作伙伴输出高效协同的供应链解决方案。目前已形成涵盖仓配、冷链、即时配、快递、快运、跨境、售后、送装八大服务的产品群。

伴随着苏宁零售业务的发展,苏宁1990年即启动物流能力的建设,是国内首批从事仓储、运输、配送等供应链全流程服务的企业;2012年苏宁物流公司注册成立,由企业内部物流转型为独立的第三方物流企业;2015年1月苏宁物流集团正式成立,全面走向社会化开放之路,是国家"十大物流信息服务平台"重点推进企业;2016年12月苏宁收购天天快递,强化苏宁物流最后一公里配送能力。经过近三十年的积淀和成长,苏宁物流着力构建了三大基础网络——仓储网络、骨干网络、末端网络,以卓越的一体化和规模化服务能力,引领行业转型升级,降低社会物流成本。

截至2019年1月,苏宁物流联合天天快递拥有的相关配套仓储合计面积达到870万平方米;拥有19个小件始发中心、60个大件始发中心、45个冷链物流仓,并开通了6大跨境口岸和6座海外仓,拥有465个城市配送中心、27 700个末端快递点,覆盖全国2 872个区县;在全国范围内,拥有超过10万辆运输车辆资源,干支线网络超过4 000条,全国95%以上的区域可以实现24小时达。苏宁物流各级仓储平台通过苏宁自主研发的乐高信息平台进行有效衔接,融合成一个统一的整体。

苏宁物流一直坚持"有温度的交付"的服务理念,邮政快递业务有效申诉率连续3年行业最低,致力于为消费者带来"又快又准"的服务体验;末端配送目前已经实现90%以上地区当日达或次日达,2018年针对用户个性化需求,推出了准时达、准时取正逆向精准配送服务,目前已经完成200个城市的覆盖,形成了"预约送、准时达、准时取、承诺达"满足用户多种需求的精准配送产品群。

2019年苏宁物流将继续坚守社会责任,推进绿色物流行动"青城计划"在全国持续落地,在可循环包装、新能源车、绿色仓库等多个领域积极实践,将电子面单、瘦身面单、减宽胶带、3D装箱算法等绿色包装产品和技术"装"进更多的包裹,普及新能源车的规模化应用和绿色仓库的创新升级,持续推动电子商务物流的健康可循环发展和城市的绿色进步。

资料来源:苏宁物流. 关于我们[EB/OL]. (2018-12-31)[2019-03-23]. http://wuliu.suning.com/slp/singlePage/singlePageManager.htm?id=5&&singleColumn=0

6.1 电子商务物流市场的含义、特征及构成

6.1.1 电子商务物流市场的含义

狭义上的市场是指商品交换的场所,而广义上的市场是指商品交换关系的总和。电子商务物流市场是指在电子商务环境下,构成物流服务的各种交换关系的总和。这些交换关系主要包括以下几个方面:

- 市场主体之间的关系。既包括物流服务提供者与需求者之间的关系,又包括生产者、经营者以及消费者与物流服务提供者之间的关系,还包括以上各市场主体与物流软件服务商之间的关系。
- 市场客体之间的关系。既包括与货物实体运动相关的物流作业服务之间的关系,又包括物流管理咨询以及支持物流运作的其他服务之间的关系。
- 市场运作过程中的有关关系。包括物流市场的运行方式、运行机制以及不同市场态势下的有关关系。

6.1.2 电子商务物流市场的特征

电子商务物流市场的特征主要表现在以下几个方面:

(1)服务性

在电子商务物流市场中,各方交易的不是商品,也不让渡商品所有权,而是一种提供物流服务与被服务的关系。对于委托方来说,得到的是受托方提供的物流服务,同时支付受托方为自己提供物流服务的费用;对于受托方来说,得到的是通过提供物流服务获得的劳动价值,同时要格外重视物流的系统化、标准化及服务的规范性等。

(2)技术性

在建立电子商务物流业务委托代理关系的过程中,各方将会通过互联网,采用各种先进的信息技术与管理方法进行商务往来,注重现代管理方法的运用。

(3)虚拟化

电子商务为物流创造了虚拟化的控件,物流的各种职能及功能可以通过虚拟化的方法表现出来,人们通过各种组合方式,寻求物流的合理化。

(4)响应性和灵活性

电子商务使得客户的期望值不断提高,客户对配送的要求经常是最紧迫的准时达,隔日送货甚至当日送货已成趋势。同时,大量货物直接送达客户使得分拣和配送批量减少、批次增多,这要求物流系统具有更好的响应性。此外,电子商务交易的业务量难以预测,这要求物流系统能迅速响应需求的变化,也要求物流系统更加灵活地处理退货。

为了满足客户响应性和灵活性的要求,物流系统需要高效的物流操作来快速发送产品,高效物流操作超出传统的分拣、包装和发货功能而形成了扩展的仓库管理系统能力,包括寻址、增值服务、理货区管理与射频(RF)处理一体化。图6-1即为京东自营物流的配送时效。

图6-1 京东自营物流配送时效

(5) 竞争性

随着电子商务的发展,各个行业的竞争压力又提升到一个新的台阶。随着越来越多提供同质产品的网上商店和网上交易的出现,产品慢慢转变成商品,品牌优势逐渐消失,而服务将成为区分竞争对手的主要因素。为了保持一定的竞争力,维持企业的生存,企业在从整体上改善供应链、改进服务,并尽可能地降低物流成本、提高劳动率的同时,应使仓库和设备利用最大化。

(6) 协作性

企业希望达到的目标一直是可以与交易伙伴之间形成有效协作,因为这样可以降低对库存和安全储备的要求,消除因供应不足造成的停工损失。互联网的实时性、通用性和低成本性,使交易伙伴之间的协作更加可行。电子商务中的协作必不可少,为满足消费者对订单处理和可视性的要求,供应链中的交易伙伴必须作为一个整体来运作。

6.1.3 电子商务物流市场的构成

电子商务物流市场的构成要素包括电子商务物流市场的主体和客体。

1. 电子商务物流市场的主体

(1) 含义

电子商务物流市场的主体主要是指以独立形态从事、参与物流运作的有关当事人或机构组织。商品是静态的、没有思想的存在,不能自己到市场去,不能自己去交换,只有通过市场主体才能实现商品的交易,推动商品的运动。在这一运动过程中,由于现实情况的不同,物流过程即商品运动及与其相关的其他活动可能存在多种方式,既可能由市场主体自己去完成,也可能由市场主体委托其他当事人或机构组织去完成,或采取其他方式完成。

(2) 条件

电子商务物流市场的主体应具备以下条件:

① 具有独自的经济利益,能够独立自主地进行经济活动。

② 平等、自愿的权利让渡构成了其行为的基础。在市场活动中,市场主体对自身权利的每一次让渡,都必须有相应的价值反向让渡予以补偿。

(3) 构成

从不同的角度,电子商务物流市场的主体具有不同的构成:

① 从组织性质角度划分，电子商务物流市场的主体包括企业、政府和消费者。
- 企业：企业是社会经济活动的基本单位。企业是从事生产、流通与服务的营利性组织，通过各种生产创造财富，提供满足社会公众物质和文化需要的产品或服务，在电子商务物流市场中处于主导地位。企业具有稳定的组织结构和科学的决策系统。在电子商务物流市场中，企业可能按照多个标准进行划分。
- 政府：当政府职能部门为实施其社会组织和管理职能而直接进入市场时，它们就成为市场主体的一部分。随着我国电子政务的不断发展，政府通过网络采购，给电子商务增加了新的发展机会。政府通过公开招标和协议合同的方式进行采购，并选择采购货物的物流服务代理商。
- 消费者：消费者作为市场主体进行网上购物，会形成对物流服务的要求。一般来说，消费者进行网上购物后，通常是销售者或销售者委托物流服务商进行送货。

② 从作用角度划分，电子商务物流市场的主体包括物流需求者和物流供给者两类。
- 物流需求者：物流需求者包括企业、政府和消费者三大类。企业的需求内容为物流作业服务和物流管理服务，需求特点为具有稳定性和连续性。政府的需求内容为物流作业服务，需求特点为稳定性相对较差、规模变化较大。消费者的需求内容同企业一样，都是为物流作业服务和物流管理服务，需求特点为不稳定、规模小。
- 物流供给者，即物流服务提供商：从主导业务角度来看，物流供给者由物流作业服务提供商、物流信息服务提供商、物流咨询服务提供商、物流技术软件提供商构成；从综合程度角度来看，物流供给者由专业物流服务提供商和综合物流服务提供商构成。物流供给者按资产组成，可以分为有限公司和股份公司等；按所有制类型，可以分为全民、集体、混合、三资企业以及个体经营者等；按规模大小，可以分为大型物流服务提供商、中型物流服务提供商和小型物流服务提供商。

2. 电子商务物流市场的客体

电子商务物流市场的客体也可以从多个角度进行划分，具体如表 6-1 所示。

表 6-1　电子商务物流市场客体的构成

分类依据	客体	具体内容
按货物的自然属性	金属材料	提供与货物自然属性相关物流服务的市场
	化工材料	
	机电产品	
	建筑材料	
	木材	
	燃料	
	机械产品	
	食品	
	服装	
	……	

(续表)

分类依据	客体	具体内容
按物流服务的内容	物流作业服务市场	提供专项物流作业服务的市场,如运输市场、保管市场等
	物流信息服务市场	提供物流信息服务的市场
	物流管理服务市场	提供物流咨询与管理等各项物流服务的市场
	综合物流服务市场	提供全方位物流服务的市场。

3. 电子商务物流市场主体和客体的关系

电子商务物流市场主体和客体的关系如下:

① 电子商务物流市场主体的运行,以电子商务物流市场客体的运动为目的和内容;而电子商务物流市场客体的运行,则依靠电子商务物流市场主体的推动和支持。

② 电子商务物流市场对客体的需求规模,取决于电子商务物流市场主体所拥有的货币购买力;电子商务物流市场客体的供给规模和结构,取决于电子商务物流市场主体的供给能力及其结构。

③ 从时期上分析,在较短的时期内,电子商务物流市场主体对电子商务物流市场客体的制约作用较为明显,电子商务物流市场的供求情况主要受到市场主体因素的影响;在较长的时期内,电子商务物流市场主体与客体之间的关系,因供求关系的不同而呈现出不同的状况。当需求大于供给时,电子商务物流市场客体对市场主体形成制约,制约作用的强度随供给短缺程度的上升而增大;当需求小于供给时,客体只能受控于市场主体,市场主体对客体的控制强度随供给过剩程度的上升而增大。

6.2 电子商务物流模式

电子商务物流模式主要是指电子商务企业采取的以市场为导向、以满足消费者需求为宗旨、以获取系统总效益最优为原则,适应现代经济发展的基本战略和方法。电子商务物流模式主要有:自营物流、第三方物流、物流联盟、第四方物流、逆向物流和众包物流。

6.2.1 自营物流

1. 自营物流的概念

自营物流又称自理物流,是指企业自身经营物流业务,整个物流系统由企业自主经营管理,采用自有物流设施与设备的物流模式。它由企业自主经营,主要经济来源不在于物流本身。电子商务下的自营物流,是在传统自营物流的基础上,加入电子商务的新概念,旨在提高物流的整体运作效率。自营物流模式如图 6-2 所示。

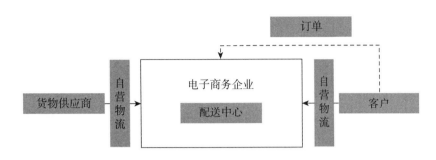

图 6-2 电子商务自营物流模式

目前采用自营物流模式的电子商务企业主要有两类：

第一类是资金实力雄厚且业务规模较大的电子商务企业。电子商务在我国兴起时，国内第三方物流的服务水平还远不能满足当时电子商务企业的要求，为了抢占市场的制高点，资金实力雄厚的企业不惜动用大量资金，在一定区域内甚至全国范围内建立自己的物流配送系统。然而，如何平衡配送时效和配送成本始终困扰着电子商务企业。

第二类是经营电子商务网站的传统大型制造企业或批发企业。这些企业在长期的电子商务活动中已经建立具有规模的营销网络和物流配送体系，只需对其进行改进和完善就可以满足电子商务条件下物流配送的要求。

2. 自营物流的优点和缺点

(1) 优点

自营物流的优点具体如下：

① 企业拥有对物流系统运作的有效控制权。在自营物流模式下，企业控制着物流系统运作的各个环节，可以与其他环节密切配合，系统化程度比较高，有效地提高了物流的运作效率。

② 可以灵活、快速地响应企业的物流需求。自营物流系统是企业内部一个重要的组成部分，同第三方物流相比，更有利于满足企业物流在时空上的要求，尤其是物流配送需求比较旺盛的企业，采用自营物流，可以更快速、灵活地满足企业的物流需求。

(2) 缺点

自营物流的缺点具体如下：

① 一次性投入大、成本高。自营物流系统涉及存储、包装等多个环节，建设自营物流系统一次性投入大，资金需求量大。对于资金和规模有限的企业来说，投资建设自营物流系统是一个很大的负担，会长期处于不盈利的状态。同时，企业自营物流系统都是按照企业自身物流量"量身打造"的，对于资金和规模有限的企业来说，物流量小，企业物流系统小，物流成本高。

② 需要较强的专业化物流管理能力。自营物流系统的运营难度较大，需要强有力的硬件和企业工作人员专业化的物流管理能力的有效配合。根据北京交通大学、阿里研究

院和菜鸟网络于 2016 年 5 月发布的《全国社会化电子商务物流从业人员研究报告》，2005—2016 年我国快递业务量增长近 24 倍，从业人员仅增长近 13 倍，行业运行效率提升为人员增速的近 2 倍。同时，国内高素质的专业物流人才培养数量不足，以研究生教育为例，根据 2016 年研究生招生考试数据，北京、上海、浙江等地区，在有资质招收研究生的高校中，招收物流专业方面的研究生的院校所占比例均小于 30%。提高物流管理人员的综合素质已成为我国企业开展自营物流必须要解决的问题。

综上，配合以现代化的管理方法和先进的信息技术，自营物流会成为企业的新动力而不是负担。对于企业来说，现代化的物流系统是企业产业链中的一环，如果企业能够有效地整合资源，最后将其转化为强大的竞争优势，就会给自营物流带来新的活力。

6.2.2 第三方物流

1. 第三方物流的概念

第三方物流（Third-Party Logistics，3PL/TPL）又称合同物流，是物流外包的一种形式。国家标准《物流术语》将其定义为：接受客户委托为其提供专项或全面的物流系统设计或系统运营的物流服务模式。第三方物流主要由以下两个要件组成：

① 主体要件。主体是指"第三方"，即独立于供需双方，不依附于任何一方，处于公正的第三方位置，与货物之间不存在归属的利益关系。

② 行为要件。行为是指"物流"，即为客户提供专项或全面的物流系统设计或系统运营，而不仅仅包含传统意义上的存储、运输。第三方物流模式如图 6-3 所示。

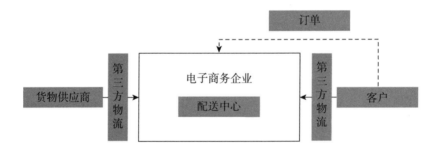

图 6-3 第三方物流模式

第三方物流起源于 20 世纪 80 年代。经过三十多年的发展，在发达国家已经形成具有一定规模的产业，在我国也已经成为极具发展潜力的产业之一。2015 年，英国第三方物流占其整个物流市场份额的 76%，美国第三方物流每年要完成全美 58% 的物流量，而在日本这一比例更是高达 80%。我国第三方物流较西方国家落后很多，尚不足全国物流量的 20%。2015 年，全球第三方物流的收入规模已达 7 210 亿美元（见表 6-2）。

表 6-2　2015 年全球第三方物流收入规模　　　　　　　　　　　　　单位：亿美元

地区	北美地区	欧洲	亚太地区	南美地区	其他地区	合计
收入规模	1 901	1 545	2 769	353	642	7 210

为了降低成本、提高生产效率，越来越多的企业开始选择准时制生产方式，以保持物流和信息流在生产中的同步，达到在恰当的时点进入恰当的地方生产恰当的产品的理想生产模式，以实现零库存、无缺陷、低成本。这种理想的生产模式每一步环环相扣，对物流时间的精确性要求极高；批量小、批次多、品种多样化给物流运输业带来了极大的挑战；此外，对物流标准化的程度也有着较高的要求。随着电子商务的发展，企业仅靠自营物流已很难满足理想生产模式所要求的标准；同时，随着企业规模的扩大，越来越多的产品在世界范围内流通、生产、销售和消费，物流活动日益庞大和复杂，企业自营物流可能无法满足需求，因此将物流外包给专业的第三方物流企业是管理层的最优选择。

第三方物流发展的动力如图 6-4 所示。

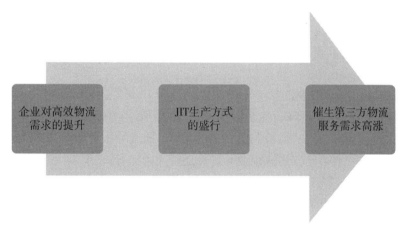

图 6-4　第三方物流发展动力

2. 第三方物流的特征

第三方物流具有以下特征：

① 提供个性化的服务。第三方物流企业根据需求者的不同要求提供相应的服务，可以充分满足需求者的各种要求。

② 提供专业化的服务。第三方物流企业可以提供专业的物流服务，包括在物流操作及配送方面的专业技术和操作程序。

③ 注重网络信息技术的应用。随着互联网的发展，信息技术的广泛应用可以明显地提高物流的整体效率和水平。以菜鸟网络为例，菜鸟网络基于自身电商平台的大数据，可以有效地预测仓储产品的种类和数量，提高就地物流配送的比例。

3. 第三方物流的优点和缺点

(1) 优点

第三方物流的优点具体如下：

① 有利于集中主业。第三方物流模式可以将企业有限的资源最大限度地利用在其核心业务中，构筑企业的核心能力。

② 有利于降低成本。一方面，自营物流系统建设需要企业对有关的物流设施（如仓库、车辆、信息网络等）进行投资，巨大的投资对缺乏资金的企业来说往往是吃不消的，而第三方物流可以大幅减少此方面的投资，将固定资产转变为可变资产；另一方面，个性化、专业化、信息化的第三方物流服务可以有效减少企业的库存，加快货物的周转。

③ 有利于客户服务。针对客户群体多样化带来的客户需求差异化，第三方物流可以提供个性化的服务，当客户对特定产品有特殊的仓储运送要求时，采用第三方物流能够使客户获得电子商务企业不能提供的物流服务。以现在发展迅速的生鲜产品为例，对于其快速、及时以及需冷藏的要求，企业内部物流系统可能无法满足，但第三方物流可以提供更系统、全面的配送。因此，第三方物流可以满足不同客户的需求，从而提高电子商务企业的客户满意度及其市场占有率。

(2) 缺点

第三方物流的缺点具体如下：

① 对物流的控制能力降低，甚至有丧失的风险。第三方物流模式下，电子商务企业对物流的控制能力降低，无法把控物流的各个环节，物流的服务质量与效率也不一定能够得到完全保证，导致第三方物流企业的讨价还价能力提升。

② 客户关系紧密程度降低。第三方物流模式下，电子商务企业不能直接完成产品的配送与售后服务，而是由第三方物流企业直接与客户进行联系。因此，第三方物流削弱了电子商务企业与客户之间的关系，不利于其建立稳定密切的客户关系。

③ 连带经营风险。第三方物流模式下，电子商务企业可能与第三方物流企业达成战略合作关系。解除关系或者第三方物流企业经营不善都会在一定程度上影响电子商务企业的经营，甚至带来相当大的损失。

4. 我国第三方物流的发展状况

20 世纪 90 年代中期，第三方物流的概念开始传到我国，它是运输、仓储等基础服务行业的一个重要发展。近几年电子商务的发展极大地推动了我国第三方物流的发展，虽然目前来说问题不断，水平暂时不高，但是潜力巨大，加快发展第三方物流产业对我国经济的整体运行意义重大。第三方物流产业所具有的优势让其备受青睐，在过去几年中的增长非常迅速。如图 6-5 所示，2009 年我国第三方物流收入仅为 610 亿美元，但是在 2014 年已经达到 1 490 亿美元，增长了 2.44 倍；2016 年我国第三方物流收入突破 2 000 亿美元，成为未来极具潜力的行业之一。

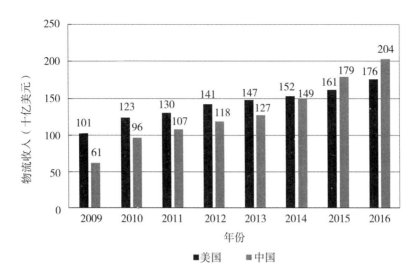

图6-5 中美第三方物流收入规模

(1) 第三方物流企业分类

我国第三方物流企业的类型繁多,按来源可分成以下四类:

① 传统仓储、运输企业转型而来的第三方物流企业。这类企业规模大,基础较好,在市场中占主导地位,拥有较大的市场份额。比如中远国际货运有限公司、中国对外贸易运输(集团)总公司、中国物资储运总公司等,凭借原有的物流业务基础和在市场、经营网络、设施、企业规模等方面的优势,不断拓展和延伸其他物流服务,实现了从传统物流企业向现代物流企业的转型。

② 新兴的第三方物流企业。这类企业成立时间不长,是在第三方物流概念引入和发展的过程中诞生的,是新时代的产物。这类企业有着进取向上的企业文化、先进的管理理念,效率较高,发展速度较快,同时拥有先进的管理信息系统,管理成本较低,是最具活力的第三方物流企业。

③ 企业内部物流部门转型而来的第三方物流企业。随着市场竞争的加剧以及社会分工层次的提升,为了专注于构筑核心竞争力,提高物流资源的利用率,一些有战略眼光的企业开始将自有的物流部门从企业中分离出来,形成独立的第三方物流企业,如青岛海尔物流有限公司。

④ 外资物流企业。外资企业凭借先进的经营理念、高效的经营模式、优质的服务和良好的口碑而备受国内大企业的青睐,同时它们也为原有客户(跨国公司)进入中国市场提供延伸服务,如丹麦有利物流公司主要为马士基船运公司及其货主企业提供物流服务,近铁物流(深圳)有限公司主要为日本在华的企业提供物流服务。

(2) 发展趋势

我国第三方物流的发展趋势具体如下:

① 行业规模效应明显,第三方物流发展空间巨大。物流服务的本质是通过降低物流成本创造"第三利润源"。第三方物流的服务对象是众多的企业、货物,第三方物流企业

通过信息技术处理大量的物流信息,统筹安排优化配送路线,动态管理加快货物周转,使物流成本大大降低。随着业务规模的扩大,单件货物的物流成本呈下降趋势。2015年,我国实现第三方物流收入1 638亿美元,占物流市场8.0%的份额。发达国家的实践证明,独立的第三方物流要占到物流市场的50%以上,物流产业才算成熟。未来几年,我国第三方物流市场具有较大的发展空间。

② 政策助力,第三方物流迎来发展机遇。2014年,国务院印发了《物流业发展中长期规划(2014—2020年)》,提出要鼓励制造企业分离外包物流业务,促进企业内部物流需求社会化,目标是到2020年物流的社会化、专业化水平进一步提升,物流业增加值年均增长8%左右,物流业增加值占国内生产总值的比重达到7.5%左右,第三方物流比重明显提高,新的物流装备、技术广泛应用。2014年4月商务部流通发展司印发的《第三方信息服务平台案例指引》、2014年9月商务部印发的《商务部关于促进商贸物流发展的实施意见》以及2015年5月国务院印发的《中国制造2025》等文件,都对第三方物流发展给出了明确的指导意见。

③ 推动物流业与制造业联动发展已成为我国物流产业规划的必然选择。目前,我国物流企业主要集中服务于客户供应链流程中的一两个环节,由于物流企业追寻利润最大化,希望当前处理的货物量越多越好,与客户的利益诉求不尽相同,导致整个物流成本居高不下。推动物流业与制造业联动发展,实现供应链一体化管理,使供应链各环节有效协同是我国物流产业规划的必然选择。

5. 电子商务与第三方物流的关系

电子商务与第三方物流的关系具体如下:

(1)第三方物流是电子商务物流的首选

第三方物流是实现电子商务物流的重要条件。对于大部分电子商务企业而言,它们往往不具备像亚马逊或京东那样的自营物流能力。这些企业应将精力集中于产品的研发或销售领域,通过与第三方物流企业建立联盟的方式构建自己的竞争优势,培养自己的核心竞争力,第三方物流是它们在发展电子商务物流时的首选。

(2)电子商务信息技术的进步促进了第三方物流服务升级

随着电子商务信息技术的进步,电子商务的流程越来越简单。第三方物流为了能为全球电子商务客户提供优质的物流服务,达到快捷准时、经济公道、客户满足的目的,需要不断开发、运用新的物流技术,建立完善的物流网络,形成反应灵敏、步调一致、信息沟通快捷的第三方物流运作体系,促进其服务升级。

(3)第三方物流的发展离不开电子商务平台

自2000年以来,我国电子商务保持着高速增长态势。电子商务为第三方物流的业务发展拓宽了渠道,第三方物流无论是在技术成本还是在工作效率上都有了显著的提高。我国随电子商务发展起来的快递企业有顺丰、"三通一达"等,电子商务的发展尤其是网络购物的爆发式增长,大大促进了我国快递业的发展。

6.2.3 物流联盟

1. 物流联盟的概念

物流联盟(Logistics Alliance)是指两个或两个以上物流配送需求企业或物流企业，为了取得比单独从事物流活动更好的效果，通过契约形成的优势互补、互助互利、风险共担的松散型网络组织，其运营系统架构如图6-6所示。

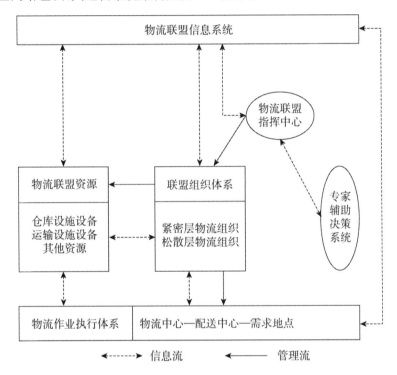

图6-6 物流联盟运营系统架构

物流联盟内的企业(联盟成员)建立的是一种长期战略协作关系，联盟中既存在合作又存在竞争，联盟的根本目标是通过合作以获取长期的竞争优势。物流联盟的整体性是通过联盟成员之间的相互协作来体现的，联盟成员之间是相互独立的，并不是一个真正意义上的整体。企业之间结盟是为了完成那些仅靠自身力量无法达到的目标，以便在减少风险的同时提高自身的利益。

2. 物流联盟的优越性

物流联盟的优越性具体表现在以下几个方面：

(1) 有利于降低成本

一方面，物流联盟可以增加联盟成员违背契约的机会成本。物流联盟具有市场和组织的双重优势，在特定的物流联盟中，将企业之间传统的"买卖关系"转变为"合作关系"，可以促进联盟内实现资源优化配置和知识共享，使联盟成员之间形成长期战略协作关系。只有联盟成员共同遵守盟约才可以实现好的合作效果,一次背叛和欺诈会面临高昂的代价,从而抑制交易中的机会主义行为。另一方面,物流联盟可以降低交易过程中的费用。交易频率越高,交易量就越大,交易费用也就越高。物流联盟可以消除交易频率高带来的负面影响,联盟成员共同遵守盟约,可以降低交易中讨价还价的费用以及单位交易所承担的费用,同时也可以降低交易过程中的盲目性,降低信息搜寻成本。

(2)有利于发挥规模经济效益

物流联盟整合了若干个企业的资源,可以承接单个企业无法承接的物流业务,业务渠道拓宽,业务量也得到增长。单个企业的资源以及业务范围有限,企业降低物流成本的空间有限,而物流联盟业务量大,网点多且具有规模化、集约化优势,基于规模经济和范围经济可以有效地降低单位物流成本。

3. 物流联盟的模式

电子商务的快速发展使得企业环境发生了巨大的变化,为提高企业快速响应市场变化的能力,需要在供应商、承运商、制造商和物流企业之间建立良好的协作关系,实施有效的合作。因此,随着供应商、承运商、制造商和物流企业之间的合作日益频繁,物流联盟应运而生。物流联盟有以下几种模式:

(1)基于供应链的物流联盟模式

基于供应链的物流联盟模式具体包括:

① 横向物流联盟模式。横向物流联盟即水平一体化联盟,是指由供应链各环节处于平行位置或服务范围相同的两个或两个以上物流企业之间所组成的联盟。通过水平一体化,可以打破时空限制,使分散的物流产业形成规模经济,实现集约化运作,提高资源配置效率,降低物流成本和单个物流企业的风险。

② 纵向物流联盟模式。纵向物流联盟即垂直一体化联盟,是指由供应链各环节处于上下游位置的物流企业,发挥各自的核心优势,相互协调,从原材料采购到产品销售全过程实施一体化合作所组成的联盟。垂直一体化可以为客户提供最大价值,使联盟总利润最大化。

③ 混合物流联盟模式。混合物流联盟是指以第三方物流企业为核心,既有处于上下游位置的物流企业,也有处于平行位置的物流企业所组成的联盟。其中,第三方物流企业即为盟主,加盟的物流企业即为盟员。参与联盟的盟员共同遵守联盟协议或契约,由盟主统筹规划、统一指挥,盟员共同采购、共同配送、共筑物流市场,形成相互信任、共担风险、共享收益的集约化物流伙伴关系。

④ 区域物流联盟模式。区域物流联盟不是指某一个联盟,而是由不同层次的联盟构成的一个联盟有机体。区域物流联盟能够充分利用区域内的运输、自然等资源,建立有效的运输和物流组织形式,整合区域内的物流资源,加快区域物流一体化进程,提高区域运输效率;可以保障重点企业的发展,建立区域内重点企业服务体系,以满足其快速发展的需求。

⑤ 动态物流联盟模式。动态物流联盟是21世纪新型的物流企业管理模式。它是一

种以合作协同为主导、风险共担、利益共享的物流企业联盟,能够很好地应对全球竞争中变化迅速且很难预测的买方市场,满足消费者多样化、个性化的需求。

(2)基于组建机制的物流联盟模式

基于组建机制的物流联盟模式具体包括:

① 股权式联盟。股权式联盟是指国外物流企业在进入国内市场时,与国内物流企业共同投资成立合资企业,以弥补自身某些方面的不足;或者国内物流企业出于某种战略考虑,与国外物流企业各出一部分资金成立合资企业,通过股权式联盟,物流企业将各自不同的资产组合在一起,共同生产、共担风险和共享利益。

② 契约式联盟。契约式联盟是当物流联盟内各成员的核心业务比较雷同,合作伙伴又不愿建立独立的合资企业来实现规模扩张或范围延伸时,为了实现更加灵活的市场运作而产生的。契约式联盟不需要联盟企业互相持股或成立合资企业,而是采用功能性协议的方式,比股权式联盟更具弹性,更能对物流市场需求做出迅速的反应。

(3)高级物流联盟

高级物流联盟模式具体包括:

① 项目管理物流联盟。项目管理物流联盟是指以某个具体的项目为中心,利用项目管理的理论和方法,由各个物流企业合作所形成的相互信任、共担风险、共享利益的联盟。

② 电子物流联盟。电子物流联盟是指以信息网络和电子商务支撑下具备不同核心竞争力的物流企业形成的松散合作联盟为基础,根据市场机遇,由松散联盟中的合适企业迅速组合成协同一致的虚拟企业,一旦该机遇消失或任务完成,虚拟企业成员又回归松散联盟关系的新型物流组织形态。

③ 应急虚拟物流联盟。突发事件应急物流具有公益性特征,应急虚拟物流联盟是指由政府主导,成立突发事件综合管理中心,并下设应急物流管理中心作为常设机构所形成的一种虚拟的应急物流联盟。政府可以通过应急物流管理中心,结合实际情况,整合现有社会资源,与潜在的应急物资生产企业、流通企业、有关物流企业以及相关社会团体签订协议,构建快捷的信息沟通渠道,在出现突发事件时按协议合理调用有关组织的资源及服务。该联盟具有动态性与可重构性,适合需求多样化的环境。

4. 电子物流联盟的建立

(1)电子物流联盟的总框架

电子物流联盟以电子商务集成服务平台为支撑,主要包括物流电子交易中心、结盟管理中心、联盟伙伴库三个部分组成。电子商务集成服务平台集成各物流联盟成员的物流资源,为物流联盟成员之间以及联盟成员与物流需求方之间提供信息传递与共享支持,为电子物流联盟的组建提供环境支持,为物流需求方提供一体、高效和个性的物流服务。其核心功能是为物流需求方选择合适的物流服务提供商,为物流服务提供商提供场所;同时,可以提供一般电子商务平台所要求的电子认证、在线洽谈、电子支付等电子商务链的服务和与物流相关的增值服务,如物流信息增值服务、供应链融资服务等,从而实现物流过程中商流、资金流和信息流的统一。电子商务集成服务平台的系统模型如图 6-7 所示。

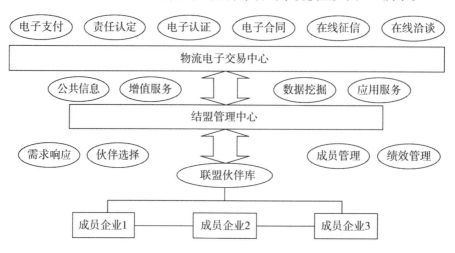

图 6-7　电子商务集成服务平台的系统模型

　　物流电子交易中心是用于实现物流服务供需双方的电子商务交易，并为其提供交易机会及支撑交易过程的场所。生产商、销售商等物流服务需求方通过交易中心发布物流服务需求信息同时获取物流服务供给信息，寻找合适的物流服务提供商，进而进行洽谈、签订合同和资金支付等电子商务链的活动。物流电子交易中心具有一般电子商务平台的特性，只是其商务活动只针对物流服务。为了完成整个物流服务的电子商务交易过程，物流电子交易中心需要具备电子认证、在线征信、在线洽谈、电子合同、电子支付、责任认定等功能，同时还需要提供与交易有关的增值服务。

　　结盟管理中心是为物流价值链的核心企业提供寻找合作伙伴、进行成员管理的场所。在核心企业获取物流任务后，会首先根据核心能力原则确定是否选择特定的合作伙伴合作完成此项物流任务。在确定需要建立面向任务的虚拟企业后，核心企业借助联盟管理中心完成物流任务分解、发布物流分任务招标信息、选择合作伙伴等过程。通常，结盟管理中心能满足以下几方面的功能需求：

　　① 需求响应。及时获取客户的需求，根据核心能力确定分任务招标方案。
　　② 伙伴管理。管理和共享参与某次任务的伙伴成员间的信息。
　　③ 任务管理。监督任务的执行情况，协调子任务间的关系，保证任务按时、保质地完成。
　　④ 协调管理。主要通过信息交互来保证任务的顺利实施，提供各种交互工具，满足不同成员不同类型的交互需求。
　　⑤ 绩效评估。分析运行过程，衡量每一位伙伴成员以及物流价值链的整体运作绩效。

　　联盟伙伴库是包含了所有联盟成员详细信息的数据库。它会组织联盟成员的商业资源，为物流服务需求方和物流服务提供商提供数据存储、维护、检索及数据挖掘等功能。联盟伙伴库提供的强大支撑是保证电子物流联盟正常运作的基础，成员的数量、质量以及信息的完备性都关系到电子物流联盟的运作成本与效率。

(2)电子物流联盟的参与者

电子物流联盟包括以下参与者：

①客户。客户即物流服务的需求方，包括工商企业、电子物流联盟成员及政府管理机构。

②电子物流联盟的整合方。电子物流联盟的整合方通常是指电子商务集成服务平台的所有者，其发起组建电子物流联盟，设计加盟企业的业务规范、合作协议等，指导加盟企业的内部改造，并进行电子商务集成服务平台的运营与维护。电子物流联盟的整合方可以具备相对完善的物流功能，也可以完全不具备，其关键能力是信息整合能力、物流功能整合能力和电子商务集成服务平台运营能力。

③电子物流联盟成员。电子物流联盟成员归属于物流联盟伙伴库，伙伴成员之间是在整合方三边规制下的长期伙伴关系。在为某项物流任务构建的虚拟企业中，成员可以分为物流价值链参与者与非参与者，参与者又可以分为核心节点企业与非核心节点企业。物流价值链的参与者具备自组织特性，核心能力互补，任务产生前关系平等。识别与获取到物流任务的企业自动成为物流价值链中的核心企业，由其根据相应的标准选择节点企业，共同组建针对任务的物流价值链。

④政府管理机构。政府管理机构为电子物流联盟运作提供政策环境支持、法律法规保障，电子物流联盟与电子政务系统对接，可实现物流运作过程中的电子报关、纳税、行政审批等功能。

5. 三种物流模式的比较

自营物流、第三方物流和物流联盟的比较如表 6-3 所示。

表 6-3 自营物流、第三方物流和物流联盟的比较

项目	自营物流	第三方物流	物流联盟
控制能力	较强	失去对物流的控制权	一般
物流成本	前期投入大	成本低	成本较低
服务水平	个性化服务	因第三方而定	共同协商谈论
响应速度	比较快	稍慢	一般水平
信息水平	及时有效	滞后不健全	及时有效
服务对象	电子商务企业本身	没有限制	联盟成员
覆盖范围	有区位优势但范围较小	范围较广	范围较广
专业化水平	专业化水平低	专业化水平高	专业化水平高
风险性	高	相对较低	较高
资金周转	前期投入大，加大了固定资产的资金占有率，但销售资金回笼快，资金流动性好	销售资金回笼慢，资金流动性较差	销售资金回笼较快，有利于加速资金周转

（续表）

项目	自营物流	第三方物流	物流联盟
优势	企业拥有运营物流系统的有效控制权,可以灵活、快速地响应企业的物流需求	有利于集中主业,有利于降低成本,有利于客户服务	有利于降低成本,有利于发挥规模经济效益
劣势	一次性投入大,建设成本高,需要较强的专业化物流管理能力	对物流的控制能力降低甚至有丧失的风险,客户关系紧密程度降低,连带经营风险	更换物流伙伴比较困难
适用范围	大型零售企业或零售连锁企业	物流配送能力相对较低的 B2C 企业或 C2C 网上零售商家	销售网络比较完善的传统零售企业开展电子商务
典型企业	京东、亚马逊、苏宁	德邦、EMS、速递易	菜鸟联盟

6.2.4 第四方物流

1. 第四方物流的概念

20 世纪 90 年代美国埃森哲公司率先提出第四方物流（Forth-Party Logistics, 4PL）的概念,它是指一个供应链的集成商,整合与管理公司内部和具有互补性的服务供应商所拥有的不同资源、能力和技术,提供一整套供应链解决方案,这是任何一家公司都不能单独提供的。第四方物流模式如图 6-8 所示。

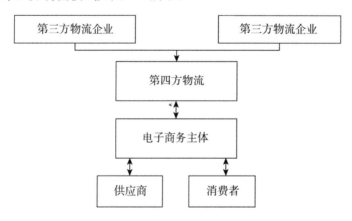

图 6-8 第四方物流模式

第四方物流并不实际承担货物从卖方到买方的承运和配送服务,其主要任务是为物流行业进行信息整合、融合、规划和管理,为用户提供最佳的增值服务——迅速、高效、低成本的人性化服务等。在实际的物流运作中,由于第三方物流企业缺乏动作整条供应链的战略性专长以及真正整合供应链资源和流程的技术,第四方物流正日益成为一种帮助企业实现持续运作、降低成本和区别于传统物流外包业务的综合供应链解决方案提供商。

第四方物流是当今物流发展的趋向,它是现代物流、供应链管理高度发展的产物,体现了企业在竞争日益激烈的环境中系统地控制成本和管理运作的努力,代表了未来物流发展的方向。国外的物流市场发展表明,要想进入第四方物流领域,物流企业必须在某一个或几个方面具备很强的业务核心能力,并且有实力进入其他领域。在我国,第四方物流的发展已经出现一批先行者和一些试点行动,第四方物流企业的发展模式主要有以下四种:①由原有的第三方物流企业转型而来;②拥有供应链专业人才和背景的咨询公司;③大型综合集团的物流团队;④具有大数据分析和供应链系统优化等核心竞争力的互联网物流公司。

2. 第四方物流的特征

第四方物流具有以下特征:

(1)提供完整、综合的供应链解决方法

第四方物流为客户提供了一套完整的供应链解决方案,其通过集成第三方物流企业、IT企业和管理咨询机构的能力来整合相关的物流资源,可以很好地满足客户多样和复杂的需求。

(2)影响整条供应链来获得价值

第四方物流关注的是整条供应链,而非仓储或运输单方面,从而能够加速整个物流业的规范化和标准化进程,推进物流技术指标和质量标准的统一以及物流管理流程和实务的规范,同时能够为整条供应链的客户带来利益,增加自身价值,在市场竞争中获得更多优势。

(3)国际化

第四方物流诞生于经济全球化背景下,由此其自身的国际化不可避免,主要表现在物流市场的国际化、物流信息系统的国际化、供应链管理的国际化和企业文化的国际化等方面。

3. 第四方物流的模式

第四方物流模式具体包括:

(1)协同运作模式

在协同运作模式中,第三方物流企业和第四方物流企业通过合同绑定或战略联盟进行合作,共同开发市场。第四方物流企业为第三方物流企业提供技术支持、管理决策、市场准入以及项目管理等补充功能,第三方物流企业再将这种供应链解决方案应用到客户的物流服务过程当中。

(2)方案集成商模式

在方案集成商模式中,第四方物流企业直接与客户接触,整合第三方物流企业及其他资源,为客户提供一套完整的供应链解决方案。在该模式下,客户避免与众多的第三方物流企业接触,而是把复杂的物流运作统一交给第四方物流企业。

(3) 行业创新者模式

在行业创新者模式中，第四方物流企业针对多行业内的多个客户执行一个多行业的供应链解决方案，实现整个供应链的革命性变革，使供应链的利益最大化和服务最大化。

4. 基于电子商务的第四方物流

电子商务将传统的商务流程电子化、数字化，其便捷性、高效率和全球化的特性改变了传统的消费方式，影响了企业的经营管理模式。电子商务主要由信息流、资金流和物流三条主线构成，在互联网上解决信息流、凭借支付平台解决资金流后，物流的响应速度和派送速度将会极大地限制电子商务交易的完成速度。因此，第四方物流企业必须建立起稳定可靠、反应灵敏的业务信息系统来支持快速发展的电子商务。

电子商务物流领域是物流服务的密集区域，在电子商务领域中引入第四方物流，可以避免电子商务和物流之间的信息不对称问题，从而有利于建立电子商务企业、厂商和第三方物流企业之间的信用机制。通过搭建电子商务第四方物流平台，可以发挥第四方物流的功能，实现物流信息资源共享，以合作或联盟的方式提供高效的服务，促进电子商务行业和物流行业的整体提升与协同发展。

5. 第三方物流和第四方物流的比较

从整个供应链的社会分工上看，第四方物流是在第三方物流整合社会资源基础上的再整合，第三方物流是第四方物流管理、集成和整合的对象；从发展规律上看，第四方物流的发展必须建立在第三方物流行业高度发达和企业供应链业务外包极为流行的基础之上。我国第三方物流还处于尚未完全成熟阶段，发展第四方物流的内部需求推动力不足，第三方物流与第四方物流只有互补合作，才能实现物流成本最小化，提高物流运营效率。

第四方物流区别于第三方物流之处在于：第四方物流能够打破供应链各环节之间的限制，充分利用信息资源平台整合各类服务商的技术、资源和能力，搭建起企业与物流服务商之间的纽带，为企业提供更加全面且有效的供应链规划与运作实施方案。

第三方物流和第四方物流的比较如表 6-4 所示。

表 6-4 第三方物流和第四方物流的比较

项目	第三方物流	第四方物流
服务目的	降低单个企业的外部物流成本	降低整个供应链的运作成本，提高物流服务能力
服务内容	主要是单个企业采购物流或者销售物流的全部或部分物流功能	企业战略分析，通过影响整个供应链来获得价值
服务对象	大、中、小企业	大、中企业
运作特点	单功能专业化高，多功能集成化低	多功能集成化高，单功能专业化低
与客户的合作关系	合同关系、契约关系，一般在一年以上	长期的战略合作关系，双方签署长期的合作协议

6.2.5 逆向物流

1. 逆向物流的概念

逆向物流(Reverse Logistics)这一概念最初是由詹姆士·斯托克(James Stock)在1992年给美国物流管理协会(CLM)的一份研究报告中提出的。1999年美国逆向物流执行委员会(RLEC)对逆向物流的解释为:为重新获取产品的价值或使其得到正确处理,产品从消费地到生产地的移动过程。国家标准《物流术语》将逆向物流定义为:物品从供应链下游向上游的运动所引发的物流活动。电子商务逆向物流模式如图6-9所示。

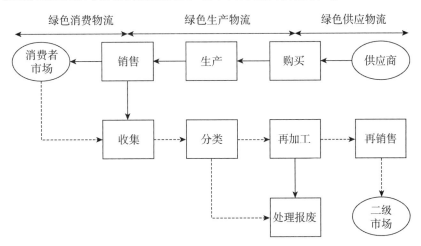

注：⟵ 指正向物流； ⟵---- 指逆向物流。

图 6-9　电子商务逆向物流模式

一方面,随着制造企业的生产活动及其产品对环境的危害越来越严重,国家政府有关部门开始制定相关法律法规来防止环境进一步恶化,要求企业处理污染环境、浪费资源的废旧产品,控制对人体有害原材料的使用等,促使企业以"循环利用"代替"一次性使用";另一方面,网上购物和网络直销的发展带来了居高不下的退货率,这迫使企业关注规范的逆向物流。逆向物流可以反映社会发展进程中绿色环保的呼声,从而有助于企业树立良好的公众形象,产生较好的社会效益。无论是传统的商业买卖还是如今的电子商务交易,产品由市场反向流入企业的现象早已存在。逆向物流在企业发展过程中起到了非常重要的作用。

2. 逆向物流的特征

逆向物流具有以下特点：

(1)不确定性

电子商务交易的虚拟性导致逆向物流产生的时间、分布、数量、种类都具有一定的不确定性。

(2) 高成本性

由于退货会导致成本增加、利润减少，因此很多商家只是因法律执行而较为被动地组织退款，没有意识到合理的逆向物流可以促使消费者的二次购买，甚至没有制定合理逆向物流方案的意愿。由于方法不成熟并缺乏相关的技术，商家处理废旧物资的成本远远高于收益。

(3) 缓慢性

消费者下单收货后发现与需求不符，再退货退款的这一过程较为复杂，耗时较长；另外，电子商务逆向物流分布较广，逆向物流的整理和收集过程复杂而缓慢，加之将收集的废旧物资进行改造或再加工同样需要较长时间，不能及时满足人们重复使用的要求。

3. 逆向物流产生的原因

逆向物流产生的原因有以下几种：

(1) 退货问题

网上购物时消费者接触不到产品实物，只能根据网上的信息了解产品，若拿到的产品与电子商务企业平台上宣传的相差较大则易造成退货问题。同时，退货问题还包括客户无理由的退货、产品运输不合理造成的退货、订单处理疏忽使产品重复或错误运输造成的退货等。

(2) 产品召回

产品创新是许多企业追求的目标，但创新产品的生产体系和生产工艺的不成熟性，增加了产品发生缺陷的风险。宜家家居曾在 2016 年宣布召回价值 3 560 万元家居产品，因为这些产品存在容易倾倒的安全隐患，这一召回事件致使宜家遭受严重影响，损失极大；同样，2016 年备受关注的韩国三星手机也发生了召回事件，因为其生产的电池没有达到质量安检标准，造成全球范围内个别用户手机电池爆炸，这一召回事件也让三星公司承受了重大损失。随着产品召回制度的形成，产品召回的次数和数量将呈增长趋势。产品召回的过程也就是逆向物流产生的过程。

(3) 环境保护

随着国家倡导环境保护，人们的环境保护意识逐渐提高，产品逆向处理所展现的社会价值及环保价值也逐渐被大众认可。在可持续发展的大背景下，废物二次回收与利用逐渐为电子商务企业所重视，甚至国家层面也制定了相关的法律法规，2018 年 5 月实施的我国首个逆向物流国家标准《非危液态化工产品逆向物流通用服务规范》(GB/T 34404—2017)明确了企业在整个逆向物流过程中的作业流程及要求。

(4) 消费者权益

消费者越来越重视保护自己的权益，国家也出台了相关的法律法规，2014 年 3 月 15 日起施行的《中华人民共和国消费者权益保护法》规定，消费者有权在收到商品之日起七日内无理由退货。

(5) 激烈的市场竞争

商家在激烈的市场竞争中竞相推出各种优惠的退货条件以吸引更多的流量，但这些优惠政策在方便消费者的同时，也造成了大量的逆向物流。

4. 逆向物流对企业的价值

逆向物流对企业的价值体现在以下几个方面：

(1) 提高客户满意度

由于电子商务平台的虚拟性，一旦商品出现各种问题，其售后服务都要依赖于逆向物流。企业通过逆向物流，消除客户购买产品的后顾之忧，提高客户满意度，赢得客户的信任，增强企业的竞争优势。

(2) 改善企业形象

企业通过逆向物流，减少产品及其副产品对环境的污染，向社会展示企业负责的形象，从中获取一定的社会效益。

(3) "第五利润源"

企业或组织通过积极主动的逆向物流管理和全生命周期供应链管理，系统地整合全供应链上利益相关者的实物流、信息流和资金流，高效地运用逆向供应链上的重要环节和要素，采取再销售、再利用、再循环和再制造等方式获得额外利润；同时，通过大数据分析，识别和监控企业及组织风险，持续改进，提升核心竞争力，确保可持续发展。公众和政府应推动企业更积极主动地参与逆向物流管理，达到"减量化、再利用、再循环"的效果，实现低碳环保、绿色发展，从而产生巨大的社会效益。

5. 我国逆向物流的模式

从目前国内逆向物流整体商业生态来看，大体可以将逆向物流归纳为五种模式，详见表6-5。

表6-5 主要逆向物流模式

模式	代表企业	服务内容	业务特色	涉及产品
互联网＋再生资源逆向物流服务	爱回收、回收宝、咸鱼、转转等	回收交易、二手商城、拆解物交易、以旧换新	再生资源公共服务平台；回收商竞价模式；二手电子产品检查与评级；平台与专业处理商、第三方回收商、第三方物流、三方支付合作	手机、平板电脑、笔记本电脑、智能数码、家用电器等
供应链一体化逆向物流服务	众诚一家、云丰国际、利丰物流等	返回管理、全检服务、整理维修、产品复原、"仓卖"消化	逆向供应链全环节增值服务；专业化的产品复原技术和流程管理；精益化的运营模式	服饰、披肩、首饰、电子产品等

(续表)

模式	代表企业	服务内容	业务特色	涉及产品
第三方逆向物流服务	顺丰等	单程逆向服务、多程逆向服务、分仓退换货、一键退货	订单信息电子化;运单信息全程监控;退款服务;智能验货服务	电商网购和网络直销产生的退货、换货;电视购物平台的逆向物流订单;产品召回类订单等
原厂逆向物流服务	华为、苹果、魅族等	原厂通过渠道回收产品、折扣价格换新机	循环利用并践行保护环境的社会责任;销毁产品并最大限度地获得可回收材料,如钢铁、塑料、铝、铜、银、金等	手机、平板电脑、电子设备等
电商/零售平台逆向物流服务	京东、苏宁易购等	旧物回收、二手优品、以旧换新	延伸传统电商平台客户持续价值;通过反向回流拉动正向销售	手机、平板电脑、数码摄影、电脑配件、娱乐影音、家用电器等

6.2.6 众包物流

1. 众包物流的概念

众包(Crowdsourcing)这一概念是由美国《连线》(*WIRED*)杂志记者杰夫·豪威(Jeff Howe)于 2006 年首次提出的,是指一家企业或机构把过去由员工执行的工作任务,以自由、自愿的形式外包给非特定的大众网络的做法。众包可以分为资本众包、知识众包和劳动力众包等基本形式。众包物流是劳动力众包的形式之一,即基于互联网平台的差异化、开放式配送理念,以有偿自愿为原则,帮助企业充分挖掘、利用社区碎片化的配送资源,将原本由专业物流企业提供的复杂的城市末端配送转交给企业之外的民众群体来完成,企业则将重点放在建设与维护物流信息平台上,集中优化配送服务。众包物流模式如图 6-10 所示。

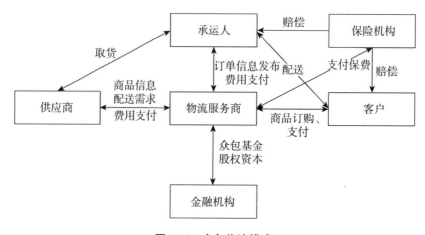

图 6-10 众包物流模式

众包物流的参与主体,包括众包物流服务商、众包客户、众包承运人、供应商、保险机构以及相关的金融机构。众包物流服务商是众包物流运营过程中的中介,是众包物流模式的主导,主要负责构建与运营网络平台,提供技术支持,开发吸引众多兼职众包承运人和众包客户的网络资源。众包承运人既可以是兼职的个体配送员,又可以是小型商户;而众包客户既可以是个人,又可以是商户,还可以是众包承运人,为附近的同事、朋友、邻居提供配送服务,以获得相应的报酬。

众包物流服务商必须与包括零售商、制造商或电商在内的类型繁多的商品供应商建立良好的合作关系,以获取产品品种、价格、数量等详细信息,以及供应商的物流配送需求信息,并在平台上发布,供客户和承运人选择。众包物流服务商可以只作为一个开放的服务平台,也可以是"众包物流平台+物流服务商",在拥有基本的物流服务能力和网络资源的基础上,基于众包模式创新、开发大众物流承运、配送、快递资源,将众包模式作为传统模式的补充,扩展其物流网络资源,以更好地满足客户的需求。

众包物流需要金融机构的参与。网络平台的构建,信息技术、网络资源的开发与推广等都需要大量的资金投入,风险资本的介入可以为众包物流提供资金支持。此外,物流本身便承担着一定的风险,保险机构的介入,可以对众包客户和众包承运人进行保险赔付,降低其损失。

众包物流属于轻资产运营,用人而不养人,其人员体系搭建快于传统物流团队,表6-6从五个角度分析了众包物流与传统物流的区别。

表6-6 众包物流与传统物流的对比

维度	传统物流	众包物流
所处时代	工业时代	物联网时代
配送效率	低,流程长	高,流程短
反应机制	对订单的变化无法及时做出反应	可以更好、更快地适应订单的变化
配送范围	整个物流链条	"最后三公里"
配送能力	受自有资源限制	借助社会资源

2. 众包物流的优势与问题

众包物流具有以下优势:

(1)优势

① 众包物流可以极大地降低物流成本。众包物流模式下,网络用户根据自己的情况接单,动态地选择目的地,不存在与平台、企业之间的雇佣关系,可以减少一定的人力成本。众包物流将物流企业运输需求与社会闲置运输资源进行匹配,以较低的运输成本充分利用闲置的运输工具。这一方面降低了揽投成本,另一方面整个电商货运的仓储及时转移到了车辆上面,可以基于交通线路以及货源需求进行动态配送。

② 众包物流可以有效地提高物流运输效率。众包物流可以充分利用社会闲置运输资源完成投递,将运输物品分开运输,并且根据运输单次进行费用支付,因而缩短了企业

为保证货物装载率而等待运输物品的时间,提高了物流运输效率。

③ 众包物流可以提高社会效益。众包物流可以利用社会闲置资源,为社会增加就业机会,同时可以降低整体运输行业的空载率,减少不必要的社会资源浪费,节约社会资源。

④ 众包物流可以完善物流网络。相较于传统物流,众包物流的兼职快递员来自各个城镇、农村,可以是邻居、朋友,物流网络覆盖面能够在建立少量物流网点的情况下得到较大程度的扩展。

(2) 问题

众包物流存在以下问题:

① 安全性。首先是运输商品的质量安全。在配送过程中,兼职配送人员多数仅接受过线上培训,缺乏长时间系统的线下培训,常因操作失误或保存货物不当而影响商品的质量。其次是信息安全。众包物流需要建立在供需双方信息匹配的基础上,无论是送货方还是收货方,都需要知道对方的定位信息,而众包物流利用社会闲置资源,人员成分复杂,大量的信息涌入众包物流平台,使得个人信息存在更大的泄露风险。最后是人身安全。配送人员在配送过程中为了增加配送的数量和提高配送的速度,常超速超载,危及自身安全;此外众包配送人员入门门槛较低,使得不法分子有机可乘,在上门送货的同时,对客户的人身或财产安全造成了不可忽视的隐患。

② 服务质量问题。首先,兼职配送人员缺乏系统的线下培训,配送的专业性难以达标,这直接导致众包物流配送效率不均,配送时间推迟、受天气影响较大等情况经常发生,服务水平达不到客户要求。同时,兼职配送人员素质参差不齐,接单后跑单的情况也经常发生。其次,众包物流平台缺乏有效的管理制度,众包物流体系中激励政策的缺失和管理方法的不足,导致众包配送人员只关注短期经济收入的高低,而忽略了服务水平和质量的提高。此外,人员流动性较高、入行门槛较低等问题也导致相关的政策难以实施。

③ 法律不完善。目前,我国物流方面的法律主要为《中华人民共和国邮政法》,缺乏有关众包物流的专门性的法律。许多兼职配送人员难以满足快递业务员上岗资格要求,而平台又难以进行严格的筛选和控制,导致平台违规。根据国家邮政局印发的《快递业务经营许可条件审核规范》,经营同城快递业务的,快递业务员中持有初级以上快递业务员国家职业资格证书的比例应该不低于30%。但众包配送人员具有较强的流动性,计算比例时基数选择不同就会产生较大的差异。同时,众包配送人员缴纳税款的程序和方式在法律体系中尚属空白,不公平的纳税制度会对物流行业的经营秩序造成干扰。

3. 众包物流的发展战略

众包物流的发展战略具体包括:

(1) 充分发挥个性化服务的优势

随着科技的发展,人们的个性化需求越来越旺盛,众包物流企业应当针对这一需求,以客户为中心,利用手机 App 完成包裹收发,并全程进行信息化跟踪。同时,众包物流企业应该充分发掘自身优势,创新产品和服务项目,避开传统物流企业的竞争,立足"最后三公里"的同城配送,实行差异化经营,构筑自身的核心竞争力,打造自己的品牌,避免单纯的"价格战"。

(2)完善平台规则

众包物流企业应当制定一套标准化的作业流程和管控体系,创新安全保障机制。众包物流企业安全第一位,加强兼职配送人员的培训,建立信用评级体系,设立黑名单制度,将操作不规范的兼职配送人员拉入失信名单,使之不得再从事快递业务;同时,可以借鉴其他行业的成功经验,制定符合众包物流行业的服务标准,建立合理可行的服务质量评价体系。

(3)研发互动形式众包物流 App

众包物流企业可以借鉴微信等社交互动软件和咸鱼、58 同城等买卖平台,研发新型众包物流 App,实现兼职配送人员实时定位、好友互相认证等功能,以提高配送的安全性。

从宏观上看,可以将众包物流看作分享经济发展的产物。根据国家信息中心分享经济研究中心发布的《中国分享经济发展报告 2017》,预计到 2020 年分享经济提供服务者有望过亿。因此,随着分享经济思维的不断渗透以及社会资源配置机制愈加多元化,未来物流行业将会加速转型和改革,众包物流将为人们的生活带来更多便利。

6.3　电子商务物流模式的选择

6.3.1　影响电子商务物流模式选择的因素

影响电子商务物流模式选择的因素具体包括:

(1)电子商务企业的规模

电子商务企业规模和实力是影响企业选择物流模式的主要因素。如果一家电子商务企业资金实力雄厚、规模大,并且掌握先进的物流技术,有能力建立自己完善的物流系统,那么这家企业就可以选择自营物流模式,还可以利用过剩的资源为其他企业提供服务,以提高资源利用率。如京东物流经常会为第三方服务,其于 2018 年进军快递客户端,承接个人寄件业务。而对于业务量小、资金有限、缺少专业人才的中小规模的电子商务企业来说,自营物流是不可取的,可借助客户满意度高的第三方物流发展其核心业务,降低物流成本,同时可以提高其物流效率。

(2)物流对电子商务企业的影响

如果物流对电子商务企业的影响较大,而企业又不能很好地处理物流,那么最好选择第三方物流,以提高物流效率;如果影响较小,而企业自身处理物流的能力又较强,那么可以选择自营物流;但如果企业自身规模很小,那么外包是最合适的形式。

(3) 物流系统的总成本

在经济学上，企业是理性的，其存在的目的是实现利润最大化，所以电子商务企业无论选择何种物流模式，成本都是重要因素，即在保证物流服务水平的基础上，尽量选择成本小的物流模式。物流各项成本之间存在"二律背反"现象，在选择和设计物流系统时，必须考虑各种情况下的物流系统总成本，通过二律背反对物流总成本加以论证，选择成本最小的物流模式。

(4) 电子商务企业产品的特点

对于不同特点的产品来说，其对物流配送的要求也不一样。以生鲜产品为例，生鲜产品对配送时效、流通加工都有着严格的要求，企业最好选择第三方物流。对于技术要求高的物流服务，企业应该外包给专业的物流公司。

(5) 电子商务企业对物流的控制力

如果物流对一家电子商务企业的成功与否至关重要，那么企业就要控制整个物流环节，详细掌握供应商和最终消费者的所有信息，在商品质量、物流配送出现问题时及时做出处理。此时，电子商务企业可以选择对物流控制比较强的自营物流，以保护自己的销售渠道，控制对客户的服务水平。如果电子商务企业对物流的控制要求不是很高，那么可以有针对地扩大选择范围。

(6) 物流的客户服务能力和物流模式的发展现状

在选择物流模式时，尽管成本因素很重要，但是物流为本企业及客户提供服务的能力也是极其重要的。物流的响应速度、可靠性和灵活性是首要因素，当然也要结合目前物流模式的发展现状和水平，选择针对电子商务企业发展需要的物流配送模式。现在社会分工越来越专业化，也给予了电子商务企业更多的选择。

6.3.2　电子商务企业物流模式决策分析

电子商务企业的物流模式决策，主要取决于电子商务企业的规模、物流对电子商务企业的影响、物流系统的总成本、电子商务企业产品的特点、电子商务企业对物流的控制力以及物流的客户服务能力和物流模式的发展现状等几方面的因素，选择的方法主要有定性分析方法和定量分析方法。

1. 定性分析方法

定性分析方法有很多种，在此主要介绍矩阵图决策法。

矩阵图决策法是利用矩阵图对两个不同的影响因素进行组合从而选择物流模式的一种决策方法。其基本思路是先选择两个对物流活动有重要影响的因素，依此确定企业的物流模式；在此基础上，再考虑其他影响因素，最终综合各种因素的影响确定企业的物流模式。在此以物流对企业的重要性和企业的物流能力两个因素为例展开分析，如图6-11所示。

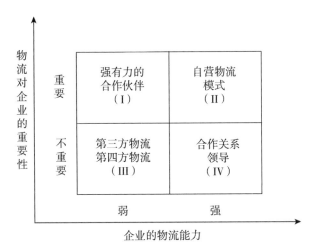

图 6-11 矩阵图决策法

一般来说,企业可以按照以下思路进行选择和决策:

① 状态 I 指物流对企业的重要性较大,但是企业的物流能力较弱。在此状态下,企业应该寻求强有力的合作伙伴,组建物流联盟,这样无论是在物流设施还是在运输能力、专业管理技能上企业都将获得极大的收益。

② 状态 II 指物流对企业的重要性较大,同时企业拥有较强的物流能力。在此状态下,企业适合选择自营物流模式,这样一方面可以降低物流成本,另一方面可以更好地掌握客户信息,以提高客户的满意度和服务效率。

③ 状态 III 指物流对企业并不是很重要,同时企业的物流能力较弱。在此状态下,企业可以选择第三方物流模式或者第四方物流模式,委托第三方物流为客户提供服务或者第四方物流为自己整合供应链资源,这样可以在降低物流成本的同时把更多的精力集中在企业核心业务的发展上。

④ 状态 IV 指物流对企业并不是很重要,但企业拥有较强的物流能力。在此状态下,企业可以向其他企业提供物流服务,寻找伙伴共享资源,这样可以通过增大物流量来获得规模效益,提高资金和设备的利用能力,加快资产回报速度。

2. 定量分析方法

定量分析主要是对数据资料进行量化分析以确定物流模式的方法。定量分析方法也有很多种,在此主要介绍层次分析法。

层次分析法(Analytic Hierarchy Process,AHP)由美国运筹学家托马斯·塞蒂(Thomas Saaty)于 20 世纪 70 年代中期正式提出,是一种解决多目标复杂问题的定性和定量相结合、系统化、层次化的分析方法。层次分析法的基本思路与人在处理复杂决策问题时的思维、判断过程是一致的,将复杂决策问题做分层处理。在具体操作中,一般先将决策问题分解为目标层、方案层和准则层三个层次,然后根据决策者的经验对每一层次不同因素相对重要性的客观判断予以定量表示,得出各因素相对重要性的权数,再综合计算各因素的权重并选择权数最高的方案作为最终目标决策。层次分析法的层次结构如图 6-12 所示。

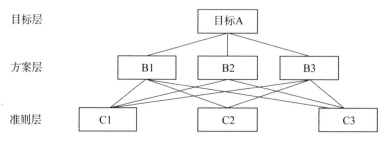

图 6-12 层次结构

企业在进行物流模式选择决策时会受到多种因素的影响,将影响物流模式选择的关键因素总结提炼之后才可以使用层次分析法。随着企业的发展,企业产品通常具有不同的特征,物流模式往往是存在差异的,选择最适合自身发展的物流模式才是企业实现长期发展的最终目标。

本章小结

进入 21 世纪以来,电子商务和物流得到了极大的发展,成为现代经济发展不可缺少的动力,并且两者紧密结合、相互促进。本章主要介绍了电子商务物流市场的含义、特征、构成以及目前发展态势良好的六种电子商务模式——自营物流、第三方物流、物流联盟、第四方物流、逆向物流和众包物流,对这六种电子商务模式的概念、优势等进行了介绍,同时也对各种模式进行了比较,最后介绍了电子商务物流模式选择的层次分析法。

思考题

1. 自营物流的概念和优缺点是什么?
2. 第三方物流的概念、特征以及优缺点是什么?
3. 物流联盟的概念、优越性是什么?有哪些模式?
4. 自营物流、第三方物流和物流联盟有哪些不同?
5. 第四方物流的概念和特征是什么?第三方物流和第四方物流有哪些不同?
6. 逆向物流的概念、特征及其产生原因是什么?对企业有哪些价值?
7. 众包物流的概念、优势与问题是什么?有哪些发展战略?
8. 影响电子商务物流模式选择的因素有哪些?

第 7 章

电子商务物流信息技术

教学目的
- 物流信息技术的概念
- 自动识别技术的种类及特点
- EDI 软件系统的结构
- GIS 的基本功能
- GPS 的工作原理
- 北斗卫星导航系统的应用领域

本章主要介绍电子商务背景下物流信息技术的相关内容,使读者了解物流信息和物流信息技术的概念、基础,掌握典型的物流信息技术,包括以条码、射频识别技术等为代表的自动识别技术,以 EDI 技术为代表的数据交换技术,以及以 GIS、GPS 和北斗卫星导航系统为代表的信息跟踪与定位技术。通过学习本章内容,读者也能够了解到各类物流信息技术在电子商务领域中的应用及发展前景,加深自身对物流信息技术从概念到实际运用的理解。

电子商务物流管理与应用

▶ 引导案例

北斗卫星导航系统最大规模化应用落地京东

在2017年京东"6·18"购物狂欢节中,京东无人配送机器人完成了全球首单配送,无人机全国运营调度中心落成并启动常态化配送,无人分拣智能机器人及无人仓的投入使用,标志着京东智慧物流技术已经从研发阶段进入实地运营。除了在无人技术和人工智能领域保持行业领先,京东在利用国家尖端技术实现现代化物流运营方面同样走在行业前列,已成为中国最大的北斗卫星导航系统规模化应用企业。

中国北斗卫星导航系统(以下简称"北斗系统")是中国自行研制的全球卫星导航系统,是继美国GPS(全国定位系统)、俄罗斯GLONASS(格格纳斯全球卫星导航系统)、欧盟Galileo(伽利略卫星导航系统)后,联合国全球卫星导航系统国际委员会认定的第四大核心供应商。北斗系统集成了传感、自动化、定位追踪和数据处理等智能化技术,这一"国之重器"是关系国家安全的重大信息基础设施,是推进中国信息产业升级换代的核心发动机。

经过多年的研发、部署,京东已经成为国内最大的北斗系统应用部署企业,列装数量位居首位。京东物流在自营干支线、城配线路上加载北斗系统的车辆超过6 000辆,合作伙伴有超过1 500辆车安装了北斗系统,更有2万多名京东配送员配备了带有北斗系统的智能手环设备。

京东将北斗系统与自建物流的大数据优势相结合,对车辆速度和路线进行实时监控,保障驾驶安全;同时,结合北斗系统的地理位置数据进行深入分析,确定了仓储和站点的位置信息,重置推算出最佳的服务线路,实现了物流运营的时效提升、运营成本的管控加强、消费者订单的透明追踪,填补了国内电商订单轨迹的全流程跟踪和展示领域的空白。依托强大的北斗技术,系统可每30秒采集一次地理位置信息,每2分钟上传一次服务器;消费者可以随时通过手机看到商品配送轨迹和实时位置,大大提升了其购物体验。

京东还建立了基于北斗系统的OBD(车载自诊断系统)智能车辆管理系统,实现了车辆报表、驾驶员报表、驾驶员评分报表和事件报表等多套系统的智能数据生成,可以简便高效地获取包括瞬时车速、瞬时油耗、转速、发动机信息等数据,再通过系统的智能分析计算,统计出车辆的行程数、里程数、耗油量、百公里油耗等指标,实现了对车辆和人员的行车路线、位置、时间、速度、里程和停车点的全方位动态监测,实现了管理决策科学化,确保了交易安全,降低了物流成本,提高了物流配送效率,能够最大限度地节约能源、减少排放。

京东是中国最早部署和应用北斗技术的企业,早在2012年,在国家正式宣布北斗系统试运行后,京东就率先启动"基于北斗的电子商务云物流信息系统项目",成为中国第一批应用北斗技术进行车辆管控的企业。2013年9月,京东开始在传站、摆渡、干支线等运输所有环节的车辆上安装北斗导航设备,不仅包括国家规定的所有重型卡车,在中型和小型货车上也安装了北斗导航设备。京东早在2012年就对自营的中、小件商品实现了订单轨迹功能,2015年借助北斗系统又研发攻克了第三方配送大件商品订单轨迹功能,于2015年8月正式上线,开创了行业先河。

截至2017年年底,京东生态体系内超过万家传统商贸企业、中小企业、物流企业享受到基于北斗技术的电子商务云物流信息系统应用带来的全新体验,为企业创造了巨大的间接经济效益。此系统已开放给更多的京东第三方商家,让其以最低的投入快速走上智慧物流的道路。

业内专家表示,作为中国最大的自营式电商,京东在业内率先大规模使用北斗系统,体现了京东对技术创新的重视,展现了京东技术创新应用的实力,同时也在北斗项目的应用落地方面起到了行业示范作用,对国家战略项目的推动起到了积极作用。

资料来源:TechWeb.com.cn. 智慧物流接入"天眼"北斗卫星导航系统最大规模化应用落地京东[EB/OL].(2017-07-04)[2019-03-23]. http://www.techweb.com.cn/news/2017-07-04/2551123.shtml

7.1 物流信息技术概述

7.1.1 物流信息

1. 信息

信息、物质、能量是人类赖以生存和发展的三大基础。关于信息的概念,不同的学科有不同的定义。信息论认为"信息是用以消除随机不确定性的东西",控制论认为"信息是人们在适应外部世界、控制外部世界的过程中同外部世界交换内容的名称"……总的来说,信息是事物存在方式或运动状态的反映,从信息管理科学的角度来看,信息是按照用户决策的需要经过加工处理的数据。

信息是反映客观事物特征及变化的知识,具有客观性、抽象性、价值性等特点,是人类对外部世界的差异及变化的认知。

2. 物流信息

(1)概念

物流信息是反映物流各种活动内容的知识、资料、图像、数据、文件的总称。物流凭借信息的作用才从一般的活动变成系统化的活动,如果没有信息的参与,物流就变成了单向的运营活动。

从狭义的概念来看,物流信息是指直接产生于物流活动(仓储、包装、装卸搬运、运输、流通加工及配送等)的信息,如库存信息、运输线路信息、货物跟踪信息、订单信息等。从广义的概念来看,物流信息不仅包括与物流活动有关的信息,而且包括与商品交易和市场等流通活动有关的信息,如合同、发货、收货、支付、收款等商品交易信息,政策、法律法规、竞争对手、促销、行业、货源、车源、交通基础设施等市场信息。

(2) 分类

物流信息可做以下分类：

① 按功能分类。按信息产生和作用所涉及的不同功能领域，物流信息可分为仓储信息、运输信息、流通加工信息、包装信息、装卸搬运信息等。对于某个功能领域还可进一步细分，例如仓储信息可进一步分成入库信息、出库信息、库存信息、搬运信息等。

② 按环节分类。按信息产生和作用的环节，物流信息可分为输入物流活动的信息和物流活动产生的信息。

③ 按作用层次分类。按信息作用的层次，物流信息可分为基础信息、作业信息、协调控制信息和决策支持信息。基础信息是物流活动的基础，是最初的信息源，如物品基本信息、货位基本信息等；作业信息是物流作业过程中发生的信息，信息的波动性大，具有动态性，如库存信息、到货信息等；协调控制信息主要是指物流活动的调度信息和计划信息；决策支持信息是指能对物流计划、决策、战略具有影响或有关的统计信息、宏观信息，如科技、产品、法律等方面的信息。

④ 按加工程度分类。按信息加工的程度，物流信息可分为原始信息和加工信息。原始信息是指未加工的信息，是信息工作的基础，也是最有权威性的凭证性信息。加工信息是对原始信息进行各种方式和各个层次处理后的信息，是原始信息的提炼、简化和综合，利用各种分析工作在海量数据中发现潜在的、有用的信息和知识。

(3) 作用

对物流活动来说，物流信息承担着类似神经细胞的作用，在制订物流战略计划、进行物流管理、开展物流业务、制定物流方针等方面都不能缺少物流信息。

① 物流信息在物流计划阶段的作用。长期物流战略计划和短期物流战略计划的制订，关键在于是否有正确的内部信息和外部信息。物流信息在长期战略计划模型的建立和本期实绩的计算，以及计划和实绩的对比中发挥着重要作用。在物流预算方面，物流信息在预算的制定，以及通过预算和实绩的对比来控制预算等方面也发挥着重要作用。物流信息在订货、库存管理、进货、仓库管理、装卸搬运、包装、运输、配送等具体物流环节的计划阶段，如决定库存水平、确定运输手段、拟订运输计划并发挥计划的最佳搭配等方面都发挥着重要作用。

② 物流信息在物流实施阶段的作用。具体包括：

第一，物流信息是物流活动的基础。物流信息是物流活动的基础，物流系统中各子系统是通过商品运输紧密联系在一起的，一个子系统的信息输出就是另一个子系统的信息输入。为了使企业的物流活动正常而有序地进行，必须保证物流信息的畅通。物流信息的任何阻塞都将导致物流混乱，严重影响企业物流系统的效率。同时，信息也是物流控制的手段。在物流系统中，为了使商品保持适当的库存水平，要利用市场信息、销售信息、库存信息、供应信息等物流信息控制物流规模，使物流系统对企业的供应保障及时且费用低。

第二，物流信息是进行物流调度和指挥的手段。物流管理是动态的管理，涉及面广，情况多变，因此在物流活动中，必须加强正确的调度和指挥，而正确的调度和指挥，又取决于正确、有效地运用物流信息,才能使物流活动进行得更为顺利。同时,还必须利用物流信息的反馈作用,即利用执行过程中产生的信息反馈,及时进行调度或做出新的决策。

③ 物流信息在物流评价阶段的作用。物流信息在物流评价阶段的作用是很大的。物流评价就是对物流"实际效果"的把握。物流活动地域范围广泛,活动内容也丰富多彩,为了把各种物流活动维持在合理的状态,就应该制定一个"范围",即形成系统化的标准。

3. 物流信息标准化

标准化是指为在一定范围内获得最佳秩序,对实际或潜在的问题制定共同和重复使用的规则的活动,尤其要包括制定、发布及贯彻标准的过程。物流信息标准化最主要的内容是物流信息编码,以下对此部分内容做详细讲解。

(1) 信息分类

信息分类是把具有某种共同属性或特征的信息归并在一起,把具有不同属性或特征的信息区别开的过程。信息分类的直接产物是各种各样的分类表或分类目录。

(2) 信息编码及结构

信息编码是把信息用一种易于被计算机和人识别的符号体系表示出来的过程,其直接产物为代码。代码是表示特定信息的一个或一组有序排列的符号,便于计算机或人识别与处理。

物流信息代码采用层次码,分为四层,依次为大类、中类、小类和细类,其结构如图7-1所示。

图 7-1 代码结构

(3) 编码方法

上海亚东国际货运有限公司的物流信息分类类目代码的各层由 1 位或多位数字或者字母码组成,第一层代码为 1—9,第二层代码为 1—9,第三层代码为 1—9999 或字母,第四层代码为 1—999999 或字母,第三、四层代码为递增的,同层代码要等长。

上海亚东国际货运有限公司的物流信息分类的各层如果有收容类目,则其编码通常采用末位数字为"9"或后两位数字为"99"的代码。当第三层与第四层的代码位数少于设定位数时,可使用"0"补充前位数。

如图 7-2 所示,代码每一层的数字或字母表示所处的类目。如客户管理信息代码 110BSF200137 表示的四层信息分别为第 1 大类、第 1 中类、第 0BSF 小类、第 200137 细类,具体含义为 1—客户管理,1—直接客户,0BSF—巴斯夫公司,200137—邮政编码。

图 7-2 客户管理信息代码结构

7.1.2 物流信息技术

1. 信息技术

信息技术（Information Technology，IT）是主要用于管理和处理信息所采用的各种技术的总称，可以从广义、中义和狭义三个层面来定义。

广义而言，信息技术是指能充分利用与扩展人类信息器官功能的各种方法、工具和技能的总和。该定义强调的是从哲学上阐述信息技术与人的本质关系。

中义而言，信息技术是指对信息进行采集、传输、存储、加工、表达的各种技术之和。该定义强调的是人们对信息技术功能与过程的一般理解。

狭义而言，信息技术是指利用计算机、网络、广播电视等各种硬件设备及软件工具与科学方法，对文图声像各种信息进行获取、加工、存储、传输与使用的技术之和。该定义强调的是信息技术的现代化与高科技含量。

信息技术代表着当今先进生产力的发展方向，信息技术的广泛应用使信息作为重要的生产要素和战略资源的作用得以发挥，使人们能更高效地优化配置资源，从而推动传统产业不断升级，提高社会劳动生产率和社会运行效率。随着信息化在全球的快速推进，世界对信息的需求快速增长，信息产品和信息服务对于各个国家、地区、企业、单位、家庭、个人来说都不可缺少。信息技术已成为支撑当今经济活动和社会生活的基石，主要包括传感技术（感觉器官）、通信技术（神经系统）、计算机技术（思维器官）、控制技术（效应器官）。

2. 物流信息技术

物流信息技术是指应用于物流活动各环节中的信息技术，它是建立在计算机、网络通信技术平台上的各种信息技术应用，包括硬件技术和软件技术。

物流信息技术是现代信息技术在物流活动各个环节中的综合应用，是现代物流区别于传统物流的根本标志，也是物流技术中发展最快的领域。随着物流信息技术的不断发展，产生了一系列新的物流理念和新的物流经营方式，推进了物流的变革。

物流信息技术已经广泛应用于物流活动的各个环节，极大地提高了物流活动效率，降低了物流活动成本，对企业的物流活动产生了深远的影响。物流信息技术包括条码技术、射频识别技术、电子数据交换技术、全球定位系统技术、地理信息系统技术等。

7.2 自动识别技术

7.2.1 自动识别技术概述

1. 概念

自动识别技术是对数据自动识读且将数据自动输入计算机的重要方法和手段,它是以计算机技术和通信技术为基础的综合性科学技术,主要包括信息载体、载体制作(设备)和采集设备技术。目前,自动识别技术形成了包括条码技术、射频识别(RFID)技术、磁卡识别技术、光学字符识别(OCR)技术、生物识别技术、图像识别技术等在内的集计算机、光、电、通信和网络于一体的高新技术学科。

2. 起源

自动识别技术的发展源于条码技术。条码技术的研究始于20世纪40年代;1951年在前欧洲物品编码协会的基础上成立了国际物品编码协会(EAN),负责开发、建立和推动全球性的物品编码及条码符号标识标准化;20世纪70年代条码技术的应用逐渐形成规模。

3. 特点

各种自动识别技术既有共性,又各具特点。其共同性在于:

① 准确性。自动数据采集极大地降低了人为错误。
② 高效性。数据采集快速,信息交换可实时进行。
③ 兼容性。自动识别技术以计算机技术为基础,可与信息管理系统无缝链接。

由于各种自动识别技术之间没有优劣之分,因此我们应该根据具体的应用确定最适合的自动识别技术。目前,在物流领域中最常用的自动识别技术是条码技术和射频识别技术。

4. 应用领域

自动识别技术的主流应用包括两大方面,即信息/价值流的应用和物流的应用。

(1) 信息/价值流应用市场

信息/价值流应用市场是指需要对"标的物"的信息属性进行描述的应用领域,在此应用领域中用简单的一维条码无法实现信息和属性描述功能,必须采用二维条码、射频识别技术。由于射频识别技术成本高,安全性存在缺陷,限制了其在大部分领域的应用,因此在大多数应用领域中,二维条码是一项更适合的自动识别技术。这类应用主要有海关/税务征管管理、文件图书流转管理、车辆管理、票证管理、支付应用、资产管理、工业生产流程管理等。

(2) 物流应用市场

物流应用市场是指对商品或货物信息属性的描述无特定要求,信息载体仅需起标识作用的应用领域,一维条码技术在此应用领域中具有较大的优势。这类应用主要有销售管理、资产管理、邮政管理、图书管理、门禁安保管理等。

7.2.2 自动识别技术的种类

根据自动识别技术的应用领域和具体特征,可将自动识别技术分为条码技术、射频识别技术、光学字符识别技术、图像识别技术、生物识别技术等。

1. 条码技术

条码技术的核心是条码符号。条码符号由一组排列规则的条、空以及相应的数字字符组成,这种用条和空组成的数据编码可以供机器识读,而且很容易译成二进制数和十进制数。

一个完整的条码符号由两侧空白区、起始字符、数据字符、校验字符(可选)、终止字符以及供人识读字符组成。条码信息依据条和空的不同宽度和位置来传递,信息量的大小是由条码的宽度和印刷的精度决定的。条码越宽,所含的条和空越多,信息量就越大;条码印刷的精度越高,单位长度内可以容纳的条和空越多,信息量也就越大。

条码按照不同的分类方法可以分成许多种,现在已知的世界上正在使用的条码就有250种之多。常用的分类依据有以下两种:

(1) 按码制分类

码制的不同是条码最根本的不同,所有的条码都是根据码制来命名的。常见的码制有 20 多种,例如 Code39 码(标准 39 码)、Codabar 码(库德巴码)、Code25 码(标准 25 码)等一维条码和 PDF417 等二维条码。

(2) 按编码方式分类

按照编码方式,条码可分为一维条码、二维条码及复合条码。

① 一维条码。一维条码又称线性条码,一般只在水平方向表达信息,在垂直方向不表达任何信息,其具有一定的高度是为了便于扫描器对准。一维条码信息录入速度快、误差率低,但是含有的数据量小,只能包含数字和字母,而且条码损坏后不能识读。常见的一维条码有 EAC/UPC 码、ITF—14 码、UCC/EAN—128 码和 GS1 DataBar 码。

② 二维条码。二维条码是在二维空间上由具有特殊结构的几何图形元素按一定规律和顺序组合成的图形,其巧妙地利用构成计算机内部逻辑基础的"0""1"比特流的概念,使用若干个与二进制相对应的几何图形表示文字数值信息。它在水平和垂直方向上存储信息,是一种高密度编码,能存储汉字、数字和图片等信息,比普通一维条码信息容量高几十倍以上,因此二维条码的应用领域要广得多。根据编码原理,可将二维条码分为堆叠式/行排式二维条码、矩阵式二维条码两种类型。

一维条码与二维条码的比较见表 7-1。

表 7-1 一维条码与二维条码的比较

条码类型 项目	一维条码	二维条码
资料密度与容量	密度低,容量小	密度高,容量大
垂直方向的资料	不储存资料,垂直方向的高度是为了识读方便,并弥补印刷缺陷或局部损坏	携带资料,对印刷缺陷或局部损坏等可以通过错误纠正机制恢复资料
错误侦测及自我纠正能力	可以检查条码,进行错误侦测,但没有错误纠正能力	有错误检验及错误纠正能力,并可根据实际应用设置不同的安全等级
数据库与网络依赖性	多数场合必须依赖数据库及通信网络的存在	可不依赖数据库及通信网络的存在而单独应用
主要用途	对物品的标识	对物品的描述
识读设备	可用线扫描器识读,如光笔、线型CCD、激光枪	对于堆叠式二维条码可用线扫描器多次扫描,或用图像扫描仪识读;矩阵式二维条码仅可用图像扫描仪识读

③ 复合条码。复合条码是由一维条码和二维条码叠加在一起而构成的一种新的码制,如图 7-3 所示。它能够在读取商品的单品识别信息时,获取更多的描述商品物流特征的信息,是由全球条码技术的倡导者和推动者——国际物品编码协会(EAN)与美国统一代码委员会(UCC)于 1999 年联合推出的。其中,一维条码组成部分可以是 UCC/EAN－128 码、EAN/UPC、DataBar(RSS)码,二维条码组成部分可以是 CC-A 码(一种专用于混合条码的 PDF417 微码的变体)、CC-C 码(标准 PDF417)。

目前,复合条码主要应用在标识散装商品(随机称重商品)、蔬菜水果、医疗保健品、非零售的小件物品以及商品的运输与物流管理上。

图 7-3 复合条码

2. 射频识别技术

射频识别技术是通过无线电波进行数据传递的自动识别技术,是一种非接触式的自动识别技术。它通过射频信号自动识别目标对象并获取相关数据,识别工作无须人工干预,可工作于各种恶劣环境。与条码技术相比,它以特有的无接触、精度高、适应环境能力强、抗干扰能力强、可同时识别多个物品、操作快捷等许多优点,广泛应用于物料跟踪、车辆识别、生产过程控制等环节,逐渐成为自动识别技术中最优秀的和应用领域最广泛的技术之一,是目前最重要的自动识别技术。

射频识别技术因其所具备的远距离读取、高储存量等特性而备受瞩目。它不仅可以帮助一家企业大幅提高货物、信息管理的效率,还可以让销售企业和制造企业互联,从而更加准确地接收反馈信息,控制需求信息,优化整个供应链。作为快速、实时、准确采集与处理信息的高新技术和信息标准化的基础,射频识别技术已被世界公认为 21 世纪最有前途的信息技术之一,在物流领域中推广和使用射频识别技术是相当必要和有益的。其具体应用价值主要体现在以下几个环节:

(1)射频识别技术在生产环节的应用

射频识别技术在生产环节中主要用于完成自动化生产线运作,实现对原材料、零部件、半成品以及最终成品在整个生产过程中的识别与跟踪,降低人工识别成本和出错率,从而提高生产效率和企业效益。在运用了射频识别技术之后,企业能够通过识别射频识别标签,快速、准确地从品类繁多的库存中找出适合工位所需的适当原材料和零部件,并结合运输系统及传输设备,实现物料的转移。射频识别技术还能够及时根据生产进度发出补货信息,从而协助生产管理人员实现对流水线的均衡协调管理,确保稳步生产,同时也加强了对产品质量的控制与追踪。

(2)射频识别技术在仓储环节的应用

在各物流环节中,射频识别技术主要用于仓储环节,尤其是存取货物活动过程。它能够帮助企业简化作业流程,实现作业流程自动化。在整个仓库管理中,将物流系统的收货计划、取货计划、装运计划等与射频识别技术相结合,能够使企业高效地完成各种业务操作,如指定区域堆放、上架取货和补货等,并最大限度地降低仓储成本。这样既增强了物流作业的准确性和快捷性,提高了服务质量,降低了物流成本,节省了劳动力和仓储空间,又减少了整个物流作业中因工作失误而造成的物品错送、偷窃、损害问题等。

(3)射频识别技术在运输环节的应用

在货物运输过程中,可以在在途运输的货物和车辆上贴上射频识别标签,同时在运输路线上的一些检查点安装射频识别标签接收和转发装置。当接收装置收到射频识别标签发出的信息后,可以将货物当前情况及其所在的地理位置等信息上传至通信卫星,再由卫星传送给运输调度中心,并输入数据库。这样可使企业直接了解目前有多少货物处于转运途中、转运的始发地和目的地,以及预期的到达时间等信息,方便其对在途货物进行管理,同样便于货物的发货人或收货人掌握货物行进状况,相应调整收货时间。

(4)射频识别技术在配送环节的应用

在配送环节,采用射频识别技术能够大大加快配送的速度,提高拣选和分发过程的效率与准确率,并能减少人工作业量,降低配送成本。假设到达中央配送中心的所有商品都贴有射频识别标签,当这些商品进入配送中心时,配送中心的读码设备可以读取所有商品各自标签中包含的信息,配送系统将这些信息与发货记录进行核对,以检测出可能的错误,然后将射频识别标签更新为最新的商品存放地点和状态,并根据要求将商品进行下一步处理,确保对商品的精确控制。

(5) 射频识别技术在销售环节的应用

射频识别技术可以应用于供应链最终端的销售环节,其能够改进零售商的库存管理水平,实现适时补货,有效跟踪运输与库存状况,提高作业效率,减少出错率,免除跟踪过程中的人工干预,并能够生成百分之百准确的业务数据,因而具有巨大的吸引力。特别是在超市中,射频识别技术能够监控某些时效性强的商品的有效期。商店还能够利用射频识别技术在付款台实现自动扫描和计费,取代人工收款。

(6) 射频识别技术在食品质量控制环节的应用

近年来涌现出的大量食品安全问题主要集中在肉类及肉类食品上。采用射频识别技术可提供有关食品链中的肉类食品与其动物来源之间的可靠联系的信息,从销售环节就能追查到它们的历史与来源,并能一直追踪到具体的养殖场和动物个体,从而有效解决食品安全问题。条码与射频识别技术的区别如表 7-2 所示。

表 7-2 条码与射频识别技术的比较

项目	条码	射频识别标签
信息载体	纸张、塑料、薄膜、金属	只读存储器
信息量	小	大
读/写性	只读	读/写
读取方式	电荷耦合器件或激光束扫描	射频信号
保密性	差	好
智能化	无	有
抗干扰能力	差	好
寿命	较短	较长
成本	较低	较高

3. 光学字符识别技术

光学字符识别(Optical Character Recognition,OCR)是指电子设备(例如扫描仪或数码相机)检查纸上打印的字符,通过检测暗、亮的模式确定其形状,然后用字符识别方法将形状翻译成计算机文字的过程;即针对印刷体字符(比如一本纸质的书),采用光学的方式,将低质文档中的文字转换成黑白点阵的图像文件,并通过识别软件将图像中的文字转换成文本格式,供文字处理软件进一步编辑加工的技术。

光学字符识别技术属于图像识别技术的一种,其目的是要让计算机知道它到底看到了什么,尤其是文字资料。其具体流程如图 7-4 所示。

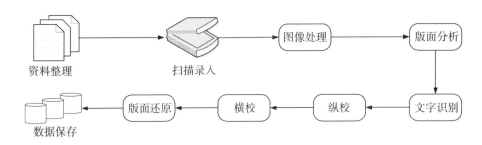

图 7-4 光学字符识别流程

4. 图像识别技术

在人类认知领域,图像识别是指图形刺激作用于感觉器官,人们辨认出该图像是什么的过程,也叫图像再认。

在信息化领域,图像识别是指利用计算机对图像进行处理、分析和理解,以识别各种不同模式的目标和对象的技术。

在图像识别中,既要有当前进入感官(即输入计算机系统)的信息,也要有记忆中存储的信息。只有通过将存储的信息与当前的信息进行比较的加工过程,才能实现对图像的再认。

5. 生物识别技术

生物识别技术是指获取和分析人体的身体与行为特征,实现人的身份的自动鉴别的技术,包括声音识别技术、人脸识别技术和指纹识别技术等。

(1)声音识别技术

声音识别技术是一种非接触性的识别技术,用户可以很自然地接受。这种技术可以用声音指令实现"不用手"的数据采集,其最大特点就是不用手和眼睛,这对那些采集数据的同时还要手脚并用的工作场合尤为适用。目前,声音识别技术的迅速发展以及高效可靠应用软件的开发,使声音识别技术在很多方面得到了应用。

(2)人脸识别技术

人脸识别技术是一种利用计算机对人脸图像进行分析,从中提取有效的识别信息,用来"辨别"身份的技术。它涉及图像处理、模式识别、计算机视觉和神经网络等技术。人脸识别是一个热门的计算机技术研究领域,其中包括人脸追踪侦测、自动调整影像放大、夜间红外侦测、自动调整曝光强度。人脸识别技术属于生物特征识别技术,是依据生物体(一般特指人)本身的生物特征来区分生物体个体。

人脸识别技术在商业上和法律上有大量应用,如身份证、护照、信用卡、驾驶证与实际持证人的核对,视频监控系统中的人物跟踪,视频图像的实时匹配,公安系统的罪犯身份识别等。

(3)指纹识别技术

指纹是指人类手指末端指腹上由凸凹不平的皮肤所形成的纹线。纹线有规律地排列形成不同的纹型。纹线的起点、终点、结合点和分叉点,称为指纹的细节特征点(Minutiae)。由于指纹具有终身不变性、唯一性和方便性,几乎已经成为生物特征识别的代名词。

指纹识别即指比较不同指纹的细节特征点进行自动识别。由于每个人的指纹不同,即使同一人的十指之间指纹也有明显的区别,因此指纹可用于身份的自动识别。

7.3 数据交换技术

7.3.1 EDI 技术

电子数据交换(EDI)是指在不同的企业或组织间,依据一定的交换标准,将业务往来的资料转换成标准化的格式,以电子形式在彼此的电脑之间进行传输,以降低人工操作的错误率及信息处理成本,并提高文件处理效率,改善客户服务质量的一种管理系统工具。

国际标准化组织(ISO)对 EDI 的定义为:"为商业或行政事务处理,按照一个公认的标准,形成结构化的事务处理或消息报文格式,从计算机到计算机的电子传输方法。"

联合国国际贸易法委员会(UNCITRAL)对 EDI 的定义为:"EDI 是利用符合标准的结构化的信息从计算机到计算机之间的电子传输。"

通俗地讲,EDI 标准就是国际社会共同制定的一种用于在电子邮件中书写商务报文的规范和国际标准。制定这个标准的主要目的是消除各国语言、商务规定以及表达与理解上的歧义,为国际贸易实务操作中的各类单证数据交换搭起一座电子通信的桥梁。

1. EDI 软件系统结构

在 EDI 工作过程中,所交换的数据都是结构化的数据,整个过程都是由 EDI 软件系统完成的。构成 EDI 软件系统的软件按其所实现的功能,可分为报文生成和处理模块、格式转换模块、通信模块、用户接口模块四个部分,EDI 软件系统的结构如图 7-5 所示。

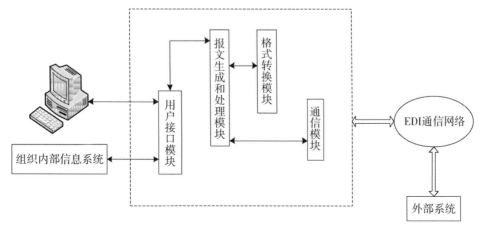

图 7-5 EDI 软件系统基本结构

(1)报文生成和处理模块

报文生成和处理模块有两个功能:一是接受来自用户接口模块和内部接口模块的信息,按照 EDI 的公共标准生成所需要的订单、发票、合同以及其他各种 EDI 报文和单证,然后经格式转换模块处理后交给其他模块处理;二是自动处理由其他 EDI 软件系统发来的 EDI 报文,按照不同的 EDI 报文类型,应用不同的模块进行处理,从信息系统中取出必要的信息回复发来报文的 EDI 软件系统,同时将报文中的有关信息传送给其他信息系统。

(2)格式转换模块

格式转换模块的主要功能是把企业自己生成或者其他企业发来的各种 EDI 报文,按照一定的语法规则进行处理,从而形成标准化、结构化的报文,以方便其他模块进行处理。转换过程包括语法压缩、嵌套、代码替换,以及添加必要的 EDI 语法控制字符。同样,经过通信模块接收到的结构化的 EDI 报文,也要做非结构化的处理,以便本单位内部的信息系统做进一步处理。

(3)通信模块

通信模块是企业本身的 EDI 软件系统和其他企业 EDI 软件系统的接口。通信模块负责在接收到 EDI 报文后,进行审核和确认。根据 EDI 通信网络结构的不同,该模块功能也有所不同,主要功能有执行呼叫、自动应答、确认身份和传送报文等。除此之外,该模块还包括自动重发、合法性和完整性检查、出错报警、报文拼装和拆卸等功能。

(4)用户接口模块

用户接口模块也称联系模块,是 EDI 软件系统和企业内部其他信息系统或数据库的接口。其主要功能是为 EDI 用户提供良好的接口和人机界面,业务管理人员可借此进行输入、查询、统计、分析、中断、打印等操作,以便及时了解市场变化,调整应对策略。该模块也是 EDI 软件系统和企业内部其他系统进行信息交换的纽带。

2. 主要特点

EDI 作为企业自动化管理的工具之一,具有以下几个方面的特点:

① 单证格式化。EDI 传输的是企业间格式化的数据,如订购单、报价单、发票、装箱单等具有固定格式及行业通用性的信息,而非信件、公函等非格式化的文件。

② 报文标准化。EDI 传输的报文符合国际标准或行业标准,这是 EDI 与电传、传真等其他传递方式的重要区别,电传、传真等并没有统一的标准,而 EDI 必须有统一的标准方能运作。

③ 运作电子化。EDI 一方面用电子传输的方式取代了以往纸质单证的邮寄和递送,从而提高了传输效率;另一方面通过计算机处理数据取代人工处理数据,减少了差错和延误。

④ 通信保密化。EDI 软件系统有相应的保密措施及信息防伪措施,具有法律效力。

3. 实现过程

EDI 的实现过程就是用户将相关数据从自己的计算机信息系统传送到相关交易方的计算机信息系统的过程,该过程因用户应用系统及外部通信环境的差异而不同。EDI 实现过程如图 7-6 所示。

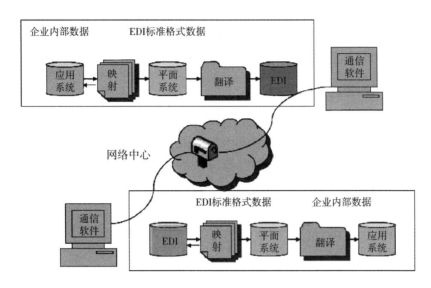

图 7-6　EDI 实现过程

由于 EDI 服务方式不同,平面转换和 EDI 翻译可在不同位置(用户端、EDI 增值中心或其他网络服务点)进行。一般来说,EDI 实现过程可分为三个阶段:

第一阶段是文件的结构化和标准化处理。用户将原始的纸面商业和行政文件,经计算机处理,形成符合 EDI 标准的、具有标准格式的 EDI 数据文件。

第二阶段是传输和交换。用户用自己的计算机信息系统将形成的标准数据文件,经由 EDI 通信网络,传输到登录的 EDI 网络中心,继而转发到对方用户的计算机信息系统。

第三阶段是文件的接收和自动处理。对方用户计算机信息系统收到发来的报文后,立即按照特定的程序自动进行处理。如有必要,则输出纸面文档。

4. 作用

(1) EDI 在物流中的作用

现在 EDI 在物流中应用广泛,被称为物流 EDI。物流 EDI 是指货物业主、承运业主以及其他相关的单位之间,通过 EDI 软件系统进行物流数据交换,并以此为基础实施物流作业的方法。物流 EDI 的优点主要在于能够使供应链物流系统的组成各方,通过基于标准化的信息格式和处理方法共享系统信息,提高流通效率,降低物流成本。具体来讲,EDI 在供应链物流系统中的作用主要表现在:

① EDI 是供应链物流系统信息集成、管理的一种重要工具。

② EDI 能显著提高企业的物流管理水平。

③ EDI 为合作伙伴间建立长久、稳定的战略联盟关系发挥了积极作用。

(2) EDI 在社会经济发展中的作用

EDI 引发了贸易方式的变革,促进了生产、流通领域经营体制的改革。随着社会的进步,EDI 在激烈的商贸竞争中产生并不断发展,给企业和社会带来了巨大影响,具体表现为:改进企业之间的通信,缩短交易时间和业务运作时间,提高贸易效率,加快贸易循环,能尽快将商品推向市场;降低工作的出错率,节省库存费用,节省人事费用,实现贸易无纸化,降低贸易文件成本;有助于企业国际化战略的实施;提高客户满意度;使信息系统一体化,加快信息流、物流及资金流的流转速度,提高组织工作效率和竞争能力等。

7.3.2 XML 技术

可拓展标记语言(Extensible Markup Language,XML)是一种用于标记电子文件,使其具有结构性的标记语言。XML 是标准通用标记语言(SGML)的子集,它可以用来标记数据、定义数据类型,是一种允许用户对自己的标记语言进行定义的源语言。它非常适合万维网(Web)传输,提供统一的方法来描述和交换独立于应用程序或供应商的结构化数据。

XML 可以对文档和数据进行结构化处理,从而能够使其在部门、客户和供应商之间进行交换,实现动态内容生成、企业集成和应用开发。XML 可以使我们更准确地搜索内容、更方便地传输内容、更好地描述事务。

1. 特点

XML 具有以下特点:

(1)简洁有效

XML 是一个精简的 SGML,它将 SGML 的丰富功能与超文本标记语言(HTML)的易用性结合到 Web 应用中,保留了 SGML 的可扩展功能;并且,XML 中还包括可扩展格式语言(XSL)和可扩展链接语言(XLL),使得 XML 的显示和解析更加方便、快捷。

(2)规范统一

任何系统和产品所支持的 XML 文档,都具有统一的格式和语法,使得 XML 具有跨平台、跨系统的特点。

(3)易学易用

XML 对 SGML 进行了精简,它抛弃了 SGML 中不常用的部分,方便用户编写 Web 页面,同时也为设计人员实现 XML 浏览器降低了困难。

(4)XML 文档的内容和结构完全分离

这个特点为 XML 的应用带来了很大的好处。基于这样的特点,企业系统可以轻松地实现内容管理和流程管理的彻底分离。

(5)开放的国际化标准

XML 是 W3C(万维网联盟)正式批准的,它完全可用于 Web 和工具的开发。XML 具有标准的名域说明方法,支持文档对象模型标准、可扩展类型语言标准、可扩展链接语言标准和 XML 指针语言标准。使用 XML 可以在不同的计算机系统间交换信息,而且可以跨越国界和超越不同文化疆界交换信息。

(6)高效可扩充

XML 支持复用文档片断,使用者可以开发和使用自己的标签,也可以与他人共享,可延伸性大。在 XML 中,通过定义一组无限量的标准,可以有效地进行 XML 文件扩充。

2. XML 在电子商务中的应用

XML 在电子商务中的应用具体包括:

(1) XML 与 EDI 结合

为促进 EDI 的大规模应用,人们提出了 XML/EDI 技术,也使得 XML 数据接口成为所有商业软件的标准配置。XML/EDI 是一种新的 EDI 通信方式,它主要解决了 EDI 中的映射问题。XML/EDI 是对称的 EDI,其本身具有互操作性,无论是大企业还是中小企业均能从中获益。

(2) XML 实现了不同结构数据库之间的数据交换

XML 的使用是开放的,并无固定格式,允许电子商务企业根据商业需求,不拘一格地创建意义明确、容易识别的各类标签,以保证电子商务平台具备更强的延展性与生命力。在电子商务系统应用方案中,XML 往往作为企业与客户交流的中间件使用,发挥了在不同商务活动中的桥梁与纽带作用,实现了在不同结构数据库之间进行元数据搜索功能。不同结构数据库记录信息的标准格式在 XML 中均有提供,针对 XML 的解析功能,在电子商务平台中得以广泛使用,从而使系统能够统一、正确地识别相关信息,完整地对 XML 描述的信息进行解析、识别、分类、统筹,并根据不同的需求进行显示,体现了良好的信息识别性和可读性,实现了不用考虑信息来源,甚至不用考虑对方使用的软件智能化程度的一种数据格式,轻而易举地完成了不同系统、不同环境、不同平台之间的数据交换。

(3) XML 实现了多样性的数据显示和复杂的数据查询功能

满足不同对象需求的商务数据发送至客户端后,往往需要不同的显示形式,XML 的自身描述性使得实现内容与数据显示的分离变得容易。根据不同对象的实际需求,一系列意义明确、语义简明的标签被写进 XML 文档,根据文档中的标签结合满足任意需求的条件能够进行复杂的信息查询和检索,由于 XML 所具有的智能化和集成化特点,其甚至可以实现系统自动检索信息功能。

(4) XML 实现了对不同来源数据的统一集成和电子商务企业间商务活动的自动化

面对分散于关系数据库、层次数据库、Word 文档、Excel 文档、不同标准语言书写的 Web 文档、NFS(网络文件系统)的企业商务数据,XML 实现了对不同来源数据的集成,为数据的多样检索和集成提供了条件。企业间转向 XML 技术使用十分广泛,即利用 Web 实现了商品信息交换和订单接发,降低了软件成本和通信成本。XML 良好的集成性使企业的电子商品种类、目录及销售状态等信息得以自动更新与交换,目录的自动分类与处理智能化得以实现。

7.4 信息跟踪与定位技术

7.4.1 GIS 技术

地理信息系统(Geographical Information System,GIS)是以地理空间数据库为基

础,在计算机软硬件的支持下,采集、管理、操作、分析、模拟和显示空间相关数据,并采用地理模型分析方法,适时提供多种动态的空间地理信息,为地理研究和地理决策服务而建立起来的计算机技术系统。

GIS已被广泛应用于测绘、地图绘制、资源管理、城乡规划、环境保护、国防、商业、灾难预警等众多领域。它不但可以有效地管理具有空间属性的各种资源环境信息,对资源环境管理和实践模式进行快速、重复的分析测试,便于制定决策、进行标准评价,而且可以有效地对多时期的资源环境状况及生产活动变化进行动态监测和分析比较,还可以将数据收集、空间分析和决策过程综合为一个共同的信息流,明显地提高工作效率和经济效益,为解决资源环境问题及保障可持续发展提供技术支持。

1. 结构

GIS首先是一个信息系统,是一个人机交互系统,主要由计算机硬件系统、计算机软件系统、地理空间数据库、系统用户、GIS标准五部分组成(见图7-7)。GIS以计算机系统(软件和硬件)为平台,以地理空间数据库为管理核心,用户则决定系统的工作方式和信息表示方式。

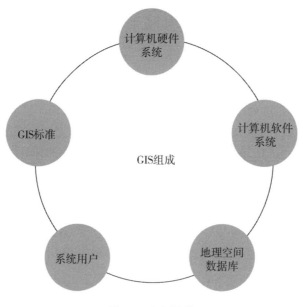

图 7-7　GIS 组成

(1)计算机硬件系统

GIS首先配置有一般信息系统计算机硬件设备,构成GIS计算机硬件系统的基本组件包括输入/输出设备、中央处理单元、存储器(包括主存储器、辅助存储器)等。任务的复杂性和特殊性,所以其必须具有GIS专用设备支持,比如数字化仪、扫描仪、绘图仪等,这些硬件组件协同工作,向计算机系统提供必要的信息,使其完成任务,并保存数据以备现在或将来使用,并将处理得到的结果或信息提供给用户。另外,随着信息技术的不断发展,GIS越来越离不开计算机网络。

(2) 计算机软件系统

GIS 计算机软件系统方面,除配置有一般信息系统软件(如操作系统)、工具软件(如数据库管理系统 DBMS)和通用应用软件(如 Office 等)外,还配置有 GIS 专用软件(如计算机图形软件包、计算机辅助设计、图像处理软件等)。

(3) 地理空间数据库

地理空间数据是指以地球表面空间位置为参照的自然、社会和人文景观数据,可以使用图形、图像、文字、表格和数字等形式,由系统的建立者通过数字化仪、扫描仪、键盘、磁带机或其他通信系统将其输入 GIS。不同用途的 GIS,其地理空间数据的种类、精度都是不同的,但基本上都包括三种互相联系的数据类型。

地理空间数据是 GIS 的核心,也有人称其为 GIS 的"血液"。由于 GIS 的操作对象是地理空间数据,因此设计和使用 GIS 的第一步工作就是根据系统的功能,获取所需的空间数据,并创建地理空间数据库。

(4) 系统用户

如果没有人来管理系统、制订计划,GIS 就没有什么价值。系统用户主要是指 GIS 的系统开发、管理和使用人员。

人是 GIS 的重要构成因素,不同于一幅地图,GIS 是一个动态的地理模型,需要人进行系统组织、管理和维护,进行数据更新、扩充和完善,进行应用程序开发,并灵活采用地理模型提取多种信息,为研究和决策服务。对于合格的系统设计、运行和应用来说,GIS 专业人员是系统应用的关键,而强有力的组织是系统运行的保障。

(5) GIS 标准

GIS 标准可以看作地理数据(或空间数据)的标准,它包括信息技术标准和空间数据标准。空间数据标准是用来定义、描述和处理空间数据的,空间数据转换标准和数字地理空间元数据内容标准都属于空间数据标准。

2. 功能

一个 GIS 应具备五项基本功能,即数据输入、数据编辑、数据存储与管理、空间查询与分析、可视化表达与输出。

(1) 数据输入

数据输入是建立地理空间数据库必需的过程。数据输入功能是将地图数据、统计数据和文字报告数据等输入并转换成计算机可处理的数字形式的各种功能,对多种形式、多种来源的信息,可实现多种方式的数据输入,如图形数据输入、栅格数据输入、GPS 测量数据输入、属性数据输入等。

(2) 数据编辑

数据编辑主要包括图形编辑和属性编辑。图形编辑主要包括拓扑关系建立、图形编辑、图形装饰、图形拼接、投影变换、误差校正等功能。属性编辑主要与数据库管理结合在一起完成。

(3) 数据存储与管理

数据的有效组织与管理，是GIS应用成功与否的关键。数据存储与管理主要提供空间与非空间数据的存储、查询检索、修改和更新功能。矢量数据结构、光栅数据结构、矢栅一体化数据结构是GIS的主要数据结构。数据结构的选择在相当程度上决定了系统所能执行的功能。

(4) 空间查询与分析

空间查询与分析是GIS最重要的功能，是GIS有别于其他信息系统的本质特征，具体又分为空间检索、空间拓扑叠加分析、空间模型分析三个层次的内容。

(5) 可视化表达与输出

中间处理过程和最终结果的可视化表达是GIS的重要功能之一，通常以人机交互方式来选择显示的对象与形式。对于图形数据，根据要素的信息密集程度，可选择放大或缩小显示。GIS不仅可以输出全要素地图，还可以根据用户需要，分层输出各种专题图，以及各类统计图、图表和数据等。

除上述五大基本功能外，GIS还配置有用户接口模块，用于接收用户的指令、程序或数据，是用户与系统交互的工具，主要包括用户界面、程序接口与数据接口。由于GIS功能复杂，且用户又往往是非计算机专业人员，用户界面是GIS应用的重要组成部分，它使GIS成为人机交互的开放式系统。

3. GIS在电子商务中的应用

GIS在电子商务中的应用具体包括：

(1) 显示与查询

利用GIS和GPS可以实时显示出车辆等的实际位置并任意放大、缩小、还原、切换，也可以随目标移动，使目标始终保持在屏幕上，从而对重要车辆和货物进行跟踪。通过对车辆进行实时定位、跟踪、报警、通信等，企业能够掌握车辆基本信息，对车辆进行远程管理，有效地避免车辆的空载现象；同时，客户也能够通过互联网，了解自己的货物在运输过程中的细节情况。

(2) 统计与分析

GIS、GPS和无线通信技术的有效结合，再辅以车辆路线模型、最短路径模型、网络电子商务模型、分配集合模型和设施定位模型等，能够建立起功能强大的电子商务分析与统计系统，使电子商务变得实时且成本最优。用户可以借助系统实现客户信息统计，并进行销售情况查询分析、专题图分析、电子商务路线分析、配送范围查询分析等。

(3) 电子商务过程模拟与评价

电子商务借助GIS，可以将各种电子商务数据装入可视化三维模型，经过阴影处理、光照模型技术处理后，形成真三维数据场，并模拟电子商务的实施过程；同时，由于GIS中融合了各种电子商务数据库、模型库和方法库，能为电子商务过程评价提供全面的数据支持和模型信息，可以快速、准确地得到电子商务的过程评价结果。

(4) 物流管理

基于 GIS 的物流信息系统是指在 GIS 技术支撑下的物流信息系统,是通过建立完善的数据采集、分发、共享、处理、分析、存储机制构筑的物流操作平台。基于 GIS 的物流信息系统支持多种内容、类型、格式的数据和模型,能为不同用户提供不同的用户视图,具有针对物流管理的地理分析和空间分析功能,支持模型分析并辅助决策。将 GIS 应用于物流,能从根本上改变传统物流的管理方式和分析模式,具有广阔的应用前景。

(5) 电子商务监控

通过对电子商务中运输设备等的导航跟踪,能使流动在不同地方的运输设备变得透明并对其加以控制。同时,结合 GIS、GPS 和无线通信技术,能够有效地监控司机的行为,如在电子商务企业中,司机为了逃避过桥费而绕远路延误时间、私自拉货、途中私自停留等现象司空见惯,传统的电子商务系统不能有效地监控司机的行为,而基于 GIS 的电子商务系统在对车辆监控的同时也规范了司机的行为,从而提高车辆运作效率,降低物流成本。

7.4.2 GPS 技术

1. 概念

全球定位系统(Global Positioning System,GPS)又称全球卫星定位系统,是一个中距离圆形轨道卫星导航系统。它可以为地球表面绝大部分地区(98%)提供准确的定位、测速和高精度的时间标准。GPS 由美国国防部研制和维护,可满足位于全球任何地方或近地空间的军事用户连续、精确地确定三维位置、三维运动和时间的需要。该系统包括太空中的 24 颗 GPS 卫星,以及地面上的 1 个主控站、4 个数据注入站和 6 个监测站及作为用户端的 GPS 接收机。最少只需其中 3 颗卫星,GPS 就能迅速确定用户端在地球上所处的位置及海拔高度。GPS 所能接收的卫星数越多,解码出来的位置就越精确。

2. 结构

GPS 有三个组成部分,分别为由 GPS 卫星组成的空间部分,由若干地面站组成的地面监控部分,以接收机为主体的用户设备部分。三者各具独立的功能和作用,但同时又有机地配合在一起、缺一不可。

(1) 空间部分

GPS 卫星星座由 24 颗卫星组成,其中 21 颗为工作卫星,3 颗为备用卫星。24 颗卫星均匀地分布在 6 个轨道平面上,即每个轨道平面上有 4 颗卫星。

(2) 地面监控部分

地面监控部分主要由 1 个主控站、4 个注入站和 6 个监测站组成。

(3) 用户设备部分

用户设备部分即 GPS 接收机,其主要功能是能够捕获到按一定卫星高度截止角所选择的待测卫星,并跟踪这些卫星的运行。当接收机捕获到跟踪的卫星信号后,即可测量出接收天线至卫星的伪距离和距离的变化率,解调出卫星轨道参数等数据。根据这些数据,接收机中的微处理计算机就可按定位解算方法进行定位计算,计算出用户所在地理位置的经纬度、高度、速度、时间等。接收机硬件和机内软件以及 GPS 数据的后处理软件包构成完整的 GPS 用户设备。

3. GPS 在物流中的应用

GPS 广泛应用于许多领域。随着卫星定位系统的不断改进,硬件设备和软件系统的不断完善,以及车载终端设备的日益丰富,GPS 在物流中的应用也更加广泛,如运输路线的选择、仓库位置的选择、仓库容量的设置、合理装卸的策略、运输车辆的调度和投递路线的选择等,都可以运用 GPS 实现车辆实时跟踪、路线规划与导航、信息查询、话务指挥、紧急援助等,从而进行有效的物流管理和决策分析。

(1) 车辆实时跟踪

GPS、GIS、无线通信技术及计算机车辆管理信息系统相结合,可以实现车辆实时跟踪功能,还能够在电子地图上实时显示车辆所在位置,并进行放大、缩小、还原、地图切换等操作,从而对重要的车辆和货物进行跟踪。通过车辆跟踪功能,企业能够掌握车辆基本信息,对车辆进行远程管理,有效地避免车辆的空载现象;同时,客户也能够通过互联网,了解自己的货物在运输过程中的细节情况。

(2) 路线规划与导航

企业物流管理系统与 GPS、GIS 技术相结合,可以进行自动路线规划,即由驾驶员指定起点和终点,由计算机软件按照要求自动设计出最佳行驶路线,包括行驶时间最短路线、最简单路线、通过高速公路路段次数最少路线等;如果驾驶员没有按照指定的路线行驶,则其行驶信息将会以偏航报警的方式显示在计算机屏幕上。

(3) 信息查询

客户能够在电子地图上根据需要对某些目标进行查询,查询结果能够以文字、语音或者图像的形式输出,并能够在电子地图上显示被查询目标的位置。另外,监测中心可以根据监测控制台对区域内任意目标的所在位置进行查询,车辆信息能够很方便地显示在监控中心的电子地图上。

(4) 话务指挥

指挥中心可以监测区域内车辆的运行状况,合理调度被监控车辆;此外,指挥中心可以随时与被跟踪目标通话,实行有效管理。

(5) 紧急援助

通过卫星定位和监控功能,相关部门可以对遇有险情或者发生事故的车辆进行紧急援助,监测控制台的电子地图可显示警报目标和求助信息,并以声、光报警方式提醒值班人员进行快速应急处理。

7.4.3 北斗卫星导航系统

1. 概述

北斗卫星导航系统(BeiDou Navigation Satellite System,BDS)是我国自主研制、独

立运行的全球卫星导航系统。系统建设目标是：建成独立自主、开放兼容、技术先进、稳定可靠的覆盖全球的北斗卫星导航系统，促进卫星导航产业链形成，形成完善的国家卫星导航应用产业支撑、推广和保障体系，推动卫星导航在国民经济社会各行业的广泛应用。

北斗卫星导航系统由空间段、地面段和用户段三部分组成。空间段包括5颗静止轨道卫星和30颗非静止轨道卫星，地面段包括主控站、注入站和监测站等若干个地面站，用户段包括北斗用户终端以及与其他卫星导航系统兼容的终端。

北斗卫星导航系统致力于向全球用户提供高质量的定位、导航和授时服务，包括开放服务和授权服务两种方式。开放服务是向全球免费提供定位、测速和授时服务，定位精度10米，测速精度0.2米/秒，授时精度10纳秒。授权服务是为有高精度、高可靠卫星导航需求的用户，提供定位、测速、授时和通信服务以及系统完好性信息。我国北斗卫星导航系统示意图如图7-8所示。

图7-8 我国北斗卫星导航系统

2. 发展步骤

按照"质量、安全、应用、效益"的总要求，坚持"自主、开放、兼容、渐进"的发展原则，遵循"先区域、后全球"的总体思路，北斗卫星导航系统正在按照"三步走"的发展战略稳步推进。发展步骤如下：

第一步，建设北斗一号系统，也称北斗卫星导航试验系统。1994年，启动北斗一号系统工程建设；2000年，发射2颗地球静止轨道卫星，建成系统并投入使用，采用有源定位体制，为中国用户提供定位、授时、广域差分和短报文通信服务；2003年，发射第三颗地球静止轨道卫星，进一步增强系统性能。

第二步，建设北斗二号系统。2004年，启动北斗二号系统工程建设；2012年年底，完成14颗卫星（5颗地球静止轨道卫星、5颗倾斜地球同步轨道卫星和4颗中圆地球轨道卫星）发射组网。北斗二号系统在兼容北斗一号技术体制基础上，增加无源定位体制，为亚太地区用户提供定位、测速、授时、广域差分和短报文通信服务。

第三步，建设北斗全球系统。2009年，启动北斗全球系统建设，继承北斗有源服务和无源服务两种技术体制；2018年，面向"一带一路"沿线及周边国家提供基本服务；2020年前后，完成35颗卫星发射组网，为全球用户提供服务。

3. 主要功能

相较于美国的GPS,北斗卫星导航系统是双向的,既可定位又可通信,目前在我国及周边地区,北斗卫星导航系统服务性能与GPS相当,定位精度可达厘米级和毫米级。相较于GPS,北斗卫星导航系统融合了导航与通信能力,主要具有快速定位、短报文通信、精确授时三大功能。

(1) 快速定位

北斗卫星导航系统可为服务区域内用户提供全天候、高精度、快速实时定位服务,定位精度为20—100米。

(2) 短报文通信

北斗卫星导航系统用户终端具有双向报文通信功能,用户可以一次传送40—60个汉字的短报文信息。

(3) 精确授时

北斗卫星导航系统具有单向和双向两种授时功能,使用时根据不同的精度要求,利用授时终端完成与北斗卫星导航系统之间的时间和频率同步,提供100纳秒(单向授时)和20纳秒(双向授时)的时间同步精度。

4. 应用领域

在稳步推进北斗卫星导航系统建设的同时,我国高度重视北斗卫星导航系统的应用推广和产业化工作,积极完善产业支撑、推广和保障体系,加强市场开拓和推广应用,强化产业支撑和应用基础建设,为北斗卫星导航系统充分地发挥应用效益、更好地为经济社会发展服务奠定基础。北斗卫星导航系统应用较为广泛的领域如下:

(1) 气象应用

北斗卫星导航系统气象应用的开展,可以促进我国天气分析和数值天气预报、气候变化检测和预测,也可以提高空间天气预警业务水平,提升我国气象防灾减灾的能力。除此之外,北斗卫星导航系统的气象应用对推动北斗卫星导航系统创新应用和产业拓展也具有重要的影响。

(2) 道路交通管理

北斗卫星导航系统将有利于减缓交通阻塞,提升道路交通管理水平。在车辆上安装卫星导航接收机和数据发射机,车辆的位置信息能够在几秒内自动转发到中心站。这些位置信息可用于道路交通管理。

(3) 铁路智能交通

北斗卫星导航系统将促进传统运输方式实现升级与转型。例如,在铁路运输领域,安装卫星导航终端设备可极大缩短列车行驶间隔时间,降低运输成本,有效提高运输效率。未来,北斗卫星导航系统将提供高可靠、高精度的定位、测速、授时服务,促进铁路交通的现代化,实现传统调度向智能交通管理的转型。

(4) 海运和河运

海运和河运是全世界使用最广泛的运输方式之一,也是北斗卫星导航系统最早应用的领域之一。在世界各大洋和江河湖泊上行驶的各类船舶大多安装了卫星导航终端设备,从而使海运和河运更为高效、安全。北斗卫星导航系统将在任何天气条件下,为水上航行的船舶提供导航定位和安全保障。同时,北斗卫星导航系统特有的短报文通信功能将支持各种新型服务的开发。

(5)航空运输

当飞机着陆时,最基本的要求是确保飞机相互间的安全距离。利用卫星导航精确定位与测速的优势,可以实时确定飞机的瞬时位置,有效缩小飞机之间的安全距离,甚至在大雾天气情况下实现自动盲降,从而极大地提高飞行安全性和机场运营效率。将北斗卫星导航系统与其他系统有效结合,将为航空运输提供更多的安全保障。

(6)应急救援

北斗卫星导航系统已广泛应用于沙漠、山区、海洋等人烟稀少地区的搜索救援。一旦发生地震、洪涝等重大灾害,救援成功的关键就在于及时了解灾情并迅速到达救援地点。北斗卫星导航系统除导航定位外,还具备短报文通信功能,通过卫星导航终端设备可以及时报告所处位置和受灾情况,有效缩短救援搜寻时间,提高抢险救灾时效,大大减少人民生命财产损失。

(7)电子商务

自北斗卫星导航系统电子商务物流服务应用推广以来,卫星导航逐步与电子商务物流配送领域展开合作,这表明北斗卫星导航系统在民用化推广中攻克了物流配送这一新的市场领域,有效推动了北斗卫星导航系统个人位置服务业务的市场化进程。

北斗卫星导航系统的应用已渗透到人类生活的各个方面,广泛应用于陆、海、空所有需要位置、速度和时间信息的各类活动,极大地改变了人类的生产和生活方式。

本章小结

随着电子商务的不断发展,电子商务物流信息技术成为物流技术中发展最快的领域,不仅产生了一系列新的技术及设备,还产生了新的物流解决方案,推进了物流的变革,提高了物流活动的效率。本章以送货机器人为引导案例,介绍了电子商务物流信息技术,讲解了各类物流信息技术的概念、类型、功能及其应用。其中,重点介绍了几种被广泛应用于电子商务领域中的物流信息技术,包括以条码技术、射频识别技术等为代表的自动识别技术,以 EDI 技术为代表的数据交换技术,以 GIS、GPS 和北斗卫星导航系统为代表的信息跟踪与定位技术。

思考题

1. 简述自动识别技术的种类和特点。
2. 简述 EDI 的作用和特点,并说明 EDI 软件系统结构。
3. 简述 GIS 在电子商务中的应用。
4. 试述 GPS 与北斗卫星导航系统的区别和联系。

第 8 章

电子商务物流配送管理

教学目的

- 配送的概念及分类
- 配送的新发展模式
- 配送中心的概念、作用及功能
- 配送网络布局的目标、步骤、原则、分类和方法
- 电子商务物流配送系统

配送是现代物流的一项重要内容。它是现代市场经济体制、现代科学技术和现代物流思想的综合产物。现代企业界普遍认识到配送是电子商务经营活动的重要组成部分,它能给企业创造出更多的效益,是企业增强自身竞争力的重要手段。本章介绍了配送的基本知识,分析了配送中心的基本概念、作用及功能,探讨了物流配送优化的相关理论和方法,并详细介绍了电子商务物流配送系统。

电子商务物流管理与应用

引导案例

盒马鲜生：30分钟配送到家

新零售给一些产业带来了挑战，也给一些产业带来了机遇。基于新零售而生，线上线下联动，盒马鲜生不是超市，不是便利店，不是餐饮店，更不是菜市场，这个被业内人士评为"四不像"的东西，正是阿里巴巴首个规模化落地的新零售产物。作为阿里巴巴潜心孕育两年的新零售平台，盒马鲜生（以下简称"盒马"）已在上海、北京、宁波开了多家店，并以较快的速度继续扩张。天猫新零售工程部公关专家裔云在接受冷冻食品传媒记者采访时表示，更愿意把盒马看作一个由数据和技术驱动的新零售平台。从消费者感知角度来看，"3公里内30分钟必达"基本代表着目前最快的水平。为何如此设置？裔云表示，30分钟是一个人生活当中随机时间的极限。因为人们对30分钟后的时间都有相应的规划，所以30分钟内送到家是最佳选择。在阿里巴巴CEO（首席执行官）、"五新执行委员会"主席张勇看来，30分钟是一种极致的服务体验。盒马在城市内更密集地布局后，能够为更多的"盒区"居民带去最快捷的服务。盒马的30分钟是如何做到的？"简单来说，盒马综合运用了大数据、移动互联、智能物联网、自动化等技术及先进设备，实现了人、货、场三者之间的最优匹配。从供应链、仓储到配送，盒马都有自己完整的物流体系，大大提升了物流效率。"裔云总结道。首先，拣货快。传统仓库是一个人把订单上的产品拣完，动线长，而盒马是分布式拣货，用算法把订单打散，不同拣货员就近拣货。盒马店内所有商品都有电子价签和专属条码，拣货员使用RF枪（扫描枪），在拣货、合单、发货时可以做到完全准确。每个订单的拣货环节，时间严格限制在3分钟之内。其次，流转快。与其他超市不同的是，盒马超市上方随处可见的传送链和购物袋组成了独具一格的传输系统，拣好的商品通过自动传输带，快速流转到后仓打包，这个时间也会控制在3分钟之内。再次，包装快。盒马后仓是一个由复杂大数据算法和各种人工智能设备构成的"全新世界"，根据订单商品、相近预约时间、相近消费者位置、相似配送员路径，验算后将商品自动合单，帮助打包员快速打包。最后，配送快。经过前面三个流程的处理后，订单由垂直升降系统配送至物流中心发货。"配送员有保温保湿袋，支持热链、冷链和货物配送，温度从-18℃—60℃。"裔云介绍，"留给配送员的路上时间是20分钟，这足够他们在3公里范围内将商品配送到家。"那么，究竟什么是配送？配送的功能又是什么？怎样可以合理配送？配送中要考虑哪些问题？这些正是我们接下来要学习的内容。

资料来源：冷冻食品观察. 盒马鲜生：30分钟配送到家打造差异化产品成新零售代名词[EB/OL]. (2017-11-08)[2018-03-20]. http://www.chinairn.com/news/20171108/154652868.shtml

8.1 配送基本知识

8.1.1 配送的概念

1. 概念

"配送"一词源于英文"Delivery"，含义是运送、输送和交货。

国家标准《物流术语》将配送定义为：在经济合理区域范围内，根据用户要求，对物品进行拣选、加工、包装、分割、组配等作业，并按时送达指定地点的物流活动。

配送主要有两方面的含义：一是配货，即把用户所需要的多种不同的商品组合在一起；二是送货，即把用户所需要的商品送到用户手中。它将"配"和"送"有机结合起来，配送是一种特殊的、综合的物流活动方式，是商流与物流相结合，包含物流若干功能要素的一种物流活动方式。

电子商务中的物流配送，是指物流配送企业采用网络化的计算机技术和现代化的硬件设备、软件系统及先进的管理手段，针对社会需求，严格、守信用地按照用户的订货要求，进行一系列分类、编配、整理、分工、配货等理货工作，定时、定点、定量地交给没有范围限制的各类用户，满足其对商品的需求，即信息化、现代化、社会化的物流配送，也可以说是一种新型的物流配送。电子商务物流配送定位在为电子商务用户提供服务，根据电子商务的特点，对整个物流配送体系实行统一的信息管理和调度，按照用户订货要求，在物流基地进行理货工作，并将配好的货物送交收货人的一种物流活动方式。这一先进的、优化的物流配送方式对流通企业提高服务质量、降低物流成本、优化社会库存配置，从而提高企业的经济效益及社会效益具有重要意义。配送作为现代物流的一种有效的组织方式，代表了现代市场营销的主要方向，因而得以迅速发展。

2. 概念辨析

(1) 配送和送货的区别

配送是随着市场的出现而诞生的一种必然的市场行为，它是生产和流通发展到一定阶段的必然产物，配送不是一般概念的送货，也不是生产企业推销产品时直接从事的销售性送货，而是从物流节点至用户的一种特殊送货形式。它与送货之间的差异表现在以下几个方面：

① 目的不同。送货只是推销的一种手段，目的仅在于多销售一些产品。配送则是社会化大生产、专业化分工的产物，它是流通领域内物流专业化分工的必然产物。因此，如果说送货是一种促销服务方式的话，配送则是一种体制形式。

② 内容不同。送货一般是有什么送什么，对用户来说，只能满足其部分需要。而配送则是用户需要什么送什么，它不单是送货，还包括分货、配货、配装等工作。配送是难度很大的工作，必须有发达的商品经济和现代化的经营水平做保证。在商品经济不发达的国家或市场经济的初级阶段，很难实现大范围、高效率的配送。送货与配送有着时代的区别。

③ 发展程度不同。配送是一种现代化的物流活动方式，它是送货、分货、配货等活动的有机结合体，同时还与订货系统紧密联系。配送必须依赖信息的处理，使整个系统得以建立和完善，这是送货所不能比拟的。

④ 装备不同。配送全过程中的现代化技术和装备，使得配送在规模、水平、效率、速度、质量等方面远远超过传统的送货形式。在配送活动中，大量采用各种传输设备和识码、拣选等机电装备，很像工业生产中广泛应用的流水线，使流通工作的一部分工厂化。

所以，配送是技术进步的产物。

（2）配送和运输、输送的区别

配送不是单纯的运输或输送，而是运输与其他活动共同构成的有机体。配送中所包含的那一部分运输活动在整个输送过程中处于二次输送、支线输送、末端输送的位置，其起止点是物流据点至用户。

（3）配送和一般概念的供应或供给的区别

配送不是广义概念的组织物资、订货、签约、结算、进货及处理分配物资的供应，而是以供应者送货到户的形式进行供应。从服务方式来看，配送是一种"门到门"的服务，可以将货物从物流据点一直送到用户的仓库、营业所、车间乃至生产线的起点。

（4）配送和运送、发放、投送的区别

配送是在全面配货的基础上，充分按照用户的订货要求，包括种类、数量、时间等方面的要求所进行的运送。因此，除了各种运、送活动，配送还要从事大量分货、配货、配装等工作，是配和送的有机结合形式。

8.1.2 配送的分类

经过较长时间的发展，国内外出现了多种形式的配送，以满足不同产品、不同企业、不同流通环境的要求，从而形成了不同的配送类型，具体如表 8-1 所示。下面分别叙述各种配送类型的特点。

表 8-1 配送类型

分类标准	具体内容
配送机构	• 配送中心配送 • 仓库配送 • 商店配送 • 生产企业配送
配送商品种类及数量	• 少品种、大批量配送 • 多品种、少批量配送 • 配套(成套)配送
配送时间及数量	• 定时配送 • 定量配送 • 定时、定量配送 • 定时、定路线配送 • 即时配送
配送加工程度	• 加工配送 • 集疏配送
配送组织形式	• 集中配送 • 共同配送 • 分散配送

1. 按配送机构不同分类

按照配送机构的不同,可以把配送分为以下几种形式:

(1) 配送中心配送

这种配送形式的组织者是专职从事配送业务的配送中心。配送中心专业性强,和客户有固定的配送关系,一般实行计划配送。需配送的商品通常有一定的库存量,一般情况下很少超越自己的经营范围。配送中心的设施及工艺流程是根据配送需要专门设计的,所以其配送能力强、配送品种多、配送数量大,可以承担企业主要物资的配送及实行补充性配送等,是配送的主要形式。

配送中心的配送覆盖面宽,是一种大规模的配送形式,必须有配套的大规模实施配送的设施,如配送中心建筑、车辆、路线等,一旦建成就很难改变,灵活机动性较差,投资较大,因此这种配送形式有一定的局限性。

(2) 仓库配送

这种配送形式是以一般仓库为据点进行配送。它可以把仓库完全改造成配送中心,也可以是在保持仓库原功能的前提下,以仓库原功能为主,再增加一部分配送功能。由于仓库并不是按照配送中心专门设计和建立的,一般来讲,仓库配送的规模较小、专业性较差,但是可以利用原仓库的储存设施及能力、收发货物场地、交通运输路线等,因此既是开展中等规模配送可以选择的形式,又是较为容易利用现有条件而不需大量投资的形式。

(3) 商店配送

这种配送形式的组织者是商业或物资的零售网点,这些网点主要承担商品的零售业务,一般来讲规模不大,但经营品种比较齐全。除日常经营的商品零售业务外,这种配送形式还可以根据用户的要求,将商店经营的品种配齐,或代用户外订外购一部分本商店不经营的商品,与商店经营的品种一起配齐运送给客户。

这种配送形式的组织者实力有限,往往只是零售商品的小量配送,所配售的商品种类繁多,但是用户的需求量并不大,甚至于某些商品只是偶尔需要,很难与大型配送中心建立计划配送关系,所以常常利用小零售网点从事此项工作。

由于商业及物资零售网点数量较多,配送半径较小,因此比较灵活机动,可承担生产企业非主要生产物资的配送以及对消费者个人的配送。可以说,这种配送是配送中心配送的辅助及补充形式。商店配送有两种主要形式:

① 兼营配送形式。进行一般销售的同时,商店也兼行配送的职能。商店的备货可用于日常销售及配送,因此有较强的机动性,可以使日常销售与配送相结合,作为相互补充的方式。这种配送形式,在铺面一定的情况下,往往可以取得更多的销售额。

② 专营配送形式。商店不进行零售,而是专门进行配送。一般情况下,如果商店位置条件不好,不适合门市销售,而且又具有某些方面的经营优势及渠道优势,则可采用这种形式。

(4) 生产企业配送

这种配送形式的组织者是生产企业,尤其是进行多品种生产的生产企业。这些企业可以直接从本企业开始进行配送,而不需要再将产品发送到配送中心进行配送。

由于避免了一次物流中转,因此生产企业配送具有一定的优势。但是由于生产企业,尤其是现代生产企业,往往进行大批量低成本生产,产品品种较为单一,无法像配送中心那样依靠产品凑整运输取得优势。实际上,生产企业配送不是配送的主体,它只是在地方性较强的生产企业中应用较多,比如就地生产、就地消费的食品、饮料和百货等。此外,在生产资料方面,某些不适合中转的化工产品及地方建材也常常采用这种配送形式。

2. 按配送商品种类及数量不同分类

按照配送商品种类及数量的不同,可以把配送分为以下几种形式:

(1)少品种、大批量配送

当客户所需要的商品品种较少,或对某个品种的商品需要量较大、较稳定时,可以采用这种配送形式。这种配送形式往往由于商品配送量大而不必与其他商品配装,可使用整体运输,多由生产企业或者专业性很强的配送中心直接送达客户;由于配送量大、商品品种较少,可以提高车辆利用率,同时也使配送组织内部的工作简化,因此配送成本较低。

(2)多品种、少批量配送

现代企业生产中,除需要少数几种主要物资外,大部分属于次要物资,物资品种数量多,但是每一品种的需求量不大,如果采取直接运送或大批量配送的形式,则由于一次进货批量大,必然造成客户库存增加等问题。类似的情况在向零售店补充一般生活消费品的配送中心也存在。以上这些情况,适合采用多品种、少批量的配送形式。

多品种、少批量配送是根据客户的要求,将所需要的各种物品(每种物品的需要量不大)配备齐全,凑整装车后由配送据点送达客户。这种配送作业水平要求高,配送中心设备要求复杂,配送送货计划难度大,因此需要较高水平的组织协调和配合。在实际中,多品种、少批量配送往往伴随多用户、多批次的特点,配送频率往往较高。这种配送形式也与现代社会中的消费多样化、需求多样化等新观念相符合,因此是许多发达国家推崇的形式。

(3)配套(成套)配送

这种配送形式是为了满足企业生产的需要,依照企业生产的进度,将装配的各种零配件、部件、成套设备定时送达企业,企业随即可将这些成套的零部件送上生产线进行组装,生产出产品。在这种配送形式中,配送企业完成了生产企业大部分的供应工作,从而使生产企业专门致力于生产,这与多品种、少批量、多批次配送形式效果相同。

3. 按配送时间及数量不同分类

按照配送时间及数量的不同,可以把配送分为以下几种形式:

(1)定时配送

定时配送是指按规定的时间间隔进行配送,比如数天或数小时一次等,而且每次配送的品种及数量可以根据计划实行,也可以在配送之前以商定的联络方式(比如电话、计算机终端输入等)通知配送的品种及数量。

由于这种配送形式时间固定、易于安排工作计划、易于计划使用车辆,因此对于客户来讲,也易于安排接货的力量(如人员、设备等)。但是,由于配送物品种类、数量变化较大,配货、装货难度较大,因此当配送数量变化较大时,也会使配送运力安排出现困难。

(2)定量配送

定量配送是指按照规定的批量,在一个指定的时间范围内进行配送。这种配送形式数量固定,备货工作较为简单,可以根据托盘、集装箱及车辆的装载能力规定配送的定量,能够有效利用托盘、集装箱等集装方式,也可以做到整车配送,配送效率较高。由于时间不严格限定,因此可以将不同客户所需的物品凑整装车后配送,运力利用也较好。对于客户来讲,每次接货都处理同等数量的货物,有利于人力、物力的准备工作。

(3)定时、定量配送

定时、定量配送是指按照规定的时间和规定的商品品种及数量进行配送。这种配送形式结合了定时配送和定量配送的特点,对配送企业的服务要求比较严格,管理和作业难度较大,由于其配送的计划性强、准确性高,因此相对来说比较适合生产和销售稳定、产品批量较大的生产制造企业或大型连锁商场的部分商品配送。

(4)定时、定路线配送

定时、定路线配送是指通过对客户分布状况的分析,设计出合理的运输路线,在约定的运输路线上,按照运行时刻表进行配送。这种配送形式一般由客户事先提出商品需求计划,然后按规定的时间在确定的站点接收商品,易于有计划地安排运送和接货工作,比较适合客户集中的地区。

(5)即时配送

即时配送是指根据客户提出的时间要求、商品品种和数量要求及时地将商品送达指定的地点。这种配送形式可以满足客户的临时性急需,对配送速度、时间要求严格,因此通常只有配送设施完备,具有较高管理、服务水平及作业组织能力和应变能力的专业化配送机构才能较广泛地开展即时配送业务。完善和稳定的即时配送服务可以使客户保持较低的库存水平,真正实现"准时制"生产和经营。

4. 按配送加工程度不同分类

按照配送加工程度的不同,可以把配送分为以下几种形式:

(1)加工配送

加工配送是一种和流通加工相结合的配送形式,它在配送节点中设置流通加工环节,或是将流通加工中心与配送中心建立在一起。当社会上现成产品不能满足客户需要,或者客户根据其对工艺的要求需要使用经过某种初加工的产品时,可以对产品加工后进行分拣、配送,再送货到户。流通加工与配送的结合,使流通加工更具有针对性,配送企业不但可以依靠送货服务、销售经营取得收益,而且可以通过加工增值取得收益。

(2)集疏配送

集疏配送是一种只改变产品数量组成形态而不改变产品本身物理、化学性态的与干线运输相配合的配送形式。例如,大批量进货后以小批量、多批次发货,零星集货后以一定批量送货等。

5. 按配送组织形式不同分类

按照配送组织形式的不同,可以把配送分为以下几种形式:

(1) 集中配送

集中配送是指由专门从事配送业务的配送中心对多家客户进行配送。其配送中心规模大、专业性强，可与客户确定固定的配送关系，实行计划配送。集中配送的品种多、数量大，可以同时对同一线路中的几家客户进行配送。集中配送的经济效益明显，是配送的主要形式。

(2) 共同配送

日本是较早开展共同配送的国家之一，关于共同配送，日本有两种较为常见的定义。在日本工业标准中，共同配送"是为提高物流效率，对许多企业一起进行配送"。这个定义较为简单，强调了共同配送的目的，但没有深入其本质。日本运输省也对共同配送进行了界定，认为共同配送是指"在城市里，为使物流合理化，在几个有定期运货需求的企业之间，由一个卡车运输者，使用一个运输系统进行的配送"。

国家标准《物流术语》将共同配送定义为：由多个企业联合组织实施的配送活动。这种配送有两种情况：一种是由中小型生产企业之间分工合作实行共同配送，另一种是由几个中小型配送中心之间实行共同配送。前者是同一行业或同一地区的中小型生产企业在进行运输数量少、效率低的单独配送的情况下，联合以实行共同配送。这样不仅有利于减少企业的配送费用、弥补企业或地区配送能力的不足，而且有利于缓和城市交通拥挤的状况，提高配送车辆的利用率。后者是针对某地区的客户所需物资数量较少、配送车辆利用率低等问题，几个中小型配送中心将客户所需的物资集中起来，共同制订配送计划，实行共同配送。

(3) 分散配送

分散配送针对少量、零星货物或临时需要货物的配送业务，一般由商业和物资零售网点进行。由于商业和物资零售网点具有分布广、数量多、服务面广的特点，因此它们比较适合开展距离近、品种繁多而用量小的货物的配送。

8.1.3 配送的流程

配送的一般流程为：备货—存储—分拣—配货—补货—配装—送货—回程，现将每个流程的作业内容分述如下：

(1) 备货

一般备货包括客户需求测定、筹集货源、购货或订货、集货与货物入库有关的数量、质量检查、交接和业务结算等工作。

(2) 存储

存储的主要任务是把将来要使用或要出货的物料予以保存，并且对库存进行经常性核检，存储时要注意充分利用空间，还要注意库存的管理。配送存储阶段的库存管理主要包括进货入库作业管理、在库保管作业管理和库存控制三个部分。

(3) 分拣

分拣是配送不同于其他物流活动形式而特有的业务流程，也是确保配送成功的重要一步。分拣作业的目的在于正确且迅速地集合客户所订购的商品。

(4) 配货

配货是指根据每个客户对商品种类、规格型号、数量、时间及地点等不同的要求，按照合理的配送路径和装车要求对商品进行组合配置。

(5) 补货

补货是指将货物从保管区域移动到拣货区域，并做相应的信息处理。

(6) 配装

当单个客户配送数量不能达到车辆的有效载运负荷时，就要集中不同客户的配送货物进行搭配装载，以充分利用运能、运力。配装是现代配送不同于以往送货活动的重要区别。

(7) 送货

送货是指将拣取分类完成的货物做好出货检查，装入合适的容器，做好标识，根据车辆调度或客户要求等指示将货物运至出货准备区，然后装车配送至客户指定地点。

(8) 回程

一般情况下，车辆回程往往是空驶，这也是影响配送成本的主要因素之一。在进行稳定的计划配送时，回程车辆可将包装物、废弃物、次品运回集中处理，或者将客户的产品运回配送中心作为配送资源，或者在配送服务对象所在地设立返程货物联络点，顺路带回货物，尽量减少空车返回次数。

8.1.4 现代配送的特点与新发展模式

1. 现代配送的特点

与传统配送相比，现代配送具有以下几方面的特点：

(1) 虚拟性

配送的虚拟性源于网络所具有的虚拟性，是指在信息网络构筑的虚拟空间进行的配送活动。通过对配送活动的现实虚拟，生成各种虚拟的环境，作用于人的视觉和听觉等，人们不仅可以看到配送活动的图像，还可以进行配送活动的操作演示，产生身临其境的感觉。虚拟现实是一种可创建和体验虚拟世界的计算机系统，企业利用虚拟现实系统有如下好处：一是可以建立配送中心的订货虚拟系统，科学合理地确定库存的品种和规模；二是可以建立库存信息系统，规划库存的利用效率；三是可以建立虚拟配货装配系统，以科学地进行合理的配货与装配、合理的人力分布、合理的装卸和设备分配，选择合理的运输工具；四是可以建立虚拟送货系统，科学合理地确定运输路线和时间等。此外，网络经济的虚拟性特点可使企业有效地对配送活动进行实时监控，保证配送环节的合理衔接，提高配送效率。

(2) 高效性

通过信息系统可以提高配送企业的配送效率。配送企业可以根据用户的需求情况，通过信息系统调整库存数量和结构，调节订货数量和结构，进而调整配送作业活动；而对于一些非程序化的活动，可以通过信息系统进行提示或预报，调节配送，提高配送效率。

配送企业可以通过一套有效的计算机辅助决策系统，将一些程序化的活动通过计算机辅助决策系统来完成,提高决策效率。

此外,基于网络的信息系统也可以迅速有效地完成信息的交流、单证的传输,并提高配送过程中的支付效率。

(3)低成本性

现代配送不仅使配送双方节约了成本,而且降低了整个社会的配送成本。首先,现代配送降低了配送双方的库存成本;其次,现代配送降低了配送双方的销售成本;再次,现代配送降低了配送双方的结算成本及单证传输成本;最后,现代配送降低了租金成本。

(4)个性化

个性化特点是指现代配送能够根据用户的不同需求提供一对一的配送服务,更好地满足不同用户的配送需求。个性化服务在配送中的应用、推广和发展,将开创配送服务的新时代。它不仅使普通的大宗配送业务得到发展,而且能够适应用户需求多样化的发展趋势和潮流。

个性化服务主要是通过共同筛选技术和神经网络匹配技术实现的。共同筛选技术可以对用户需求配送习惯、喜好的配送方式等与其他用户需求配送习惯、喜好的配送方式等加以比较,以确立用户下一次对配送的具体要求。神经网络匹配技术模仿人的大脑程序,识别复杂数据中的隐含模式,使提供配送服务者能够迅速地与每一位用户通信和交流,从而满足用户提出的特殊配送要求。

2. 现代配送新发展模式

(1)零库存配送

① 零库存的概念。零库存是实现库存合理化的一种重要形态,是在物流活动合理化背景下提出并着手解决的一个理论问题和实际问题,其目的是减少社会劳动占用量(主要表现为资金占用量)和提高物流活动的经济效益。如果我们把零库存仅仅看成仓库中存储物的数量变化或数量变化趋势而忽视其他物质要素的变化,上述目的就很难实现。从物流活动合理化的角度研究问题,零库存的概念应当包含这样两层意义:其一,存储物的数量趋于零或等于零(近乎无存储物);其二,库存设施、设备的数量及库存劳动耗费同时趋于零或等于零(不存在库存活动)。而后一种意义上的零库存,实际上是社会库存结构的合理调整和库存集中化的表现,就经济意义而言,它并不亚于通常意义上的仓库库存物资数量的合理减少。然而,零库存并不等于不要储备和没有储备,亦即某些经营实体不单独设立仓库和库存物资,并不等于取消其他形式的存储。

零库存是针对微观经济领域内经营实体的库存状况而言的一种库存变化趋势,它属于微观经济范畴。从全社会来看,不可能也不应该实现零库存。为了应付可能发生的各种自然灾害和其他各种意外事件以及调节生产和需求,通常国家都要以各种形式储备一些重要物资。因此,就微观主体的存储行为而论,零库存是在特定经济环境下实现的,也就是某些经营实体在社会集中库存及保证供应的前提下实现的。可见,零库存是对社会库存结构进行合理调整的结果。

② 零库存与配送。零库存是伴随着配送而产生的一种经济现象。在传统生产方式

下,零库存是企业家的一种梦想,而这个梦想今天已经变成现实。社会库存结构之所以会发生如此大的变化,除人们在生产领域中普遍采用了一些新的组织形式和管理制度以外,也与广泛推行配送制及积极开展配送活动有直接的关系。从某种意义上说,零库存现象是实行配送制的必然结果,是配送制的伴生物。

实践告诉我们,零库存能否实现,不以人们的主观意志为转移,作为一种库存状态和库存结构,它是在一定条件下形成的。从行为主体的角度分析问题,欲减少库存物资和取消自行设立仓库环节,则至少需具备以下几个条件:经济环境相对稳定;物流能与生产或经营活动同步运动;取消库存之后,既不影响当事者的正常经营活动,又不影响其物流成本和营业利润。

在生产和流通实践中,广泛推行配送制及采用配送方式向企业供货,之所以能够促使企业缩减乃至取消自己的库存,原因之一就在于由配送企业组成的社会供应系统能够有效替代企业内部的供应系统,并且社会供应系统能够负担起向企业的一线组织直接供货、配套供货和及时供货的任务。另一个重要原因在于,这种先进的、带有现代化色彩的物流活动可以集中库存的优势,为众多的生产者和经营者提供周到的、全方位的后勤服务,能够有效地适应生产节奏变化和市场形式变化。

通过配送方式实现零库存的具体做法是:配送企业以多批次、少批量的方式向用户配送货物;用集中库存和增强调节功能的办法,有保障地向用户配送货物;采用即时配送和准时配送方式向用户配送货物。

(2)共同配送

① 共同配送的概念。简单来讲,共同配送是两个或两个以上有配送业务的企业相互合作对多个用户共同开展配送活动的一种物流模式。

共同配送一般由生产、批发或零售、连锁企业共建一家配送中心来承担它们的配送业务,或者共同参与由一家物流企业组建的配送中心来承担它们的配送业务,以获取物流集约化规模效益,从而解决单独配送的效率低下问题。其配送业务范围可以是生产企业生产所用的物料、商业企业所经销的商品的供应,也可以是生产企业所生产的产品和商业企业所经销的商品的销售。

② 共同配送的特点。共同配送具有以下特点:

第一,可以控制各个配送企业的建设规模。多个配送企业共建配送中心,旨在建立配送联合体,以强化配送功能为核心,分工合作,优势互补,为社会服务,各自的建设规模可以控制在适当的范围内。

第二,可以实现设施共享,减少浪费。在市场经济条件下,每个企业都要开辟自己的市场和供应渠道,因此不可避免地要建立自己的供销网络体系和物流设施。这样一来,便容易出现在用户较多的地区物流设施不足或在用户稀少的地区物流设施过剩,造成物流设施浪费和不同配送企业重复建设物流设施的状况。实行共同配送,旨在强调配送联合体的共同作用,可实现物流资源的优化配置,减少浪费。

第三,可以改善交通环境。由于近年来出现的"消费个性化"趋势和"用户是上帝"的观念,应运而生了准时配送的物流方式。送货次数和车辆急剧增加,大量的配送车辆云集在城市商业区,导致了严重的交通堵塞问题。共同配送可以使用一辆车代替原来多个配送企业的多辆车,自然有利于缓解交通拥挤,减少环境污染。

第四,可以提高企业经济效益。共同配送通过统筹规划,提高车辆使用效率和设施利用率,可以减少成本支出,提高企业的经济效益。

③ 共同配送的具体方式。共同配送的目的主要是合理利用物流资源。根据物流资源利用程度,共同配送大体上可分为以下几种具体形式:

第一,系统优化型共同配送。系统优化型共同配送是由一家专业物流配送企业综合各个用户的要求,统筹安排各个用户,在配送时间、数量、次数、路线等诸方面做出系统最优的安排,在用户可以接受的前提下,全面规划、合理计划地进行配送。这种形式不但可以满足不同用户的基本要求,而且能够有效地进行分货、配货、配载、选择运输方式、选择运输路线、合理安排送达数量和送达时间。这种对多个用户的配送,可充分发挥科学计划、周密计划的优势,实行起来较为复杂,但却是共同配送中水平较高的形式。

第二,车辆利用型共同配送。具体包括以下三种形式:

车辆混载运送型共同配送:这是一种较为简单易行的共同配送形式,仅在送货时尽可能地安排一辆配送车辆,实行多货主货物的混载。这种共同配送形式的优势在于,以一辆较大型且可满载的车辆代替了以往多货主分别送货或货主分别各自提货的多辆车,并且克服了车辆难以满载的弊病。

返程车辆利用型共同配送:为了不跑空车,让物流配送企业与其他企业合作,装载回程货或与其他企业合作进行往返运输。

利用客户车辆型共同配送:利用客户采购零部件或采办原材料的车辆进行产品配送。

第三,接货场地共享型共同配送。接货场地共享型共同配送是多个用户联合起来,以接货场地共享为目的的共同配送形式。一般是由于用户相对集中,并且用户所在地区的交通、道路、场地较为拥挤,各个用户单独准备接货场地或货物处置场地有困难,因此多个用户联合起来设立配送的接货场地或货物处置场地。这样不仅解决了场地问题,大大提高了接货水平,加快了配送车辆的运转速度,而且接货地点集中,可以集中处置废弃包装材料,减少接货人员数量。

第四,配送设施利用型共同配送。配送设施利用型共同配送是在一个城市或一个地区有数个不同的配送企业时,为节省配送中心的投资费用,提高配送运输的效率,多家配送企业共同出资合股建立配送中心实行共同配送,或多家配送企业共同利用已有的配送中心、配送机械等设施对不同配送企业用户实行共同配送。

物流作为一种经济活动,随着商品经济的发展而形成。在经济日益全球化的今天,现代物流作为"第三利润源"和第三产业的重要组成部分,正在日益受到广泛重视并面临前所未有的发展机遇。物流就其本意来说,是指物质实体所发生的物理转移或时空性转移的各种活动,随着社会生产力的发展和社会分工的细化,流通业逐步从其他产业中分离出来,成为生产与消费的桥梁。配送是在物流系统中由运输环节派生出来的功能,是短距离的运输,它是物流中一种特殊的、综合的活动形式,同时也包含了物流中若干功能要素。

(3)云配送

① 云配送的概念。云配送是通过云计算技术实现物流配送软件、硬件资源的组织、管理与共享,通过物流网技术和嵌入式技术等实现物流配送资源的自动接入、管理、监控和共享,并通过虚拟化技术实现物流配送资源的全面互联、感知与反馈控制,将物流配送资源转化为虚拟的物流配送资源池,构建一个自治的、动态扩展的配送云服务体系,并在高性能计算技术的支持下,实现配送云服务的自动搜索、智能匹配、成本优化、智能结算、数据安全等功能,通过任务匹配、动态结合与分解为配送云的终端用户提供快捷的云服务配送平台。

云配送模式通过云服务配送平台能够很好地沟通配送服务供给者和配送服务需求者之间的联系,实现配送资源、配送能力、配送知识的共享与按需使用,提高配送资源的利用效率,满足需求者对配送服务的个性化需求,促进节能减排,实现绿色和低碳制造。

云配送思想的提出,为解决复杂配送问题、配送服务资源共享以及开展大规模共同配送提供了可能,为物流企业更广泛和更优化地利用社会物流资源提供了更好的模式。在云配送服务环境下,大量分散的物流配送资源按照一定的标准与规范进行虚拟化接入,构建成庞大的物流配送资源池,通过公共的云服务配送平台,为配送需求企业或个人提供选择、沟通渠道和任务匹配,实现了用户随时获取、按需服务、安全可靠、优质价廉的物流配送服务。

② 云配送的特征。由云配送的定义可见,云配送是一种面向服务的、低耗费、高效率的网络化物流配送新模式,它突破了传统空间、地域对物流配送范围和方式的约束。根据以上分析,云配送具有以下特征:

第一,云配送是面向服务与需求的配送模式。传统的物流配送是伴随生产或商品流通而产生的配送模式,是面向设备、面向资源、面向生产、面向流通等的配送形态,而云配送通过资源整合、资源虚拟接入,能够实现资源的全面共享,实现真正的面向服务、面向需求的物流配送模式。

第二,云配送是面向个性化需求与动态的配送模式。云配送能够通过云服务配送平台将物流配送资源进行整合、将物流配送需求进行集中,同时借助云计算的强大计算能力实现配送云服务的自动搜索、智能匹配、成本优化、智能结算及支付等功能,满足社会物流配送的个性化需求和动态配送等要求,以及现代社会快速的生活节奏和人们对物流配送及时性的要求。

第三,云配送是基于资源共享与能力共享的配送模式。与传统配送模式相比,云配送模式不仅能够实现资源共享,同时还能够实现能力共享。在相应知识库、数据库、模型库等支持下,云配送能够实现基于知识的制造资源和能力虚拟化封装、描述、发布、注册与调用,真正实现制造资源和能力的全面共享与交易,提高资源的利用效率。

第四,云配送是高敏捷性与可伸缩性的配送模式。云配送通过虚拟化技术和耦合映射机制,能够实现物流配送资源的按需使用、动态调度和增减,使得物流配送服务需求能够及时得到响应,同时也提高了资源的利用效率,实现了资源增效。

第五,云配送是用户参与的配送模式。云配送强调将配送资源、配送能力、配送知识和计算资源嵌入网络与环境中,这使得物流企业将关注的重心转移到用户的需求本身,致力于构建包括物流企业、需求用户、中间方（云服务配送平台）等在内的可以相互沟通的公共网络配送环境。在云配送模式下，用户的身份不再是单一的服务使用者，还是服务需求的提供者或开发者，用户可以提出配送方式、到货时间并监控配送过程以及评价配送服务质量等，体现的是一种用户参与的配送模式。

第六，云配送是按需使用与计量付费的配送模式。云配送是一种需求驱动、按需付费的面向服务的物流配送新模式，在此模式下，用户提出需求，云服务配送平台匹配符合的资源，供用户进行选择并完成配送任务。在此过程中，用户根据需要对调用资源的云服务进行费用支付，不需要详细具体的配送服务提供者，双方之间的关系是即用即组合、即用即付费、用完即解散的关系。

第七，云配送是低门槛与合作式的配送模式。传统的物流配送模式要求物流企业必须有配送设施、车辆、仓库、配送中心、信息系统和技术人员等配送资源，而且要求具备管理和销售（销售服务）等能力。而在云配送模式下，企业不必具有这些能力或资源，通过云服务配送平台，企业可以随时调用合适的而自己没有的物流配送资源，通过合作完成物流配送任务；同时，企业无须自己寻找配送任务，通过云服务配送平台可以匹配配送任务，从而降低了企业的入门门槛，使企业的组织方式更加灵活多样。

第八，云配送是低成本与高效率的配送模式。云配送实现了配送资源、能力、知识的全面共享与协同，物流企业只需关注本企业的核心服务，其他相关业务或服务可以通过云服务配送平台调用其他企业的闲置资源来完成，这使得服务更为灵活和高效，提高了资源的利用效率，实现了资源增效，同时也降低了物流服务成本。

(4) 智能配送

智能配送是指在进行物流配送规划时，运用计算机、图论、运筹、统计、GIS等方面的技术，根据配送要求，由计算机自动规划出一个最佳的配送方案，包括物品的装载、车辆的调度、配送路线的优化等，旨在降低物流成本，提高客户服务水平，减轻调度人员和司机劳动强度，满足城市配送、电子商务、电话购物等现代城市物流配送业务的发展需要；以车辆最少、里程最少、运输费用最低、时间最快、满意度最高等为目标，把配送订单科学地分配给可用的车辆，结合配送路线的规划进行合理的装载，从而完成配送任务。

在实际配送过程中，由于受交通路况、客户需求、商品本身特性等的制约，而且各种因素又具有不确定性的特点，物流配送规划往往是一个极其复杂的系统工程。目前解决这一问题的办法是将复杂问题分解或转化为一个或几个已经研究过的基本问题，如背包问题、最短路径问题、最小费用最大流问题等，再采用较为成熟的理论和方法进行求解，以得到智能配送问题的最优解或满意解。

智能配送体系即配送体系的智能化，它包括配送链条各节点的数字化、感知化、网络化、系统化和操控人员的智力化。数字化是信息采集的基础，感知化是信息汇聚的路径，网络化是信息传递的渠道，系统化是信息应用的保障。通过智能配送体系的构建，将进一步降低配送成本，提高配送绩效。

(5) 绿色配送

绿色配送是指选择合理的运输路线，有效利用车辆，科学配装，从而提高运输效率，降低物流成本和资源消耗,并降低尾气排放。绿色配送是在配送过程中抑制配送对环境造成危害的同时,实现对配送环境的净化,使配送资源得到最充分的利用。它包括配送作业环节和配送管理全过程的绿色化。从配送管理全过程来看,主要是从环境保护和节约资源的目标出发,实现配送管理全过程的绿色化。

为实现绿色配送,使降低成本成为企业的"第三利润源",企业可调整和优化配送网络,使用权威的车辆调度指挥系统,结合合理的配送路线优化方法,从而及时处理在配送过程中因高耗能造成的资源浪费问题。实现配送系统的整体最优化和对环境的最低损害,将有利于企业配送管理水平的提高,保护环境和实现可持续发展,对企业的发展意义重大。

8.2 配送中心的概念、作用及功能

8.2.1 配送中心的概念

1. 配送中心的定义

作为物流活动枢纽的配送中心,要发挥其集中供货的功能,首先必须采取各种方式(如零星集货、批量进货)去组织货源,其次必须按照用户的要求及时分拣(分装)和配备各种货物。为了更好地满足用户需要及提高配送水平,配送中心还必须有比较强的加工能力以开展各种形式的流通加工。从这个意义上讲,配送中心实际上是将集货中心、分货中心和流通加工中心合为一体的现代化物流基地,也是能够发挥多种功能的物流组织。

(1) 日本《市场用语词典》对配送中心的解释

配送中心是一种物流节点,它不以储藏仓库这种单一的形式出现,而是发挥配送职能的流通仓库,也称作基地、据点或流通中心。配送中心的目的是降低运输成本、抓住销售机会,为此建立设施,购买设备,并开展经营、管理工作。

(2)《现代物流学》[1]对配送中心的定义

配送中心是从事货物配备(集货、加工、分货、拣选、配货)和组织对用户的送货,以高水平实现销售或供应的现代流通设施。

(3) 国家标准《物流术语》对配送的定义

根据国家标准《物流术语》,配送中心是从事配送业务且具有完善信息网络的场所或组织,应基本符合下列要求:①主要为特定的用户服务,②配送功能健全,③辐射范围小,④多品种、小批量、多批次、短周期,⑤主要为末端客户提供配送服务。

从上述定义可以看出,配送中心是服务于销售或供应活动、以执行实物配送为主要职能的流通型节点。配送中心的位置一般处于供应链的下游环节,通常服务的是特定客户或末端客户,如百货商场、超级市场、专卖店等。由于客户需求的多样化,配送中心通常采用高频率、小批量、多批次的配送服务方式。

---

[1] 冯晖. 现代物流学[M]. 北京:科学出版社,2011.

物流中心与配送中心的区别和联系如表 8-2 所示。

表 8-2 物流中心与配送中心的比较

比较项目		物流中心	配送中心
区别	功能	具有较强的存储、吞吐和调节功能	具有较强的"配""送"功能
	辐射范围	辐射范围大	辐射范围小
	所处位置	通常在供应链的中游	通常在供应链的下游
	物流特点	少品种、大批量、少供应商	高频率、多品种、小批量、多供应商
	服务对象	通常提供第三方物流服务,在某个领域的综合性、专业性较强	一般为企业内部服务,专业性很强
联系		存储物品的品种较多,存储周期短;规模化运作;具有多种功能	

从上述比较可以看出,物流中心与配送中心既有不同之处,又有相似之处。物流中心和配送中心的位置常常处于供应链的中下游环节,能够从事大规模的物流活动,同时为了实现保管、运输作业的规模化和共同化以及节约费用,它们往往具有强大的多客户、多品种、多频次的拣选和配送功能;物流中心和配送中心的功能都比较健全,不仅具有"配"与"送"等基本功能,还具有流通加工、结算、单证处理、信息传递和包装等其他功能。

2. 配送中心的形成与发展

配送中心的形成与发展是有其历史原因的,日本经济新闻社的《输送的知识》一书,视之物流系统化和大规模化的必然结果。《变革中的配送中心》①一文中这样讲道:"由于用户在货物处理的内容上、时间上和服务水平上都提出了更高的要求,因此为了顺利地满足用户的这些要求,就必须引进先进的分拣设施和配送设备,否则就建立不了正确、迅速、安全、廉价的作业体制。因此,在运输业界,大部分企业都建造了正式的配送中心。"可见,配送中心的建设是基于物流合理化和发展市场两个需要。

配送中心是在物流领域中社会分工和专业分工进一步细化之后产生的。在新型配送中心没有建立起来之前,配送中心现在承担的有些功能是在转运型物流节点中完成的;以后,一部分这类功能会向纯粹的转运站发展以衔接不同的运输方式和不同规模的运输,另一部分则会增强"送"的职能,进而向更高级的"配"的方向发展。

追溯历史,很多学者认为,配送中心是在仓库的基础上发展起来的。仓库的功能,几千年都是作为保管物品的设施,我国近年出版的《现代汉语词典》(第 5 版)仍把仓库解释成"储藏粮食和其他物资的建筑物",完全是一个静态的功能。有些专业词典多少做了些动态的解释,例如《中国物资管理词典》②把仓库解释成:专门集中贮存各种物资的建筑物和场所;专门从事物资收发保管活动的单位和企业。其从收、发两方面赋予了仓库一定的动态功能。但是,这些定义完全没有包含配送的本质内涵,不少学者把配送中心直接

---

① 孙炜. 变革中的配送中心[J]. 国外物资管理,1990(03),8-12.
② 余啸谷. 中国物资管理词典[M]. 北京:中国财政经济出版社,1988.

解释成仓库显然是不妥当的。

在社会不断发展的过程中,由于经济的发展以及生产总量的扩大,仓库的功能也在不断地演进和分化。在我国,早在闻名于世的京杭大运河进行自南向北的粮食漕运时期,就已经出现以转运为主要功能的仓库设施,明代则出现了有别于传统的以储存、储备为主要功能的新型仓库,并且冠以所谓的"转搬仓"之名,其主要功能已经从"保管"转变为"转运"。中华人民共和国成立以后,服务于计划经济的分配体制,我国出现了大量以衔接流通为主要功能的"中转仓库"。随着中转仓库的进一步发展和这种仓库业务能力的增强,出现了相当规模、相当数量的"储运仓库"。

在国外,根据仓库的专业分工,形成了两大仓库类型:一类是以长期贮藏为主要功能的"保管仓库",另一类是以货物流转为主要功能的"流通仓库"。流通仓库以保管期短、货物出入库频度高为主要特征,这和我国的中转仓库有类似之处,这一功能与传统仓库相比,有很大区别。货物在流通仓库中处于经常运动的状态,停留时间较短,有较高的出入库频度。流通仓库的进一步发展,使仓库和连接仓库的物流渠道形成了一个整体,起到了对整个物流渠道的调节作用,为了和传统仓库进行区别,越来越多的人称之为物流中心或流通中心。

现代社会中产业的复杂性、需求的多样性和经济总量的空前庞大,决定了流通作为生产过程的延续的复杂性及多样性,这种状况又决定了流通中心的复杂性及多样性。流通中心各有其侧重的功能,再加上各个领域、各个行业自己的习惯用语和相互之间用语不规范的缘故,也就决定了流通中心出现了各种各样的叫法,如集运中心、配送中心、存货中心、物流据点、物流基地、物流团地等。在 20 世纪 70 年代石油危机之后,为了挖掘物流过程中的经济潜力,物流过程出现了细分,再加上市场经济体制造就的普遍的买方市场环境,企业出现了"营销重心下移""贴近顾客"的营销战略,贴近顾客一端的所谓的"末端物流"便受到了空前的重视,配送中心就是适应这种新的经济环境,在仓库不断进化和演变的过程中出现的创新的物流设施。

8.2.2 配送中心的作用

在现代物流活动中,配送中心的作用可以归纳为以下几个方面:

1. 使供货适应市场需求变化

各种商品的市场需求,在时间、季节、需求量上都存在大量的随机性,而现代化生产、加工无法完全由工厂、车间来满足和适应这种情况,必须依靠配送中心来调节、适应生产与消费之间的矛盾与变化。

2. 经济高效地组织储运

从工厂到销售市场之间需要复杂的储运环节,要依靠多种交通、运输、库存手段才能满足传统的以产品或部门为单位的储运体系明显存在的不经济和低效率问题。因此,建立区域、城市配送中心,能批量进发货物,能组织成组、成批、成列直达运输和集中储运,有利于降低物流系统成本,提高物流系统效率。

3. 提供优质的保管、包装、加工、配送、信息服务

现代物流活动中物资物理、化学性质的复杂多样化,交通运输的多方式、长距离、长时间、多起终点,地理与气候的多样性,对保管、包装、加工、配送、信息提出了很高的要求,只有集中建立配送中心,才有可能提供更加专业化、更加优质的服务。

4. 促进地区经济的快速增长

配送中心和交通运输设施一样,是经济发展的保障,是吸引投资的环境条件之一,也是拉动经济增长的内部因素,配送中心的建设可从多方面带动经济的健康发展。

5. 连锁店的经营活动是必要的

配送中心可以帮助连锁店实现配送作业的经济规模,降低流通费用;减少分店库存,加快商品周转,促进业务的发展和扩散。批发仓库通常需要零售商亲自上门采购,而配送中心解除了零售商的后顾之忧,可以为其提供配送服务,使其专心于店铺销售额和利润的增长,不断开发外部市场,拓展业务。此外,配送中心还加强了连锁店和供方的关系。

8.2.3 配送中心的功能

配送中心是专业从事货物配送活动的物流场所或经济组织,它是集加工、理货、送货等多种职能于一体的物流节点,也可以说配送中心是集货中心、分货中心、加工中心功能的总和。因此,配送中心具有以下功能:

1. 存储功能

配送中心的服务对象是生产企业和零售网点,如连锁店和超市,其主要功能就是按照用户的要求及时将各种配好的货物交送到用户手中,满足其生产和消费的需要。为了顺利有序地完成向用户配送商品(或货物)的任务,更好地发挥保障生产和消费需要的作用,通常配送中心都建有现代化的仓储设施(如仓库、堆场等),储存一定量的商品,形成对配送的资源保证。某些区域性大型配送中心和开展"代理交货"配送业务的配送中心,不但要在配送过程中储存货物,而且其储存的货物数量更大、品种更多。

2. 分拣功能

作为物流节点的配送中心,其客户是为数众多的生产企业或零售网点,在这些众多的客户中,彼此之间存在很大的差别,它们不仅各自的经营性质、产品性质不同,而且经营规模和经营管理水平也不一样。面对这样一个复杂的客户群,为满足不同客户的不同需求,有效地组织配送活动,配送中心必须采取适当的方式对组织来的货物进行分拣,然后按配送计划组织配送和分装。强大的分拣能力是配送中心实现按客户要求组织送货的基础,也是配送中心发挥分拣中心作用的保证,分拣是配送中心的重要功能之一。

3. 集散功能

在一个大的物流系统中,配送中心凭借其特殊的地位和拥有的各种先进设备,能够将分散在各个生产企业的产品集中在一起,通过分拣、配货、装配等环节向多家用户进行发送。同时,配送中心也可以把各个用户所需要的多种货物有效地组合或装配在一起,

形成经济、合理的批量,实现高效率、低成本的商品流通。另外,配送中心在建设选址时也充分考虑了集散功能,一般选择商品流通发达、交通较为便利的中心城市或地区,以便充分发挥配送中心作为货物或商品集散地的功能,如中海北方物流有限公司按照统一标准在东北各主要城市设立了六个二级配送中心,形成了以大连为基地、辐射东北三省的梯次仓储配送格局。配送中心的集散功能如图8-1所示。图8-2是中海北方物流有限公司的配送中心网络布局。

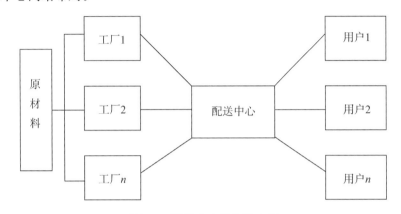

图 8-1　配送中心的集散功能

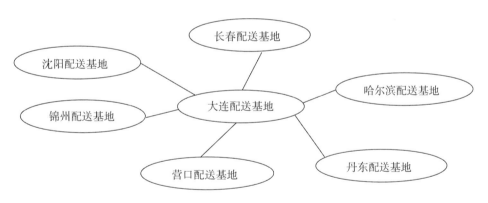

图 8-2　中海北方物流有限公司配送中心网络

4．衔接功能

通过开展货物配送活动,配送中心能够把各种生产资料和生活资料直接送到用户手中,可以起到衔接生产的功能,这是配送中心衔接供需两个市场的一种表现。另外,通过发货和储存,配送中心还起到了调节市场需求、平衡供求关系的作用。现代化的配送中心如同一个"蓄水池",不断地进货、送货,快速的周转有效地解决了产销不平衡问题,缓解了供需矛盾,在产、销之间建立了一个缓冲平台,这是配送中心衔接供需两个市场的另一个表现。可以说,现代化的配送中心发挥储存和发散货物功能,体现出衔接生产与消费、供应与需求的功能,使供需双方实现了无缝连接。

5. 流通加工功能

配送加工虽然很普通，但往往起到重要作用，主要是可以大大提高客户的满意程度。国内外许多配送中心都很重视提升自己的配送加工能力，按客户的要求开展配送加工可以使配送的效率和满意程度得到提高。配送加工有别于一般的流通加工，它一般取决于客户的要求，销售型配送中心有时也根据市场需求进行简单的配送加工。

6. 信息处理功能

配送中心连接物流干线和配送，直接面对产品的供需双方，因而不仅是实物的连接，更重要的是信息的传递和处理，包括在配送中心的信息生成和交换。

8.3 配送优化概述

现代物流配送优化是"第三利润源"的一个重要来源。所谓配送优化，是指在配送的诸环节（如流通加工、整理、拣选、分类、配货、末端运输）中，从物流系统的总体目标出发，运用系统理论和系统工程原理和方法，充分利用各种运输方式优点，采用运筹学、启发式算法、智能优化和模拟仿真等方法建立模型与图表，选择和规划合理的配送路线及配送工具，以最短的路径、最少的环节、最快的速度和最少的费用，组织好物质产品的配送活动，避免不合理配送和次优化情况的出现。

由于配送方法的不同，配送过程也不尽相同，影响配送的因素有很多，如车流量的变化、道路状况、客户的分布状况、配送中心的选址、道路交通网、车辆定额载重量及车辆运行限制等。配送路线设计就是整合影响配送的各种因素，适时、适当地利用现有的运输工具和道路状况，及时、安全方便、经济地将客户所需的商品准确地送达客户手中。在配送路线设计与优化中，需根据不同客户群的特点和要求，选择不同的配送路线设计方法，最终达到节省时间、缩短运距和降低配送成本的目的。合理的配送优化对企业和社会都具有重要的意义。

8.3.1 合理的配送优化对企业及社会的意义

1. 合理的配送优化对企业的意义

合理的配送优化对企业具有以下意义：

① 优化配送方案，可以提高配送效率，对配送车辆做到物尽其用，尽可能地降低配送成本。

② 可以准时、快速地把货物送到客户手中，能极大地提高客户满意度。

③ 有利于企业提高效益。

2. 合理的配送优化对社会的意义

合理的配送优化可以节省运输车辆，缓解交通压力，减少噪声、尾气排放等运输污染，为保护生态平衡、创造美好家园做出贡献。

8.3.2 配送方案优化应遵循的基本原则

进行配送方案优化时必须有明确的目标,遵循基本的原则。

① 配送效益最高或配送成本最低。效益是企业追求的主要目标,可以简化为用利润来表示,或以利润最大化为目标;成本对企业效益有直接的影响,选择成本最低作为目标与前者有着直接的联系。当有关数据容易得到和容易计算时,可以选择利润最大化或成本最低作为目标。

② 配送里程最短。如果配送成本与配送里程相关性较强,而和其他因素相关性较弱,配送里程最短的实质就是配送成本最低,可以考虑选择配送里程最短作为目标,这样就可以大大简化路线选择和车辆调度方法。当配送成本不能通过配送里程来反映时,如道路收费、道路运行条件严重地影响配送成本,单以配送里程最短为目标就不适宜。

③ 配送服务水准最优。当准时配送要求成为第一位,或需要牺牲成本来确保服务水准时,则应该在成本不失控的情况下,以服务水准为首选目标。这种成本的损失可能从其他方面弥补回来,如优质服务可以采取较高的价格策略。

④ 配送劳动消耗最小。以物化劳动和活劳动消耗最小为目标,在诸如劳动力紧张、燃料紧张、车辆及设备较为紧张等情况下,配送作业的选择范围受到限制,可以考虑以配送所需的劳动力、车辆或其他有关资源为目标。

8.3.3 配送方案目标的实现过程受到的约束条件限制

配送方案目标的实现过程受到很多约束条件的限制,因而必须在满足约束条件的情况下实现成本最低或路线最短或消耗最小等目标。常见的约束有:

① 收货人对货物品种、规格和数量的要求;
② 收货人对货物送达时间或时间范围的要求;
③ 道路运行条件对配送的制约,如单行道、城区部分道路对货车通行的限制;
④ 车辆最大装载能力的限制;
⑤ 车辆最大行驶里程数的限制;
⑥ 司机最长工作时间的限制;
⑦ 各种运输规章的限制。

8.3.4 电子商务背景下配送优化的策略

新时期的电子商务企业在发展战略及方向等方面各异,导致其在物流配送方式的选择方面也出现了不同,加之我国物流产业基础设施落后等诸多原因,制约了我国物流产业的发展。基于此,可以从以下几方面进行完善,继而有效地推动我国物流产业的发展。

1. 合理布局物流配送中心

基于电子商务的大力发展,近年来我国的连锁物流配送中心建设成效显著,也逐渐形成了相应的物流配送网络,虽然说进步明显,但是仍然无法从真正意义上满足电子商务物流配送的要求。而不太合理的物流配送中心布局,显然是其中最主要的问题。针对此情况,应综合考虑,结合需求,发展规模效应较好的第三方物流配送网络。在对物流外部环境综合分析的前提下,应及时对流向和流量需求等进行考虑,结合系统科学、运筹学等综合分析,最终实现对物流配送中心规模和布局的优化,促使物流配送中心的布局实现合理化,并联系社区、连锁便利店等,将物品送至最终消费者手中,从而最大化地实现物流配送服务水平的提高。

2. 合理选择仓储和物流配送模式

目前,电子商务物流配送模式主要有自营模式、第三方物流模式和共建物流模式。对于现阶段国内的电子商务企业来说,其主要根据企业自身的特点采取多种模式相结合的物流配送模式。在实施过程当中,电子商务企业对一二线城市能较好地完成物流配送任务,而对三四线城市的物流配送能力还较弱。所以,如何更好地与当地的第三方物流企业、仓储企业、商超企业等进行合作是电子商务企业的重中之重。同时,在自营和第三方物流模式之间的选择也关系到电子商务企业的物流配送成本和效率,企业在选择仓储和物流配送模式时,应对当地的购买力、购买偏好、消费水平以及当地仓储企业和第三方物流企业的实力进行深入的调查和研究,最终合理地选择企业的仓储和物流配送模式,使企业得到进一步的发展和壮大。

3. 提高物流配送一体化水平

电子商务物流配送一体化水平依赖于物流系统的信息化水平,以及物流系统之间的信息共享和融合集成能力。为此,必须实现物流配送手段的现代化和机械化、物流配送管理的制度化和规范化、物流配送业务的信息化和自动化,只有这样,一体化的电子商务物流配送模式才能真正实现,即物流信息采集、传输、存储、共享、融合等应该通过条码、射频识别、GPS、数据库、EDI等技术实现数字化、自动实时化及计算机化。同时,物流系统也只有具备一体化才能实现诸如 QR(Quick Response,快速响应)、CRP(Continuous Replenishment Program,连续补货计划)、VMI(Vendor Managed Inventory,供应商管理的库存)等供应链管理的高级物流配送模式。

8.4 配送网络布局优化

8.4.1 配送网络布局优化的内涵及内容

配送网络布局优化是在满足客户反应时间、服务质量要求的条件下,以最低的运输、库存成本为目标对配送网络再设计的过程,其内容主要包括:

① 配送网络层次结构优化;
② 配送网络节点布局优化;
③ 配送网络路径优化。

在网络层次结构既定的情况下,配送节点具有重要的枢纽作用,对整个配送系统的运行效率及运行成本具有至关重要的影响。合理的配送节点布局是整个配送网络布局优化的核心内容，主要解决配送节点的选址、规模及服务范围等问题。

配送节点是组织物流活动的基础条件。由于受物资的供需状况、运输条件和自然环境等因素的影响，不同配送网络布局方案（如选址、网点规模和服务范围等）的运营效率和经济效益不同，有时差别甚至很大。那么，在已有的客观条件下，配送网络的合理布局可以使物流费用最少，社会经济效益最佳，对用户的服务质量最好。

概括地讲，配送网络节点的合理布局，就是以配送系统和社会的经济效益为目标，采用系统学的理论和系统工程的方法，综合考虑物资的供需状况、运输条件、自然环境等因素，对配送节点的位置、规模、供货范围等进行研究和设计，做出恰当的布局。

配送网络节点布局主要讨论以下几个方面的问题：

① 计划区域内应设置配送节点的数目；
② 网点的地理位置；
③ 各网点的规模；
④ 各网点的进货与供货关系；
⑤ 计划区域内中转供货与直达供货的比例。

8.4.2 配送网络布局的目标

配送网络布局模型通常以系统总成本最低为目标函数。建立模型时应主要考虑以下几项费用：

(1) 网点建设投资

网点建设投资包括建筑物、设备和土地征用等费用，它一般与网点的位置和规模有关。

(2) 网点内部的固定费用

网点内部的固定费用即网点设置以后的人员工资、固定资产折旧及行政支出等与经营状态无关的费用。它与网点的位置无关。

(3) 网点经营费用

网点经营费用是网点在经营过程中发生的费用，如进出库费、保管维护费等。它是与网点经营状态直接相关的费用，与网点的中转量大小有关。

(4) 运杂费

运杂费是物资运输过程中发生的费用，主要包括运价、途中换乘转装费等费用。显然，它与运输路线，即与网点的位置有关。

为了使问题简化，一般将上述各类费用分成两个大类：固定费用和可变费用。如投资、固定管理费等属于固定费用，经营费用和运杂费等属于可变费用。

8.4.3 配送网络布局的步骤

配送网络布局的一般步骤包括：

① 找出配送网络布局的约束条件。约束条件可能包括：总采购、配送及仓储成本，最短运送时间，平均客户服务水平等。

② 根据约束条件构造模型。
③ 将模型转化为数学模型求出多组可行解。
④ 利用可行的评估方法或准则,对以上求出的多组可行解进行评估,将各可行解进行排序,以选取最适合的布局方案。

8.4.4 备选地址的选择原则

配送网络布局的最优方案,是在选定备选地址的基础上建立数学模型,然后进行优化计算求得的。因此,备选地址选得是否恰当,对最优方案和计算求解的过程及运算成本有着直接的影响。备选地址选得过多,会使模型变得十分复杂,计算工作量增大,成本提高;相反,备选地址选得太少,可能使所得方案偏离最优解太远,达不到合理布局的目的。由此可见,选择备选地址,对于配送节点的布局合理与否是一个关键性的步骤。在进行备选地址选择时应考虑以下几项原则:

(1)用户满意原则

现在许多企业都把"用户至上"作为企业的经营理念,因为只有用户满意企业才会获得更高的效益。物资部门的服务对象是物资的供需双方,而且主要是物资的需求方,因此应该使网点尽量靠近用户,特别是在用户比较集中的地方设置网点。

(2)有利于物资运输合理化原则

物流节点是物资运输的起点和终点,网点布局是否合理将直接影响运输效益的提高,因此从运输系统考虑,网点应设置在交通方便的地方,一般应在交通干线上。

(3)费用最小原则

网点的基本建设费用是布局网点考虑的主要费用之一,为降低基本建设费用,应在地形环境比较有利的位置上设置网点。

(4)动态性原则

许多与网点布局相关的因素不是一成不变的,例如用户的数量、需求量、经营成本、商品价格、交通状况等都是动态因素,所以应以发展的目光考虑网点布局的优划,尤其是应该对城市发展规划加以充分的调查与咨询。同时,网点布局的优划设计应有一定的弹性机制,以便将来能够适应环境变化的需要。

(5)战略性原则

备选地址的选择应具有战略眼光,一是要考虑全局,二是要考虑长远。局部要服从全局,目前利益要服从长远利益,既要考虑目前的实际需要,又要考虑日后发展的可能。

8.4.5 配送网络布局分类

物流配送的空间结构布局即为城市物流配送的网络结构,具体主要可以分为点轴、增长极、多中心多层次、复合型等四种网络结构。四种网络结构的具体表述如下:

1. 点轴网络

消费者产生范围较为集中,整体需求较为聚集,并从同一需求供应处获取资源的网络结构称为点轴网络。该种网络结构中各节点间的相互作用主要沿配送路线及需求供应线路展开,作用力辐射并不均衡。以点轴结构为核心的配送网络布局沿配送干线展开并以带状分部为主,只在重要交通站点及枢纽处呈放射状分布,带型及环形网络是两种主要的网络结构。该种网络结构主要存在于乡镇及较为穷困偏远的地区,如图 8-3 所示。

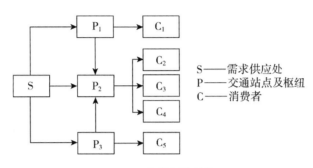

图 8-3 点轴网络结构

2. 增长极网络

货物集中到达某一指定区域,然后将货物集聚与扩散相互协同形成的一种地域配送网络结构称为增长极网络。该种网络结构以某一集中点为核心,下一级配送设施按地域经济结构呈放射状分布,扇形和星形网络是增长极网络呈现出的两种典型网络结构。该种网络结构在快递企业配送流程中的中央配送中心到区域配送中心及区域配送中心到各个配送网点的过程中最为常见,其特点是货物从上一级配送设施(如中央配送中心或区域配送中心)分发配送到多个下一级配送设施(如区域配送中心或区域网点),而货物的流经层数可以有多层。该种网络结构可以理解为一对多网络结构,如图 8-4 所示。

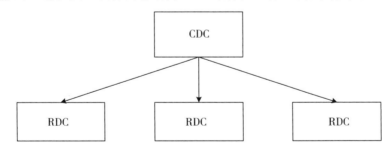

CDC(Central Distribution Center,中央配送中心)——上一级配送设施
RDC(Regional Distribution Center,区域配送中心)——相对于CDC的下一级配送设施

图 8-4 一对多网络结构

3. 多中心多层次网络

由不同企业在同一区域的配送网络共同组合而成的区域配送网络称为多中心多层次网络。该种网络结构在现今各城区内较为普遍,是市场经济与快递业不断发展的必然趋势,典型代表是网格型网络。网格形网络可以利用多对多网络结构来理解,如图 8-5 所

示。各个配送企业共同负责城区内的配送需求而形成网格形网络结构,具体还可以细分为一级配送网络结构、二级配送网络结构以及终端配送网络结构。

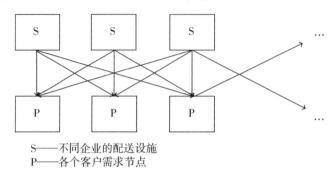

S——不同企业的配送设施
P——各个客户需求节点

图 8-5　多对多网络结构

4. 复合型网络

由两种以上网络结构组合而成的新型网络结构称为复合型网络。相对于单一型网络结构,复合型网络更能适应社会经济的不断变化与发展。各种配送网络结构类型如图 8-6 所示。

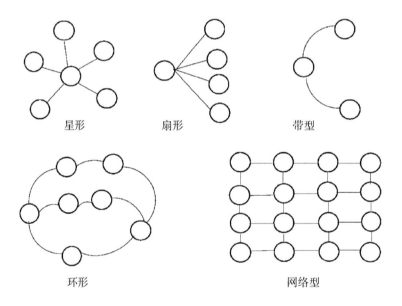

图 8-6　配送网络结构类型

8.4.6　进行网点布局的常用方法

多种多样的网点布局方法,概括起来可归纳为三大类。

1. 解析方法

解析方法是通过数学模型进行网点布局的方法。采用这种方法,首先根据问题的特征、外部条件和内在联系建立起数学模型或图解模型,然后求解模型,获得最佳布局方案。解析方法的特点是能够获得精确的最优解。但是,对于某些复杂问题,这种方法难以建立起恰当的模型,或者由于模型太复杂,求解困难,或要付出相当高的代价。因而这种方法在实际应用中受到一定的限制。

采用解析方法建立的模型通常有微积分模型、线性规划模型和整数规划模型等。对某个问题究竟建立什么样的模型,要具体分析而定。

2. 模拟方法

模拟方法是将实际问题用数学方程和逻辑关系的模型表示出来,然后通过模拟计算和逻辑推理确定最佳布局方案的方法。这种方法相比数学模型找解析解简单。采用这种方法进行网点布局时,分析者必须提供预定的各种网点组合方案,以供分析评价,从中找出最佳组合。因此,决策的效果依赖于分析者预定的组合方案是否接近最佳方案,这也是该方法的不足之处。

3. 启发式方法

启发式方法是针对模型的求解方法而言的,是一种逐次逼近最优解的方法。这种方法对所求得的解进行反复判断、实践修正,直到满意。这种方法的特点是模型简单,需要进行方案组合的个数少,因此便于寻求最终答案。这种方法虽不能保证得到最优解,但只要处理得当就可获得决策者满意的近似最优解。

用启发式方法进行网点布局时,一般应包括以下几个步骤:
- 定义一个计算总费用的方法;
- 拟定判别准则;
- 规定方案改选的途径;
- 建立相应的模型;
- 迭代求解。

8.5 电子商务物流配送系统

8.5.1 物流配送系统简介

1. 物流配送系统的定义

物流配送系统是一个经济行为系统,以大量的信息为基础来实现物流系统化,按照功能可以分成信息子系统和作业子系统。前者具备订货、发货、出库管理等货物交易全过程的信息活动功能,后者追求包括输送、装卸、流通、包装等在内的功能效率化。在普遍意义上,现代物流配送系统的内在特征在目的上是实现物流的效率化,将货物以较低的成本和较高的服务配送到客户手中;在运作上是通过两个子系统的相互影响和有机结合,实现整体物流配送系统的优化。

2. 物流配送系统的作用

物流配送系统的作用主要有以下几点：

① 业务管理。主要用于管理物流配送中心的入库、验收、分拣、堆码、组配、发货、出库、输入进（发）货数量、打印货物单据，便于仓库保管人员正确地确认货物。

② 统计查询。主要用于查询配送中心的入库、出库、损耗及库存等相关信息，查询时可按不同的编号和分类进行，便于工作人员快速掌握具体情况。

③ 库存盘点。主要用于对配送中心的货物进行盘点清单制作、打印，盘点货物确认，盘点利润统计，盘点货物查询，盘亏盘盈统计，对工作人员进行经济核算有重要意义。

④ 库存分析。主要用于分析配送中心的库存货物结构变动，各种货物库存量、品种结构，便于工作人员分析库存货物是否存在积压和短缺问题。

⑤ 库存管理。主要用于管理配送中心的库存货物。为了对库存货物数量高于合理库存上限或低于合理库存下限的货物信息进行提示，系统中设有库存货物的上下限报警功能。库存呆滞货物报警指对有入库但没有出库的货物进行信息提示，库存货物缺货报警指对在出库时库存货物为零但又未及时订货的货物进行信息提示，便于工作人员对在库货物进行动态管理，以保持相对合理的库存规模。

⑥ 库存货物保质期报警。主要用于管理配送中心库存货物的质量。为了对当天到期的库存货物进行信息提示，系统中设有对超过保质期的库存货物进行报警的功能。对库存货物保质期查询指对库存货物的保质期进行查询，便于仓库对在库货物进行质量管理，及时处理超过保质期的货物，提高货物库存质量。

8.5.2 京东物流运营体系的内核——青龙系统

1. 青龙系统的作业流程

物流无疑是京东的核心竞争力之一，在每一个用户的订单处理背后，如何实现看似简单的发货与收货，实际上隐藏着一套复杂的物流系统，京东称之为"青龙系统"。青龙系统的核心要素包括仓库、分拣中心、配送站、配送员。实现的流程如下：

① 仓库负责根据客户订单安排生产，包括免单打印、拣货、发票打印、打包等。它是一个个订单包裹生成的地方。

② 仓库生产完毕后，将订单包裹交接给分拣中心，分拣中心收到订单包裹后进行分拣、装箱、发货、发车，最终将订单包裹发往对应的配送站。

③ 配送站收货、验货交接后，将订单包裹分配到不同的配送员，再由配送员负责配送到客户手中。

在整个配送网络中，物流、信息流与资金流的快速流转，实现了货物的及时送达、货款的及时收回以及信息的准确传递。

2. 青龙系统的模块构成

青龙系统的模块主要由整体系统架构＋核心子系统构成。

(1)整体系统架构

主体架构上,整个青龙系统作为京东物流的内核,前端接口开放给所有平台,下面直接开放到内部的物流运营机构和第三方物流企业,如图 8-7 和图 8-8 所示。

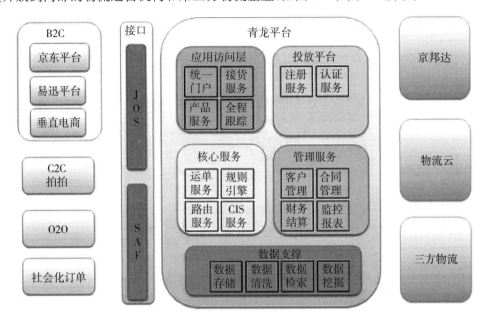

图 8-7　青龙系统模式

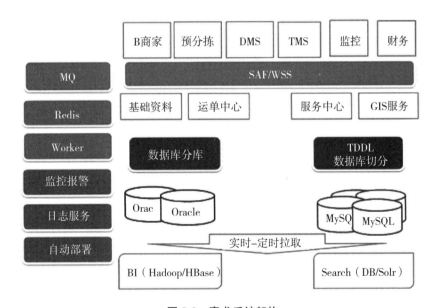

图 8-8　青龙系统架构

(2)核心子系统模块

青龙系统的核心子系统由六大核心结构组成,涉及对外拓展、终端服务、运输管理、分拣中心、运营支持、基础服务,如图 8-9 所示。

图 8-9 青龙核心子系统

在这六个核心模块当中,实现快速配送要归功于预分拣子系统。预分拣是承接用户下单到仓储生产之间的重要一环,可以说没有预分拣系统,用户的订单就无法完成仓储的生产,且预分拣的准确性对配送效率的提升至关重要。

3. 青龙系统支撑快物流运营体系的核心:预分拣子系统

青龙系统在预分拣中采用了深度神经网络、机器学习、搜索引擎、地图区域划分、信息抽取与知识挖掘等技术,并利用大数据对地址库、关键字库、特殊配置库、GIS 地图库等数据进行分析及使用,使订单能够自动分拣,且保证"7×24"小时提供服务,能够满足各类型订单的接入,提供稳定准确的预分拣接口,服务于京东自营和开放平台(POP)。预分拣流程如图 8-10 所示。

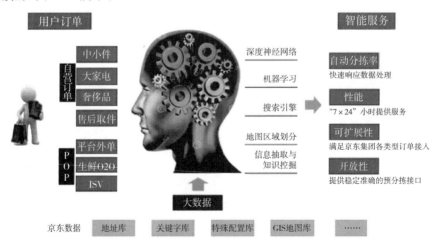

图 8-10 预分拣流程

预分拣子系统的算法逻辑如图 8-11 所示。

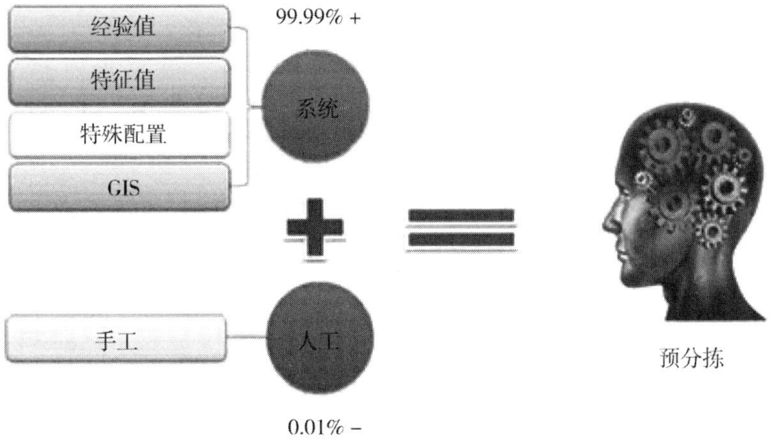

图 8-11　预分拣算法

4. 青龙系统的龙骨：核心子系统

如果说预分拣子系统是京东物流的心脏，那么青龙系统的核心子系统就扮演着龙骨的角色。整个青龙系统是由一套复杂的核心子系统搭建而成的，在各个环节当中有相应的技术进行配合。

① 终端系统。通常你会看到，京东的快递员手中持有一台 PDA（掌上电脑）一体机，这台一体机实际上是青龙终端系统的组成部分，在分拣中心、配送站都能看到它的身影。据了解，目前京东已经在测试可穿戴的分拣设备，推行可穿戴式的数据采集器，以解放分拣人员的双手，提高工作效率。此外像配送员 App、自提柜系统也在逐步覆盖，用来完成"最后一公里"物流配送业务的操作、记录、校验、指导、监控等内容。这极大地提高了配送员的作业效率。

② 运单系统。这套系统是保证你能够查看到货物运送状态的系统，它既能记录运单的收货地址等基本信息，又能接收来自接货系统、PDA 系统的操作记录，实现了订单全程跟踪。同时，运单系统对外提供状态、支付方式等查询功能，供结算系统等外部系统调用。

③ 质控平台。京东对物品的品质有着严格的要求，为了避免因运输而造成的损坏，质控平台会针对业务系统操作过程中发生的物品损坏等异常信息进行现场汇报和收集，由质控人员进行定责。质控系统保证了对配送异常的及时跟踪，同时为降低损耗提供了质量保证。

④ 监控和报表。这套系统为管理层和领导层提供决策支持。青龙系统采用集中部署方案，为全局监控的实现提供了可能。集团可以及时监控各个区域的作业情况，并根据各个环节的顺畅度及时做出统筹安排。

⑤ GIS 系统，也叫地理信息系统。基于这套系统，青龙系统分为企业应用和个人应

用两个部分,企业方面利用GIS系统可以进行站点规划、车辆调度、GIS预分拣、北斗应用、配送员路径优化、配送监控、GIS单量统计等作业,而个人方面利用GIS系统能够获得LBS(基于位置的服务)、订单全程可视化、预测送货时间、用户自提、基于GIS的O2O、物联网等诸多有价值的物流服务。通过对GIS系统的深度挖掘,京东物流的价值进一步得到了扩展。

青龙系统对京东来说具有重要的战略价值,是驱动京东到家O2O、敏捷供应链、全品类扩张(特别是生鲜)、末端众包物流等新战略的关键。

本章小结

  配送是电子商务交易完成过程中的一个重要环节,本章介绍了配送的新发展模式,讲解了配送的概念和类型,以及配送中心的概念、作用和功能。配送优化问题是近年来的一个热点研究问题,优化配送方案可以降低企业配送成本,提升客户服务水平,增加企业经济效益,本章对合理的配送优化对企业和社会的意义、配送方案优化应遵循的基本原则、配送方案目标的实现过程中受到的约束条件限制,以及电子商务背景下配送优化策略做出了详细介绍。最后简要说明了物流配送系统,并介绍了京东物流的青龙系统。

思考题

1. 配送的概念是什么?
2. 配送的类型有哪些?
3. 现代配送的特点是什么?
4. 现代配送有哪些新发展模式?
5. 简述配送中心的作用、功能。
6. 配送优化指的是什么?
7. 如何优化配送网络布局?
8. 物流配送系统的作用有哪些?

第 9 章

跨境电子商务国际物流管理

教学目的
- 跨境电子商务国际物流的基本概念
- 跨境电子商务国际物流模式
- 跨境电子商务国际物流服务
- 国际物流成本的构成及计算
- 国际物流信息系统的设计阶段

跨境电子商务的发展受益于互联网普及、信息技术更新与应用、全球经济一体化与区域经济自由化趋势。随着跨境电子商务全球化进程的推进,跨境电子商务与国际物流之间相互影响、相互制约的关系已经成为一个新的课题。跨境电子商务的飞速发展必然为国际物流的发展提供新的契机,并将物流作业水平提升到前所未有的高度;而国际物流作为跨境电子商务中最重要的组成部分,随着自身体系的不断发展以及国际物流运输渠道的不断成熟和多元化,也对跨境电子商务物流的应用和发展起到了推动作用。本章主要介绍跨境电子商务下的国际物流模式、国际物流服务管理、国际物流成本管理以及国际物流信息系统管理。

引导案例

全球速卖通:"一带一路"开启外贸新时代

互联网为"一带一路"带来了无数全新的可能,它可以打破时空、地域、语言、文化、传统等限制。实际上,电商企业已经率先出发,如以阿里巴巴全球速卖通(AliExpress)为代表的跨境电商一方面受惠于国家"一带一路"倡议,另一方面也成为推动"一带一路"发展的一股不可忽视的创新力量。

"你来自AliExpress?"从机场的签证官员到餐厅的服务生,2015年到以色列出差的原阿里巴巴全球速卖通总经理沈涤凡一路都遇到全球速卖通买家的热情询问,尽管彼时,全球速卖通在以色列还没有一名员工,"但现在,AliExpress在以色列几乎到了家喻户晓的程度。"沈涤凡说。

实际上,不止在以色列,全球速卖通在很多国家都已经是当地最受欢迎的"海淘"电商平台。尽管全球速卖通之前在国内知名度不高,但可以说是"墙内开花墙外香"。在俄罗斯、乌克兰、波兰、立陶宛、土耳其、以色列、科威特、泰国、不丹、马尔代夫等"一带一路"沿线国家,全球速卖通不仅培养了大批的"洋剁手族",也让国际贸易充满了新的活力与生机。"阿里巴巴们"希望借助互联网的力量打开那扇"新外贸"的大门,让中国品牌"群龙出海",让国际贸易不再有高企的门槛,不再只是大企业的盛宴,让中小企业也登上舞台、展现魅力,而数以百万计的中小企业,恰恰是未来新外贸能够充满源源新动力的关键。

阿里巴巴全球速卖通正式上线于2010年4月,是阿里巴巴旗下面向全球市场打造的在线交易平台,被称为"国际版淘宝"。阿里巴巴全球速卖通平台结构如图9-1所示。

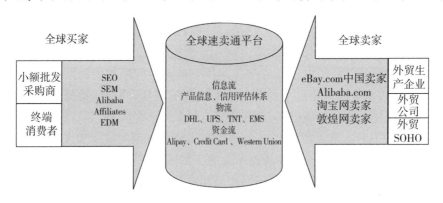

图9-1 阿里巴巴全球速卖通平台

经过近几年的发展,全球速卖通目前的用户已经遍及220多个国家和地区,也是中国唯一一个能够覆盖"一带一路"沿线全部国家和地区的跨境出口B2C新外贸交易平台。2018年9月,阿里巴巴全球速卖通战略发布会在杭州召开。会上,全球速卖通公布了最新成绩单:继2017年4月用户突破1亿个大关后,全球速卖通在一年时间内新增5 000万个用户,累计成交用户已突破1.5亿个,全球范围内每月访问全球速卖通的用户超过2亿个。

受惠于国家"一带一路"倡议,全球速卖通在中东、东欧等"一带一路"新兴市场上势头良好。在 2018 年的全球速卖通"828"大促中,沙特阿拉伯、阿联酋、西班牙等"一带一路"新兴市场交易规模爆发式增长,其中中东地区交易规模涨幅高达 252%。

"全球速卖通不只是货架,更应该是海外消费者获得快乐,和朋友产生互动、产生交流的地方。"阿里巴巴全球速卖通总经理王明强表示,围绕这个目标,全球速卖通将为海外消费者提供更加丰富和多元化的商品库,进一步提升跨境支付、物流和沟通体验,并深耕海外社交平台,为海外消费者提供更好的本地化服务。全球速卖通全球战略将围绕"新市场、新用户、更智能、更简单"四个关键词,从购物平台升级为海外消费者的生活方式平台。未来,全球速卖通将快速拓展"一带一路"新兴市场,继续深耕俄罗斯、西班牙,发力法国、荷兰、波兰等发达国家,突破土耳其、沙特阿拉伯等中东地区国家,帮助中国品牌出海,助力中小企业开拓"网上丝绸之路"。

资料来源:孙冰."一带一路"的网络先锋阿里巴巴开启外贸新时代[EB/OL].(2017-04-17)[2019-03-15]. http://finance.sina.com.cn/chanjing/gsnews/2017-04-17-doc-ifyeimqc4376243.shtml

9.1 跨境电子商务环境下的国际物流

国际物流是不同关境交易主体之间的物流活动,泛指国际贸易场景下衍生出的物流运作及投资合作等活动,也可以把服务于跨境电子商务的国际物流活动理解为"跨境物流"。高效的物流活动将人、企业、市场和机遇连通,有助于提高企业生产率和国民福祉,国际物流水平对一国的外贸竞争力及经济增长至关重要。帮助企业整合全球价值链和获得贸易机会,是构建跨境电子商务供应链的基础支撑。连接到全球物流网络的能力取决于一国的基础设施、服务市场和贸易流程,交通运输条件越好、法规体系越完善及海关与边境管理效率越高,所在地的经济贸易市场环境越可靠。

降低物流成本是一个世界性问题,在过去十几年,物流业随着电子商务而崛起,我国物流业以世界独有的模式拉低了整个社会物流成本并大幅提升了运作绩效。虽然城市快递市场已趋于饱和,但无论是农村市场还是跨境电子商务市场,对快递公司的网络能力都有着更高的要求,已经实现高量级的快递开始向产业链上下游蔓延,市场的竞争格局将会不断变化。因此,服务于传统国际贸易的国际物流已不能完全覆盖跨境电子商务的需求,国际物流发展仍远远落后于跨境电子商务的国际化进程,众多国内快递公司开始涉足这一被国际快递巨头霸占多年的市场。

9.1.1 跨境电子商务环境下的国际物流概述

1. 跨境电子商务与国际物流

跨境电子商务是指处于不同国家或关境的交易主体,以电子商务平台为媒介,以信息技术、网络技术、支付技术等为技术支撑,通过互联网实现商品的陈列、展示、浏览、比价、下单、处理、支付、客服等活动,通过线下跨境物流实现商品从卖方流向买方,并完成最后的商品配送,以及与之相关的其他活动。这是一种新型的电子商务应用模式,包括B2B、B2C、C2C、B2B2C(供应商对企业,企业对消费者)等类型的一切产品及服务交易的全过程。

国际物流是一个包罗甚广的专业领域。跨境电子商务平台的产生,使得买卖双方可以越过中间环节直接进行交易,小微企业甚至个人都可以参与到国际贸易中,实现了跨境电子商务一站式交付的跨境物流,带来了跨境网络零售的腾飞。跨境物流是跨境电子商务的重中之重,物流费用占到跨境电子商务总成本的20%—30%,小批量、多批次订单日渐增多,根据万国邮政联盟统计,全球跨境包裹数量自2006年以来处于高速增长趋势,占全球总包裹数量的比例也在不断增大。互联网对物流服务的影响,除了包裹物理的小包化,还使国际物流的经营模式发生了改变。传统国际物流的主营业务为国际贸易运输,以海运集装箱为主,主要解决生产与消费之间空间和时间的隔离,以及生产与消费之间信息和某些功能的隔离。而跨境电子商务的发展使得国际物流在商业模式上发生了根本性改变,跨境电子商务国际物流将物流与供应链管理结合起来,由原来的单纯负责运输,转变为与生产企业、供应商和购买商等贸易各方结合起来,进而帮助企业实现从原材料到产成品、从供应商到终端消费者的整个供应链的重构与优化。这样不仅缩短了物流周期,还控制了高速物流的正确性和可靠性。

跨境电子商务国际物流就是在跨境电子商务环境下,通过包括互联网在内的计算机网络或者移动客户终端所进行的一切产品及服务等交易活动的实物流动全过程,包括国际运输、包装配送、信息处理等环节。跨境电子商务国际物流具有快速化、集成化、规范化、电子化等特点。在跨境电子商务背景下,国际物流带有显著的电子商务特征,商品运输不再表现为大宗商品的跨境空间位移,而是通过跨境物流模式实现小批量、多批次的商品跨境空间位移。跨境电子商务国际物流发展的模式是多元化的,与传统的物流模式相比,跨境电子商务国际物流具有敏捷性与柔性的特点,更具有高附加价值,跨境电子商务国际物流更强调系统化、电子化、信息化、标准化。

因此,跨境电子商务与国际物流是相互促进、相互制约、相互依存的关系。

2. 常见国际物流专有名词解释

跨境电子商务在本质上应该包含进口与出口。进口也就是俗称的"海淘",针对跨境进口电子商务物流,本书将不做讨论,重点将以跨境出口电子商务(以下简称"跨境电子商务")物流为主轴展开。目前,国内电子商务平台如淘宝、京东等商品同质化严重,市场竞争激烈,而且准入门槛越来越高;此外,就大环境而言,国内工厂因不堪人工成本节节上升,多数已经转移或准备将生产基地转移到东南亚或者人工成本更低的国家,但中国制造的产品现阶段在世界各地市场仍然有着较明显的价格优势,因此不少卖家纷纷涌入跨境电子商务领域大展拳脚,期望能够从这块大蛋糕中分一杯羹。跨境电子商务物流(以下简称"跨境物流")在跨境电子商务中扮演着至关重要的角色,是决定用户体验是否良好的重要因素之一。随着跨境电子商务市场日益成熟,跨境物流渠道的选择也将越来越多,行业也将越来越规范。

在跨境电子商务环境下,国际物流会涉及许多环节,也涌现出许多专有名词,对这些专有名词的解释,详见二维码。

9.1.2 跨境电子商务与国际物流的关系

跨境电子商务与国际物流是相互影响、紧密联系的两个行业,跨境电子商务为国际物流的发展提供市场机遇,而国际物流的完善则是跨境电子商务发展的必要环节之一。

1. 国际物流是跨境电子商务的重要环节

跨境电子商务交易涉及交易磋商谈判、合同签订、国际物流、国际支付结算等诸多环节。对于跨境电子商务企业而言,产品是王道,物流是链条。国际物流是跨境电子商务运作过程的重要保障,整个跨境电子商务活动都需要借助国际物流来完成。在跨境电子商务运作过程中,不同的交易方式会产生不同的物流模式。跨境电子商务企业的成本中,采购成本、人工成本、物流成本占据了很大的比重,其中物流成本的比重为20%—25%。没有多元化的国际物流体系为跨境电子商务服务,这些物流成本的比重还会更高。

跨境电子商务是国际贸易的一种新形式,与传统国际贸易不同的是,交易磋商谈判、合同签订、国际支付估算均可通过互联网和电子商务平台完成,而实现商品从卖方到买方的流转则必须通过实体的国际物流完成,物流的效率、可到达性和成本直接影响着跨境电子商务的终端消费体验。因此,国际物流是跨境电子商务的重要环节。

2. 国际物流是跨境电子商务发展的关键因素

跨境电子商务的运作过程由网上信息传递、网上交易、网上结算和物流配送四个部分组成,其动态的完整运行必须通过信息流、商流、资金流、物流四个流动过程。不同于传统的商务模式,跨境电子商务的特殊性在于信息流、商流、资金流都可以在虚拟环境下通过互联网实现,而物流则不能完全通过网络实现,它的发展易被国境阻碍,只有保持四个流动过程畅通无阻,才能使跨国电子商务保持速度与效率的一致性,促进其发展。

对于跨境电子商务而言,其发展还受物流成本、物流可达性、物流效率、物流服务等条件的制约。一是物流成本。跨境电子商务终端消费者大多对价格敏感,较高的物流成本会制约跨境电子商务的发展,且跨境电子商务单次成交量(额)相较于传统国际贸易要少,物流成本难以摊薄。二是物流可达性。跨境电子商务的终端消费者分布在全球各地,物流服务是否可达、可达时间长短直接影响终端消费者的评价。三是物流效率。物流周期越长,货物交付时间就越长,这一方面会降低对终端消费者的吸引力,另一方面会涉及国际支付结算时货币兑换的汇率变动问题。四是物流服务。国际运输距离长、风险大,商品运输过程中的货损率、是否具有可跟踪性等会影响终端消费者的体验。因此,国际物流是决定跨境电子商务发展的关键因素,低成本、高效率、服务完善的物流支撑体系是跨境电子商务发展的迫切需求。

3. 跨境电子商务为国际物流的发展提供市场机遇

国际物流是构建跨境电子商务供应链的必备环节，而跨境电子商务为国际物流的发展提供市场机遇。

随着互联网技术的广泛应用，海内外大量中小企业、供货商与终端零售商、消费者通过跨境电子商务平台直接对接，跨境电子商务应运而生。2008年金融危机以后，为规避金融风险，国际订单呈现小批量、多批次的特点，跨境电子商务交易额呈现爆发式增长。传统商务模式越来越不能满足人们的需求，新时代下消费者更重视商品质量、商品种类丰富程度及购物体验，而跨境电子商务的出现在很大程度上能够提升购物便捷性、满足消费者需求、优化消费者购物体验；同时，跨境电子商务在改善企业服务质量、提高供应链有效性、增进企业经营效益、提升国际贸易成交量及范围等方面也发挥着作用。因此，现今很多传统企业都纷纷引入跨境电子商务经营模式，而巨大的跨境电子商务市场，则为国际物流的发展提供市场机遇。

9.1.3 跨境电子商务环境下国际物流模式分析

1. 传统跨境电子商务国际物流模式

（1）国际快递

国际快递是服务于跨境电子商务的一种传统物流模式，它主要是通过国际快递公司解决跨境电子商务中的商品配送及物流问题。国际知名的国际快递公司包括 UPS、DHL、FedEx、EMS 等，而我国一些快递公司如顺丰、圆通等也纷纷在时代趋势下涉足跨境电子商务。国际快递这种传统的物流模式在快递时效性及服务质量上占据着优势，可以满足世界各地客户的需求，但也存在价格高、特色专线快递未开通等劣势，进而影响客户物流体验。

（2）国际邮政小包

与国际快递一样，国际邮政小包也是服务于跨境电子商务的一种传统物流模式，它主要是通过万国邮政联盟解决商品配送及物流问题，以个人邮包的形式发货。国际邮政小包具有成本低、通关容易等优势，但在实际运营过程中，国际邮政小包的丢包率高、安全性低、时效性不强等劣势较为突出；同时，使用国际邮政小包进行物流运输，还受制于包裹形状、体积、重量等因素，在一定程度上影响了物流效率及物流体验。

2. 新兴跨境电子商务物流模式

（1）海外仓

海外仓是最近几年兴起的新型跨境电子商务国际物流模式，它是指经营跨境电子商务的企业在境外目的地建立或租赁仓库，采用海、陆、空等运输方式将货物运输至境外目的地，通过跨境电子商务平台进行线上销售，消费者成功下订单之后，企业再利用境外目的地仓库或境外第三方物流机构直接进行商品配送及运输。与传统的物流模式所存在的劣势相比，海外仓这种新兴的物流模式能够缩短物流时间、降低物流成本，同时还能够有效解决商品检验及退换货等诸多问题。虽然海外仓具有传统物流模式无可比拟的优势,但是由于建设海外仓投资巨大,致使很多跨境电子商务企业望而生畏。

(2)边境仓

边境仓与海外仓都是新型跨境电子商务国际物流模式,都是将物流仓库设立在远离国境的国界;而边境仓与海外仓的区别在于,海外仓位于境外,而边境仓则位于商品输入国的邻国。同时,对于边境仓而言,仓库的位置可以分为相对边境仓及绝对边境仓两种。相对边境仓是仓库设立在与商品输入国不相邻却相近的国家,而绝对边境仓则是仓库设立在与商品输入国相邻的国家。在实际运作中,边境仓的优势主要体现在可以有效规避商品输入国的政治、法律、税收等风险,还能够充分利用自由贸易区的物流政策,降低物流成本及提升物流效率。

(3)集货物流

集货物流也是现今跨境电子商务较常运用的一种物流模式,它使得跨境电子商务国际物流配送成本更低、效率更高,目前主要有两种操作方式,即建立仓储物流中心或建立由跨境电子商务战略联盟共同构建的国际物流中心。

(4)自贸区或保税区物流

自贸区或保税区物流模式也是跨境电子商务之下的产物,它是通过将货物运输至自贸区或保税区仓库,再由跨境电子商务企业负责货物销售,同时由自贸区或保税区仓库负责货物分拣、检疫、包装等环节,最后通过自贸区或保税区实现货物集中配送的物流模式。这种物流模式的最大优势在于可以最大限度地利用自贸区及保税区自身优势,为跨境电子商务国际物流的快速运行提供保障。

(5)国际物流专线

国际物流专线的特征主要体现在"专"上,即国际物流专线有专门使用的物流运输工具、物流线路、物流起点与终点、物流运输周期及时间等;同时,国际物流专线还是根据特定国家或地区跨境电子商务国际物流的特点推出的物流专线,比如现已开通的中欧(武汉)班列、e-ulink 专线等。国际物流专线所具有的特点,使得其能够有效规避通关及商检风险,还具有一定的物流时效性及物流经济性;但同时,也因其"专"而具有一定的局限性。

(6)第三方跨境物流

在跨境电子商务中,流程与环境更加复杂,自建物流投入多、要求高、风险大,虽然个别跨境电子商务企业也在采取自建物流模式,如京东商城、洋码头等,但是基于资金的缺乏、跨境电子商务国际物流的复杂性以及诸多风险与障碍等因素,绝大多数跨境电子商务企业除使用国际邮政小包与国际快递外,逐渐开始转向第三方跨境物流模式,与万国邮政联盟、国际快递公司等合作,或者与专业的第三方跨境物流公司合作。

(7)第四方跨境物流

第四方跨境物流是现今较为先进的国际物流模式,在跨境电子商务国际物流模式中应用十分广泛。

3. 跨境电子商务国际物流模式对比分析

通过分析各跨境物流模式在时效性、成本、适用性以及目前使用率等方面的差异,能够对各类跨境电子商务国际物流模式有较为清晰的了解,如表 9-1 所示。

表 9-1　跨境电子商务国际物流模式对比

模式	时效性	成本	适用性	目前使用率
国际快递	快	高	广	高
国际邮政小包	慢	低	广	高
海外仓	较快	较低	广	较高
边境仓	较快	较低	局限性显著	低
集货物流	一般	较低	局限性显著	低
自贸区或保税区物流	较快	较低	局限性显著	低
国际物流专线	较快	较低	局限性显著	低
第三方跨境物流	不确定	不确定	广	较高
第四方跨境物流	不确定	不确定	广	较高

在跨境电子商务国际物流模式中,国际快递与国际邮政小包使用较早,是主要的跨境电子商务国际物流模式。国际快递得益于较快的物流速度与时效,基于成熟的全球性国际快递公司,如 UPS、DHL、FedEx、EMS 等在跨境电子商务市场中使用率很高。国际邮政小包得益于万国邮政联盟的物流网络体系,在全球范围内网络最密集,能辐射到全球近 200 个国家和地区;在跨境电子商务国际物流模式中,国际邮政小包的成本是最低的,相应的时效性也是最慢的,跨境电子商务国际物流周期基本在一个月以上,有时甚至几个月,还容易出现丢包、丢件等问题。海外仓近两年出现后发展极快,已成为诸多跨境电子商务企业极佳的物流解决方案,海外仓还可以有效解决本地化及退换货等问题,其使用率正处于快速上升趋势。第三方跨境物流与第四方跨境物流得益于专业性优势,也具有较好的发展前景,其物流时效性与成本视不同情况、企业和商品需求而不同。以规模性优势显著的保税区或自贸区物流、国际物流专线、集货物流等模式,在物流时效性与成本方面具有一定的优势,但是在适用性上具有显著的局限性,不仅体现在地理局限性、时间局限性等方面,还存在于商品局限性方面。不同的跨境电子商务国际物流模式之间并不存在绝对的优势或劣势,需要根据不同的需求确定,不同的跨境物流模式各有最佳的适用范围。

4. 跨境电子商务国际物流运作流程

跨境物流是跨境电子商务生态系统的一个重要环节与要素,也是实现跨境电子商务交易的重要保障。不同的跨境电子商务模式又产生了不同的跨境物流运作流程。从整体上看,跨境物流的运作流程表现为当卖家接到订单后,会安排相应的物流企业进行输出国海关与商检、国际货运、输入国海关与商检等活动,随后进入输入国物流,直到商品配送到消费者手中,至此跨境物流活动才结束。跨境 C2C、跨境 B2C 与跨境 B2B 模式下的跨境物流运作流程如图 9-2 所示,三者之间存在一些差异。跨境 C2C 模式下的跨境物流是通过第三方电子商务平台发布产品和服务售卖信息、价格等内容。目前,我国的跨境电子商务模式主要以 B2B 和 B2C 为主。跨境 B2C 模式下的跨境物流呈现出频率高、碎片化、单笔商品品类多、物流复杂度与费用较高等特征。跨境 B2B 模式下的跨境物流类似于传统国际贸易所产生的国际货运,呈现出频率低、批量大、运作成熟、物流费用较低等特征。

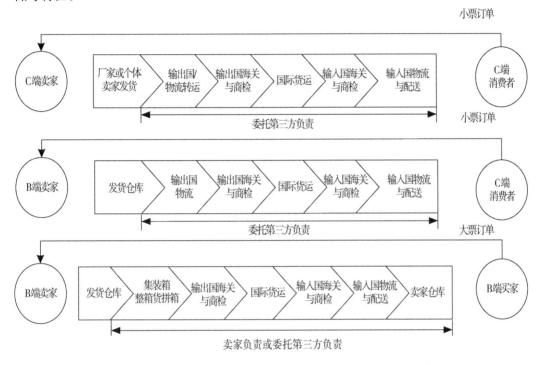

图 9-2 跨境 C2C、跨境 B2C 与跨境 B2B 模式下的跨境物流运作流程

跨境电子商务的发展推动着跨境物流的发展,诸多行业与企业尝试涉足跨境物流业务,刺激了跨境物流市场的火热。经过几年的发展,现有跨境物流企业可以归纳为以下几种类型:①传统零售企业通过发展跨境电子商务业务,自有业务量足以支撑跨境物流需求,纷纷建立跨境物流网络,代表企业有 WalMart(沃尔玛)、Home Pepot(家得宝)、Cdiscount 等;②传统交通运输业、邮政业的企业顺应跨境电子商务市场需求,纷纷增加跨境物流业务,代表企业有中远、中集、马士基、万国邮政体系等;③大型制造企业或传统行业的大型企业凭借原有的物流资源,伴随自身跨境电子商务业务的扩张,开始涉入跨境物流业务,代表企业有海尔物流、安得物流等;④传统电子商务企业伴随自身跨境电子商务业务的扩张,刺激了跨境物流需求,在国内市场自建了物流体系,并体会到了自建物流带来的优势,随之将自建物流扩展到跨境物流市场,自建了跨境物流体系,代表企业有京东、阿里巴巴、兰亭集势、Amazon(亚马逊)等;⑤传统快递企业不愿错失跨境物流市场,纷纷切入跨境物流业务,代表企业有 UPS(联合包裹速递服务公司)、FedEx(联邦快递)、顺丰、申通、Pony Express(小马快递)等;⑥新兴的跨境物流企业成立之初就专注于跨境物流市场,代表企业有俄速通、SPSR(中俄快递)、Intelipost、Loggi、递四方、出口

易等。

9.1.4 我国跨境电子商务环境下国际物流模式发展的影响因素及策略

1. 跨境电子商务环境下国际物流模式发展影响因素

跨境电子商务环境下国际物流模式发展存在以下影响因素：

(1) 跨境电子商务与国际物流缺乏协同

国际物流虽然有多种发展模式，但各种模式都有其发展弊端，导致国际物流无法与跨境电子商务实现协同：如海外仓、边境仓这两种新型物流模式都需要大量资金投入，而一般企业则无法承担；集货物流又需要国家相关政策扶持，但相关法律保障仍然缺失；自贸区或保税区设置较少，无法很好地满足跨境电子商务需求；国际物流专线具有相当大的区域局限性；第四方跨境物流现今处于发展初级阶段，无论是技术还是人才都很欠缺，不能为跨境电子商务的发展奠定基础。而各种物流模式自身具有的弊端导致其发展后劲不足，同时现阶段各种物流模式自身的运用特点使得其与跨境电子商务无法实现有效协同。除在发展水平上无法实现协同外，在国际物流功能与国际物流环境上，国际物流也无法与跨境电子商务实现协同，从而导致国际物流出现运输成本高、服务水平低、增值服务欠缺等问题，在一定程度上影响到国际物流与跨境电子商务的发展。

(2) 国际物流法律法规不健全

由于我国国际物流起步较晚，相关立法条件不充分，导致我国缺乏专门的保障国际物流正常运行的法律法规。现阶段关于国际物流的法律法规大多是部门性的规章制度，如《汽车货物运输规则》《铁路货物运输规程》《中华人民共和国水路运输管理条例》《航空货物运输合同实施细则》等，这些法律法规对保障国际物流正常运行并没有极强的针对性。此外，由于我国国际物流从业人员多为第三方物流的货运代理转行而来，而这些人员在从事国际物流时其法律地位已经出现转变，但由于相关法律的缺失，使得相关部门对从业人员的身份审核不清，导致从业人员良莠不齐。同时，关于国际物流的管理机制没有明确的法律规定，导致国际物流运输管理条块分割现象严重，致使部门与部门之间、产业与产业之间无法形成有效的沟通、协作，降低了国际物流效率。

(3) 国际物流运力水平有限

虽然近几年随着跨境电子商务的发展，国家在改善基础设施建设、增强物流运力方面颁布政策并投入建设，但是就目前而言，国际物流基础设施建设规模较小导致物流运力水平有限依然是我国国际物流发展面临的重要障碍，也是我国国际物流与国际水平有较大差距的原因。例如，在空运方面，存在空运航线少、空运飞机少、空运能力不足、空运价格昂贵等问题；在陆运方面，铁路及公路线路规划不合理造成内陆出口困难，在一定程度上影响了陆运运力、增加了物流成本；在海运方面，物流港口设置不足及布局不合理，在很大程度上增加了国际物流中转成本，延长了国际物流流通时间。这些都反映出我国国际物流基础设施建设不足、运力水平有限，进而影响了国际物流整体水平并削弱了我国出口竞争力。

(4)国际物流人才储备不足

由于我国国际物流起步缓慢,因而在现今人才市场上,还未有完全适合国际物流企业发展需求的专业人才;大多数国际物流从业人员是从其他物流领域临时转行而来,因而并不能完全满足当下国际物流企业需求,人才问题是制约我国国际物流发展的重要因素之一。

2. 跨境电子商务环境下国际物流模式发展策略

跨境电子商务环境下国际物流模式发展有以下策略:

(1)从企业自身出发,增进跨境电子商务与国际物流之间的协同性

国际物流与跨境电子商务之间是相互促进、共同发展的关系。就现今国际物流运作情况而言,其与跨境电子商务存在多方面的互不协同的情况,其中最为重要的一点体现在国际物流发展水平较低,致使多种物流模式效率不佳,从而难以满足日益增长的跨境电子商务需求。因此应增强跨境电子商务与国际物流之间的协同性,使得不同的物流模式在国际物流中发挥应有的效应,从而改善国际物流发展现状。

首先,从物流要件方面促进两者协同。根据跨境电子商务及国际物流发展的时代背景,可在战略、资源、供应链等多个方面增强两者之间的协同性,从而降低物流成本,减少物流时间,提升物流运输效率。这就需要跨境电子商务企业与国际物流企业在战略制定及践行方面达成一致意见,共同促进战略目标的实现,提升双方企业的经营效益;在资源共享上,双方企业应加强彼此拥有的无形资源(如移动信息技术或计算机网络技术、企业经营管理技巧)及有形资源(如企业固定资产)的共享程度;此外,供应链整合在提升物流运输效率及物流服务质量方面的作用显而易见,而这就需要双方企业注重供应链源头的开发及各环节彼此间的协调性,特别是对货物仓储及包装技术、物流线路、供应商关系维护等加以优化。

其次,从网络技术方面促进两者协同。接单、分拣、编号、包装、仓储、运输、商检、海关、配送、售后等都是国际物流的必需环节,而这些环节与跨境电子商务企业及国际物流企业息息相关。但是就目前的情况而言,由于国际物流自身的复杂性,再加上跨境电子商务企业网络技术应用不足,造成双方企业之间协同性缺失,使得物流运输效率在一定程度上下降。因而对于双方企业而言,应在整个物流供应链上充分利用网络技术,使得双方企业之间的合作实现无缝对接,使得国际物流企业在国际物流流通过程中明晰国际商检及通关要求,理解不同国家对所运输商品属性及运输工具的规定,了解不同国家物流设施基础水平以做好应对措施,从而最大限度地增强双方企业之间的协同性,提升各种国际物流模式运输效率。

最后,从员工竞争力方面促进两者协同。现今国际物流人才还面临极大的缺口,而面对这一问题,国际物流企业与跨境电子商务企业可以采用校企联合的形式有针对性地培养国际物流人才,还可以从国外或其他企业引进优秀的国际物流人才,从根本上增加企业国际物流人才储备量。同时,国际物流企业与跨境电子商务企业还需要完善已有的薪酬机制、考核机制、晋升机制、激励机制等,从根本上提升员工积极性、留住已有人才及

吸引外来人才。

（2）从政府角度出发，夯实国际物流发展的基础条件

首先，健全相关国际物流法律法规并完善相关细节。现阶段，我国国际物流相关立法不完整，造成国际物流管理体制不科学，根据前文所分析的问题，应从以下方面加以改善：第一，制定适应国际物流发展的法律法规。这就需要政府相关部门根据现阶段我国国际物流发展现状，制定国际物流发展规划、指明国际物流发展方向、完善国际物流发展标准体系、确定国际物流从业者法律地位、加强国际物流从业资质的审核监督等，以奠定国际物流发展的政策基础，从而促进诸如自贸区或保税区等新型国际物流模式的运行。第二，打破条块分割管理体制，充分发挥政府职能。现阶段，国际物流管理条块分割现象严重影响国际物流发展水平，在未来应逐步打破条块分割管理体制，加强政府各部门之间的默契性及协调度，以提升政府各部门的国际物流管理水平，从深层次上促进国际物流的发展。

其次，加大国际物流投资力度，提升国际物流发展水平。在前文中分析到，海外仓、边境仓、集货物流、第四方跨境物流等新型物流模式在发展过程中缺少必要的资金支持，而我国国际物流运力不足，部分源自政府投资到物流上的规划资金有限。因而，政府应加大对国际物流的投资力度，并颁布一些政策措施以提升我国国际物流运力水平。这里主要分析提升物流运力水平的相关措施：第一，改进基础设施水平，提升国际物流运力。这就需要合理规划公路及铁路线路、科学布局及设置物流港口、精准开发空中航线，以提升国际物流"海陆空"基础设施水平，进而扩大运输规模。第二，改善运输方式及改进运输工具，增加国际物流量。这就需要与国际接轨，采用多式联运方式，以加快货物流转速度；还需要改进运输工具，采用大吨位卡车、大规模集装箱，并逐步增加货运飞机数量，从根本上提升国际物流运力。第三，改良包装方式及改善运输策略，扩大运输规模。这就需要采用先进的包装技术，以便使用先进的包装方式提升货物装载量及货物运输安全性；还需要改善运输策略，如就近采购及加工策略、直接出口策略等，从根本上扩大运输规模、节约国际物流成本、提升国际物流效率。

跨境电子商务与国际物流是相互影响、共同发展的两个不同行业，两者都是优化消费者体验的要素。就目前的国际物流发展情况来看，国内物流企业所开展的国际物流服务成果并不显著，而其影响因素来自方方面面，如跨境电子商务与国际物流缺乏协同、国际物流法律法规不健全、国际物流运力水平有限、国际物流人才储备不足等，只有真正改善这些问题，才能使各种物流模式真正为国际物流的发展贡献力量，进而使我国国际物流发展达到较高的水平。

9.2 跨境电子商务国际物流服务与成本管理

9.2.1 跨境电子商务国际物流服务管理

1. 跨境电子商务国际物流服务管理的含义

跨境电子商务国际物流服务管理，就是对跨境电子商务物流运作的计划、协调和考

核等。跨境电子商务物流服务管理的目的就是使各个物流渠道实现最佳的协调和配合，从而降低国际物流成本，提高国际物流效率。

2. 跨境电子商务国际物流服务管理的原则

跨境电子商务国际物流服务管理应遵循以下原则：

(1) 整体效益原则

跨境电子商务物流服务管理不仅要求跨境电子商务物流本身效益最大化、资源整合化、成本最优化，而且要求与跨境电子商务物流服务相关的其他系统整体效益最大化。

(2) 标准化原则

跨境电子商务物流服务管理按照物流操作的重复性和常规性，用物流 ERP(企业资源计划)系统对物流订单的处理流程、包裹状态的跟踪流程、财务报表的分析流程及物流服务管理的 KPI(关键绩效指标)考核流程进行标准化的体现和管理，从而实现管理自动化、智能化，提高管理效益。

(3) 服务原则

跨境电子商务物流服务管理的核心在于对物流管理全过程进行监控和协调。要掌握常规的物流风险，并且采取规避措施，用高效、优质的服务体系，为客户提供最佳的物流体验。

3. 跨境电子商务国际物流服务质量

跨境电子商务国际物流服务质量是指以物流服务固有的特性满足物流客户和其他相关要求的程度。

跨境电子商务国际物流服务质量指标具体包括：

(1) 人员沟通质量

人员沟通质量指负责沟通的物流服务人员能否通过与客户的良好接触提供个性化的服务。一般来说，物流服务人员相关知识丰富与否、是否体谅客户的处境，是否帮助解决客户的问题会影响客户对物流服务质量的评价。这种评价形成于物流服务过程中，因此加强物流服务人员与客户的沟通是提升物流服务质量的重要手段。

(2) 订单释放数量

一般情况下，国际物流企业会按实际情况释放(减少)部分订单的订量。对于这一点，尽管很多客户都有一定的心理准备，但是不能按时完成客户要求的订量会对客户的满意度造成影响。

(3) 信息质量

信息质量指国际物流企业从客户角度出发提供产品相关信息的多少。这些信息包含产品目录、产品特征等。如果有足够多的可用信息，客户就容易做出较有效的决策，从而降低决策风险。

(4) 订购过程

订购过程指国际物流企业在接受客户订单、处理订单过程中的效率和成功率。调查表明，客户认为订购过程的有效性和程序及手续的简易性非常重要。

(5) 货品精确率

货品精确率指实际配送的商品和订单描述的商品相一致的程度。货品精确应包括货品种类、型号、规格准确及相应的数量正确。

(6) 货品完好程度

货品完好程度指货品在配发过程中受损坏的程度,如果有所损坏,国际物流企业就应及时寻找原因并进行补救。

(7) 货品质量

货品质量指货品的使用质量,包括货品功能与客户需求相吻合的程度。货品精确率与运输过程(如货品数量、种类)有关,货品完好程度反映货品损坏程度及事后处理方式,货品质量则与货品生产过程有关。

(8) 误差处理

误差处理指订单执行错误后的处理。客户收到错误的货品,或货品的质量有问题,都会向货品供应商追索更正。国际物流企业对这类错误的处理方式直接影响客户对物流服务质量的评价。

(9) 时间性

时间性指货品是否如期到达指定地点。它包括从客户下订单到订单完成的时间长度,受运输时间、误差处理时间及重置订单时间等因素的影响。

以上指标中货品精确率、货品完好程度、货品质量描述了订单完成的完整性,它们与其他六个指标共同建立了从客户角度衡量国际物流服务质量的指标体系。

9.2.2 跨境电子商务国际物流成本管理与控制

跨境电子商务国际物流管理的本质要求就是求实效,即以最少的消耗,实现最优的服务,并达到最佳的经济效益。积极而有效的国际物流管理是降低物流成本、提高物流经济效益的关键。搞好国际物流管理,可以实现合理运输,使中间装卸搬运和储存的费用降低、损失减少;可以协调好物流各部门、各环节以及劳动者之间的关系,从而提高国际物流的经济效益。国际物流成本的降低,可以体现出国际物流管理的成效,同时也直接影响到国际物流企业在竞争中的地位。通过降低国际物流成本,可以吸引更多对价格敏感的客户。在国际物流管理过程中,应将降低国际物流成本作为重点,通过对国际物流活动进行计划、组织、指挥、协调、控制和监督,使各项物流活动实现最佳的协调与配合,达到降低物流成本、提高物流效率和经济效益的目标。

国际物流成本管理是对国际物流费用进行计划、协调和控制,主要包括:通过整合物流综合方案来提升产品竞争力,通过实现供应链管理来管控每个环节的成本,从而达到物流成本最优。物流成本最优不仅可以提升企业的利润空间,还可以大幅度地提高企业的销售额。

1. 国际物流成本管理的理论

(1)物流成本冰山理论

一般认为,包含在采购、包装、装卸搬运、仓储、流通加工、商检报关、国际运输、信息处理等各个活动中的费用都应被计入国际物流成本。但是,基于企业财务数据计算的物流费用只能反映国际物流成本的一部分,相当数量的物流费用是不可见的。日本早稻田大学的西泽修教授针对这一现象提出了物流成本冰山理论学说,认为向外支付的物流费用只是"冰山"的一角,而大量的物流费用是在企业内部消耗的,如图9-3所示。

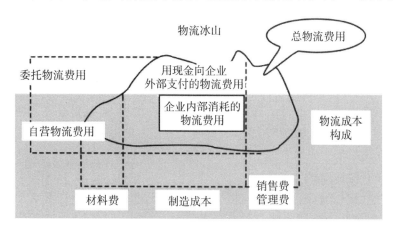

图9-3 物流成本构成

在跨境电子商务环境中,国际物流成本冰山理论早已存在。在跨境电子商务1.0时代和跨境电子商务2.0时代,货源为王,谁有优质的货源,谁就有竞争的优势,那时的跨境电子商务是蓝海市场,物流成本对跨境电子商务企业来说是可忽略的,被认为是整体物流成本的冰山一角。

(2)国际物流成本削减的乘数效应

乘数效应就是投资的增加导致产出高出若干倍于投资的增加,物流成本削减具有乘数效应。在跨境电子商务总成本中,物流成本通常占到销售额的20%—22%。假设物流成本占销售额的20%,如果企业的月销售额为1 000万元(包含物流成本),则物流成本为200万元;如果企业的物流成本率下降5%,则企业只需要150万元的物流成本即可达到1 000万元的销售额;如果企业的物流成本保持不变为200万元,则当物流成本率下降5%,企业将产生1 333.3万元的销售额;如果利润率也保持不变为20%,则同样200万元的物流成本,当物流成本率下降5%,企业利润将增加66.66万元。

2. 国际物流成本的构成及计算

(1)国际物流成本的构成

国际物流成本是指国际物流活动中的各环节,如采购、包装、装卸搬运、仓储、流通加工、商检报关、国际运输、信息处理等支出的人力、物力、财力的总和,主要包括以下几个方面:

① 从事国际物流工作人员的工资、奖金及各种补贴;

② 国际物流过程中的物质消耗,包括材料、电力、燃料的消耗以及固定资产的磨损等;

③ 货物在运输、仓储保管等国际物流过程中的合理消耗;

④ 再分配项目支出,如银行贷款利息等;

⑤ 国际物流过程中发生的其他支出,如办公费、差旅费等。

为了正确地进行国际物流成本核算,根据物流管理方法、成本分析方法的不同,可以将以上各项费用进行不同形式的分类。

第一,按费用支付形式分类。按费用支付形式分类的方法与财务会计统计方法一致,一般是将国际物流成本分为本企业支付的物流成本和支付给他人的物流成本两大类,这种分类使我们可以按支付形式计算国际物流成本。把国际物流成本分别按运费、保管费、包装材料费、商检报关费、人工费、物流管理费、物流利息等支付形式记账,从中可以了解国际物流成本总额,也可以了解哪个项目花费最多,从而便于检查国际物流成本在各项日常支出中的数额和所占比例,也便于分析各项费用的变化情况;同时,这种分类对于考虑在国际物流成本管理上应以何为重也十分有效。按费用支付形式分类适用于生产企业和专项物流部门。

第二,按物流活动构成分类。按物流活动构成分类是以国际物流活动的几个基本环节为依据,将国际物流成本划分为物流环节成本、情报流通成本和物流管理成本三个方面。这种分类便于检查国际物流活动各个环节的成本支出情况,对于安排国际物流资金、衔接各个环节的关系等十分方便,因而适用于综合性物流部门。从这种分类计算的国际物流成本中可以看出哪个环节更耗费成本,比按支付形式计算国际物流成本的方法能更进一步找出实现国际物流合理化的途径,更便于进行物流作业管理、制定优化目标。

第三,按国际物流范围分类。按国际物流范围分类是基于物流流动过程,强调物流的先后次序,因而便于分析物流各个阶段中的物流成本情况,无论是在专项物流部门还是在综合性物流部门或是在各类形式的企业物流中,这种分类都具有较强的适用性。

(2)国际物流成本的计算

一般来说,国际物流成本的相关概念及计算公式如下:

① 计费重量单位:一般每 0.5kg(0.5 公斤)为一个计费重量单位。

② 首重与续重:以第一个 0.5 公斤为首重(或起重),每增加 0.5 公斤为一个续重,通常起重费用比续重费用要高。

③ 实重与材积:实重是指需要运输的一批物品包括包装在内的实际总重量。体积重量或材积是指当需要寄递的物品体积较大而实重较轻时,因运输工具(飞机、火车、轮船、汽车等)承载能力及承载空间所限,需要将物品体积折算成重量作为运费计收依据。

④ 轻抛物:是材积大于实重的物品。

⑤ 计费重量：按实重与材积两者的定义以及国际航空运输协会的规定，货物运输过程中计收运费的重量是按整批货物的实重和材积两者之中较高的一方计算的。

⑥ 包装费：一般情况下，快递公司是免费提供包装的，如衣物，不用特别细的包装就可以；而一些贵重、易碎物品，快递公司提供包装需要收取一定的包装费。包装费一般不计入折扣。

⑦ 通用国际运费计算公式。

公式一：

当需寄递物品实重大于材积时，运费计算公式为：

运费＝首重运费＋[重量(公斤)×2－1]×续重运费

例如：5公斤物品按首重150元、续重30元计算，则运费为：

150＋(5×2－1)×30＝420(元)

公式二：

当需寄递物品实重小于材积时，运费需按材积标准收取，先计算物品材积，再按公式一计算运费。规则物品材积计算公式如下：

重量(公斤)＝长(厘米)×宽(厘米)×高(厘米)÷5 000

国际快件有时还会加上燃油附加费。例如，燃油附加费率为9%时，还需要在公式一的结果加上燃油附加费(运费×9%)。

- 总费用：

总运费＝(运费＋燃油附加费)×折扣＋包装费用＋其他费用

例如：从上海寄21公斤普通包裹到德国，总运费为多少？

设某公司选择快递公司A，首重0.5公斤260元，续重60元/0.5公斤，燃油附加费为10%，折扣为8折。运费计算如下：

运费＝260＋(21×2－1)×60＝2 720(元)

总费用＝2 720×(1＋10%)×80%＝2 393.6(元)

此外，某些快递公司对部分航线有特殊优惠价格。例如，超过21公斤时，物品可以按一个特定的统一价计费。对于上例，通过某家快递公司可以给到一个60元/公斤的价格，则对应总费用＝21×60×(1＋10%)＝1 386(元)。

当然，此种优惠价格并不是所有快递公司的每条航线都有，详细情况应以具体快递公司的报价为准。一般价格可以直接与对应快递公司电话确认。各大快递公司的价格基本相近，但是如果与对应快递公司签有相应协议，则会有比较优惠的协议价格。

各物流企业计费方式如表9-2所示。

表 9-2 各物流企业计费方式

物流企业	服务介绍及优势线路	计费方式	费用比较	运输时效	平台收货期	货物跟踪	适用产品
UPS	世界上最大的快递公司。优势线路在拉丁美洲和日本	取实重和材积较高者计费高公斤段按单位价格计费每月更新燃油附加费有偏远地区附加费等杂费	较贵	2—5 天	23 天	官方网站查询信息准确	货物价格较高对运输时效性要求较高追求质量和服务
DHL	欧洲最大的快递公司。优势线路在欧洲、西亚和中东						
FedEx	美国快递公司。在东南亚价格、速度优势明显；在美国、加拿大也较有价格优势						
TNT	荷兰最大的快递公司。在西欧国家清关能力较强	EMS 直达国家只按实重计费，无燃油附加费；非直达国家取积高者计费，有 6% 的燃油附加费	中等	5—8 天	27 天	官方网站查询	运输时效性要求一般货物体积相对较大比较注重运输成本
EMS	邮政渠道的国际特快专递。在各国（地区）邮政、海关、航空等部门均有优先处理权						
中国邮政航空包裹	通过中国邮政将货物发往国外，到达买家所在国之后，通过当地的邮政系统送达买家手中	只以产品包装后的实重计费小包首重和续重都以 0.1 公斤计大包首重和续重都以 1 公斤计无偏远地区附加费无燃油附加费	较低廉	7—14 天	39 天	挂号后才可跟踪出境后许多目的国无法跟踪查询周期很长	对运输成本较敏感运输时效性要求不高货物体积较大货物价值较低

3. 国际物流成本控制的策略

为了加强成本管理,必须对国际物流成本进行控制。成本控制的目的在于通过降低成本来获取更大的利润。成本控制首先是制定成本控制目标,即以企业的目标盈利为基准,层层分解目标成本,将其落实到最基本的活动单位;其次是核算成本控制绩效,监督、检查实际执行状况,分析偏差,并制定控制决策;最后是实施控制措施,滚动修正控制目标。国际物流成本控制的策略具体包括:

(1)通过整合物流综合方案来降低物流成本

跨境电子商务国际物流的需求是碎片化的,复杂且多样。不同的产品属性、不同的重量和体积、不同的国家和地区、不同的物流渠道,计费方式和成本都相差甚远。跨境电子商务企业应根据自身平台对物流的要求以及买家的需求来整合和优化物流方案,以达到物流成本最优。物流成本的降低,必然会带来销售额的增加。

(2)通过实现供应链管理和提高物流服务管理水平来降低物流成本

实现供应链管理不仅要求相关企业的物流体制效益化,而且要求物流部门、产品部门和采购部门等也要加强成本控制。

9.3 跨境电子商务国际物流信息系统管理

9.3.1 国际物流信息系统管理和 ERP 系统

1. 国际物流信息系统的构成

信息系统(Information System)是对信息进行收集、存储、检索、加工和传递,使其得到利用的人机交互系统。物流信息系统是把各种物流活动与某个整合过程连接在一起的通道。整合过程应建立在四个功能层次上:

① 交易:用于启动和记录个别物流活动的最基本的层次。交易活动包括订货、安排存货、作业程序选择、装船、定价、开发票以及消费者查询等。

② 管理控制:主要集中在功能评估和报告上。

③ 决策分析:主要集中在决策应用上,协助管理人员鉴别、评估和比较物流战略和策略上的可选方案。

④ 制订战略计划:主要集中在信息支持上,以期开发和提炼物流战略。

物流信息系统在设立各功能层次的同时,也融合了系统决策的特点,如图 9-4 所示。

根据国际物流产生的领域和作用,国际物流信息应该体现为综合信息、运输信息、库存信息、配送信息、订货信息、进货信息等。国际物流信息系统(International Logistic Information System)从本质上讲是把各种国际物流活动与某个一体化过程连接在一起的通道,主要是指以计算机为工具,对国际物流信息进行收集、存储、检索、加工和传递的人机交互系统。

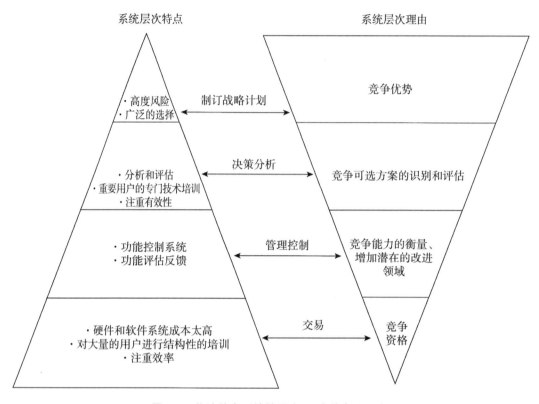

图 9-4 物流信息系统的用途、层次特点及理由

简单来说,国际物流信息系统一般由以下子系统组成,各子系统又有自己特有的功能:
- 管理信息子系统:提供与具体业务无关的、系统所需的功能。
- 采购信息子系统:提供原材料采购信息。
- 仓储管理信息子系统:提供仓储管理信息,还可以进行库存分析与财务信息子系统集成。
- 库存信息子系统:提供库存管理信息。
- 生产信息子系统:提供产品生产信息。
- 销售信息子系统:提供产品销售信息。
- 商检报关信息子系统:是国际商品或货物与主管机构相连的商检报关作业系统。
- 国际运输信息子系统:提供国际商品或货物运输信息。
- 财务信息子系统:提供财务管理信息。
- 决策支持子系统:使国际物流信息系统达到一个更高的层次。

国际物流信息系统管理是对物流信息进行收集、处理、分析、应用、存储和传递的过程,在这个过程中,对涉及物流信息活动的各种要素(人工、技术、工具等)进行管理。对于跨境电子商务企业来说,国际物流信息系统管理实现的是订单包裹的实时跟踪、转运、妥投等一系列物流跟踪数据管理;此外,对物流成本进行财务报表分析,是实施物流 KPI 考核的重要参考手段。

国际物流信息系统管理强调应用系统化和集成化的观念来处理企业经营活动中的问题,以求得系统整体最优为目的,既要求信息处理的及时性、准确性和灵活性,又要求信息处理的安全性和经济性。

2. 国际物流信息系统的特点

国际物流信息系统通过对物流信息的收集和统一管理,使物流、资金流、信息流三者同步,满足了各部门对物流信息处理和共享的需求,使各种资源得到了综合利用,实现了从物流决策、业务流程到客户服务的全程信息化,有效地提高了物流效率,降低了物流成本,提高了国际物流企业的综合竞争力。国际物流信息系统具有以下主要特点:

① 人机交互系统。国际物流信息系统充分利用计算机技术、网络技术、通信技术和软件技术,具有信息收集、处理、传递等功能,为企业提供物流管理和辅助决策,为客户提供良好的服务和信息支持,但系统的正常运行离不开人机信息交换及人的操作、管理和决策,各级管理者既是系统的使用者,又是系统的组成部分,因而国际物流信息系统是一个人机交互系统。

② 易用性。国际物流信息系统是综合应用系统论、信息论、控制论、行为科学、管理科学、计算机技术和通信技术的一个复杂系统,由于使用者的水平参差不齐,因此要求系统相对容易操作和使用。

③ 适应性。物流活动是一个动态过程,它随着时间、空间、物流条件、环境的变化而变化,这要求国际物流信息系统尽可能地适应物流活动的变化,把物流活动的动态变化信息反映在系统中,因而系统的适应性要强,不需要经过太大的变化就能与物流活动的变化相适应,并便于修改。

④ 集成化。集成化是指国际物流信息系统各子系统的设计和开发要遵循统一的标准,最后按照一定的规范将各子系统连接在一起,形成国际物流企业信息处理和共享平台。

⑤ 模块化。模块化是指将国际物流信息系统按业务功能的不同分解成相互独立的若干个子系统,这些系统可以满足不同的业务需要;同时,这些子系统又可以组合成国际物流信息系统的整体功能,便于系统的扩展和维护。

⑥ 网络化。网络化是指通过互联网、移动通信网络将分散在不同地理位置的物流企业、供应商、客户等物流节点连接起来,形成一个信息共享网络,借助网络共同完成物流活动的运作。

⑦ 智能化。智能化应当可以处理不确定信息,并能够根据这些信息对资源进行管理和控制,辅助企业管理者做出快速而正确的决策。智能化是国际物流信息系统发展的方向。

3. 跨境电子商务 ERP 系统

跨境电子商务 ERP 系统提供多渠道电子商务管理解决方案,支持多仓库、多品牌管理,为零售商户提供"一站式"信息系统服务;功能上囊括了采购管理、销售管理、接单管理、物流计划、仓储管理、价格体系管理、结算管理、发票管理、客户关系管理、报表管理。成功案例目前已经涵盖钟表、3C、鞋服、医疗器械等行业品类。

ERP 系统是一种基于供应链管理的信息化管理系统,其核心管理思想就是实现对整个供应链的有效管理,主要体现在以下三个方面:

① 对整个供应链资源进行管理的思想。企业仅靠自己内部的资源不可能快速、高效地参与市场竞争,必须把生产经营过程中的供应商、制造商、分销网络、客户等有关各方纳入一个体系,这样才能有效地安排企业的产、供、销活动,在市场上获得竞争优势。

② 精益生产与敏捷制造的思想。ERP 系统支持对混合型生产方式的管理,其管理思想表现在两个方面:一是精益生产(Lean Production,LP),即企业在按大批量生产方式组织生产时,把客户、销售代理商、供应商、协作单位纳入生产体系,组成企业的供应链,形成利益共享的合作伙伴关系,这种合作伙伴关系组成一个企业的供应链,即精益生产的核心思想;二是敏捷制造(Agile Manufacturing,AM),即将许多柔性的、先进的、实用的制造技术,高素质的劳动者以及企业之间和企业内部灵活的管理三者有机地结合起来,对客户需求快速做出响应。

③ 事先计划与事中控制的思想。一方面,ERP 系统通过制订生产计划、物料需求计划、能力需求计划、销售执行计划、人力资源计划等,将设计、制造、销售等统一安排进行各种相关作业,使这些计划功能与价值控制功能完全集成到整个供应链系统中;另一方面,ERP 系统通过定义与事务处理相关的会计核算科目与核算方式,在事务处理的同时自动生成会计核算分录,保证了资金流与物流的同步记录和数据的一致性,便于实现事中控制和实时做出决策。

在跨境电子商务 ERP 系统中,其订单管理如图 9-5 所示。

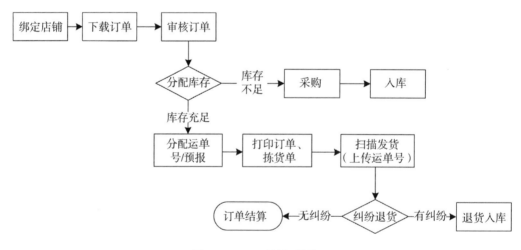

图 9-5　ERP 系统订单管理

9.3.2　国际物流信息系统的发展

1. 国际物流信息系统的设计

一些大型企业或有开发能力的企业,可以根据自身特点开发自己的国际物流信息系统。而对于一些中小型企业或自身开发能力不足的企业,则可以外包国际物流信息系统

的开发。不管由谁来开发国际物流信息系统,一般要经过以下几个阶段:

(1)可行性分析阶段

在进行大规模的信息系统开发之前,要从有益性、可能性和必要性三个方面对未来系统的经济效益、社会效益进行初步分析。

(2)信息系统规划阶段

信息系统规划是在可行性分析论证之后,从总体的角度规划系统应由哪些部分组成、在这些组成部分中有哪些数据库、它们之间的信息交换关系是如何实现的,并根据系统功能需求提出计算机系统网络配置方案。

大体上,系统规划可分三步进行:

① 组成开发组对企业的物流状况和现有系统进行调查;
② 进行可行性分析;
③ 编写可行性分析报告。

(3)信息系统分析阶段

信息系统分析阶段的任务是按照总体规划的要求,逐一对系统规划中所确定的各组成部分进行详细的分析。

(4)信息系统设计阶段

信息系统设计阶段的任务是根据系统分析的结果,结合计算机的具体实现,设计各个组成部分在计算机系统上的结构。对企业来说,当开发国际物流信息系统时,应将重点放在国际物流信息系统体系结构的设计上。在体系结构设计中,应遵循的原则是:

① 具有开放性、模块化及适应性等特点;
② 满足各个组成部分间的数据交换要求,数据交换必须确保数据的完整性及安全性;
③ 数据交换需采取通用的数据定义、信息格式及通信协议,这样可以确保不同部门开发的各自独立的系统具有互操作性;
④ 具有与现有系统及较新通信技术兼容的特点;
⑤ 尽可能兼容已有的技术及已开发的系统;
⑥ 在物流信息技术上,应使企业在竞争的市场中具有广泛的选择。

(5)信息系统开发实施阶段

信息系统开发实施阶段的任务包括系统硬件设备的购置与安装、应用软件的程序设计等。

(6)信息系统测试阶段

程序设计的完成并不标志着系统开发的结束。系统测试是从总体出发,测试系统应用软件的总体效益、系统各个组成部分的功能完成情况、系统的运行效率及系统的可靠性等。

(7)信息系统安装调试阶段

在系统安装、数据加载等工作完成后,可对系统硬件和软件进行联合调试。

(8)信息系统试运行阶段

对信息系统进行一段时间的试运行,使用户逐步适应系统的使用,避免未曾预料问题出现而造成严重的经济损失,从而降低系统的应用风险。

(9)信息系统运行维护阶段

在信息系统正式运行后,要制定一系列有关系统管理的规章制度,做好系统的维护工作。

(10)信息系统更新阶段

当信息系统已不能满足企业或组织业务发展的要求时,就应为信息系统进入下一个开发周期做准备。

2. 国际物流信息系统的网络化

国际物流管理在很大程度上是对信息的处理,管理组织中存在的大量岗位只是发挥着信息收集、挑选、重组和转发的"中转站"作用。如果这些工作由国际物流信息系统承担,则会更快、更准、更全面。物流管理人员和决策人员如何利用现代信息技术充分发挥现代物流管理的作用,已经成为企业面临的一个重要问题。在信息技术飞速发展的今天,国际物流信息化的重要性也越来越被人们认识。国际物流信息化不仅包括物资采购、存储、配送、运输等物流活动的信息管理和信息传送,还包括为物流过程中的各种决策活动(如采购计划、销售计划、供应商的选择、客户分析等)提供决策支持,并充分利用计算机的强大功能,汇总和分析物流数据,从而做出更好的进销存决策。国际物流信息化表现为物流信息的商品化、物流信息收集的数据库化和代码化、物流信息处理的电子化和计算机化、物流信息传递的标准化、物流信息存储的数字化等。因此,条码、数据库、电子订货系统、电子数据交换、快速反应及有效的客户反应、企业资源计划等技术已经或将会在国际物流信息系统中得到普遍应用。

在我国,一些大的物流企业也开始利用国际互联网来获取信息,虽然在有效利用国际互联网技术方面,我国同世界先进水平相比还存在很大的差距,但是充分显示了我国物流企业利用国际互联网的能力与意识。在实际工作中,应该针对具体国情,着重注意以下几个方面的问题:

(1)加强通用数据的利用

国际互联网的使用使物流业发生了巨大的变化,物流企业开始大量运用通用数据。通用数据是国际互联网上信息流通的标准形式,电子订货系统、电子数据交换、企业资源计划、全球定位系统等数据采集和交换系统层出不穷。因为有了国际互联网这个大数据库,物流企业第一次有了取之不尽、用之不竭的各类数据。同时,物流企业也可以委托ISP(互联网服务提供商)把自己的数据扩充到国际互联网中。

(2)加强信息发布的主动性

最主动地利用信息的方式就是信息发布。在国际互联网能够延伸到的地方,互联网上发布的信息就可以引起人们的注意。如果物流企业经常接触国际互联网,又关心物流企业动态的话,就可以从旗帜广告做起。

(3)加强信息的时效性管理

国际互联网上的数据与时间密切相关。因此,我国物流企业应特别注意对信息的时效性管理。

3. 国际物流信息系统管理的主要目的和未来发展

国际物流信息系统管理的目的主要体现在：

① 改善物流企业内部流程和信息沟通方式，满足跨境电子商务企业客户及业务部门对信息处理和共享的需求。

② 提高办公自动化水平，提高工作效率，降低管理成本，实现成本优先的竞争优势。

③ 对货物进行跟踪和监控，实时掌握货物运输情况，增强对业务的控制，为决策提供数据支持。

④ 为客户提供个性化服务（如货物跟踪），提高客户服务水平。

市场是不断变化的，客户对物流企业的需求以及企业自身发展的需求也在不断地发生变化，同时信息技术本身也在不断地发生变化，因此国际物流信息系统会根据客户需求不断地改进、不断地完善，在完善的基础上再不断地改进，是一个循环、不断完善的过程。

随着跨境电子商务的飞速发展以及物流信息技术的不断提高，两者相辅相成。跨境电子商务利用物流信息技术实现企业管理的高效化、流程化和成本最优化；物流信息技术根据跨境电子商务不断变化的市场需求来调整自己的功能，改善跨境电子商务的物流流程。

综合国际物流信息系统的发展趋势，未来国际物流信息系统的发展和应用体现在以下方面：

(1) 综合服务能力更强

随着跨境电子商务全球化的进程，国际物流信息系统的综合服务能力更加显著。国际物流信息系统不仅要满足物流企业内部的作业需求，还要同时满足跨境电子商务企业对区域性仓库的库存管理及订单处理需求，使得物流企业和跨境电子商务企业在需求和功能上相互促进、相互完善。

(2) 专业性更强，接口趋于透明

随着跨境电子商务国际物流的发展和推进，跨境电子商务国际物流的各种运输方式更加完善和成熟，体现在跨境电子商务国际物流企业对跨境电子商务企业的物流需求定制化上，满足了跨境电子商务企业碎片化的需求。相较于传统物流开发商"大而全"的一体化物流解决方案，跨境电子商务物流信息系统对接专业的物流数据跟踪网站，更加专业地满足跨境电子商务企业 B2B、B2C 的业务需求。

(3) 决策支持功能加强

国际物流信息系统不仅提高了物流企业内部的运营效率，而且它所体现的库存数据、包裹跟踪数据、物流成本数据在很大程度上为跨境电子商务企业提供了管理决策依据。

(4) 自动化程度不断提高

国际物流信息系统的自动化程度不断提高，体现为仓储设施和配送作业的自动化、智能仓库的建设、机器人分拣作业等。

本章小结

在本章的学习中,通过多角度、多层面剖析,对跨境电子商务国际物流及其发展态势进行了较为全面的了解与把握。跨境电子商务国际物流发展的模式是多元化的,与传统的物流模式相比,跨境电子商务国际物流更强调系统化、电子化、信息化、标准化。跨境电子商务国际物流服务是国际物流企业根据跨境电子商务企业或者个人的运输需要,为其提供的完成网上交易的一系列物流活动。对于跨境电子商务企业而言,优质的物流服务是提高客户满意度和销售竞争力的重要保障。国际物流成本管理是对国际物流费用进行计划、协调和控制,从而达到物流成本最优。物流成本最优不仅可以提升企业的利润空间,还可以大幅提高企业的销售额。国际物流信息系统对跨境电子商务的发展起着至关重要的积极作用,其不仅能改善物流企业内部流程和信息沟通方式,满足跨境电子商务企业客户以及业务部门对信息处理和共享的需求,还能实现跨境电子商务企业对货物的跟踪和监控,为决策提供数据支持。

思考题

1. 当前的国际物流模式主要有哪些?
2. 跨境物流模式有哪些?
3. 国际物流成本的计算方法有哪些?
4. 国际物流信息系统设计分为哪几个阶段?

21世纪经济与管理规划教材

物流管理系列

第 10 章

新兴技术及设备在
电子商务物流中的应用

教学目的

- 云物流的概念及关键技术
- 物联网的概念、总体架构及其对物流各个环节的影响
- 大数据给物流行业带来的变革以及在物流中的应用
- 智能快递柜的操作流程与业务模式
- 无人机和送货机器人的实际应用与发展前景

  随着计算机技术和网络技术的普及与应用,以云计算、物联网和大数据为代表的新兴技术出现并飞速发展,并在物流行业得到推广和应用。本章主要介绍了新兴技术在电子商务物流中的应用,并补充了近年来出现的一些新兴技术设备(包括智能快递柜、无人机和送货机器人)给物流行业带来的深刻影响和最新变化,使读者能够了解并掌握这些技术的工作原理和发展趋势,熟悉其具体功能及在电子商务物流中的应用前景。

▶ 引导案例

EasyStack 助力顺丰速运搭建云平台

随着 O2O 商业模式的兴起,很多企业的创新业务增多,速递行业的龙头企业——顺丰速运也不例外。2016 年,EasyStack 中标顺丰速运云平台项目,帮助顺丰速运业务持续创新,巩固其在速递行业的领导地位。

和众多不断创新的企业一样,顺丰速运也意识到了在发展 O2O 业务的同时,开源的 OpenStack 云平台对整体业务需求的重要性,特别是企业成立了"嘿客"网购服务社区店之后,不仅原有的 IT 架构无法适应快速多变的市场需求,而且原有的闭源虚拟化软件系统扩展费用高昂。EasyStack 采用 ESCloud 云计算解决方案中标顺丰速运云平台项目,基于开源的 OpenStack 云平台,为客户提供灵活、可靠的、创新的 IT 基础架构。

EasyStack 在顺丰速运深圳总部搭建了新业务研发及测试的生产业务云平台。顺丰速运的新业务测试完成后,直接迁移至生产业务云平台对外上线,可随业务形态动态扩展并设立异地容灾中心。

部署规模上,EasyStack 为顺丰速运一期项目部署了数十个计算节点,未来计划总计过千台物理服务器需要云化。通过 EasyStack 部署搭建的云平台,顺丰速运的平台架构灵活、可靠并能够快速适应市场变化,让 IT 资源有的放矢。开源云计算的尝试,也为顺丰速运在众多新业务中搭建了灵活多变的云平台,让其可以有条不紊地面对新业务带来的挑战。同时,EasyStack 还帮助顺丰速运从业务角度考量资源管理,使其改变了管理观念,优化了物理资源。

目前,EasyStack 已经帮助越来越多的企业完成基于 OpenStack 搭建云平台的重要业务转型,大多数企业不仅追求业务上的创新,还要求业务具有连续性、灵活性并追求高效的业务发展。OpenStack 云平台的不断成熟,让其备受企业青睐,而 EasyStack 正是基于 OpenStack 云平台为企业级客户提供开放、稳定可靠、高性能的云计算服务。

关于 EasyStack

EasyStack(北京易捷思达科技发展有限公司)是领先的 OpenStack 云平台和服务提供商,由中国最早从事 OpenStack 研发的 IBM 中国研发中心的核心团队在 2014 年 2 月创建,基于 OpenStack 云平台为企业级客户提供开放、稳定可靠、高性能的云计算服务。自成立以来,EasyStack 已经为联想集团、中国邮政储蓄银行、农信银、国家电网、清华大学、长城宽带、TCL、天河云等超过 80 家企业级客户提供 OpenStack 云平台和服务,服务客户涵盖金融、电信、政府、电力、教育等传统行业以及互联网金融、电商、大数据等新兴行业,走在中国 OpenStack 企业实践的最前沿。

资料来源:csdn. EasyStack 中标顺丰云平台 OpenStack 助力速递业务持续创新[EB/OL]. (2016-04-11)[2019-03-06]. https://www.csdn.net/article/a/2016-04-11/15837239

10.1 云计算技术

云计算是多种技术混合演进的结果,包括网格计算、效用计算、虚拟化技术、Web Services、SOA(面向服务的架构)等。上述热点技术的融合发展将为我国的 IT 产业,特别是软件服务业带来影响广泛的变革。自 2007 年以来,云计算逐渐成为业界认可和推崇的技术热点,众多国内外厂商围绕云计算开发出大量的产品,越来越多的互联网应用开始尝试使用云服务构建基于云计算的解决方案。

10.1.1 云计算的概念及特征

1. 云计算的概念

云计算目前在不同的组织机构、企业有不同的定义,不同的定义往往关注于技术的特定方面。

(1)维基百科

云计算将 IT 相关的能力以服务的方式提供给用户,允许用户在不了解提供服务的技术、没有相关知识以及设备操作能力的情况下,通过互联网获取需要的服务。

(2)国家标准化组织 ISO/IEC JTC1(国际标准化组织/国际电工委员会第 1 联合技术委员会)的云计算研究组报告(2009 年)

① 云计算是提取的、高级的、可升级的池,是能够为终端用户提供主机应用和通过消费买单的管理计算基础设置。

② 动态可升级的计算风格和通常虚拟化的资源在互联网上作为一个服务提供。用户不需要精通或者控制支撑"云"中的技术基础设施。

③ 云计算是新出现的共享基础设施,将大型系统池连接在一起以提供 IT 服务。

④ 暂时存储在互联网服务器上的信息范围和给客户的暂时高速缓冲存储器,包括台式计算机、娱乐中心、笔记本、掌上笔记本等的因特网计算。

从业务的角度看,云计算提供了 IT 基础设施和环境以开发/提供主机/运行服务和应用,在需要应用时,作为一个服务即时购买。从用户的角度看,云计算在任何设备、任何时间、任何地点提供资源和服务以存储数据和运行应用。现在云计算的应用正扩展到众多领域,包括网络服务、移动服务、媒体服务等。

(3)美国加州大学伯克利分校

美国加州大学伯克利分校(University of California at Berkeley)的可靠适应性分布式系统实验室(Reliable Adaptive Distributed Systems Laboratory)对云计算在技术、商业应用中的现状和将来做了比较详细、科学的研究与分析。

他们认为云计算是在互联网上以"服务"形式交付的应用程序,以及提供和支持这些服务的数据中心(Data Center,包括硬件和软件系统)。

当某个云通过支付购买(Pay-as-you-go)的方式被使用时,就叫作公共云(Public

Cloud)。这样,服务就被"销售",这种"服务被销售"的方式就叫作效用计算(Utility Computing)。相对于公共云,一般把企业、组织机构内部使用的数据中心叫作私有云(Private Cloud)。通常,私有云不对公众开放。

2. 云计算的特征

与传统计算模式不同,云计算能够更好地满足消费者的期望,其典型特征主要体现在以下几个方面:

(1)IT 能力以服务形式提供

IT 能力的提供者与使用者分离。针对公共云,提供者和使用者是不同企业;针对私有云,提供者和使用者是不同部门。使用者无须拥有 IT 资产。

现有模式:IT 能力的提供者和使用者是相同的。

(2)网络化访问

云计算采用分布式架构,用户通过网络访问服务。用户不知道云上的应用运行的具体位置,也无须了解实现细节。

现有模式:存在大量集中式架构的 IT 服务和应用,如桌面应用。

(3)用户自助服务

用户只需具备基本的 IT 常识,经过业务培训就可使用服务,无须经过专业的 IT 培训。自助服务的内容包括服务的申请/订购、使用、管理、注销等。

现有模式:IT 服务的用户需要经过专业的 IT 培训和认证。

(4)持续的服务更新与孵化

云计算提供的各种服务可随用户需要的变化而不断演化,并孵化出新的服务能力;同时,这种改变可以做到向下兼容,即保证原用户的持续使用。

现有模式:现有软件的使用模式缺乏这种持续更新的能力。

(5)自动化管理与快速交付

云计算可有效降低服务的运维成本,平均每百台服务器的运维人员数量应小于 1 人;对于用户的服务申请快速响应,响应时间应在分钟级。

现有模式:每百台服务器的运维人员数量大于 5 人,服务交付时间多为天级。

(6)提供开放的服务访问和管理接口

云计算提供标准化的接口供其他服务调用,方便服务开发者以 SOA 或 Web 接口开发构建新服务。

现有模式:大量的 IT 服务并不提供集成接口,需要大量的二次开发。

(7)资源聚合成池

云计算服务的提供由一组资源支撑,资源组中的任何一个物理资源对于服务来讲应该是抽象的、可替换的;同一组资源被不同的用户或服务共享,而非隔离的、孤立的;资源的数量成规模,从而降低边际成本。

现有模式:IT 服务的部署与物理资源绑定;服务运行管理模式多为竖井式,物理隔离;单一服务使用的资源不成规模。

(8) 资源使用计量

资源使用计量与资源共享有关,在共享的基础上,需要通过计量去判定每个服务的实际资源消耗,根据用户成本核算或计费。

现有模式:缺乏对资源使用的计量。

(9) 弹性扩展

云计算服务使用的资源规模可随业务量动态扩展和收缩。云计算服务可以根据访问用户的多少,增减相应的IT资源(包括CPU、存储、带宽和中间件应用等)。这种扩展对用户是透明的,扩展过程中服务不会中断,而且会保证服务质量。

现有模式:IT服务的可扩展缺乏弹性,而且多会影响服务质量。

10.1.2 云计算的架构与类型

根据提供的服务内容和供应商的服务模型抽象级别,可以将云计算服务分为以下三种类型:

① 基础设施即服务(Infrastructure as a Service,IaaS);

② 平台即服务(Platform as a Service,PaaS);

③ 软件即服务(Software as a Service,SaaS)。

图10-1描述了从物理基础设施到应用的云计算堆栈分层组织结构。

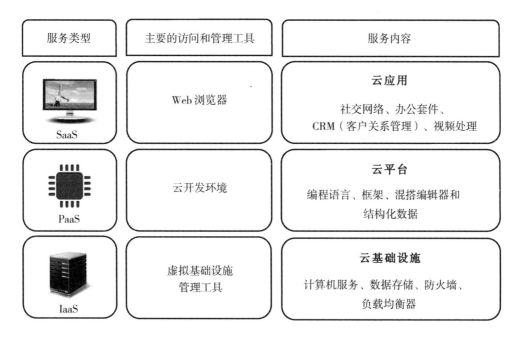

图10-1 云计算堆栈

1. 基础设施即服务

提供给用户的功能是用户不仅可以租用处理、存储、网络和其他基本的计算资源,还能够在上面部署和运行任意软件,包括操作系统和应用程序。用户虽然不管理或控制底层的云基础设施,但是可以控制操作系统、存储和部署的应用程序,也有可能选择网络组件(例如主机防火墙)。

2. 平台即服务

提供给用户的功能是将用户创建或获取的应用程序,利用提供者指定的编程语言和工具部署到云基础设施上。用户虽然不直接管理或控制底层的云基础设施,但是可以控制部署的应用程序,也有可能配置应用程序的托管环境。

3. 软件即服务

提供给用户的功能是使用在云基础设施上运行的、由提供者提供的应用程序。这些应用程序可以被各种不同的客户端设备访问,如 Web 浏览器。

4. 部署模型

以部署模型为基础,无论什么服务类型,云都可以分为公共云、私有云、混合云,如图10-2 所示。

图 10-2　以部署模型为基础的云的类型

① 公共云。云基础设施不论是对一般公众还是对大型的行业组织都公开使用权,所有权由销售云服务的机构拥有。

② 私有云。云基础设施是为机构单独使用而构建的,可以由该机构或第三方管理,存在本地运行和远程运行两种模式。

③ 混合云(Hybrid Cloud)。云基础设施由两个或两个以上的云(私有云、社区云或

公共云)组成,它们相互独立,通过标准化技术或专有技术绑定在一起,云之间能够实现数据和应用程序的可移植性[例如,解决云之间负载均衡的云爆发(Cloud Bursting)]。

10.1.3 云物流的概念及体系结构

1. 云物流的概念

云物流是一个综合的概念,它首先表现为一种现代物流的运作模式,是现代物流发展的新阶段,是一种整合了各种管理理念的新物流管理和运作理念;其次是各种先进的信息技术在物流领域应用的一个完整的体现,在原有物流信息化运作的基础上,集成了当前最新的物联网、云计算等信息技术,是一个高度集成的技术应用体系;最后是一个现代物流运作的重要平台和载体,基于云物流平台,物流企业能够根据市场的需求,按需动态地为用户提供一种安全可靠、有质量保证的"一揽子"物流综合解决方案。

云物流是云计算在物流行业的应用服务,即云计算派生出云物流。云物流利用云计算强大的通信能力、运算能力和匹配能力,集成众多物流用户的需求,形成物流需求信息集成平台。用户利用这一平台,可以最大限度地简化应用过程,实现所有信息的交换、处理、传递,用户只需专心管理物流业务。同时,云物流还可以整合零散的物流资源,实现物流效益最大化。

从长远来看,云物流具有广阔的发展前景。计算机信息系统支撑起了物流系统的运营,发挥着物流系统中枢神经的作用。在充分利用云计算的基础上,云物流有可能使物流的许多功能发生质的变化。

快递业提出云物流概念的本质是利用云计算数据共享的特性,把快递业的数据进行集合、整理,并利用整理后的数据指导、控制快递公司的业务运作,最终提高快递公司的运输效率。云物流与云计算相仿,是实践在前,提出概念在后。物流领域中常常见到的第三方物流、第四方物流,从概念上说应该是云物流的雏形,物流终端用户并不直接管理物流的中间过程,而是交由专业的物流公司运作。这些专业的物流公司所承揽的业务,特别是大型复杂的物流业务,并不一定是由一家物流公司完成的,多数情况下要由几家不同的专业物流公司配合完成;而终端用户不需要了解这些情况,他们只关心业务完成的最终结果。这与云计算的特征非常相似。这就促使人们在思考云物流时,不仅仅局限在利用云计算技术开展物流活动,而应在更高的层次上思考云物流的发展,如利用云计算的网络与成果,研究完善云物流的概念,尽快发展与云物流相关的实体经济。

2. 云物流的体系结构

为了实现云物流的资源共享,为用户提供一体化的物流服务,本小节提炼了云物流的体系结构,如图10-3所示。云物流的体系结构是云物流信息平台支撑下的一个层次化的体系框架,从下向上依次分为六个层次:资源层、虚拟化和感知层、服务层、核心功能层、应用模式层和平台服务层。

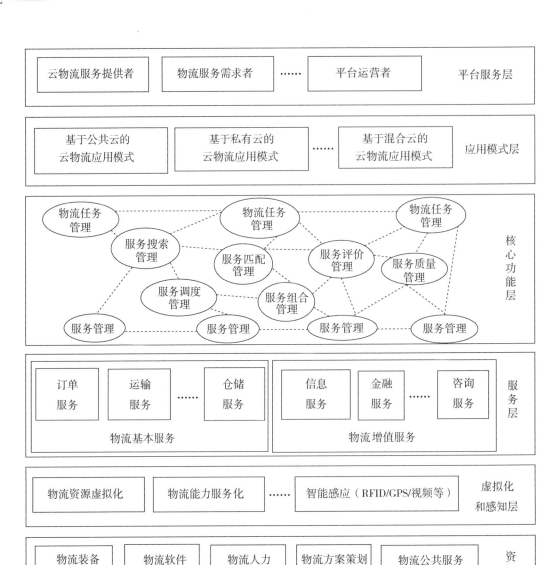

图 10-3 云物流体系结构

(1) 资源层

资源层涵盖了云物流运作过程中涉及的各类物流资源和物流能力，提供用户一体化物流服务解决方案中的各类基本物流资源和增值物流服务资源，包括各类物流装备资源、物流软件资源、物流人力资源、物流方案策划资源、物流公共服务与政策资源等，并进行了详细的分类，可以为不同资源和能力进行虚拟化及服务化提供基础。

(2) 虚拟化和感知层

虚拟化和感知层支持各类物流资源的虚拟化及物流能力的服务化，通过虚拟化、服务化、屏蔽物流资源的物理异构性，能够使物流资源和服务以标准的接口进行交互和协同；同时，通过 RFID、GPS、传感器等传感装置，支持各类物流软硬件资源接入云物流平台的信息处理中心，通过对物流资源的感知、识别、信息采集和处理，能够实现云物流平台对资源的智能化识别和管理控制。

(3) 服务层

服务层包括物流基本服务和物流增值服务。物流基本服务涉及订单服务、运输服务、仓储服务等，物流增值服务涉及信息服务、金融服务、咨询服务等。

(4) 核心功能层

核心功能层运作云物流的各种功能，包括服务注册发布、服务部署、服务搜索、服务匹配、服务组合、服务调用、服务调度、服务监控、服务评价管理、服务交易过程管理、服务计费等各项功能。

(5) 应用模式层

应用模式层根据不同的业务需求，可以为用户和物流服务提供商提供不同模式的云物流运作方式，具体包括基于公共云的云物流应用模式、基于私有云的云物流应用模式和基于混合云的云物流应用模式。

(6) 平台服务层

平台服务层为云物流的相关参与者提供多种模式的接入方式，具体包括网站门户接入、智能终端接入、PDA 接入以及系统的集成界面接入等。其中，云物流的相关参与者包括云物流服务提供商、物流服务需求者、平台运营商。云物流服务提供商主要是运输公司、仓储公司、第三方物流企业、物流方案咨询商、银行及保险公司等；物流服务需求者主要是具有单一物流服务或一体化物流服务需求的用户；平台运营商可以是专业的平台运营商或电信运营商。

10.1.4 云物流的关键技术

云物流是一种新型的现代物流运作模式，其实现是一项复杂的系统工程，涉及产业经济学、服务科学与工程、运筹优化、信息技术等多学科的理论和技术，本小节主要从信息技术层面对云物流涉及的相关关键技术进行分析。

1. 云物流运作总体技术

云物流运作总体技术主要包括云物流的商业模式、组织模式和交易模式等管理模式和技术，云物流平台的体系结构、运作模式，以及云物流平台的开发与应用实施的相关标准和规范等。具体包括支持多用户和物流服务提供商协同运作的、面向服务的云物流平台体系结构，云物流平台支撑下的物流服务协同、共享、互操作规范和标准，以及云物流服务虚拟化、服务化、云端接入、云物流服务访问协议等标准和规范。

2. 云物流服务链运作管理技术

基于服务链的运作管理是云物流的主要运作形式之一，也是为用户提供一体化物流解决方案的主要组织形式。云物流服务链运作管理技术包括基于用户需求的云物流服务链建模技术、云物流服务搜索技术、智能匹配和评价技术、云物流服务调度技术、云物流服务链管理和监控技术,以及云物流服务绩效评价技术等,贯穿于为用户服务的全生命周期。

3. 云物流服务智能感知技术

通过 RFID(射频识别)/无线传感网络、3G(第三代移动通信技术)/GPRS(通用分组无线服务)等通信网络,以及海量情景感知数据的动态采集、分析与预处理技术,能够实现物流服务情景数据的实时采集、传输和处理;同时,通过建模、情景获取、情景分析和情景控制等情景管理技术,能够实现物流服务运作过程中智能化的管理和控制。

4. 云物流安全技术

安全是云物流运作的基本要求,也是决定云物流模式能否推广应用的核心因素之一。云物流的安全技术主要研究支持云物流安全可靠运作的相关技术,具体包括云物流数据的安全技术、云物流终端的可信接入、云物流网络的安全技术、云物流运营管理的安全技术以及云物流服务提供商系统和服务的可靠性技术等多个方面。

5. 云物流服务虚拟化和云端接入技术

云物流服务虚拟化是通过物联网、物流信息系统、计算虚拟化等技术,把物理上的物流资源全面互联、感知和控制,转化成逻辑上的物流服务,实现各类物流资源和服务在云物流平台上的注册、发布,并支持物流服务的搜索、智能匹配和组合,为用户提供多样化、一体化的物流服务;同时,通过基于 SOA 架构,以松散耦合的方式,采用标准化的接口,将地理上分布的物流服务联系起来,通过接口与服务的动态绑定接入云端,可动态访问云物流平台。

10.1.5 云物流的应用模式

云物流作为一种新型的现代物流运作模式,其核心是在云计算、物联网等先进信息技术和供应链管理等先进管理理念的支持下,整合社会物流资源,创新物流服务模式,满足用户多样化的物流服务需求,为用户提供"一站式"、一体化的高质量物流服务。用户对物流服务的需求大体上可以分为物流基本服务(如仓储、运输、流通加工、装卸等)、物流增值服务(如物流信息服务、物流金融服务、物流咨询服务等),以及整合了各类基本服务和增值服务的物流一体化综合服务。

在云物流环境下,根据云物流平台的构建方式及服务提供方式的不同,上述物流服务基本上由三种模式实现,即基于公共云的物流服务模式、基于私有云的物流服务模式和基于混合云的物流服务模式。

基于公共云的物流服务模式是一种基于公共的云物流平台的物流服务模式,物流服务提供商把物流服务注册和发布在公共云物流平台上,用户则把物流服务需求发布在云物流平台上,通过云物流平台的供需匹配、交易管理、物流方案设计和优化、业务协同、过程监控、信用管理等功能,以物流服务链的模式为用户提供高质量的物流服务。由于较好地整合了社会物流资源,云物流能够为客户提供多样化的物流服务,包括专业的第三方物流服务和第四方物流服务。但是,由于涉及众多的物流服务提供商和用户,商业运作模式较复杂,同时涉及商业信誉、信息安全等问题,其运作模式还在不断地探索中。

基于私有云的物流服务模式是物流企业信息化的进一步深化和拓展,物流企业按照云计算的技术架构进行企业信息系统的应用和部署,主要围绕物流企业所提供的物流资源和能力开展信息化的运作和管理,根据物流企业提供的专业化物流服务的不同,基于私有云的物流服务模式也有所不同。基于私有云的物流服务信息平台运作模式较为简单,一般以用户的物流服务订单为驱动,以物流企业提供的自有专业物流服务为核心,服务质量可控性强,但由于没有有效地整合社会物流资源,与基于公共云的物流服务模式相比,其提供的服务相对单一且需要大量的投资,一般适用于大型的综合性物流企业或有一定规模的第三方专业物流服务提供商。

基于混合云的物流服务模式是一种复合的云物流服务模式,一般由核心物流企业的私有云物流平台和整合社会物流资源的公共云物流平台组成,核心物流企业处于盟主地位,设计物流解决方案和外包物流服务,以供应链一体化的集成运作模式为用户提供物流服务解决方案。基于混合云的物流服务模式具备基于公共云的物流服务模式和基于私有云的物流服务模式的优点,对物流业承接大型制造企业的物流服务外包具有重要的作用,但对核心物流企业的要求较高,而且核心物流企业的私有云物流平台需要与公共云物流平台实现无缝集成。

基于云计算的物流公共信息平台建设是物流信息化及物流服务创新的发展趋势,其运作模式还有待进一步的探索和演变。

10.2 物联网技术

物联网(Internet of Things,IOT)是继计算机、互联网和移动通信之后的又一次信息产业革命。它将有力带动传统产业转型升级,引领战略性新兴产业的发展,实现经济结构的升级和调整,提高资源利用率和生产力水平,改善人与自然界的关系,引发社会生产和经济发展方式的深度变革,具有巨大的增长潜能,是当前社会发展、经济增长和科技创新的战略制高点。目前,物联网已被正式列为国家重点发展的战略性新兴产业之一。物联网产业具有产业链长、涉及多个产业群的特点,其应用范围几乎覆盖各行各业。

10.2.1 物联网的概念及特征

1. 物联网的概念

物联网的英文名称是"Internet of Things",也称"Web of Things"。由名称可知,物联网就是"物物相连的互联网"。它包含了两层含义:

① 物联网的核心和基础仍然是互联网,物联网就是互联网的延伸和扩展。

② 其延伸和扩展到任何人和人、人和物、物和物之间进行的信息交换和通信。

因此,物联网是通过各种信息传感设备,按照约定的协议把任何物品与互联网连接起来进行信息交换、通信和处理,以实现智能识别、定位、跟踪、监控和管理的一种网络。

它是在互联网基础上延伸和扩展的网络。

物联网常用的信息传感设备有射频识别装备、红外感应器、全球定位系统、激光扫描器、气体感应器等,其进行信息交换、通信和处理的网络协议有 LAN、GRPS、WiFi、Bluetooth、ZigBee、UWB 等。

这里的"物"需满足以下条件才能够融入物联网,才能够具有"感知的神经"和"智慧的大脑"。

① 有相应的信息接收器;

② 有数据传输通路;

③ 有一定的存储功能;

④ 有 CPU(中央处理器);

⑤ 有操作系统;

⑥ 有专门的应用程序;

⑦ 有数据发送器;

⑧ 遵循物联网的通信协议;

⑨ 在世界网络中有可被识别的唯一编号。

2. 物联网的其他定义

2005 年,国际电信联盟(ITU)在《ITU 互联网报告 2005:物联网》(*ITU Internet Report 2005: Things*)中对物联网的概念进行了扩展,提出了任何时刻、任何地点、任意物品之间的互联,无所不在的网络和无所不在的计算的发展愿景,如图 10-4 所示。该图显示出物联网是在任何时刻、环境下,任何物品、人、企业、商业,采用任何通信方式(包括汇聚、连接、收集、计算等),满足提供任何服务的要求。按照 ITU 给出的这个定义,物联网主要解决物品到物品(Thing to Thing,T2T)、人到物品(Human to Thing,H2T)、人到人(Human to Human,H2H)之间的互联。它与传统互联网最大的区别在于 H2T 与 H2H。需要利用物联网才能解决的是传统意义上的互联网没有考虑到的、连接任何物品(T2T)的问题。

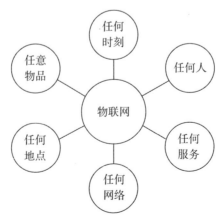

图 10-4 物联网

2008年5月,欧洲智能系统集成技术平台(EPoSS)在《物联网2020》(*Internet of Things in* 2020)中对物联网的定义为:物联网是由具有标识、虚拟个性的物体或对象组成的网络,这些标识和个性等信息在智能空间运行,使用智慧的接口与用户、社会和环境的上下文进行连接和通信。

2009年9月,欧盟第七框架计划和互联网项目组报告中对物联网的定义为:物联网是未来互联网的整合部分,它是以标准、互通的通信协议为基础,具备自我配置能力的全球性动态网络设施。在这个网络中,所有实质和虚拟的物品都有特定的编码和物理特征,通过智能界面无缝连接,实现信息共享。

2009年9月,在北京举办的物联网与企业环境中欧研讨会上,欧盟委员会信息和社会媒体司射频识别部门负责人劳伦兹·弗雷德里克(Lorent Ferderix)博士给出了欧盟对物联网的定义:物联网是一个动态的全球网络基础设施,它具有基于标准和互操作通信协议的自组织能力,其中物理的、虚拟的"物"具有身份标识、物理属性、虚拟特性和智能接口,并与信息网络无缝整合。物联网将与媒体互联网、服务互联网和企业互联网一道构成未来的互联网。

2010年3月,我国政府工作报告所附的注释中对物联网的定义为:物联网是指通过信息传感设备,按照约定的协议,把任何物品与互联网连接起来,进行信息交换和通信,以实现智能化识别、定位、跟踪、监控和管理的一种网络。它是在互联网基础上延伸和扩展的网络。

3. 物联网概念的解析

狭义:物联网是指连接物品到物品的网络,实现物品的智能化识别和管理。

广义:物联网是指一种无处不在的、实现物与物以及人与物之间信息互联的网络,从而孕育出各种新颖的应用与服务。

外延:物联网实现物理世界与信息世界的融合,将一切事物数字化、网络化,在物品之间、物品与人之间、人与现实环境之间实现高效的信息交互,是信息化在人类社会综合应用达到的更高境界。

技术理解:物联网是指物体的信息通过智能感应装置,经过传输网络,到达指定的信息处理中心,最终实现物与物、人与物之间自动化的信息交互与处理的智能网络。

应用理解:物联网是指把世界上所有的物体都连接到一个网络中,形成"物联网",然后"物联网"又与现有的"互联网"结合,实现人类社会与物理世界的整合,达到以更加精细和动态的方式去管理生产与生活。

通俗理解:物联网是指将RFID和WSN(无线传感器网络)结合起来,为用户提供监控、指挥调度、远程数据采集和测量、远程诊断等方面的服务。

4. 物联网的特征

与传统的互联网相比,物联网有其鲜明的特征。

① 全面感知:物联网是各种感知技术的广泛应用。物联网上部署了数量巨大、类型繁多的传感器,每个传感器都是一个信息源,不同类别的传感器所捕获的信息内容和信

息格式不同。传感器获得的数据具有实时性,传感器按一定的频率,周期性地采集环境信息,不断更新数据。

② 可靠传递:物联网是一种建立在互联网上的泛在网络。传感器采集的信息通过各种有线和无线网络与互联网融合,并通过互联网将信息实时而准确地传递出去。在物联网上的传感器定时采集的信息需要通过网络传输,由于其数量极其庞大,形成了海量信息,因此在传输过程中,为了保障数据的正确性和及时性,必须适应各种异构网络和协议。

③ 智能处理:物联网不仅提供了传感器的连接,其本身也具有智能处理的能力,能够对物体实施智能控制。物联网将传感器和智能处理相结合,利用云计算、模式识别等各种智能技术,扩充其应用领域;基于传感器采集的海量信息分析、加工和处理有意义的数据,以适应不同用户的不同需求,发现新的应用领域和应用模式。

10.2.2 物联网的总体架构

物联网的总体架构如图 10-5 所示,从上到下依次为应用层、网络层、感知层和公共技术。

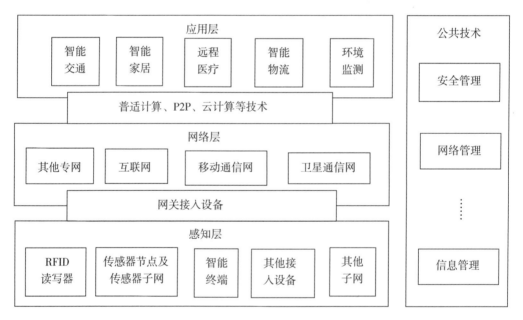

图 10-5 物联网总体架构

1. 应用层

应用层相当于人的社会分工,根据不同的功能需求,应用层提供不同的应用服务,如智能交通、智能家居、远程医疗、智能物流、环境监测等,不同的应用服务可能对应网络层及感知层的不同功能。例如,在智能家居的应用中,用户可以通过布置在家里的温湿感知等节点实时查询家里的各项环境指标,基于查询的数据,根据自己的需要控制家里的智能电器(如装有智能控制系统的空调、冰箱等),这些都发生在户主不在家时,户主只需通过智能手机发出一些查询、操作指令就可以掌握和控制家里的电器。查询、操作指令通过移动通信网络发送到家里的家居终端，从而可以对其进行远程控制。如果在家中的门窗上安装红外感应装置，就可以对室内安全进行监控，防止强盗或外人闯入，一旦红外感应装置感应到有人闯入，就可以立即向房屋主人报告，如可以发送短信给房屋主人告知有人在没有授权的情况下私自进入住宅。

2. 网络层

网络层相当于人的神经中枢和大脑，主要以互联网、移动通信网、卫星通信网等为主。网络层负责为信息的传输提供载体，实现更加广泛的互联功能，能高效、可靠、安全地传递感知层采集的数据信息，提供异构网络设备接入接口，实现网络层与感知层的融合。由于移动通信网络及互联网等已应用发展多年，相应的网络技术及信息安全技术已发展得较为成熟，能够给物联网信息的传输提供坚实的基础。虽然这些技术已较为成熟，基本上能够满足物联网的数据传输需求，但是为了支持未来物联网新的业务特征，现在的互联网、移动通信网、卫星通信网可能需要做一些优化。

3. 感知层

感知层相当于人体的五官及皮肤，用于察觉外界的数据信息。感知层包括 RFID、传感器节点、摄像头等数据采集设备，也包括由传感器节点组成的子网等。根据应用层不同的应用服务，感知层可能采用不同的感知设备。例如，在环境检测的应用中，感知节点应该是在特定地点放置的温度感知节点、识读感知节点，以及其他环境监测所需指标的相应感知节点；在远程医疗的应用中，会用到血氧感知节点、血压感知节点等；而在智能交通的应用中，需要给公路上的汽车配置相应的 RFID 标签。感知层是物联网信息的起点，与接入物联网中的"物"紧密相连。正是各类传感器节点、RFID 及其他接入设备才使得物体能够自己"说话"。

4. 公共技术

公共技术不属于物联网的某个特定层面，但与物联网架构的三个层面都有关系，能提供安全管理、网络管理和信息管理等技术。信息管理中心负责存储感知层采集的感知数据，设计物联网数据的查询、分析、挖掘以及基于感知数据做出决策和行为的技术。例如，在远程医疗的应用中，病人通过所携带的医疗传感器向异地的信息存储中心实时传递身体各项指标的数据信息，信息管理中心可以把获得的数据信息分类上传至"医疗专家系统"，并实时做出决策，给病人提出相应的建议。由此可知，信息管理中心不仅提供数据存储服务，更重要的是还对数据进行智能化分析，并给服务对象提出有价值的意见。网络管理中心负责保证网络稳定、安全地运行，需要对服务对象进行身份认证，具有鉴权机制及计费等功能。

10.2.3 物联网对物流各个环节的影响

物联网技术在物流运作各环节的推广和应用，使得传统的物流运作流程将面临局部改良或彻底重组，物流运作效率将会得到极大提升。

1. 运输环节

运输环节是物流系统中比较重要的一个环节，涉及的要素包括员工、货物、运输路线、装载环境和运输工具等。现阶段，物流行业缺乏对这些要素的实时、有效监控。如果不能及时协调、处理运输及存储过程中的隐患因素，那么将会给企业带来巨大的损失。

物联网技术可以通过在运输车辆上嵌入 RFID 标签、摄像头等方式合理安排运输过程中的调度问题。在运输途中，货物的相关信息能够实时传送到数据中心；同时，数据中心实时分析所获取的相关信息，并根据货物运输的实际情况向货车司机及时地反馈各种信息，从而为企业减少不必要的损失。

2. 仓储环节

仓储环节涉及供应链的各个环节。由于商品的特殊性，不同商品对保管和存储的要求是不同的，例如药品的存储与保管对温度和湿度的要求比较苛刻。如果在存储这些商品的仓库中采用物联网技术，则可以通过数据感应识别系统将商品的存储环境及商品自身的品质信息实时传输给数据中心，由数据中心及时对反馈回来的信息进行综合分析和处理，然后将相关保管和存储的改进建议反馈给仓库。这种智能化的管理只有通过物联网技术才能实现，也能够给企业带来可观的经济效益。

3. 装卸搬运环节

在装卸搬运环节，RFID 标签可以识别货物的种类，从而实现货物在装卸搬运过程中的井然有序。物联网的智能化技术能够记录货物移动的相关内容，这些内容反馈到数据中心，管理者就很容易掌握货物的库存情况，借此可以提高整个库存管理的效率。在搬运设备上安装一些自动识别传感器设备，能够在搬运过程中自动识别、搬运和存放货物，这种自动化的搬运装卸，不仅能够减少一些人力、物力消耗，还能够避免一些人为原因造成的错误。

4. 包装和流通加工环节

在包装和流通加工环节，商品不同，包装与加工的要求也不同，例如药品对环境有着较高的要求，易燃、易爆物品在包装和流通加工过程中容易造成安全隐患。这一环节在引入物联网技术后，可以智能提醒商品的包装及加工要求，这样既省时省力，又安全可靠。

5. 配送环节

在配送环节，首先要根据用户下达的出库订单将货物下架、分拣和封装。在物联网环境下，等待配装的货物的信息实时录入物流信息平台，后台运算处理中心进行快速配送规划运算后将指令下达给调度员，调度员再根据指令上的配装货物分配明细和匹配的运输车辆完成配货和装车的调度任务。每辆车的送货员则根据物流信息平台下达的配送路线，在规定的时间内将货物准时送达用户手中。在整个配送作业流程中，要快捷且经济地完成配送任务，最为关键的一环就是根据配送任务和配送资源制定出最优的运输规划方案，而这正是物联网环境下物流信息平台最大的优势之一。这一优势可以充分保证数据中心实时读取货物信息，合理匹配货物和车辆，更加准确、高效地将货物送达用户手中。

6. 信息服务环节

数据中心的信息包括库存信息、存储信息和销售信息,数据中心综合处理这些信息之后,制造商、零售商和消费者都可以登录数据中心进行查询,制造商可以借此及时规划生产进度,零售商可以借此实时调整进货计划,消费者可以通过产品上的标签追溯产品的生产和物流信息。

10.2.4 物联网在电子商务物流行业中的应用

1. 智能仓储物流管理

智能仓储物流管理系统将电子产品代码(Electronic Product Code,EPC)技术和无线传感器网络(Wireless Sensor Networks,WSN)技术进行整合,在 EPC 系统中,RFID 技术可以与 WSN 技术相结合、互补,或者集成 WSN 技术,在利用移动式或固定式阅读器读取货物 RFID 标签信息的同时,阅读器也可以作为 WSN 的节点,把收集到的信息发送给数据中心,数据中心对数据进行分析后发出调度指令。车载阅读器既可以读取 RFID 标签中物品的信息,又可以作为 WSN 的中心节点接收环境检测数据,实现特定目标监控、环境数据监控和仓储应用管理。通过 WSN 技术和基于 RFID 技术的 EPC 系统的有效结合,可以使整个仓储物流管理系统向真正的智能化方向发展。

2. 智能冷链物流管理

冷链物流管理在食品、药品的生产运输过程中有着非常广泛的应用,我国政府相继出台了相关的食品安全监管法律法规来规范冷链供应链的管理。现阶段,我国冷链物流管理的主要症结是:大多为人工测量和纸面记录,无统一数据系统支持,存在实时性差、监管脱节、取证困难、无法确定责任等。而在智能冷链物流管理中,冷库中装有 RFID 读取器,通过贴有 RFID 感温标签的货物,能定时通过库中的感温装置采集存储环境的温湿度信息,同时可以调节采集的频率。读取器的数据通过有线或者无线网络传输,通过RFID 中间件服务器对输入数据进行过滤、整理,并向后台管理系统输送数据。而在运输时,当货物被转入冷藏车后,包装上的感温标签同样定时采集车中的储藏温湿度信息,车内安装有同车载 GPS 相连的 RFID 读取装置,定时读取的数据通过 GPS 卫星传输到中间件服务器中。企业及用户可以通过各种终端(如 PC、手机、平板电脑等)进行管理、分析和下达指令等作业。

3. 智能集装箱运输管理

在集装箱运输中,采用物联网技术对运输集装箱进行智能的识别和跟踪,可以实现运输与堆存状态下集装箱的自动识别、信息互联等智能管理。一方面,利用智能集装箱运输管理系统可以动态记录集装箱运输过程中的箱、货、流信息,使集装箱运输过程变得透明,帮助货主及时掌控运输动态、降低物流成本、提高经济效益;另一方面,系统还可以提高集装箱运输过程中的安全性,能够记录合法开箱的时间和地点、非法开箱的时间等,提高集装箱运输过程中各环节的安全系数,使集装箱运输具有可追溯性,防止货物丢失和盗窃,提高货物全程运输的质量。通过智能集装箱运输管理系统,实现了与集装箱运输相关的承运人、托运人、监管人等相关人员从过去被动地接收信息到主动地获取信息的转变;另外,从行政监管层面来说,可有效增强国家行政部门对集装箱运输全过程的监管,防止人员偷渡和走私,提高国家监管水平。

4. 智能危险品物流管理

我国在危险品物流管理过程中存在物流效率低、监管不明确、危险品物流企业现代化水平低等问题,这些问题成为事故发生的隐患,阻碍了危险品物流的发展。可综合运用 GPS、GIS、RFID、智能传感等先进信息技术,建立危险品物流监控系统,实现危险品安全报警、实时位置跟踪、状态监测及物流过程信息追溯等功能。当把危险品货物装上车以后,监控系统就开始工作,信息采集终端会实时采集集装箱内的温度、湿度、倾角、加速度、烟雾等状态信息,同时把信息数据发送给车载终端和远程监控中心,使运输人员和远程监控中心能够实时掌握运输情况。远程监控中心可以实现全部信息的接收、存储功能,并将获取的信息以可视化的形式表现出来或以查询的方式呈现,实时地与运输人员进行交互;同时,远程控制中心也可以利用网络摄像机对车厢内的设施进行操作,从而使得危险品的运输环境最优化。

5. 智能电子商务物流

与发达国家相比,我国的电子商务物流起步晚、基础设施落后、理论研究及人才培养相对匮乏。而物联网技术的出现和发展,将为我国电子商务物流赶超发达国家提供一个新的发展机会。利用基于 RFID 的物联网技术,可以在产品生产的时候,就把 EPC 标签嵌入产品,通过 EPC 标签与 RFID 阅读器的配合,记录产品生产、包装、存储、零售、配送等整个生产流通过程信息,并把这些信息上传到互联网。消费者在网络购物时,只要根据网络商家提供的产品 EPC 标签代码信息,就可以通过互联网查询到产品从原材料采购到成品生产,再到销售的整个生产流通过程及相关的信息,从而做出判断决定是否购买。在电子商务物流中,通过 RFID 阅读器读取 EPC 标签信息,并传输到远程监控中心供企业和消费者查询,可实现对物流过程的实时监控。物联网技术的应用可以使电子商务物流变得更强大、更方便、更快捷。

10.3 大数据技术

全球知名管理咨询公司麦肯锡称:数据已经渗透到当今每一个行业和业务职能领域,逐渐成为重要的生产因素;而人们对海量数据的运用将预示着新一波生产率增长和消费者盈余浪潮的到来。近年来,"大数据"概念的提出为我国数据分析行业的发展提供了无限空间,越来越多的人认识到了数据的价值。

10.3.1 大数据的概念

大数据(Big Data)是规模非常巨大和复杂的数据集,可以解决传统数据库管理工具面临的很多问题,如获取、存储、检索、共享、分析和可视化,数据量可达到 PB、EB 和 ZB 级别。大数据的四"V"特征即:

① 数据量(Volume)是持续快速增加的;
② 高速度(Velocity)的数据输入/输出;
③ 多样化(Variety)的数据类型和来源;
④ 数据价值(Value)大。

对于大数据我们可以这样理解:

① 大数据比云计算更为落地。云计算是新的商业模式;大数据本质上是应用需求驱动的,大数据的应用最终使云计算模式落地。

② 大数据不仅仅是"大"。大数据用量级来衡量,具有 PB 级特征的数据是大数据。但除了量级,另一个衡量标准是数据的复杂性,大数据有结构化数据、非结构化数据、垃圾数据、实时数据、时间序列数据等。有时甚至大数据中的小数据,如一条微博就具有颠覆性的价值,大数据具有典型的数据稀疏性特点。

③ 软件是大数据的引擎。与软件是数据中心的驱动力一样,软件也是大数据的驱动力。大数据里面有很多技术,像机器学习、人工智能等核心技术都是以软件的形式来表现的。

④ 大数据的应用不仅仅是精准营销。通过用户行为分析实现精准营销是大数据的典型应用,如现在的互联网营销,主要对用户的行为进行分析,从而诱导其消费。但是大数据在各行各业特别是公共服务领域具有广大的应用前景。

10.3.2 大数据的战略意义及分析方法

大数据的战略意义不在于掌握庞大的数据信息,而在于对这些含有意义的数据进行专业化处理。换言之,如果把大数据比作一种产业,那么这种产业实现盈利的关键在于,提高对数据的"加工能力",通过"加工"实现数据的"增值"。中国物联网校企联盟认为,物联网的发展离不开大数据,依靠大数据可以提供足够有力的资源。

随着云时代的来临,大数据也吸引了越来越多的关注。《著云台》的分析师团队认为,大数据通常用来形容一个公司创造的大量非结构化和半结构化数据,这些数据在下载到关系数据库用于分析时会花费过多的时间和金钱。大数据分析常和云计算联系到一起,因为实时的大型数据集分析需要像 MapReduce[一种编程模型,用于大规模数据集(大于 1TB)的并行运算]一样的框架来向数十、数百甚至数千台计算机分配工作。

大数据是高速、大量及复杂多变的信息资产,它需要新型的处理方法去实现更强的决策能力及优化处理。其分析方法包括:

① 透明可视化分析。大数据分析的使用者不仅有大数据分析专家,还有一般用户。对于大数据分析最基本的要求就是可视化,可视化能够直观地呈现大数据的特点,同时易于被使用者接受,简单明了。

② 数据挖掘算法。大数据的核心是数据挖掘算法,各种数据挖掘算法基于不同的数

据类型和格式才能更加科学地呈现出数据本身具备的特点。

③ 预测性分析。从大数据中挖掘信息，建立科学的模型，之后便可通过模型预测未来的数据。

④ 语义引擎。需要有足够的人工智能才能从非结构化、多元化的数据中提取我们需要的信息。

⑤ 数据质量和数据管理。高质量的数据和有效的数据管理，能够保证分析结果在学术研究或者其他领域的真实性和价值性。

10.3.3　大数据关键技术分析

大数据是从海量的数据中提取出有用的数据进行处理，且这些数据存在一定的关联，具有分析价值。其核心技术分为处理和分析两类，目前，大数据技术已普遍应用到各种信息系统中，使用大数据技术对企业经营、发展过程中所产生的大量数据进行挖掘、分析，有助于企业提升工作效率、改善决策过程，推动企业管理工作的开展。

基于大数据技术的物流系统结构复杂、功能多样，可将其技术层抽象为以下几个关键部分：分布式大数据云存储技术、分布式大数据处理技术和大量数据运算及管理技术等，如图10-6所示。

图10-6　基于大数据技术的物流系统框架

1. 分布式大数据云存储技术

数据存储是大数据的基础应用,大数据的云存储技术需要根据实际应用进行设计与分析,传统的数据库管理系统无法满足这一点。云存储技术主要通过关联链接、分区存储对数据进行存储与管理,但是尚不能满足对于大批量的文件存储与管理。为了弥补这一缺陷,研发人员开发多个类 GFS(Google 文件系统)文件管理系统应用到分布式大数据云存储管理中,该技术使用内存加载元数据的方式提升数据的存储和获取效率,增加缓冲层,使分布式大数据云存储技术进入集群管理。

目前,由 Google 公司和阿里巴巴公司创建的这一类大数据云存储技术,将数据存储在不同的区域,搭建了一个可扩展的管理系统,能实时实现数据的共享。

2. 分布式大数据处理技术

大数据的处理方式主要有流程处理和批量处理两种。流程处理是不间断地处理所需要处理的大量数据,这样的处理方式极大地提高了系统的数据实时性,可实时地对大量数据进行处理并反馈结果。批量处理则是将需要处理的大量数据先执行存储操作,将数据分割成多块数据,这些数据可同时由多个处理终端并行处理。显然,批量处理技术弱化了数据的关联性,但是极大地提升了数据的集体性和可调度性;该技术的核心在于数据的分块、分布及处理。

3. 大量数据运算及管理技术

由于传统的数据库大多是关系型数据库,因此传统的数据运算及管理在面对批量、多样化、低价值的大数据时存在不同程度的缺陷或不足,为了实现大数据运算及管理,需采用更简单的数据库模型。例如,Bigtable(Google 设计的分布式数据存储系统)技术将所管理的数据信息看作字符串加以管理,而不是直接对字符串进行解释,这样就简化了数据库系统,使得被管理的数据具有结构化或半结构化特征。其他技术如 Dynamo(亚马逊 Key-value 模式的存储平台)所用的键值存储、分布式哈希表等可以实现大数据库的可靠、高效管理,同样可以达到很好的效果。

10.3.4 大数据给物流行业带来的变革

大数据技术的战略意义在于对已掌握数据的专业化处理和价值挖掘,并分析市场中长期发展动态等。而随着物流行业对大数据应用的逐渐深入,未来物流行业获取的数据已不只是行业内部信息,还包括大量的外部信息。通过对这些数据的判别,使得物流企业可以预测性地为每家客户量身定制个性化、差异化的服务。

1. 大数据分析可以帮助物流企业了解行业发展动态

目前,物流企业面对的是一个高度竞争、瞬息万变的市场环境,许多运输空载问题的出现就是由于物流企业缺少通过数据分析对未来市场做出预判的能力,只看到眼前的业务在增长就盲目地增加运力和仓储面积;当市场萎缩、业务量下滑时就会产生大量的富余运力和空置仓库,从而导致物流企业亏损。通过大数据分析,物流企业就可以对未来市场和竞争对手的行为做出一定的预测，及时调整发展战略，避免盲目的资产投入以减少损失。

2. 大数据分析可以帮助物流企业增强客户忠诚度

对于物流企业来说，分析客户的行为习惯可以使市场推广投入、供应链投入和促销投入回报最大化。利用先进的统计方法，物流企业可以分析客户的历史记录并建立模型，预测其未来的行为，进而设计有前瞻性的物流服务方案，从而整合最佳的资源，提高与客户合作的默契程度以避免客户流失。物流企业不仅可以通过大数据挖掘现有存量客户的价值，还可通过大数据更高效地获得新客户。

大数据技术正革命性地改变着市场推广的游戏规则。通过推动信息交互，可以推送给客户服务调整、价格变化及市场变化等信息，不断地满足客户的需求变化。在互联网背景下，营销将不受时间、地点的限制，也不再只是信息的单向流通；更大的不同是，从接触客户、吸引客户、黏住客户，到管理客户、发起促销，再到最终达成销售，整个营销过程都可以在信息交互中实现，通过了解客户行为进行精准营销。

3. 大数据分析可以提高物流行业管理的透明度和服务质量

大数据分析通过物流信息开放与共享，可以使物流从业者、物流机构的绩效更加透明，间接促进物流服务质量的提高。根据物流服务提供商设置的操作和绩效数据集，可以进行数据分析并创建可视化的流程图和仪表盘，促进信息透明，世界上知名的物流企业目前正在测试仪表盘，并将其作为建设主动、透明、开放、协作型企业的一部分；公开发布物流质量和绩效数据还可以帮助客户做出更明智的合作决定，这也将帮助物流服务提供商提高总体绩效，从而提升竞争力。

4. 大数据分析可以优化物流企业盈利方式

通过建立物流行业网络平台和社区，可以产生大量有价值的数据并汇总物流行业客户的消费记录，进而进行高级分析，最终提高物流服务需求方和物流服务提供方的决策能力。平台的客户数据分析都是实时更新的，以确保客户行为预测总是符合实际客户需要；同时，可以动态地根据这些行为预测来设计一些市场策略，市场扩张速度将取决于物流行业大数据采集、分析发展的速度。通过建立全国的客户数据库，提供准确和及时的物流信息咨询，将会大幅提高企业的知名度和盈利能力。

10.3.5 大数据在物流企业中的应用

大数据在物流企业中的应用贯穿于物流企业的各个环节，主要表现在物流决策、物流企业行政管理、物流客户管理及物流智能预警等过程中。

1. 大数据在物流决策中的应用

在物流决策中，大数据技术应用涉及竞争环境分析与决策、物流供给与需求匹配、物流资源配置与优化等。

竞争环境分析与决策方面，为了达到利益最大化，物流企业需要与合适的物流或电子商务等企业合作,全面分析竞争对手,预测其行为和动向,从而了解在某个区域或在某个特殊时期,应该选择的合作伙伴。这种决策不能来源于对竞争对手表面的了解,在对潜在合作伙伴不了解的情况下,做出决策可能会给本企业造成重大损失。通过收集与整理互联网网页、邮件、文本甚至微博记录等半结构化数据,将使得数据量更充足、决策更科学。而这些数据将是海量的,需要用到大数据技术。

物流供给与需求匹配方面,物流企业需要分析特定时期、特定区域的物流供给与需求情况,从而进行合理的配送管理。供需情况也需要采用大数据技术,从大量的半结构化网络数据或企业已有的结构化数据(即二维表类型的数据)中获得。

物流资源配置与优化方面,主要涉及运输资源、存储资源等。物流市场有很强的动态性和随机性,需要实时分析市场变化情况,从海量的数据中提取当前的物流需求信息,同时对已配置和将要配置的资源进行优化,从而实现对物流资源的合理利用。

2. 大数据在物流企业行政管理中的应用

在物流企业行政管理中也同样可以应用大数据技术。当今的网络不仅仅是一个单一的互联网,同样也是一个事务网和物联网。这些事物、事件都在产生或接收数据,这些数据对物流企业人力资源、对外事务和日常工作的安排都会产生影响。例如,在人力资源方面,物流企业在招聘人才时,需要选择合适的人才,对人才进行个性分析、行为分析、岗位匹配度分析;对在职人员同样也需要进行忠诚度、工作满意度等分析。而这些信息不能靠单一的对象获取,单一的数据获取方式会造成数据不全面,并产生判断误差。通过所建立的互联网、物联网或事务网,可以对得到的相关非结构化或半结构化数据进行分析、整理,从而使物流企业行政管理更加合理化。

3. 大数据在物流客户管理中的应用

大数据在物流客户管理中的应用主要表现在客户对物流服务的满意度分析、老客户的忠诚度分析、客户需求分析、潜在客户分析、客户评价与反馈分析等方面。

在传统的客户管理中,数据来源于物流企业的积累或是自身的客户管理系统,这导致数据量较少,信息接收方式单一,无法实时跟踪客户需求。随着互联网的发展,客户需求、客户评价和反馈等信息时时刻刻向外传播。例如,客户对物流服务的满意度,可能出现在QQ签名、网络日记、微博中,也可能出现在聊天记录中,或是直接反馈在物流企业网站甚至视频及音频文件中。如何从大量的信息源中提取这些信息,进而对这些数据进行处理、整合,形成有利于物流企业进行客户管理的数据,必须借助大数据技术。

客户是物流企业生存发展之本,群体庞大,客户的需求千变万化,如果不能有效、及时地了解客户状态,分析客户需求,物流企业就会失去已有客户,错过潜在客户,其发展将受到严重的阻碍。而大数据技术给物流企业的客户管理提供了有效的途径,对客户的管理本质上就是对数据的管理。

4. 大数据在物流智能预警中的应用

物流业务有其特殊性,每一次的物流活动能否正常实施和许多外部因素有关,例如与时间、地点、人力和物力资源配置、自然条件甚至天气都有关系。

首先，物流业务具有突发性，即在任何时间、地点及任何情况下都有可能导致物流活动的失败，并产生意想不到的情况；其次，物流业务具有随机性，即面对庞大的物流客户群体，物流需求在任何时间、地点及任何情况下都有可能产生；最后，物流业务量具有不均衡性，即在不同的地区或在不同的时间段业务量都是不同的，例如发达地区与不发达地区不同，平时与节假日不同，总体而言，业务量是动态变化的，有很强的不均衡性。

正是因为物流业务的这些特殊性，物流企业有必要建立智能预警系统以应对这些突发事务。当今的智能预警系统有很多，但真正起作用的很少。传统的智能预警系统大多依据以往的经验或企业已有的原始资料进行分析，在面对一个千变万化的市场和庞大的客户群时，往往显得力不从心，智能预警不能发挥它应有的作用。究其原因，主要是系统不能有效地获取充分的数据，无法全面地分析物流活动中涉及的各个因素。当今数据量不断增大，收集数据、整理数据、分析数据的过程是传统的数据处理手段所不能应付的，而大数据技术的出现为建立真正有用的物流智能预警系统提供了契机。

10.3.6　物流企业大数据时代存在的挑战

物流企业要想在大数据时代下取得较好的发展，必须采用新技术、新流程和新理念，发展成为一个数据驱动型企业，而不是管理者"拍脑袋"的企业。可想而知，大数据在物流企业中的应用并不是想象的那么简单，一方面是企业规模的限制，另一方面则是大数据技术本身的发展限制。总的来说，在未来几年中，物流企业在应用大数据、成为数据驱动型企业的过程中要应对以下挑战：

① 对海量数据处理性能的要求超过了常规处理器的处理能力。常规存储或处理设备的运算或存储量一般以 GB 或 TB 计算，而面对汹涌的海量数据，要满足 PB、EB 甚至 ZB 的运算或存储量，则必须加强处理器软件和硬件设施的配置，这个挑战不仅是物流企业所要面对的，而且是 IT 界所要面对的。

② 物流基础设施的不足。主要表现在物流仓库、运输设备、收集、处理数据的设备等硬件设施方面。物流基础设施投入严重滞后将越来越掣肘物流行业的发展。以物流仓储设施为例，我国人均物流仓储面积仅为美国的 1/14；现有物流仓储设施中，超过 70% 建于 20 世纪 90 年代之前，不能满足现代化需求；我国目前 5.5 亿平方米的物流仓储设施中，达到国际化标准的不到 1 000 万平方米。

③ 信息化人才的不足。在当前的信息化时代，物流企业应该具备更多的信息化人才，能应用大数据技术进行数据的收集与处理，但当前物流企业对信息化人才还不够重视，或缺乏这方面的专业人才。

④ 政策的不确定性。由于大数据是一种新兴的技术，每一种技术在推广应用时，从国家层面来讲，都需要时间进行论证，包括其作用、技术标准的规范等。例如，云计算应用从出现到现在逐步成熟，国家逐渐出台了相关的管理、规范意见。在 2013 年 8 月，工业和信息化部科技司在工业和信息化部网站上公开征集对《基于云计算的电子政务公共平台总体服务建设实施规范》等 18 项通信行业国家标准计划项目的意见。大数据的出现，同样会有这样一个过程，具体的政策和技术应用标准还存在不确定性。

⑤ 对隐私、法律的挑战。如果数据的收集对个人的隐私造成了影响,则会涉及法律问题;大数据的收集与利用,都有可能触及个人隐私。这样的问题一直伴随着互联网的发展,在很多行业,例如电信、银行、网络公司等已屡见不鲜。如何在利用大数据的同时,尽可能地避免对个人隐私的侵害,合理地收集、处理、保密数据,也是大数据在应用过程中所要面对的挑战。

⑥ 产业链企业间的合作与竞争的平衡。单一的物流企业要迅速地发展,除增强自身的整体实力外,还可以选择合适的合作伙伴,例如"四通一达"与阿里巴巴的合作就是一个很好的例子,能为它们带来共赢的效果。但物流企业本身以盈利为目标,在市场有限的情况下,必然存在与其他企业竞争的问题。而大数据技术除了需要利用互联网数据、物流企业自身数据,还需要与其他企业的数据相结合,这样才能更好地实现资源优化配置和业务决策,否则会导致数据的不一致性以及决策失误。因此,产业链企业间的合作与竞争达到平衡,实现利润最大化并充分地运用大数据技术,也是物流企业所要面对的挑战。

10.4 智能快递柜

智能快递柜是一种集快件投递与提取多种功能于一体的全天24小时自助服务设备。智能快递柜的开发,有助于解决投递成本高、快件安全无法保证、客户取货不方便以及派送时间与客户接货时间不一致等问题,目前已成为解决快件投递"最后一公里"问题的有效途径,具有极高的现实意义和社会价值。

10.4.1 国内外智能快递柜的发展情况

1. 国内智能快递柜的发展情况

目前,智能快递柜投资建设方主要有四类:电子商务企业、快递企业、第三方运营公司和房地产开发商。

① 电子商务公司:典型代表有京东、亚马逊、苏宁、武汉家事易等。
② 快递企业:典型代表有中邮速递易、顺丰等。
③ 第三方运营公司:典型代表有江苏云柜、日日顺等。
④ 房地产开发商:典型代表有万科、绿地等。

运营方面,智能快递柜投资建成后,一般秉承"谁建设,谁运营"的思路。电子商务企业、快递企业投资建成后以自用为主;第三方运营公司投资建成后凭借其第三方身份,将智能快递柜开放给所有电子商务企业和快递企业使用;房地产开发商投资建成后一般转由物业运营,物业将智能快递柜开放给所有电子商务企业和快递企业使用。

智能快递柜运营企业盈利的基本来源是电子商务企业和快递企业的使用费,一般不向客户收取额外费用,但是如果客户超过一定期限不取件,则会向超期不领取的快件收取"延时费"。

国内典型的智能快递柜发展情况如下：

(1) 速递易智能快递柜发展情况

2012年9月，中邮速递易（以下简称"速递易"）以技术领先优势在我国率先推出"速递易"智能快递柜，如图10-7所示。速递易作为国内智能快递柜行业的领军企业，有着先发优势。截至2019年1月，速递易智能快递柜已遍布全国近300个城市，实现了一线城市全覆盖，拓展近8.5万个网点，终端设备布设超过9万组，占智能快递柜行业近一半的份额，累计派件量近22亿件，数千万用户通过速递易智能快递柜享受到安全、便捷、放心的快递自助服务。

图10-7　速递易智能快递柜

速递易智能快递柜除拥有基础的快递收件功能外，还拥有很多独家的技术优势以保障用户的收件安全，如银行专用电子回单柜除能够进行本地的实物票据交换外，还能够进行远程集中联网，通过网络，远程对每台电子回单柜的运行状态、抽屉的使用情况和装投单情况进行实时监控；安防监控系统为保护用户的有效权益，以三泰电子多年的银行安防监控系统技术为基础，针对速递易产品安装了监控报警系统，是一套集光、电、机械于一体的无人值守的高科技系统，内含微波检测技术、震动报警技术、远程视频传输技术、视频编解码技术。速递易智能快递柜还具有专业认证数字化扫描技术、数字化识别扫描技术（包括光学字符识别、标记识别和条码识别）等，这些专利技术保障了速递易智能快递柜的日常顺利运营，保障了用户的安全和隐私，也最大限度地为快递人员节约了投递时间，增加了快递行业的总产能。

(2) 丰巢智能快递柜发展情况

丰巢经过几轮融资，从2015年起步到现在，发展速度十分惊人，在四年多的时间里，终端布局规模上升为行业第一，累计入柜包裹量破10亿件。

丰巢智能快递柜是面向所有快递公司、电商物流使用的24小时自助开放平台，以提供平台化快递收寄交互业务，如图10-8所示。丰巢智能快递柜既包括标准柜，又包括拓展性的柜子,有大、中、小三种格口,无论什么规格的物品,只要不是超大件,都可以放进去。它不仅能取件,还能寄件,非常方便。

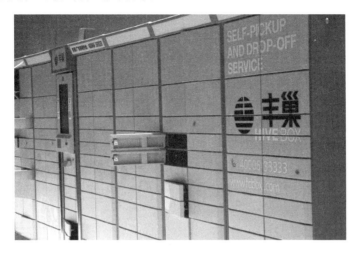

图 10-8　丰巢智能快递柜

2017 年年底,丰巢完成逾 7 万台柜机的布局,并在 2018 年再增加投放 5 万组快递柜,日均承接超过 1 000 万件包裹的派送。丰巢的亏损在连年增加的同时,营收能力也在快速提升。2016 年丰巢的营收只有 2 255 万元,到 2017 年已达 3.084 亿元,同比增长 1 236.6%;2018 年前 5 个月的营收已达 2.88 亿元,逼近 2017 年全年的 3.084 亿元。目前,丰巢主要依托顺丰强大的物流系统进行最后一百米的收件服务。

(3) 日日顺乐家智能快递柜发展情况

日日顺乐家智能快递柜由海尔集团旗下日日顺乐家公司研发,于 2014 年 12 月在全国 200 座城市同步启动入驻,如图 10-9 所示。日日顺乐家智能快递柜除为用户提供快速投放、自助取件服务外,还为用户提供家电、家政、家居等多种便民服务。

图 10-9　日日顺乐家智能快递柜

根据《互联网周刊》于 2018 年 10 月 8 日发布的"2018 智能快递柜排行榜",日日顺乐家秉承海尔集团战略"做有温度的触点网络",并凭借以小管家为核心的用户交互创新经营模式和优质的用户体验名列榜首。既不是规模最广,也不是数量最多,日日顺乐家之所以能够脱颖而出,正是因为其做的不仅仅是快递柜,更是有小管家支撑的触点网络生态圈。与传统快递柜企业仅提供"仓储点"不同,日日顺乐家快递柜采用"一社区一柜子,一柜子一管家"的方式,通过社区小管家与用户零距离交互,实现人与人的链接,为用户提供多样化、个性化的服务,率先实现由冷冰冰的硬件思维到有温度的用户思维的转变。

日日顺乐家"快递柜+小管家"的"社区承包制"模式,不仅方便快递员收派件,而且能够为用户提供省心服务。目前,日日顺乐家已经在 96 个城市建立起 6 万个社区小管家网络触点,小管家围绕用户的需求与用户进行深入交互,为平台 9 000 万个用户提供不同的解决方案,致力于打造一个社群共赢生态。

2. 国外智能快递柜的发展情况

国际上,在欧洲及新加坡、日本等地自提服务比较普及,比如欧洲的"收寄点"(CDP)、新加坡的第二代自助式邮亭、日本的"便利店提货模式"等。在英国,旗下拥有多种零售业态的 Tesco(特易购)集团靠这种模式建立起自己的终端配送网络。亚马逊目前在日本、英国等国家均提供收货自提服务。

发达国家典型的智能快递柜发展情况如下:

(1)德国 DHL 智能快递柜发展情况

DHL 国内包裹部推行智能快递柜的初步对象是独栋或双拼住宅用户,公寓楼的住户门外如果有足够的空间也可以安装。用户在智能快递柜安装的尺寸、样式、颜色和安装方式上有选择权,快递柜配备先进的电磁锁防盗。感兴趣的用户需要付费安装,起步价 99 欧元,另外可月付 1.99 欧元起步价租用。为支持 DHL 的智能快递柜建设,德国对其免收增值税。

DHL 之所以能够取得智能快递柜的巨大成功,主要原因体现在以下三个方面:

① 注册和取件的便利性。所有电子商务客户仅需要注册成为 Packstation 会员,就可以享受便捷的取件服务。

② 选址靠近用户。智能快递柜大多建设在社区、重要交通枢纽或超过 3 000 人的大公司的内部,在选址上力求为用户提供时间和位置上的便利性。

③ 经营的垄断性。DHL 作为德国知名物流企业,几乎垄断了电子商务交易的所有商品配送服务。有着巨大的业务量作为支持,DHL 在布局智能快递柜时可以进行统一规划和运营管理,这有效地降低了末端递送成本。

(2)丹麦邮政智能快递柜发展情况

2014 年春,丹麦邮政和 Coop 连锁公司开始协商,在连锁商店通过智能快递柜终端向用户提供自动寄件、取件服务。丹麦邮政的用户可以去超市购物时寄、取包裹,而 Coop 连锁公司的用户则可以在邻近生活圈的商店中提取网购的商品,是典型的双赢模式。

Coop 连锁商店也可以由此相较于其他同类竞争对手形成差异化优势,其管理层希望吸引对自主取件服务有需求的用户在来访的同时增加自身的商品销售,稳固用户忠诚度。对于丹麦邮政来说,快递柜自动化网络的全覆盖是对 780 个邮政网点的有效补充,是提高用户满意度的核心措施。已投入运行的智能快递柜深受用户好评,整套系统性能稳定而良好,机器操作简单,用户界面友好,预期智能快递柜系统在 Coop 连锁商店可实现较高的使用率。

(3) 美国亚马逊智能快递柜发展情况

亚马逊智能快递柜在美国和英国都已进入与便利店合作的网络。例如,客户可以到附近的 7-11 便利店为在亚马逊上购买的商品结账;商品到货后客户将收到一封电子邮件通知,智能手机上也会收到一个条码,然后前往指定的 7-11 便利店,到亚马逊智能快递柜(可以说是自动取款机和保险箱的结合)那里扫描这个条码获得一个 PINS 码,输入这个 PINS 码后,就可以打开智能快递柜拿到包裹。

(4) 日本智能快递柜发展情况

日本的智能快递柜是作为基础设施存在的。在日本,智能快递柜通常由开发商买单,设备属于整栋大楼的业主,物业公司为此要收取一定的物业费,一般每户每月为 5 日元,物业公司从这些物业费里面提取一部分给智能快递柜运营公司。

10.4.2 智能快递柜的选址要求与功能简介

智能快递柜提供 24 小时自提服务,在节省快递员派送时间的同时方便了收件客户,并在一定程度上节约了配送成本。只要智能快递柜达到一定程度的使用规模,快递柜的成本就会低于人工投递。如果能够提高智能快递柜的使用效率,随着使用规模的扩大,成本就会逐渐降低,可以取代部分人工投递。目前,专业的人工配送团队和门店代收的快件自提模式引发了许多问题,如快件迟迟不能到达、快件安全得不到保障和个人隐私信息泄露等,而智能快递柜可以较好地解决这些问题。

1. 智能快递柜的选址要求

智能快递柜这种快件自提终端系统主要考虑在居住小区、高校、办公大厦等人群密集的地方安放,并辅助以其他电路控制实现存取功能。为了充分发挥智能快递柜的实际作用,更好地处理快递"最后一公里"中存在的问题,智能快递柜的选址应符合以下要求:

① 靠近用户,方便用户取件。从用户集中度角度考虑,智能快递柜应尽量靠近用户,可以在用户密集的地方设置,如居民小区、高校、办公大厦等。

② 缩短快件的投递时间,提高效率。智能快递柜的布局既要方便用户取件,又要方便快递员存放快件。

③ 布置合理,减少快件在快递柜的停留时间。智能快递柜应尽量设置在用户过往时顺便提取的地方,如交通枢纽点、地铁站等,以提高快件的周转率。

④ 靠近中央配送站,方便快递员送达。应根据网络中心选址法对智能快递柜进行位置设置,以方便中央配送站的集中管理。

2. 智能快递柜的功能简介

智能快递柜由五个子系统构成，即 PC 服务端触摸屏、条码自动识别系统、快件存取系统(货柜)、短信发送系统、高清摄像头监控系统。

(1) PC 服务端触摸屏

PC 服务端触摸屏为智能快递柜的大脑，对整个快递柜进行控制和指挥，使各个子系统连在一起形成一个整体。快递员和用户在 PC 服务端触摸屏上登录和输入相关信息进行存取件、查询等操作。

(2) 条码自动识别系统

条码自动识别系统负责快件条码信息的采集与识别工作，由快递公司的快递员负责完成这一过程。该部分主要由图像传感器和相关存储器组成一个条码处理系统来读取与识别条码信息。条码处理系统完成条码图像采集后，会对图像信息进行预处理，最后有效地识别出条码存储的信息。条码处理系统在识别条码时会先进行条码字符符号分割，识别条码的行高、行数、条码条空排列和模块单元宽度，最后查找字码库，将条码字符符号译为对应字码。

(3) 快件存取系统(货柜)

快件存取系统(货柜)主要负责快件的存取过程。快递员在存件时，先完成条码采集与识别工作，系统自动弹开柜门后再存放快件。客户在取件时，凭借验证码系统弹开对应的柜门后便可取件。系统对条码号和柜子进行排列组合并存储，由程序匹配条码号和快件位置。

(4) 短信发送系统

短信发送系统负责在快件存入快递柜后给客户发送短信消息。该系统连接快件管理层，并建立了短信联系方式，可对快件进行多层级监管。快递员在完成存件后，系统会自动将包裹快件单号、验证码等信息发送给客户；客户收到信息后，可灵活安排自己的时间取件，也不必担心快件的安全。

(5) 高清摄像头监控系统

智能快递柜配备了高清摄像头监控系统，能够保留最多三个月的录像信息。当客户对快件不满意或有任何疑义时，可以在摄像头下展示快件，让摄像头记录问题快件当时的状态，作为收件或退件证据。同时，该系统还能保证快件的安全，防止快件被盗。

10.4.3 智能快递柜的操作流程

智能快递柜一般设置在超市、24 小时便利店或者药店里。选择将快件寄到快递柜的客户会在到货后收到一个验证码，凭借验证码可以打开对应的快递柜柜门取件。客户选择快递柜服务虽然无须额外付费，但是如果超过一段时间不能及时取件则会向超期不领取的快件收取一定比例的费用。

智能快递柜的外观与超市的自助存包柜相似，由多列方格柜组成，可存储多件快件，从柜门大小判断，适合中小体积的图书、音像制品、小百货、3C 产品等商品的配送、存放。

智能快递柜快递员派件流程和收件人收件流程如图 10-10、图 10-11 所示,就像在超市寄存包裹那样,非常方便。

图 10-10　智能快递柜快递员派件流程

图 10-11　智能快递柜收件人收件流程

1. 快递员派件流程

快递员派件流程如下:
① 快递员到达智能快递柜网点派件时,必须首先进行身份信息确认(在摄像头下)。
② 身份信息确认完毕后,开始输入包括快递单号、收件人手机号码等在内的快件信息。
③ 选择适合该快件的柜子规格。
④ 确定柜子规格后,系统会自动弹开对应空闲的柜门。
⑤ 快递员将快件存入柜内并关好柜门。
⑥ 系统自动将含网点地址、取件验证码的信息发送到收件人手机。
⑦ 快递员重复以上步骤,直到存完所有快件。

2. 收件人取件流程

收件人取件流程如下:
① 收件人收到提示短信后,可以在方便时间到智能快递柜网点取件。
② 到达系统短信指定的智能快递柜网点后,收件人在液晶屏上输入手机号码和收到的验证码信息(信息过期后系统会重新发送)。
③ 系统检测相关信息无误后,即弹开对应的柜门。
④ 收件人取件,验货,关门。
⑤ 收件人满意,签字后把快件单据放回指定快递公司的运单盒中。
⑥ 收件人不满意,填单退货,并把快件同退货单放于指定区域。

智能快递柜的使用,对快递企业、电子商务企业和客户都具有实用意义。对快递企业而言,智能快递柜作为快递行业终端的附加产品,其投递支出的总费用远低于传统投递,可降低快递企业成本,提高快件配送效率。对电子商务企业而言,配备智能快递柜进行投递,有利于提升快件配送效率和投递成功率,从而扩大市场。对客户而言,智能快递柜为其提供了便利选择,客户可以自提快件,不仅解决了与快递员的时间冲突,而且保护了隐私信息。随着电子商务的发展和信息技术水平的提高,智能快递柜将变得智能化与集成化,可以提供集存、取、查于一体的全程便民服务。另外,智能快递柜的液晶屏上还可以加载广告,充分发挥广告价值。未来,智能快递柜不仅提供快递自提服务,还会扩展到公交、气象等生活信息查询等增值服务,从而实现一种一体化、人性化的智能生活。

10.4.4 智能快递柜的业务模式

1. 收派件业务

智能快递柜在诞生之初,便是作为快递行业产业链"最后一百米"的解决方案之一来定位的。所以,其最基本的功能,或者说最主要的业务模式,便是在快件被送至社区或写字楼之后提供协助的配送服务,并同时收取费用。而在智能快递柜经过了多年发展的当下,这种服务已经拓展到整个收件、派件业务上来。

2. 广告业务

由于智能快递柜运营企业仅仅依靠收派件收入难以覆盖成本,再加上智能快递柜自身所具有的公共区域陈列、展示的天然属性,广告业务很自然地成为智能快递柜运营企业的另一项重要收入来源。

由于智能快递柜的用户群体大多为网购高频人群,用户定位更加精确,因此许多原先通过传统箱柜进行广告宣传的互联网或年轻人属性相关产品(如快消、食品、电影、网站等)纷纷选择使用智能快递柜作为新的广告投放渠道。

随着智能快递柜及互联网业务的不断发展,智能快递柜的广告形式也不仅仅限于广告图片展示。以丰巢为例,诸如柜体/屏保广告、丰巢微信/支付宝/短信宣传、柜体有声宣传播报、柜体随机新品试用等业务,都互为补充地成为新型的智能快递柜广告模式。

3. 社区O2O业务

尽管收派件业务、广告业务已多点开花,但是从丰巢、速递易等行业巨头的盈利状况来看,其收入仍然很难覆盖成本,打开更加多元化的业务渠道仍然是智能快递柜运营企业必须迈出的新一步。

另外,智能快递柜从诞生之初便志不在仅成为快递行业的"附庸",其最大的宣传点是成为社区O2O业务的主要入口,希望通过智能快递柜进驻社区,成为一个社区服务的入口。

10.4.5 智能快递柜解决的行业痛点及面临的问题

1. 解决的行业痛点

(1)用户端:解决时间差异和安全性问题

解决时间差异问题:对于快递的收件人来说,最常碰到的问题就是快递员打电话来送快递,但自己不在家。这时候只有三种选择:拜托邻居代收,但一来麻烦人,二来上班时间邻居也不一定会在家;让快递员改天再送,但一来许多快递公司不愿意再跑一趟,二来即使再跑一趟还是有错过快递的风险;直接丢在家门口或者抄水表的水箱里,但包裹的安全性又得不到保证。智能快递柜的出现完美地解决了这个问题,快递员可以直接将包裹留在快递柜,待收件人回家时再自行取件。

解决安全性问题:近年来由于快递员或假冒快递员上门而造成寄件人或收件人人身或财产安全受到威胁的事件屡见不鲜。在快递寄收极度普遍的当下,当用户尤其是弱势人群(如年轻女性、儿童、老人等)单独在家时,假冒快递员的不法分子很容易乘虚而入。而智能快递柜使得快递员和收、寄件人不需要直接地面对面接触,增强了安全性。

(2)快递员(企业)端:提升效率,降低成本

对于快递员来说,在派件过程中,最影响效率的因素莫过于收件人不在家造成的等待以及反复沟通。对于按件结算的快递员来说,一天中能够投递的快递件数越多,其个人收入也就越高。所以,在能够提高快递员总收入的前提下,即使智能快递柜对快递员收费,快递员也愿意使用智能快递柜来最大化个人收益。

对于有些整体结算的快递企业,快递员领取固定形式的工资,在人力成本不断走高的背景下,智能快递柜的使用变相地节省了公司成本,以至于有些快递企业与智能快递柜运营企业签订了整体协议。

(3)快递柜模式:丰富服务内容,扩展业务形式

从形式上来看,原本家家户户都在使用的报箱就是最传统的快递柜。而智能快递柜相对于传统的报箱,在柜子尺寸、使用便捷性、智能化方面都有着极大的进步。智能快递柜在满足主要快递业务的同时,还能通过广告、智能化系统、手机终端等各种媒介提供各类新型业务,丰富了业务种类,也为用户带来了各种形式的信息。

2. 面临的问题

当然,在解决众多行业痛点的同时,目前的无法盈利状态也说明了智能快递柜运营企业仍然存在各种这样或那样的问题。归结下来主要包括:

(1)用户端:抵触缴费、验货难及尺寸不一

从用户的消费习惯来看,在大部分快递企业及电子商务企业提供低廉甚至免费送货上门的体验服务的背景下,用户对于为智能快递柜服务支付额外费用在短时间内仍难以形成习惯,如2016年速递易"双十一"推行新收费政策遭到抵制。

智能快递柜的使用还造成收件人的"验货难",尤其是当用户网购一些贵重及易碎易坏物品时,更加希望能够在收到货物的同时开箱验货。对于这部分希望验货的用户,智能快递柜明显难以满足其需求。

另外,智能快递柜固定的方形柜型及尺寸,也让一些不规则形状的货物没有办法通过智能快递柜进行发送及接收。

(2)快递员(企业)端:额外费用不可持续

在行业内,快递员每单的平均收入在1.5元左右,此利润空间近期随着快递企业竞争的加剧也在被不断挤压,智能快递柜每单要收取0.3—0.5元,这样快递员基本上只有在业务极端繁忙时才会选择使用智能快递柜,通过提高总派件数来增加个人收入。

(3)智能快递柜运营企业自身:社区O2O业务短期内难以变现,收派件及广告收入无法覆盖成本

对于智能快递柜运营企业自身,其最直接的问题就是盈利模式。无法挣钱成为目前市场上智能快递柜运营企业共同面临的一大难题。

从成本角度来看,智能快递柜的成本主要包括智能快递柜硬件的制造、维护,智能快递柜软件 App 平台的维护,以及智能快递柜进驻社区、写字楼的"入驻费"。

从财务角度来看,一个智能快递柜的使用寿命约为 10 年,每年的成本为 8 000—10 000元,其中智能快递柜造价折旧为 4 000—5 000 元,占成本的 50%;进驻费约 3 000元,占成本的 30%—40%;此外,电费及相关维护费约 1 000 元。目前,社区 O2O 业务短期难以变现,仅仅靠收派件及广告收入远不足以覆盖智能快递柜的运营成本及费用。

10.5 无人机和送货机器人

10.5.1 无人机

1. 无人机概述

无人驾驶飞机简称"无人机",英文缩写为"UAV",是利用无线电遥控设备和自备的程序控制装置操纵的不载人飞机。无人机按飞行平台构型可以分为固定翼无人机、旋翼无人机、无人飞艇、伞翼无人机等;按用途可以分为军用无人机与民用无人机,其中军用无人机又可以分为侦察机和靶机。无人机是当前一大科技热点,从民用航拍、娱乐休闲到运送快递等服务的尝试,都不断吸引着人们的目光。

自 2013 年以来,随着美国亚马逊、UPS、德国邮政、法国邮政等国外企业在无人机方面的探索与实践,逐步带动整个世界范围的紧紧跟随。在我国,以顺丰、京东为代表的物流企业于 2013 年和 2015 年相继启动无人机项目,物流无人机产业发展前景和空间被广泛看好。物流无人机可实现鞋盒包装以下大小货物的配送,只需将收件人的 GPS 地址录入系统,无人机即可起飞前往。自 2017 年以来,2017 年 10 月顺丰大型物流无人机成功完成首次试飞,2017 年 6 月苏宁物流无人机在浙江成功完成首次实景配送,2017 年 7 月中通快递物流无人机成功完成首次试飞,2017 年京东已经实现末端无人机的常态化运行。

(1)协同模式

随着全球企业纷纷涌入物流无人机产业,以及整个技术和产业的开放与发展,无人机的发展趋势一定是与相应的智能配套载体进行协同,从而实现空地一体的无缝衔接,形成智能物流体系的全自动闭环,最终提升配送效率。协同模式主要包括以下几种:

① 仓+物流无人机:这种模式可以大大降低运营成本。以京东为例,随着未来三级智能物流体系的建立,无人机与仓库进行协同,可以将原先的 200 公里建仓密度稀释为 300 公里,同时仓库内的备货量也可以大幅减少。

② 车+物流无人机:UPS 已经成功测试卡车释放无人机投送快递,即无人机从货车顶部起飞投送包裹;与此同时,驾驶员可以正常手动派送包裹。

③ 智能快递柜+物流无人机:DHL 通过智能快递柜+无人机的方式来形成全自动

闭环。据介绍,新一代无人机可在智能快递柜顶上实现全自动起飞、着陆并投递包裹,装入新的包裹以及更换电池,整个过程只需几分钟。

(2)优势

无人机具有下列优势:

① 提高配送效率:相较于传统的汽车、电动车配送,无人机可以大幅提高配送效率。

② 降低运营成本:无人机上下游产业链整合日趋完整,随着无人机的大规模应用,将节省更多的时间、人力、能源及仓储资源,降低企业运营成本。

③ 打破道路限制:针对偏远农村及交通不便地区,能有效解决物流配送"最后一公里"难题。

④ 助推产业转型:以无人机为代表的"智能物流"将助力物流产业转型升级。

2. 无人机的实际应用

(1)顺丰无人机 Manta Ray

顺丰在"2018世界人工智能大会"上展出物流无人机产品 Manta Ray,如图10-12所示。这是顺丰全新的固定翼垂直起降无人机真机在我国国内首次公开亮相,与以往大家熟知的四旋翼垂直起降无人机相比,Manta Ray 在造型上有很大的不同,不仅机身线条流畅,造型硬朗,科技感十足,而且外观很酷炫。

图 10-12 顺丰无人机 Manta Ray

Manta Ray 翼展3.5米,机身长2米、高0.8米,最大载重10公斤,飞行范围可覆盖120公里,属于中长段距离飞行的无人机。此外,在飞行速度上,Manta Ray 续航时间可达90分钟,最大飞行速度可达30米每秒。

在运输飞行过程中,Manta Ray 巧妙地将货物"收入腹中",极大地减小了飞行阻力。在涉山涉水、陆路交通不便的复杂场景中,Manta Ray 是最有效的运力补充,它可在海拔3 000 米等复杂环境中飞行,具备 IP45 级防水、防尘能力,最低飞行温度可达−10℃。

基于仿生流线型的气动设计,大大降低了 Manta Ray 的飞行阻力。同时它的推进动力除螺旋桨动力之外,还可由两个涵道风扇推进。涵道风扇具备推力更大、更安全、降噪的能力,并且在单个涵道失效的情况下,无人机仍可正常飞行。此外,主要操作舵面也采用了冗余设计,显著提升了无人机的安全可靠性。

关于结构设计部分,Manta Ray 整机采用多种轻质的复合材料,可承力骨架部分大量采用碳纤维复合材料,满足飞机正常运行过程中的强度、刚度及可靠性要求。整机结构采用模块化设计,可进行快速拆装,保障整机高效运输及部署。

单是这款 Manta Ray 机型,顺丰便囊括了 120 余项专利。除了出色的性能与优秀的结构设计,那些隐藏在无人机背后的飞控系统、通信系统和调度管理系统更是顺丰物流无人机的最大亮点。

其中,飞控技术是最为核心的技术之一,支持全程智能化操作。Manta Ray 在执行任务阶段具备自动起飞、自动巡航、自动降落能力,在飞行过程中遇到突发情况,还能由固定翼模式自动切换为多旋翼模式,主动悬停;当然,仅仅是主动悬停和上下浮动还不够。Manta Ray 用于无人机和地面基站数据连接的通信系统也是很高端、前沿的,整个基站也具备无人值守能力,可远程控制和自动报警。单个基站的最大通信距离可达 30 公里,同时支持多对多接入及漫游功能。调度管理系统可实时对 Manta Ray 的飞行任务和数据进行监控,保障飞行全程实时可控、安全运营。

现在,Manta Ray 已大量投入真实物流场景下的飞行测试,属于顺丰"大型有人运输机+支线大型无人机+末端小型无人机"三段式空运网中的末端配送阶段。顺丰物流无人机将形成多应用种类、多使用层次、多发展方向的体系化发展模式,拓宽物流网络,拓展运力模式,让客户未来可期。

(2)亚马逊无人机

亚马逊在 2015 年推出第一代 Prime Air 无人机项目两年后,便对外展示了 Prime Air 无人机的升级版本,如图 10-13 所示。

图 10-13 亚马逊无人机 Prime Air

升级后的亚马逊 Prime Air 无人机采用混合设计:部分采用直升机设计,部分采用固定翼飞机设计。混合设计的采用,使其外观看上去比此前版本体积更大些,飞行范围可覆盖 15 英里(约 24 公里),时速可达 55 英里(约 88.5 公里)。此外,亚马逊升级版 Prime Air 无人机不再仅仅是一款四轴飞行器,虽然依旧采用垂直方式起降,但是随后可以切换至正常的水平飞行模式，这样可以使整个飞行过程更有效率。

升级版 Prime Air 无人机还新增了"感知和规避"技术，一旦抵达预定地点，其就会对降落区域进行扫描并寻找降落地点。从目前来看，这似乎需要接收快递的客户在自家院子里的某个点上做出标记，比如画上一个亚马逊的 Logo（商标），以便 Prime Air 无人机识别、降落。这一设计使得 Prime Air 无人机能够实现有效率的远距离飞行，并以安全、快捷的方式直接起降。

2017 年 11 月，美国专利及商标局向亚马逊授予了一项专利，资料显示，当亚马逊无人机即将撞机时会自毁，组件会安全拆散，同时尽量不让货物受损。

3. 无人机在物流市场的机会与威胁

（1）机会

无人机在物流市场的机会具体包括：

① 行业发展迅速，技术飞速进步。随着人工智能等技术的发展，未来技术劣势将进一步被弥补，从有人操作到远程操作再到自主飞行，未来无人机运输会越来越频繁。与此同时，随着储能技术的升级，续航能力、荷载能力将会进一步提升，未来无人机的应用场景将进一步扩大。

② 硬件成本进一步降低。随着相关传感、飞控系统以及相关设备的大规模使用，无人机硬件成本将会进一步降低，尤其是顺丰、京东等无人机大规模使用者的存在，将会进一步激发市场活力、扩大市场规模。京东希望在 2018—2022 年部署 100 万架无人机，市场的快速扩大将进一步降低无人机的整机成本。

③ 物流行业"最后一公里"痛点。偏远地区的送件量小，路途遥远，成本高昂，而且物流成本主要在于最后一公里的配送环节。数据显示，2016 年全球物流成本近 800 亿美元，其中最后一公里配送成本占物流总成本的比例达 50%。因此，物流企业有足够的降本增效的内在驱动力。

④ 对农村电商市场的巨大潜力的共识。近年来，农村网民规模持续增长，截至 2017 年 12 月，我国农村网民占比为 27.0%，规模为 2.09 亿人，较 2016 年年底增加 793 万人，增幅为 4.0%。商务部统计数据显示，2017 年全国农村实现网络零售额 12 448.8 亿元，同比增长 39.1%，占全国电商零售总额的 17.4%，创历史新高。农村网络零售额暴涨的背后，还有政府的扶持。从 2014 年起，农村电商就被正式写入中央一号文件，每年的鼓励政策层出不穷。农村电商已成为电商发展的新"蓝海"，整个物流网络的市场空间在万亿元以上。无人机可以将货物直接从仓库送往农村地区，省去了中间车辆、司机等成本，直接解决了农村最后一公里深入问题。

⑤ 终端客户对配送速度的要求不断提高。亚马逊 Prime Air 无人机定位于高端速达服务，速度成为物流企业提升物流价值的切入点。顺丰同样设想通过"大型有人运输机＋支线大型无人机＋末端小型无人机"三段式空运网，实现 36 小时通达全国。而京东的亚洲一号已经从当年的上海 1 座扩展到 8 个城市共 9 座，未来 5 年，还将在全国 30 多个核心城市陆续建造亚洲一号。通过飞机或仓库前置解决干线时效后，末端配送速度成

为物流效率提升的另一个瓶颈,时效需求驱动物流企业争相上马无人机。

(2)威胁

无人机在物流市场的威胁具体包括:

① 无人机当前的技术水平决定了事故风险概率。高端客户对配送风险的厌恶,导致由于技术不成熟造成的事故一旦出现,就会严重打击公司无人机业务的发展。随着炸机事件频频曝光,无人机的安全性仍无法消除大众担忧。

② 政策规范严重影响行业发展。2017年8月中国民航局发布《民用无人驾驶航空器从事经营性飞行活动管理办法(暂行)》,尚未将物流类无人机纳入其中,根据中国民航科学技术研究院与民航管理局专家的采访得知,主要原因是行业目前不成熟,相关规章制度尚不完善,民航局本着促进行业发展、行业先行先试的原则,并未就具体运营等方面进行规范。从安全方面考量,物流运输的特殊性也可能涉及危险品运输等情况,因此相关的规则制定还在细化当中。2018年6月1日起开始实施的《民用无人驾驶航空器经营性飞行活动管理办法(暂行)》中,对无人驾驶航空器运营商如何取得经营许可证等诸多问题进行了明确规定,企业从事经营性飞行活动将从此合法合规,将来也会对物流行业使用无人驾驶航空器从事经营性飞行活动进行进一步的细化管理与规范。

4. 我国物流企业无人机发展展望

(1)弯道超车,无人机成我国通用航空发展新动力

由于我国通用航空发展相较于欧美国家落后,因此空域开放度较低,正好为无人机的发展提供了广袤可用的空中资源,无人机将会是我国通用航空发展弯道超车、后来者居上的新契机、新动力。

(2)能力输出,无人机助力"中国服务"走出国门

无论是小型多旋翼无人机还是大型支线无人机,我国无人机发展与应用均处于世界领先地位。在物流领域,多地开花的应用试点层出不穷,未来物流无人机应用将成为"中国服务"的科技品牌,随着国家"一带一路"倡议的牵引,将助力我国物流企业作为"中国服务"金字招牌走出国门,迈向世界。

(3)资源宝贵,航线使用权成为企业核心竞争力

尽管当前中国民航管理局对航线管理没有出台相应的管理细则,但是未来无人机商用大规模普及后,空中资源将会成为企业的核心资产与竞争力。未来的航线管理将类似于无线频谱的分配模式——"政府/协会管理分配,企业申请(购买)使用权"的模式,从初期的航线独占发展为未来的航线共享。物流企业应重点关注如何提升在无人机领域的话语权,争取更多的航线使用权。

(4)多态发展,大水慢灌与小步快跑相结合

物流企业除顺丰、京东以自研方式大规模上线无人机外,更多地以小步快跑的方式进行无人机实验性尝试,例如"通达系"、苏宁等玩家未对无人机有大规模的商用规划,均以与第三方合作进行试点为主。未来,第三方无人机物流解决方案提供商将会有更大的机会与物流企业进行合作。

(5)模式革新,无人机或催生物流行业新细分

未来的物流将会是无人化的世界,由于大型无人机对基础建设要求高、投资大,为了推行无人机在物流行业的充分应用,圆通研究院预测未来会有专业的无人机运输公司建立,其模式类似于丰巢一家牵头多家投资,以实现无人机在物流行业的专业化运营。

(6)末端共配,"共享无人机"将成为偏远地区"最后一公里"配送解决方案

随着农村电商的发展,末端配送需求与成本形成了尖锐的矛盾,借鉴城市共配平台的先进经验,无人机或催生偏远地区共配平台的建立。通过"共享无人机"打破偏远地区"最后一公里"配送瓶颈,以科技促进电商企业进一步渗透农村市场,为推动我国农村地区的经济发展提供一条新的思路。

10.5.2 送货机器人

送货机器人是智慧物流生态链中的终端,面对的配送场景非常复杂,需要应对各类订单配送的现场环境、路面、行人、其他交通工具及用户等各类场景,进行及时、有效的决策并迅速执行,这就需要送货机器人具备高度的智能化和自主学习能力。除强大的硬件支持使得送货机器人得以运行复杂的人工智能运算外,相对稳定成熟的实际应用场景让送货机器人得到在实际场景中试错和不断优化的机会。

已经具备人工智能系统的送货机器人具有自主规划路线、自主规避障碍的能力,可以自如地穿梭在道路上。收货人通过相关App、手机短信等方式收到货物送达的消息,在手机短信中直接点开链接或者在配送机器人身上输入提货码,即可打开配送机器人的货仓取走包裹;同时,配送机器人支持刷脸取货以及语音交互,让用户能够感受到科技在智慧物流中的应用。

1. 典型案例

随着电子商务的快速发展,快递、外卖的人力支出已经成为各平台的重要支付成本,送货机器人也就成为各大平台和初创公司解决"最后一公里"配送问题的新方向。从室内配送到室外配送,从餐饮、快递配送到设备、零部件配送,电子商务企业、食品公司、初创公司,甚至老牌机械公司都已经开始竞相角逐这一尚未完全开启的市场。

从国外的Woowa Brothers、Starship、Yelp、Domino's Pizza(达美乐比萨)、Thyssenkrupp(蒂森克虏伯),到国内的阿里巴巴、京东、苏宁、美团、饿了么、Yogo Robot、深兰、云迹、真机智能,众多公司已经在积极准备,努力抢占市场份额。下面主要展示国内外典型的八款送货机器人:

(1)京东送货机器人

2018年6月18日,京东送货机器人(如图10-14所示)在北京进行全球首次全场景常态化配送运营,为送货机器人规模应用和更广布局进行先行尝试。

京东自主研发的送货机器人通过雷达和传感器实现360度环境监测,能够自动规避道路障碍与车辆行人、准确识别红绿灯信号、自主停靠配送点,做到了自动化配送的全场景适应。

在即将到达目的地时,系统将取货信息发送给用户,用户可选择人脸识别、输入验证码、点击手机 App 链接等三种方式取货。京东送货机器人一次最多能送 30 多单。

目前,京东率先宣布送货机器人进入量产时代。2018 年 6 月 11 日,京东无人车总部正式落户长沙,进行送货机器人的研发、测试、人员培训以及数据中心管理等工作。

图 10-14　京东送货机器人

(2)阿里巴巴送货机器人小 G Plus

2018 年上半年,阿里巴巴自主研发的第三代菜鸟送货机器人小 G Plus(如图 10-15 所示)在阿里巴巴杭州总部正式路测,在 2018 年年底前已陆续实现量产。

图 10-15　阿里巴巴送货机器人小 G Plus

小 G Plus 设计载重 100 公斤,最多可以搭载 200 件小包裹,相当于一个小件快递员一天的配送量。小 G Plus 充一次电可以行驶 60 公里,在 2018 年年底前已实现充一次电行驶 100 公里。

小 G Plus 内置基于 Lidar(激光雷达)的导航系统,出于安全方面的考虑,其最高速度为每小时 15 公里,如果检测到附近有人或汽车,它就会把速度降低到每小时 10 公里,以留出足够的刹车距离。

小 G Plus 配备面部识别系统,在到达目的地后,可以自动把货物放入储物箱,或者用户上前输入 PIN 码取货;配备保温功能的储物箱,可以配送生鲜食品,并可根据货物尺寸调整货运箱。

(3)苏宁送货机器人"卧龙一号"

2018 年 4 月,苏宁自动送货机器人"卧龙一号"(如图 10-16 所示)在南京滨江壹号小区亮相,执行包裹配送任务,这是国内第一辆可实现电梯交互的送货机器人。

苏宁送货机器人有 6 个轮子,可以自行找到目的地,不仅能避让行人、车辆,还能自己乘电梯、叫门。据悉,"卧龙一号"未来将进驻 1 000 个小区。

图 10-16　苏宁送货机器人"卧龙一号"

(4)Woowa Brothers 送货机器人 Dilly

2018 年上半年,韩国公司 Woowa Brothers 推出了一款名为 Dilly 的食品配送机器人原型(如图 10-17 所示)。Dilly 宽 67 厘米,长 77 厘米,高 83 厘米。机器内部有三层托盘,可以存放碟子,并以每小时 4 公里的速度行驶。Dilly 配有位置追踪、障碍物传感器装置,送货时可以避开碰撞。

Woowa Brothers 将先在如美食广场的室内进行测试,然后扩大到室外配送,最终实现从餐馆到住宅的配送任务。

图 10-17　Woowa Brothers 送货机器人 Dilly

(5)Marble 送货机器人

Marble 成立于 2015 年,总部位于美国旧金山,2017 年 4 月与美国最大的点评网站 Yelp 合作推出了食品配送机器人(如图 10-18 所示)。用户使用 Yelp 的 App 下单后,由机器人送餐上门,点餐者可通过验证码短信打开机器人的储物箱。机器人有模块化的货舱,可以根据有效载荷进行换货,并使用传感器和高分辨率三维城市地图来高效地穿过繁华的城市街道。Marble 在最新一轮融资中筹资 1 000 万美元,腾讯、Lemnos、Crunch Fund、Maven 等公司均参与投资。

图 10-18　Marble 送货机器人

(6)Domino's Pizza 送货机器人 DRU

Domino's Pizza 早在 2016 年就使用机器人 DRU(如图 10-19 所示)配送比萨,甚至也成功测试过无人机空中送比萨服务。在自动送餐服务领域,Domino's Pizza 可以说走在了前列。目前,Domino's Pizza 正在与 Starship Technologies 合作开发一款新型六轮机器人,并与 Nuance 合作开发基于 DRU 的应用程序,允许客户通过 AI(人工智能)聊天界面直观地订购比萨。

图 10-19　Domino's Pizza 送货机器人 DRU

DRU 高约 0.3 米,有 4 个轮子,由 Domino's Pizza 与澳大利亚科技创新公司 Marathon Targets 合作定制。Marathon Targets 主业是开发军事训练用的机器人,所以 DRU 外形显得很敦实,重量高达 190 公斤,被劫走的可能性基本为零。DRU 时速最高可达 20 公里,在送货机器人领域,它的送货速度也是名列前茅的。

通过与 Google 地图实时同步地理位置,DRU 不仅能准确定位目的地,还能快速筛选最优路线。此外,DRU 配备了复杂的感应器系统,能借助激光雷达系统避开车辆、灯柱和行人。

目前,DRU 不具备爬楼梯和坐电梯的技能,只能把比萨送到客户居住的建筑外,客户需要输入密码才能取出预订的食物。DRU 的内部分为制冷和加热两个空间,可以同时运送冷饮和热食。其中,加热室内能够放下 10 份比萨,满足小型聚会的订餐需求。

(7)Nuro 送货机器人

硅谷机器人公司 Nuro 已经推出全自动送货机器人(如图 10-20 所示),该送货机器人不是为低速园区内或者人行道而设计的,而是可以在绝大多数城市内的地面道路上行驶。该无人配送车的车身结构设计和所使用的材料都是为了最大限度地保护周围的行人;同时,通过优化交付路线,减少事故和减少劳动力投入,达到节省成本的目的。该无人配送车配有冷藏或加热装置,可以满足不同物品的配送需求,用户在路边即可收货。Nuro 与多家公司合作,服务涉及餐厅、药房、生鲜超市、服装百货、干洗等领域。

图 10-20　Nuro 送货机器人

(8)Starship Technologies 送货机器人

Starship Technologies 成立于 2014 年,总部位于英国伦敦,是无人配送领域的"大明星"。该公司的目标是建立一个自动驾驶机器人网络,用户可以使用机器人进行货物和食品配送。

用户可以"叫"一台 Starship(如图 10-21 所示),机器人会在半小时内到达,收取包裹后送到附近的目的地。目前,这些机器人只能在距离控制中心半径为 2 英里(3.2 公里)的范围内活动。机器人需要在控制中心充电。

Starship 机器人具备完整的避障系统,可以完全自动执行任务,能够以每小时 4 英里(6.4 公里)的速度行驶,每次可以运送 20 磅(约 9 公斤)的物品。机器人配有 9 个摄像头,能够辨别并"记住"路线,通过机器学习可以实现自动导航;有 6 个轮子,有助于保持稳定,"行走"速度最高为每小时 4 英里;客户的包裹(至多 10 公斤)能安全地放在一个货舱中。此外,所有机器人之间的信息是共享的,大大降低了机器人的学习成本。

目前,Starship Technologies 已经与达美乐(Domino)、奔驰(Mercedes-Benz)、爱马仕(Hermas)、瑞士邮政(Swiss Post)以及英国数家餐厅开展送货服务测试。其中,奔驰还向 Starship Technologies 投资了 1 720 万美元,用于研发一款概念面包车作为送货车的"母舰"。这辆面包车相当于临时中转站,车内能存放数辆 Starship 机器人。2018 年 6 月,Starship Technologies 完成了 2 500 万美元融资,目前公司送货机器人的行驶路程已经超过 10 万公里。

图 10-21　Starship Technologies 送货机器人 Starship

2. 关键技术

(1) 高精度地图数据

尽管地图行业经过多年的发展，尤其是移动互联网时代手机地图与导航应用的快速发展，地图数据已经形成行业通用的规范与格式标准（如统一的坐标系及图幅标准、通用导航数据格式等），但是传统的地图数据是以人类认知为表达目的的，因此在数据表达上完全以人类能够理解的可视化方式展现。在无人配送体系中的高精度地图是完全面向机器人的地图数据，在数据内容、关键数据表达方式上与传统地图有较大的差异，因此高精度地图的采集、制作工艺及数据应用与传统地图均有很大的差异。

高精度地图数据的获取方式与传统地图也有很大的差异。传统地图数据大多通过全站仪、卫星图匹配等手段获取，能够实现地图数据的批量采集；而高精度地图数据在精度方面的要求更高，主要依赖激光点云数据的采集以及其他高精度感应装置获取的数据加工而来。

(2) 智能导航系统

① 高精度导航行动指引。针对送货机器人的导航系统，主要原理是通过服务端向送货机器人下发导航关键地点的信息，并通过高精度传感器来判断送货机器人当前位置是否偏离预定航向，对送货机器人进行实时引导。同时，由于送货机器人的业务场景已经从结构化的室内环境逐步向非结构化的室外环境转变，导航的区域需要从传统的室外道路向室内扩展，因此室内导航技术在无人配送中也拥有广泛的应用场景。

② 以配送任务为核心的智能路径规划。送货机器人的核心任务是将货物配送到用户手中，因此送货机器人的路径规划需要综合考虑用户的订单，这里面涉及地址解析功能、到达点分析及多径点配送规划。

- 地址解析。由于送货机器人的目标为订单，因此订单地址需要转化为配送地址。目前，主流的地图数据服务商均提供地理编码服务（Geocoding Service），能够将地址转化为经纬度信息。

- 到达点分析。由于送货机器人的核心任务是将货物配送到用户手中，因此对目标地址的解析需要精细到可停靠或可进入的精准位置信息。例如，对于住宅楼，需要精确地停靠在楼栋门口,来等待用户取货。因此,对于每一个目标地址,需要分析出可停靠的精准位置,这样送货机器人才可以将此位置作为停靠点。

• 多点配送。为了提高配送效率,送货机器人每次行程会针对某个区域进行沿途多点配送。进行多点配送时,需结合送货机器人自身的货舱容量制定多点配送量,并确保配送路线能够以最短路径原则或最短耗时原则进行统一规划。

(3)大数据

高精度地图数据是送货机器人导航运行的数据基础,只有详细而全面的高精度地图数据,才能为送货机器人提供可靠的行动指引。同时,送货机器人运行本身也是数据的感知行为,借助其本身的各种传感器,送货机器人能够对实际道路情况有实时的感知,并且随着送货机器人运营数量的规模化,数据感知的范围能够覆盖更多的区域和场景,从而实现数据的实时感知和更新。这种借助海量行驶感知数据的数据更新模式,被称为"众包式"数据更新,是目前无人配送领域实现地图数据更新的主要技术方式。

除了地图数据的更新,海量行驶感知数据能够给送货机器人带来以往调度模式无法实现的技术创新。运营中的送货机器人能够通过摄像头等传感器对周边人流量、车流量及交通状况进行数据感知,实现神经感知网络,从而对送货机器人的导航起到引导作用,例如对于拥堵路段能够提前感知并提供躲避拥堵的导航路径规划。

在送货机器人调度资源优化方面,基于送货机器人的大数据分析系统同样能够起到辅助决策的作用。由于送货机器人的行动需要以订单为基础,因此对海量历史订单信息的大数据分析,能够给送货机器人的调度和监控人员提供合理的资源分配方案,例如对于订单密集的区域,需要提前部署更多的送货机器人以确保运输效率。

3. 验证方式

目前在安全验证方面,送货机器人采用多重验证方式,用于确保货物准确地送达目标用户。目前已经采取的验证方式有以下几种:

(1)验证码

验证码是目前使用最多、最通用的验证方式,用户接收到短信后在送货机器人的屏幕上输入验证码,送货机器人验证之后进行开箱。其优点是快捷简单,但是存在安全隐患,且要求用户在接收货物时带着手机,一般适用于低价值商品的配送。

(2)人脸识别

人脸识别的前提是必须由用户本人接收快递,且需要在系统里提前进行面部采样。目前,面部识别的成功率已经可以满足验证的精度,然而面部识别本身容易被破解,尽管已经有面部活体检测技术应对"照片欺骗",但是仍然存在不少的技术漏洞。

(3)声纹识别

由于面部识别存在诸多缺陷,因此人们希望能够将声纹技术加入识别验证环节。所谓声纹,是指利用每个人的发声器官(舌、牙齿、喉头、鼻腔)在尺寸和形态方面的个体差异性来确定发声人的身份。声纹识别对语音识别、表情捕捉、图像分析都有较高的技术要求,是一种安全度非常高的验证方式,适用于高价值商品的多重验证以确保其安全性。

4. 优劣势

(1) 优势

送货机器人具有以下优势：

① 送货机器人可以实现更精准的送货时间。当在网上购物后，会有送货机器人为客户进行商品配送，而不是像传统配送方式那样让快递员上门配送。送货机器人可以在5—30分钟内从指定的配送中心或者零售点完成本地配送。送货机器人并非针对长距离的订单，而是为最后一公里的配送设计的。

在使用送货机器人的过程中，首先，客户可以通过智能手机选择送货机器人配送；之后，送货机器人会在配送中心装载包裹，然后行驶到客户的家门口。整个过程所需时间更短，而不是诸如半天送达或者当天送达的时间窗口，客户可以更精准其配送时间需求。

② 送货机器人可以进行实时的货物跟踪。在送货机器人配送途中，客户可以在智能手机上进行实时追踪。当送货机器人到达送货地点时，客户需要通过智能手机解锁送货机器人的安全舱来获取包裹。

送货机器人配有导航和障碍回避软件，能够识别和绕开大多数的障碍，包括人和宠物，还能够遵守交通信号规则。运行之前，工作人员需要将服务区域的地图输入送货机器人，并且设计出送货机器人能够安全运行的区域。

③ 送货机器人可以确保货物的安全。送货机器人内置安全装置，因而可以缓解人们对所订购商品被盗的担忧。送货机器人的安全装置可减少快件被潜在盗窃的风险。

首先，安全舱是锁住的，侵入送货机器人并不容易，特别是在没有专门工具的情况下；其次，送货机器人配有数个一直联网的摄像头；再次，送货机器人带有GPS功能，能够对送货机器人进行实时定位；最后，送货机器人内置扬声器和麦克风，操控员能够与送货机器人周围的人说话。因此，要想从送货机器人那里盗取东西，偷盗的难度要远远超过你的想象。而且，送货机器人大部分时间是自动驾驶，同时受人工操控员的监视，后者任何时候都可以介入送货机器人的运作来确保它们的安全。

④ 送货机器人可以实现更低的成本。采用机器人送快递相较于其他方式在成本上能够降低数倍，并且效率更高。以适用于中小型企业的工业机器人为例，其每台售价大约为1万美元，折合成人民币约7万元。而据国家统计局给出的数据，2018年全年我国人均工资为39 251元，也就是说，如果一个中小型企业引进1台工业机器人代替1个人工，则大约能用一年半的时间收回成本。机器人本身对环境零污染，而且耗电也很少。

研究报告显示，2018年我国人均工资同比增长8.6%，意味着企业员工的费用将会越来越高，而随着机器人技术的不断发展，机器人成本反而会越来越低。由此可见，机器人在成本上将会优胜人工。

(2) 劣势

送货机器人具有以下劣势：

① 送货机器人灵活性较差。自主的意识判断和带有情感的创造是人类的显著特点，也是人类至今还牢牢将机器人控制在手中的原因。近年来，尽管人工智能在不断发展，

但是据 Facebook 人工智能研究主任 Yann LeCunn(严莱春)表示,如果没有固定程序指引的话,那么机器人将不可能像人类那样拥有先天性的情绪,也不会产生这样的情绪。

人和人之间可以相互交流,可以在不同情况下分析问题,可以及时处理突发情况;而送货机器人是按照特定的程序"思考",一旦环境突变,就有可能造成机器瘫痪甚至引发安全事故。尤其是现在拥挤的交通环境,送货机器人从实验室试验到真正的在马路上行走还需要一段时间。

② 送货机器人易用性较差。使用送货机器人的员工需要经过专业的培训,相比之下,对于一些简单的工作,由人工来完成会方便很多。不管怎样,送货机器人的易用性越来越得到重视,如何能够让人不经过专业培训,或者不经过培训就可以像使用智能手机那样很快熟练使用送货机器人,已经变成很多大厂商大力投资的方向。

本章小结

本章是新兴技术及设备在电子商务物流中的应用,包括云计算技术、物联网技术、大数据技术、智能快递柜、无人机和送货机器人。本章首先介绍了云计算的相关基础知识、云物流的概念及其应用的关键技术;其次,对物联网的概念、特征、总体架构进行了分析,重点介绍了物联网技术在物流运作各个环节的推广和应用;再次,给出了大数据的概念、战略意义及分析方法,分析了大数据给物流行业带来的变革,以及物流企业在应用大数据时存在的问题;最后,介绍了智能快递柜、无人机和送货机器人等新兴设备的发展及应用情况。

思考题

1. 试述云计算的概念与特征。
2. 简述云物流的概念及关键技术。
3. 简要说明物联网对物流各个环节的影响。
4. 试述大数据给物流行业带来的变革及其应用时存在的问题。
5. 试述智能快递柜的操作流程。
6. 试述无人机与送货机器人在电商领域实际应用的典型案例。

第11章

电子商务智慧物流

教学目的

- 电子商务智慧物流的发展背景与基本概念
- 电子商务智慧物流的内涵
- 电子商务智慧物流的应用
- 电子商务智慧物流的技术驱动

与强调构建一个虚拟的物流动态信息化的互联网管理体系不同的是,电子商务智慧物流更重视将物联网、传感网与现有的互联网整合起来,通过精细、动态、科学的管理,实现物流的自动化、可视化、可控化、智能化、网络化,从而提高资源利用率和生产力水平,创造更丰富的社会价值。本章对电子商务智慧物流的发展背景与基本概念、内涵、应用、发展驱动力以及发展现状与趋势进行了介绍。

▶ 引导案例

苏宁的智慧物流

苏宁云仓在复杂的品类、品规下,能够从容地处理海量化库存和分散化、碎片化订单的现状,实现高效作业,这不仅仅是因为其采用了大量高度自动化的物流设备,更是因为其规划合理的整体布局以及智慧大脑——"中央控制平台"对运营的高效支持。中央控制平台做到了从入库、补货、拣选、分拨到出库全流程的智能化。这背后是大数据技术的应用,其中包括苏宁自主研发的物流系统乐高平台、仓库控制系统指南针、物流监测系统天眼平台、RF(射频)支持系统及GPS定位技术。苏宁物流集团副总裁姚凯介绍,自2013年苏宁从企业物流转型物流企业以来,苏宁物流主要做了三件事——电子商务智慧物流践行者、自营物流引领者、极致服务创造者,而集自动化、数据化和规模化于一体的苏宁云仓,是苏宁物流成果的最前沿展示。

2017年"双十一"前夕,苏宁的亚洲最大电子商务智慧物流基地首次对外开放。建筑面积达20万平方米的苏宁云仓,相当于28个标准足球场大小,由5个大型仓库组成,分成小件商品、中件商品、异形商品、贵重商品和温控商品五个区域,可存储2 000万件商品,日处理包裹181万件。而且,从订单生成到商品出库,最快的时间只要30分钟。全新的苏宁云仓,就像科幻电影一样,大、中、小件的商品在各种机器间繁忙地自动流转,其景象以"黑科技"一词来形容也毫不为过。商品从入库到出库,可以在自动化设备上完成整个流程,人工干预的比例被减到最小。在这样的现代化仓库内,仅零星地出现一两个开叉车的工人,其余全是自动化机器。苏宁引进的全球最先进的胜斐迩旋转系统(SCS)投入使用,可以实现按订单全自动拣货,除最后从料箱取货外无须人工操作,这使得苏宁的拣货速度再提高7倍。苏宁可以将从拣配任务下发到装车发货的时间缩短到平均40分钟。从2017年"双十一"时期就能够看出,苏宁在物流上下了很大的功夫,积累了一定的实力。苏宁的自建物流费率有相对较大的优势,业内部分纯电子商务企业的自建物流费率高达7%,甚至超过7%,而苏宁的物流费率始终保持在略高于1%的水平。据悉,苏宁目前已经拥有行业领先的仓储规模,总面积将近500万平方米,而且80%以上为自建仓储。苏宁在物流体系的布局上也是最完善的,全国中心仓、区域中心仓、城市门店仓以及快递点、自提点,连通充沛的运输网络资源,形成了一个完整的物流体系。未来,苏宁对于现有的全国级大型仓库,将会升级其全流程自动化作业能力,同时还将以南京为范本,在北京、南京、广州、成都、沈阳、武汉、西安、深圳、杭州、重庆、天津等11个中心城市,从南到北、从东到西地构建起一个覆盖全国的智能云仓体系。

现如今"科技和资本正在助推物流行业提质增效、做大做强",尤其是互联网与物流行业的深度融合,让电子商务智慧物流呈现出蓬勃发展态势。互联网与供应链融合的智慧供应链将成为下一轮竞争的焦点,有望形成一批上下游协同、智能化连接、面向全球的现代化供应链示范企业和服务平台。

资料来源:电子商务研究中心.苏宁物流:电子商务智慧物流践行者、引领者和创造者[EB/OL]. (2017-8-5)[2019-03-19]. http://b2b. toocle. com/detail—6409042. html

11.1 电子商务智慧物流概述

11.1.1 电子商务智慧物流的发展背景与基本概念

1. 电子商务智慧物流的发展背景

电子商务现在已经渗透到人们日常生活的方方面面,在电子商务物流迎来巨大发展空间的同时也面临升级的挑战,比如更快的速度、更低廉的价格、更优质的服务等。这一过程,就是实现物流产业智慧化的前奏。

2009年,美国总统奥巴马提出将"智慧的地球"作为美国国家战略,认为IT产业下一阶段的任务是把新一代IT充分运用到各行各业之中。具体地说,就是把感应器嵌入和装备到电网、铁路、桥梁、隧道、公路、建筑、供水系统、大坝、油气管道等各种物体中,并且普遍连接,形成所谓的"物联网",然后将物联网与现有的互联网整合起来,实现人类社会与物理系统的整合。在这个整合的网络当中,存在能力超级强大的中心计算机群,能够对整合网络内的人员、机器、设备和基础设施实施实时的管理与控制。在此基础上,人类可以用更加精细与动态的方式管理生产和生活,达到"智慧"状态,提高资源利用率和生产力水平,改善人与自然之间的关系。

同年8月7日,国务院总理温家宝在视察无锡时提出了"感知中国"的理念,表示中国要抓住机遇,大力发展物联网技术;11月3日,国务院总理温家宝再次指出,要着力突破传感网、物联网关键技术。同年,国务院《物流业调整和振兴规划》提出,要积极推进企业物流管理信息化,促进信息技术的广泛应用:积极开发和利用全球定位系统(GNSS)、地理信息系统(GIS)、道路交通信息通信系统(VICS)、不停车自动交费系统(ETC)、智能交通系统(ITS)等运输领域新技术,加强物流信息系统安全体系研究。

2016年7月29日,国家发展改革委印发的《"互联网+"高效物流实施意见》中,明确了电子商务智慧物流对我国国民经济发展的重要意义;2017年7月20日,国务院印发的《新一代人工智能发展规划》中,再次强调以人工智能为代表的电子商务智慧物流将成为新一轮产业变革和经济发展的新动力。由此可见,电子商务智慧物流已成为我国物流业供给侧结构性改革的重要发展方向,政府各职能部门也正为推动电子商务智慧物流的发展营造有利的政策环境。

随着智能标签、射频识别(RFID)、电子数据交换(EDI)、全球定位系统(GNSS)、地理信息系统(GIS)、智能交通系统(ITS)等应用的日益成熟,时下,国内有越来越多的行业已经开始积极探索物联网在物流领域应用的新模式,实现电子商务智慧物流,以较大程度地提高资源利用率和经营管理水平。

随着智慧地球、智慧城市等概念的提出,以及云计算、大数据、互联网等技术的快速发展,物流行业逐步向智能化和自动化方向发展。微观物流层面上,为满足企业成本、利润与服务质量方面的要求,以及宏观物流层面上社会对自然资源和社会资源低消耗量的诉求,企业在寻找解决这些问题的途径中,也逐步形成了发展电子商务智慧物流的强烈愿望。在自上而下和自下而上两种力量的共同作用下,电子商务智慧物流作为现代物流发展的必然趋势,成为各界关注和研究的重点。

2. 电子商务智慧物流的基本概念

基于现有背景,结合物流行业信息化发展现状,考虑到物流业是最早接触物联网的行业,也是最早应用物联网技术的行业,智慧物流旨在实现物流作业的智能化、网络化和自动化。2009年,IBM提出了建立一个面向未来的具有先进、互联和智能三大特征的供应链,通过感应器、RFID标签、制动器、GPS和其他设备及系统生成实时信息的"智慧供应链"概念,紧接着"智慧物流"的概念由此延伸而出。同年12月,中国物流技术协会信息中心、华夏物联网、《物流技术与应用》编辑部联合提出了"智慧物流"的概念。智慧物流概念的提出,顺应了历史潮流,也符合现代物流业、智能控制与物联网发展的趋势。

中国物联网校企联盟认为,电子商务智慧物流是利用集成智能化技术,使物流系统能模仿人的智能,具有思维、感知、学习、推理判断和自行解决物流中某些问题的能力,即在流通过程中获取信息从而分析信息做出决策,使商品从源头开始被施以跟踪与管理,实现信息流快于实物流,可通过RFID、传感器、移动通信技术等实现配送货物自动化、信息化和网络化。

当前各界对电子商务智慧物流的概念,主要是基于物联网技术视角进行阐述,既缺少从国家战略、现代物流产业链等宏观层面的定义,又缺少对电子商务智慧物流商业运作模式、公共管理体系、核心竞争力的分析。为此,我们在总结前人研究成果的基础上,综合考量个体与总体、先进技术与物流体系、物流发展与经济等方面的关系后,提出:电子商务智慧物流是指电子商务企业利用信息化和智能化的技术与方法,使物流系统中的个体与总体具有感知、传导、决策、执行和通过学习自行解决物流中某些问题的能力,从而有效地实现和其他经济与社会系统的协同,并最终服务于整个经济与社会系统的可持续改进和优化。电子商务智慧物流的基本概念如图11-1所示。

电子商务智慧物流的特征主要体现在如下三个方面:一是运用现代信息和传感等技术,运用物联网进行信息交换与通信,实现对货物仓储、配送等流程的有效控制,从而降低成本、提高效益、优化服务;二是应用物联网技术和完善的配送网络,构建面向生产企业、流通企业和消费者的社会化共同配送体系;三是将自动化、可视化、可控化、智能化、系统化、网络化、电子化的发展成果运用到物流系统中。简而言之,所谓电子商务智慧物流就是运用物联网和现代某些高新技术构成的一个自动化、可视化、可控化、智能化、系统化、网络化、电子化的社会物流配送体系。

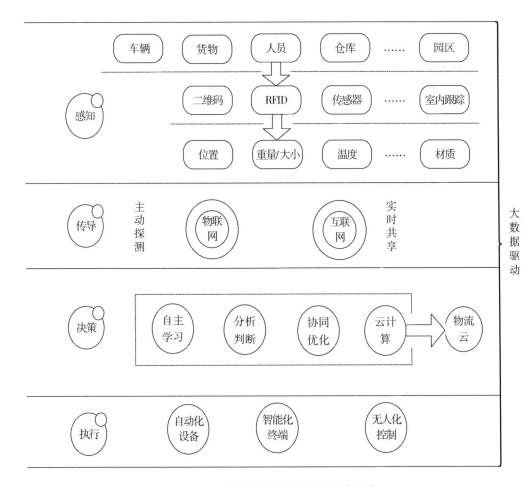

图 11-1 电子商务智慧物流的基本概念

11.1.2 电子商务智慧物流的内涵

电子商务智慧物流包含了两层含义：一是物流通过先进技术实现信息化和智能化，这是"物流＋智慧"的过程；二是大数据和智能技术嵌入物流后，将传统的物流产业转型升级为新的形态，使其在技术、业态、模式等方面都出现变革，这是"智慧＋物流"的过程。

1. 电子商务智慧物流的能力

（1）感知和规整智慧的能力

电子商务智慧物流能够运用各种先进的技术，获取生产、包装、运输、仓储、装卸搬运、配送、信息服务等各个层面的大量信息；实现数据实时收集，使各方能够准确掌握货物、车辆和仓库等方面的信息；将收集的数据进行归档，建立强大的数据库；分门别类后，使各类数据按要求规整，实现数据的动态性、开放性和联动性使用，并通过对数据和流程的标准化，推进跨网络的系统整合，从而实现感知和规整智慧。

(2) 学习和推理智慧的能力

通过对以往模型的分析，电子商务智慧物流可以从数据中训练出更加"聪明"的解决方案，随着系统中数据量的不断增加，可以更好地避免以前出现过的问题，做出更加优化的决策，由此使自己不断趋于完善，从而实现学习和推理智慧。

(3) 决策和系统智慧的能力

电子商务智慧物流运用大数据、云计算及人工智能等技术，对物流的各个环节进行评估，对资源进行整合优化，使每个环节都能相互联系、互通有无、共享数据、优化资源配置，从而为物流各个环节提供强大的系统支持，使得各个环节协作、协调、协同；根据系统各个部分不同的需求，对系统进行自适应调整，以降低人力、物力和资金成本，提高服务质量，从而实现决策和系统智慧。

2. 电子商务智慧物流的架构

(1) 先进技术是电子商务智慧物流的保障

互联网与移动互联网是电子商务智慧物流的中枢系统，大数据、云计算是电子商务智慧物流的大脑，电子商务智慧物流技术装备是电子商务智慧物流的骨架。只有应用以互联网、大数据、云计算、人工智能等为代表的先进技术，才能实现电子商务智慧物流的感知智慧、规整智慧、学习智慧、推理智慧、决策智慧和系统智慧。

(2) 现代物流体系是电子商务智慧物流的基础

电子商务智慧物流的实现离不开集物流、信息流、资金流、商流于一体的现代物流体系，现代物流体系提供配套的物流运作和管理，实践证明，如果没有良好的物流运作和管理水平就盲目发展物流信息化，不仅不能降低物流成本，反而会适得其反。只有拥有完善的现代物流体系，才能实现电子商务智慧物流的系统智慧，发挥协同、协作和协调效应。

(3) 有效融合是电子商务智慧物流的核心

物联网是信息感知的起点，也是信息从物理世界向信息世界传输的末端神经网络；互联网是信息传输的基础网络，是物流信息传输与处理的虚拟网络空间；信息物理系统（CPS）反映的是虚实一体的智慧物流信息传输、计算与控制的综合网络系统，是"互联网+物联网"的技术集成与融合发展。先进技术与现代物流体系的有效融合会发生化学反应，这种化学反应既可能导致新的应用技术产生，也可能对现代物流体系框架进行重塑。因此，现实空间和网络空间的渗透与融合（即软硬系统的结合）才是电子商务智慧物流的核心所在。

3. 电子商务智慧物流模型

电子商务智慧物流是由科技创新引发的物流产业全方面的、系统性的革命，其影响已由技术范畴扩展为文化范畴，由企业行为扩展为社会行为，以数字化、智能化、协同化、平台化、生态化为特征，呈现出全新的价值创造模式。通过对电子商务智慧物流认知模型、结构模型、价值模型、能力模型四大模型的分析，可以对电子商务智慧物流的内涵和外延进行全景式立体化分析。

(1)电子商务智慧物流模型——认知模型

从驱动要素看,电子商务智慧物流的根本动力是"数字驱动"。随着大数据、云计算、人工智能等技术的快速发展,数字力量正悄然改变大众的消费方式,并引领新一波电子商务企业智能化浪潮。数字化能够降低整个电子商务行业的成本,也是实现普惠和公平的核心手段。数据驱动的创新(DDI)已经成为传统电子商务企业数字化转型的核心动力,从流程定义的转型模态化到现在数据驱动的数字化转型。

现有的电子商务智慧物流将大数据用于配送员的管理,运用系统配套的智能管控和智能激励技术,并根据大数据及算法模型技术,建立配送员画像、场景画像,围绕订单周期、配送作业周期、配送员生命周期进行全链路闭环管控和信用评级,同时实行"千人千面"的全面激励措施,以实现低成本、高质量的配送服务。电子商务智慧物流智能调度系统通过对历史大数据的不断学习,优化派单策略,同时能够综合考虑商家和消费者的服务、改善配送员的体验,并提高配送系统的整体效率。以数字技术为核心驱动,可对配送全流程进行精准管控,这些都是数字技术对电子商务、物流产业进行融合改造的体现。

从价值导向看,电子商务智慧物流的信心理念是"协同共享"。供应链是以客户需求为导向,以提高质量和效率为目标,以整合资源为手段,实现产品设计、采购、生产、销售、服务等全过程高效协同的组织形态。在智慧物流与供应链融合发展的时代,电子商务智慧物流通过连接升级、数据升级、模式升级、体验升级、智能升级、绿色升级,全面助推供应链升级,推进结构调整和动能转换,推动供给侧结构性改革,为电子商务企业、物流业发展都带来新的机遇。

从目标导向看,电子商务智慧物流的最终目标是价值创造。随着智慧物流行业的蓬勃发展,智慧物流的理念渗透到物流行业的很多细分领域,新技术的应用给行业带来了空前的发展动力。电子商务智慧物流从信息匹配到交易闭环升级的过程中引发了一系列的创新。从基于数据的运营模式、基于流程的全透明管理、基于交易的风险识别、基于业务的全自动合规操作到基于运单的全新服务,可完成整个交易体系的完整布局,为客户创造价值。

从社会分工看,电子商务智慧物流是一种全新的生态体系。电子商务智慧物流的生态体系建立在万物互联的基础之上。智慧物流生态体系要全面实现物流的在线化和数据化,促进整个生态体系中各参与方的动态感知和智能交互,从而在企业与客户间形成新的商业关系。电子商务智慧物流打破了传统的分工体系,企业间的分工协作可以实时响应,原来专业化的分工协作方式逐步被实时化、社会化、个性化的分工协作方式取代。

从社会文化看,电子商务智慧物流是一种全新的商业文化。电子商务智慧物流的发展需要具备互联网思维,要参照互联网去中心化、分布式、自组织的特点,重构商业模式、组织方式、企业与客户间的关系,推动企业管理方式、组织结构等的调整,重构企业组织体系和业务流程,提升企业核心竞争力,让电子商务智慧物流回归价值创造的商业本质。

(2)电子商务智慧物流模型——结构模型

电子商务智慧物流的兴起,凭借技术、模式和理念优势,将赋予电子商务物流降本增效新内涵,呈现出电子商务智慧物流由1.0向2.0、3.0阶段提升的阶段。

① 电子商务智慧物流1.0——科技创新驱动,数字化变革;

② 电子商务智慧物流2.0——数字化变革驱动,网络化协同;

③ 电子商务智慧物流3.0——网络化协同驱动,生态化构建。

电子商务智慧物流三个阶段是层层递进的关系,电子商务智慧物流1.0阶段主要运用新技术为2.0阶段孕育的新模式打下牢固的基础,同时3.0阶段新业态的创造又离不开前两个阶段的铺垫。近年来,我国电子商务智慧物流发展迅猛,成为电子商务企业发展的新增长点和物流业提质增效的新路径。电子商务智慧物流通过数据服务、软件云服务和协同业务打造物流领域的基础设施,并在其基础上建设交易协同平台,为产业链客户提供集中采购服务等其他方面的服务,形成产业互联网闭环,进而构建互联网下的新电子商务物流生态圈。

(3)电子商务智慧物流模型——价值模型

电子商务智慧物流的价值模型逐步实现了从点到线到面到体的立体式跨越。

① 点的智慧化——提升物流节点的效率和价值。这是电子商务智慧物流的首要阶段,主要通过机械化、自动化、无人化装备和信息化、数据化、智能化技术的应用,降低劳动投入,提升物流节点的效率、价值及客户体验。

② 线的智慧化——提升供应链全过程的效率和价值。电子商务智慧物流通过业务流程再造实现电子商务企业主营业务线上化和业务流程可视化,向上下游延伸物流服务,有效整合供应链和价值链,从物流竞争向供应链全链条上的竞争与合作转变,降低物流和供应链的波动性,提升物流和供应链服务的效率、质量和价值。

③ 面的智慧化——提升平台和关联方的连接效能,创造平台交易价值。电子商务智慧物流通过搭建平台来推进模式重构,打破企业边界,搭建协同价值网络,重新定义和赋能客户、业务、组织和产业,属于颠覆性创新,具有积极的社会网络效应和范围经济价值。

④ 体的智慧化——提升跨界平台之间的连接效能,创造跨界生态价值。电子商务智慧物流通过平台与平台之间的跨界连接,整合协同更多利益相关方,输入更多资源、经验和规则,从而搭建相互赋能、融合共生的协同网络,形成多层、跨界、立体的平台互联结构,超越传统物流和供应链竞争,打造生态共同体。在共享经济模式下,连接的范围越广,创造的社会价值越高。

(4)电子商务智慧物流模型——能力模型

电子商务智慧物流的能力模型可以从供应链的上游到下游,即从物流提供商、整合商、平台商三方进行阐述。物流提供商希望在追求高效、稳定的同时,最小化成本;物流整合商希望利用数字资产进行资源整合,达到整体协同的目标;物流平台商希望对数据进行上下游的整合,打造跨界共生的生态圈。电子商务智慧物流的能力模型具体如图11-2。

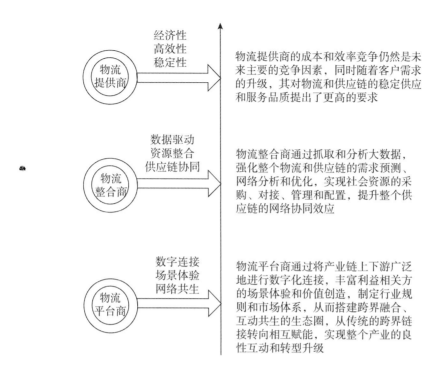

图 11-2　电子商务智慧物流的能力模型

11.1.3　电子商务智慧物流的应用

在我国物流业降本增效的背景下，电子商务智慧物流将获得加速发展的机会。电子商务智慧物流对物流作业流程的改进主要体现在智能匹配社会化物流资源与需求信息、无人车和无人机在配送环节的应用，自动化智能仓储、智能快递系统在投递终端的应用等方面。

电子商务智慧物流是以互联网、物联网、云计算、大数据等信息技术和智能硬件技术为支撑，在物流的生产、包装、运输、仓储、装卸搬运、运输、信息服务等各个环节实现系统感知、全面分析、及时处理、智能执行、自我调整等功能的现代综合性物流系统，具有自动化、可视化、可控化、智能化、系统化、网络化、电子化等特点。物流企业对电子商务智慧物流的需求主要来自物流数据（形成层）、物流云（运转层）、物流设备技术（执行层）三大领域。

电子商务智慧物流的发展与应用提升了物流系统的智能化、自动化执行水平，提高了物流企业的分析决策及管理能力，使信息流与物流能够实现快速、高效、通畅的运转，从而提高物流环节的效率；电子商务智慧物流对劳动成本的替代、对有限空间的最大化利用、对社会化物流资源的信息化整合，降低了人工、土地等多项费用，减少了物流损耗和闲置物流资源的间接浪费，形成了规模效应，降低了物流成本。

1. 打破"信息孤岛",匹配物流资源

国内物流活动的资源支持主要由两部分组成:第一类是企业级资源,即隶属于或挂靠在物流企业下的车辆、仓库、司机、快递员、作业人员等物流生产资源。物流企业通过自持或加盟完成资源配置,这类资源通过企业内部信息管理系统的完善,得到有组织、有体系和有标准作业流程的调度,实现全流程的数据集中和统一管控。因此,物流企业相继建设信息一体化平台,以实现信息收集、处理的升级,合理分配物流资源,降低企业成本;同时,目前基于不同企业集中起来组成资源池效应的电子商务智慧物流平台也开始建成,从更大范围实现降本增效。

第二类是社会化资源,是指由小型作坊式组织或个体经营者构成的社会化闲散物流资源,它们没有统一的组织者,往往缺乏信誉背书和与货主(即需求方)直接对接的机会,服务标准化程度较低,典型代表是个体货运司机和众包模式下的骑手派送员。对于这类资源而言,以电子商务智慧物流中的互联网平台为基础,利用物联网、云计算、大数据、人工智能等科技手段,将实现运力信息、仓储空间信息与货源信息的智能匹配,并通过大数据优化运输方案、车货交易以及仓储配置等,以降低空驶率和空置率;电子商务智慧物流平台也将为其提供信用担保、运费结算、汽车后服务等方面的支持,从而实现信息数字化、市场平台化、作业可控化和服务规范化。

以车货匹配市场为例,车货匹配平台就是基于大市场、低效率的痛点而产生的电子商务智慧物流模式。在技术赋能之后,通过线上平台,实现去中介化;利用互联网技术和信息技术,提升信息检索能力和匹配效率,减少司机等待时间和空驶距离,提高满载率;利用"互联网+"的优势,通过系统开发,将线下车源、货源等进行整合,并进行信息发布和精确匹配,解决货运信息的不对称问题;同时,收集海量物流货运环节数据进行价值处理。匹配能力是车货匹配平台的核心竞争力,同时也是平台最具技术附加值的能力。智能排线、精准预约和匹配、动态定价、运力预测等一系列新技术,都能够进一步优化运力分配,不断提升物流运输环节效率。

2. 布局无人运送,加快商用进程

物流的干支线运输和配送环节是汽车等运输工具重要的应用场景,随着运输工具无人运送技术的研发和推广,各物流企业均日益重视无人运送技术的进展及其在物流行业内的商用进程。

无人车包括基于自动驾驶技术的运输车和送货机器人两类,无人机是货物配送商用实践中的重要组成部分。下面将对应用较多的无人机进行说明。在物流配送领域多使用多旋翼无人机,其适合小批量、多批次、紧急件以及偏远地区的物流配送。在物流行业,无人运送技术具有以下优势:第一,随着人口红利的逐渐消失,用工难成为众多物流企业面临的共同困境,而无人车、无人机的应用将能够大量代替司机、快递员等岗位的人力需求;第二,国内很多偏远地区和环境恶劣地区尚未被物流企业尤其是快递企业覆盖,无人车和无人机的作业能力更有利于物流企业实现在上述地区的业务覆盖,并且在开发水平不高、区域环境简单的情况下,无人运送技术的可靠性将更加凸显。

但目前无人运送技术仍处于测试阶段,在物流领域的市场化进程还有很长一段路要走,可能需要 5—10 年的时间。无人运送存在以下门槛:第一,初期成本高,难以规模化投产,未来达到量产目标需要先压缩成本;第二,无人车在行驶过程中容易对其他交通参与者产生影响,一旦出现系统差错或网络故障就可能发生事故,因而在某些复杂路段或环境中,无人车的稳定性也面临考验;第三,相关政策尚未明确落地,市场化开放时间未定,对于无人机而言,现在已经得到政策上的重视和支持,规范化进程加快,但无人车的政策尚不明朗。相对而言,无人机在物流领域的商用进程可能快于无人车。无人运送技术市场化之后,物流行业将发生巨变,包括细分领域需求得到反向激发、从业人员结构向研发运维等岗位侧重等。

3. 改进仓内技术,实现智能仓储

就物流仓储环节而言,主要包括人工仓储、机械化仓储、自动化仓储、集成自动化仓储和智能自动化仓储五个发展阶段,我国的仓储业正处于自动化仓储阶段,甚至多数尚未达到成熟的自动化水平,未来将向智能自动化仓储阶段转型。自动化改进能够直接提高仓储效率、节约劳动成本,而智能化改进则能够进行动态存储,增强供应链柔性,打通仓储和生产信息库,对仓库货物按需进行智能化安排,实现无缝高效衔接。

实现自动化和智能化的无人仓由五部分组成,分别为存储、搬运、分拣、识别和管理系统。在存储系统中,主要涉及自动化立体仓库(AS/RS)的应用,自动化立体仓库一般采用高层立体货架存放货物,以计算机控制技术为主要手段,用自动化搬运设备进行出入库作业,可提高仓储利用率,减少货物处理和信息处理差错。在搬运、分拣系统中,AGV(自动导引运输车)机器人是重要设备之一。仓库内的 AGV 可分为搬运、拣选、分拣三种,能够实现由"货到人"替代传统仓库"人到货"的操作。根据实际场景应用统计,搬运 AGV 可将普通订单交付成本降低 20%—40%,拣选 AGV 工作均效提高 3—5 倍并可节约人力 50%—70%,分拣 AGV 可使分拣效率提高 30%、节约人力 70%。此外,与工作人员分工共存的协作机器人(固定机械手、AGV+机械手复合机器人等)免去了仓库整体改造所需的较高成本,能够快速覆盖到装卸、分拣、码垛等场景,适合中小仓库应用。在识别系统中,RFID 及视觉传感技术的应用为自动识别与获取信息并转化为有效数据提供了支持。在管理系统中,除仓库管理系统(WMS)和仓库控制系统(WCS)外,智能仓储中的人工智能算法能够实现自动推荐存储货位、补货库存分布平衡、调度机器人搬运、驱动生产端配货等功能,是智能仓储的大脑,可以做到最大限度地优化仓储运营。

4. 覆盖投递终端,解决末端痛点

随着电子商务智慧物流变革的全方位推进,投递终端也进入集约化、智能化时代,智能快递系统是智慧投递终端的典型代表。

早期的物流末端主要依靠人力派件,物流的最后一百米始终存在人力紧缺、成本攀升、效率不高、时间错配及安全隐患等痛点。快递员日均派件量为 80—120 件,日均工作

时长超过8个小时,已处于工作相对饱和的状态;投递过程中可能无法与客户取得联系或者与客户配送时间不能达成一致,难以对时间进行系统化统筹规划。客户的货物在反复派送过程中存在潜在的误派、损坏及丢失风险,信息泄露以及人身安全等问题也成为严重隐患。虽然设立代收点、服务站等末端措施在一定程度上能缓解上述问题,但是签收、保管环节的漏洞依然成为快递员被消费者投诉较多的事项。

智能快递系统集云计算、物联网两大核心技术于一体,包括前台站点快件存取和后台中心数据处理两部分,系统运行有赖于智能快递柜终端和PC服务端。其中,智能快递柜终端基于嵌入式技术,通过RFID、摄像头等传感器进行数据采集,将采集到的数据传送至控制器进行处理,再通过各类传感器实现终端运行,包括GSM短信提醒、RFID身份识别、摄像头监控等;PC服务端主要是将智能快递柜采集到的快件信息进行整理,实时在网络上更新数据,供网购用户、投递员、系统管理员进行快件查询、调配和终端维护。智能快递柜自助服务可以减少派件员与客户之间就投递时间等问题的无效沟通,扩大配送辐射半径和管辖地域范围。投递员可以根据货物数量、配送地点等信息计算平均配送时间、取件时间、有效在途时间等,减少时间成本;客户可以在自由时间随时取件,确保时效性,提高安全性和便利性;此外,社区物业的闲置空间得到利用,拓展了服务功能。近年来,智能快递柜的数量迅速增加,2017年国内已投放20.6万组,同比增长106.0%,快递入柜率约为7%。但短期来看,智能快递系统尚未探索出成熟的盈利模式,只能从微薄的快递费用中抽取快递最后一环派寄收益,辅以O2O服务、广告服务收入,阶段性亏损严重将导致智能快递柜运营企业需要不断补充资金。

展望国内电子商务智慧物流发展趋势,从需求的角度来看,商品流通和工业生产两个方面的产业链需求将成为推动电子商务智慧物流发展的主要力量。前者以新型商业模式的颠覆为契机,如电子商务的爆发式增长、新零售的崛起;后者以工业制造业升级为突破,制造业附加值的提高将增加物流过程的自动化、智能化、信息化要求。而现阶段,电子商务智慧物流行业发展还不甚成熟,真正拥有核心竞争力和成熟产品的企业尚在少数,在对潜力优质企业的选择方面,核心物流资产情况、网络化服务体系与信息来源、技术研发能力及数据处理能力、产业链上下游关联度等因素均是考虑的重点。

11.2 电子商务智慧物流发展驱动力

随着"互联网+""工业4.0"《中国制造2025》的提出,我国各行业已经进入转型升级的重要时期。与此同时,在行业需求、产业基础、先进技术和政策保障的驱动下,物流行业开始不断涌现新模式、新业态、新融合,为行业的转型升级开辟了新路径,电子商务智慧物流的发展正当其时。电子商务智慧物流发展的驱动力如图11-3所示。

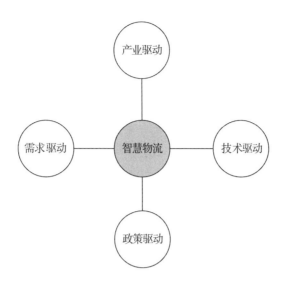

图 11-3 电子商务智慧物流发展的驱动力

11.2.1 需求驱动

近年来,消费与民生领域的物流需求成为物流需求增长的重要驱动力。2017 年电子商务物流行业整体向好,总业务量指数达到 143.4,反映出全年电子商务物流业务量同比增长超过 40%;从以 2015 年 1 月为基期的定比看,2017 年总业务量指数达到 354.1 点,是基期的 3.5 倍以上。

1. 电子商务智慧物流与《中国制造 2025》

在《中国制造 2025》背景下,智能物流仅仅是开端,电子商务智慧物流将是物流产业的新形态。《中国制造 2025》提出,坚持"创新驱动、质量为先、绿色发展、结构优化、人才为本"的基本方针,坚持"市场主导、政府引导,立足当前、着眼长远,整体推进、重点突破,自主发展、开放合作"的基本原则,到 2025 年迈入制造强国行列。物流成本高昂严重限制了行业发展,物流向自动化、智能化方向发展,从而提高效率、降低土地和人力成本乃必然之举。电子商务智慧物流通过精细、动态、科学的管理,实现物流的自动化、可视化、可控化和智能化,从而提高资源利用率和生产力水平,创造更丰富的社会价值。随着新一代信息技术的发展,《中国制造 2025》必将拥抱电子商务智慧物流。在《中国制造 2025》中,最受关注的无疑是智能制造,而智能物流是其中的重要方面,即通过"互联网+物联网",整合物流资源,发挥现有物流资源供应方的作用。归根结底,就是通过人、设备、产品的实时联通与有效沟通,最终实现生产者和消费者直连的状态。这对于我国电子商务和物流行业来说,无疑是一个新的机遇。

一直以来,我国具有低成本竞争优势,但是随着企业用工成本的不断攀升以及经济发展速度放缓,经济"高成本时代"逐渐来临,这些都给企业带来了前所未有的巨大压力。这种背景正是传统物流向电子商务智慧物流发展的强大驱动力。

近年来,电子商务智慧物流成为物流行业快速发展的主要助力。电子商务智慧物流能大大降低制造、物流等各行业的成本,实打实地提高企业的利润,生产商、批发商、零售商三方通过电子商务智慧物流相互协作、信息共享,物流企业更能节省成本。现已有包括德马、北自所等在内的国内物流装备技术行业领头羊在物流智能化领域进行了探索,或发布了智能化战略,或实施了智能物流项目。在阿里巴巴的菜鸟网络体系之下,电子商务智慧物流的"天网"和"地网"正在铺开。"天网"是指物流信息的云端数据收集、分析系统;"地网"则是指在全国各个物流中心区域建设仓储中心,搭建连通全国的高标准仓储体系。一场围绕智能化的产业革命正席卷整个物流行业。

智研咨询发布的《2017—2022年中国智能物流设备市场运行态势及投资战略研究报告》数据显示,2015年我国智能物流设备市场容量达684亿元,2016年达862亿元,2017年超过1 000亿元,年增速在20%以上。报告分析认为,我国智能物流系统平均渗透率在20%左右,行业正处于快速成长阶段。在整个电子商务智慧物流系统里面,包括很多硬件设备和软件设备,其中自动化立体仓库和自动输送机是占比最大的资产,两者合计超过50%。

2. 电子商务智慧物流与"互联网+"

"互联网+"代表一种新的经济发展形态,即充分发挥互联网在生产要素配置中的优化和集成作用,将互联网的创新成果深度融合于经济社会各领域之中,提升实体经济的创新力和生产力,形成更广泛的以互联网为基础设施和实现工具的经济发展新形态。

电子商务智慧物流集多种服务功能于一体,体现了现代经济运作的需求特点,即强调信息流与物流快速、高效、通畅地运转,从而降低社会成本,提高生产效率,整合社会资源。随着物流业的不断发展,电子商务智慧物流也从理念走向了实际应用。基于电子商务智慧物流理念而建立的成都物流公共信息平台,已将最流行的云计算技术融入平台的搭建之中,将大量运用网络连接的计算资源进行统一管理和调度,构成一个计算资源池,向用户提供按需服务,具有超大规模、虚拟化、可靠安全等独特功能。从政策层面来看,"互联网+"风口下,电子商务智慧物流将迎来爆发机遇期。

3. 电子商务智慧物流与电子商务

(1)电子商务需求激增,智慧物流行业进入技术竞赛期

随着互联网的普及,我国电子商务得到了快速、持续的发展,大数据、云计算和物联网等新一代信息技术为电子商务的发展提供了更大的发展空间。电子商务背景下,物流业已从单纯的商品流动转变为以信息流为核心的电子商务物流模式,发展信息化和智能化的物流软硬件刻不容缓。

近年来,随着人们需求的不断攀升以及人工智能等机器视觉等技术的不断完善,电子商务行业可谓进入了又一个高速发展期。在"互联网+"概念的影响下,我国的快递数量也在逐年增加,目前每天都有上亿件快递需要运送到全国各地。

随着社会以及人们需求的不断攀升,在市场需求的驱动下,智能物流行业迎来了新一轮的变革,各大企业不断加强自身的自动物流分拣系统建设,甚至推出了智能客服以

及目前代替人进行配送的智能机器人等。可以说智能正在改变当下的物流行业体系和格局，未来电子商务行业将是一场技术化的竞赛。

中国物流与采购联合会的数据显示，2016年我国智慧物流市场规模已经超过2 000亿元，预计到2025年，智慧物流市场规模将超过万亿元。而这个数字在遇上各类电子商务促销日时更是呈指数增长。国家邮政局监测数据显示，仅2018年"双十一"当天，我国主要电子商务企业全天共产生快递订单13.52亿件，同比增长25.12%；全天各邮政、快递企业共处理快递订单4.16亿件，再创历史新高。

虽然当下快递行业的很多分拣工作已经被机器取代，但是真正落实抵达用户手中的最后一步仍然需要人力驱动。快递行业一直面临大量的人员缺口以及递送效率疲软等问题，这已经成为快递企业当下面临的最直接的挑战。因此，实现快递过程的自动化、智能化，有效提高效率，节约人力成本，是快递企业最强烈且迫切的需求。电子信息技术发展与物流行业息息相关，高效智慧物流的推进需要电子信息技术的支撑。物流行业是一个比较传统的行业，为了适应新时代的发展，必须深入研究电子商务智慧物流。

众多业内人士认为，未来物流行业的竞争一定是自动化水平的竞争，这也是决定企业未来在行业核心竞争力的首要因素。未来智能客服可能代替人工客服，强大的场景数据库和大数据分析，使智能客服能够帮助客户快速解决问题，而且智能客服拥有同时接待上万人、全天候在线的工作能力。智能送货机器人也会得到广泛应用，比如说它可以智能识别障碍物，进行实体轨迹预测，重新规划运动路线，还能自己坐电梯上下楼等。最重要的是，智能技术的不断融入可以在很大程度上降低企业的运营成本，同时也会大大提升送达效率及服务品质。

其实从新零售伊始，电子商务智慧物流市场的战争就已经打响。之前百度、阿里、腾讯、京东纷纷涉足智慧物流领域，无论是全新的智能分拣工厂，还是无人机送货以及智能送货机器人等，无不是巨头们期望支撑未来线上线下协同发展的重要战略意图。

阿里的菜鸟网络从2008年开始全面布局"物联网＋人工智能"，构建电子商务智能物流骨干网络，加速行业的数字化和智能化，包括物流天眼、智能语音助手、未来园区、刷脸智能柜等在内的一大批新技术在行业内广泛落地，阿里要用技术连接物流的现实世界和虚拟世界，实现整个流程的数字化和智能化。

电子商务智慧物流行业的高速发展带来的不仅仅是独有的红利期，更间接地推动了仓储机器人的发展，大量的自动化物流设备（如搬运机器人等）会大幅提升货物的递送效率。此外，具备运输和配送能力的自动驾驶汽车/卡车也将会得到大量应用，以降低人力成本。除此之外，无人机配送也成为众多巨头关注的焦点，比如顺丰采用的"大型有人运输机＋支线大型无人机＋末端小型无人机"的三段式空运网布局，形成了不同层次的空中运力。公开资料显示，仅其中的大型无人机项目顺丰总投资就高达7.4亿元。基于这样的带动式节奏发展，未来会带动越来越多的企业开始转型升级，按照"互联网＋大数据＋人工智能"的行业标准发展。

(2) 具体体现

① 农村电子商务需要电子商务智慧物流。随着电子商务在我国的不断发展以及农

村网络基础设施建设的不断加强,大量的淘宝村不断涌现,农民将农产品通过第三方电子商务交易平台(淘宝网)进行销售,拓宽了农产品的销售渠道,提高了农产品的销量,拉动了农村经济。但电子商务无论如何发展,其形态如何,最后都离不开物流。电子商务实现的是线上产品信息的零距离对接,物流承担的则是与信息匹配的货品及服务的无缝对接,要实现电子商务的高效率,必须有一整套复杂、全面又灵活的体系,才能实现上下游信息、货品和资金的高效流转。全面提升电子商务物流行业的信息化和智能化水平,不能仅将希望寄托于物流企业一方,政府、电子商务企业的参与也必不可少。政府要大力扶持本土物流软件开发机构和现代化物流设备制造企业,推进经济、实用、优质的本土化智能软件及自动化设备服务于本土物流企业。

第一,农产品物流体系的构建与改善急需电子商务智慧物流。农产品电子商务智慧物流是指农产品物流配送过程中广泛运用RFID、传感器和GIS等物联网技术来提升农产品物流系统的智能化与自动处理能力,从而显著提升农产品实体物流系统的运行效率。农产品电子商务智慧物流的发展,能够帮助解决制约我国农村地区农产品物流企业规模偏小和产品布局紊乱的问题,更好地推动我国农产品物流行业健康发展,从而构建和改善农产品物流体系,丰富城乡居民的菜篮子,促进产业结构调整,解决农村居民创业与就业问题,促进社会和谐发展,早日实现农村电子商务的目标。

第二,农村"最后一公里"配送模式创新急需电子商务智慧物流。2016年菜鸟的县域"电子商务智慧物流+"计划已经覆盖530个县城、3万个村点,2017年已经覆盖全国2/3以上的县城。农村原来的配送模式是:几家快递公司都要安排快递员把包裹送到村民手中,物流成本高。而菜鸟的县域电子商务智慧物流配送模式则是:菜鸟在村镇建立服务点,运营中心先把各地的包裹全部分拣,以村镇为单位,分发给各个快递公司,各个快递公司只需把包裹送至村镇服务点,届时服务点的"村小二"和农村淘宝合伙人就会把包裹送至村民手中,或村民顺路到服务点取包裹。

电子商务智慧物流的配送模式实现了省时、省力,菜鸟通过社会化协同的方式在各个县城寻找合作伙伴,在农村偏远地区构建了一套行之有效的末端物流体系。在这种县域电子商务智慧物流模式下,菜鸟没有一个快递员,但像Uber(优步)一样,构建了一个数据驱动、社会化协同的物流及供应链平台,通过制定并实行一定的标准,保证服务质量。

农村电子商务的实现必须重视电子商务智慧物流的发展。为了更好地推动物流行业的发展,必须致力于消除物流基础设施、物流技术、物流装备、物流管理等方面的制约,改变物流行业落后的经营状态,抓住信息化契机,利用现代信息技术,花大力气打造电子商务智慧物流;为了更好地实践电子商务智慧物流,应当以物流园区为抓手,以城镇间的物流系统、城镇间的快递服务与运行系统、城镇内集中的仓库群和车站等物流节点等为切入点,进行系统思考和全面规划。

② 跨境电子商务需要电子商务智慧物流。近年来,我国的电子商务一直呈爆发式增长。与此同时,随着全球经济一体化趋势的日益加深,我国的电子商务也从服务国内市场延伸到国际市场,跨境电子商务概念应运而生。跨境电子商务是指分属于不同国境的

交易主体,通过互联网等信息平台达成交易,完成相关支付结汇,并通过跨境物流将商品送到客户手中。当前,跨境电子商务发展迅猛,市场潜力巨大。数据显示,2017年我国跨境电子商务整体交易规模(含零售及B2B)达7.6万亿元,增速可观。预计2020年之前,跨境电子商务行业还将维持15.7%的年均复合增速,且2020年将达到12万亿元的规模。跨境电子商务的蓬勃发展使物流行业成为最大的受益者,在云计算、大数据、"互联网+"等新一代信息技术广泛应用的背景下,电子商务智慧物流是解决跨境电子商务物流瓶颈的主要路径之一。

4. 电子商务智慧物流与"一带一路"

(1) 电子商务智慧物流为"一带一路"畅通的经贸合作拓展了更广阔的市场空间

商流和物流是相辅相成的,"一带一路"沿线国家的物流系统构建与信息化,将促进各国间经贸的发展,进而促进区域经济整体水平的提升。中国国际电子商务中心研究院副院长李鸣涛表示:"'一带一路'下的跨境电子商务和电子商务'走出去'的重点是结合'一带一路'倡议为沿线国家提供机遇,规避风险。"而跨境电子商务的用户体验主要取决于国际物流效率。国际物流效率在很大程度上取决于国际物流系统的完善程度及智能化水平,"一带一路"跨境电子商务智慧物流系统的构建,将有助于沿线国家通过跨境电子商务业务模式实现各国间资源互补和经贸的进一步发展。

随着"一带一路"倡议的实施,我国与"一带一路"沿线国家的经济技术合作会逐渐加深,国际贸易也会进一步活跃。据商务部统计,目前,我国是不少"一带一路"沿线国家的最大贸易伙伴、最大出口市场和主要投资来源地。在2019年十三届全国人大二次会议上,国家发展改革委副主任宁吉喆表示,截至2018年年底,中国开发银行、进出口银行在"一带一路"沿线国家贷款余额约2 500亿美元;中国出口信用保险公司在"一带一路"沿线国家累计实现保额6 000多亿美元。2013—2018年,我国与"一带一路"沿线国家货物贸易总额超过6万亿美元。随着"一带一路"的建设,沿线区域内双边贸易和投资量将会持续扩大,贸易和投资量的扩大将带来物流量的扩大,而电子商务智慧物流的发展将为畅通的经贸合作拓展更广阔的市场空间,从而确保经贸物流的顺利完成。

(2) 电子商务智慧物流为"一带一路"的互联互通提供了基础保障

"一带一路"作为连接欧亚非大陆的桥梁和纽带,在促进各国经贸往来中发挥着重大作用,而沿线基础设施情况是影响这一作用发挥的重要因素。推进基础设施和国际大通道建设,共同建设国际经济合作走廊是"一带一路"的首要任务。以跨境电子商务为切入点,构建"一带一路"电子商务智慧物流系统是"一带一路"沿线国家物流发展的方向。根据国内外物流系统布局需要,运用高效和智能物流信息技术,实现物流枢纽与物流通道的有机连接,有利于促进"一带一路"沿线国家互联互通。

(3) 电子商务智慧物流为"一带一路"国际业务的可持续增长创造了条件

"一带一路"沿线国家是我国输出铁路、核电等高端装备及钢铁、有色、建材、轻纺等国内传统优势产业的过剩产能,并在境外建设上下游配套生产线,实现全产业链"走出去"的重要核心市场。我国政府将谋划在一些"一带一路"沿线国家设立产业园区、电子商务智慧物流园区等,这都将释放和聚焦巨大的物流需求,而这些物流需求的满足需要依靠电子商务智慧物流的不断发展。

"一带一路"倡议的实施,一方面更有利于我国产业转移,将会给物流企业"走出去"带来更多机会;另一方面有利于提高我国物流产业利用资本投资的便利程度。

11.2.2 产业驱动

1. 物流规模不断扩大

随着互联网、大数据及物联网等现代信息技术的广泛应用,我国物流行业总体呈现稳步增长态势,产业规模不断扩大。2016 年,全国社会物流总额为 229.7 万亿元。从构成上看,工业品物流总额为 214.0 万亿元,按可比价格计算,同比增长 6.0%;进口货物物流总额为 10.5 万亿元,同比增长 7.4%;农产品物流总额为 3.6 万亿元,同比增长 3.1%;再生资源物流总额为 0.9 万亿元,同比增长 7.5%;单位与居民物品物流总额为 0.7 万亿元,同比增长 42.8%。2018 年,据中国物流信息中心统计,前三个季度全社会物流总额为 204.1 万亿元,接近 2017 年前十个月的 206.3 万亿元,按可比价格计算,同比增长 6.7%;全年社会物流总需求呈现稳中有升的发展态势。

(1)现代物流基础设施不断完善

随着我国物流固定资产投资的快速增长,现代物流基础设施不断完善。截至 2017 年年底,全国铁路营业里程达 12.7 万公里,特别是高速铁路里程达 2.5 万公里,占世界高速铁路里程的 2/3,位居世界第一;全国高速公路里程突破 14 万公里,位居世界第一。目前我国已建成千支相互连接的水运网络体系,沿海港口整体水平处于世界前列,截至 2016 年年底,全国内河通航里程达 12.8 万千米,位居世界第一,生产性码头泊位 3.13 万个,其中万吨级及以上泊位 2 221 个。民用机场体系基本成型,截至 2016 年年底,全国民航运输机场达 210 个,民航运营安全水平整体较高。邮政总体实现"乡乡设所、村村通邮",快递年业务量位居世界第一。管道方面,现已建成以西气东输、陕京输气为骨架的全国性供气网络,以及中俄、中哈、中缅等骨干输油管道,初步形成了"横跨东西、纵贯南北、连通海外"的全国油气管道骨干网络体系。近年来,国内众多集货运、生产、商贸和综合服务于一体的综合物流园区相继建立,集"功能集聚、资源整合、供需对接、集约化运作"于一体的物流平台不断涌现。目前全国各种类型的物流园区近 800 个,物流基础设施网络正在形成。

(2)"互联网+"电子商务智慧物流深入推进

随着云计算、大数据及物联网等现代信息技术的广泛应用,以"互联网+"高效物流为特征的电子商务智慧物流得到迅速发展,并催生出一批诸如"互联网+"高效运输、智能仓储、便捷配送、电子商务智慧物流等新模式、新业态和新企业。在"互联网+"高效运输领域,涌现了一批"互联网+"货车调配、货运经纪、甩挂运输等创新物流和一批诸如卡行天下、货车帮、正广通等的代表性新型物流企业;在"互联网+"智能仓储领域,智能仓储在冷链、快递、电子商务等细分市场得到了快速应用和推广,比如顺丰、京东、苏宁等电子商务企业,采用智能仓储机器人,提高货物仓储自动化、信息化水平;在"互联网+"便捷配送领域,诞生了一批诸如百度、美团等的即时配送新模式物流企业,致力于解决"最后一公里"物流瓶颈;在"互联网+"电子商务智慧物流领域,可视化、RFID、GIS等新兴技术广泛应用于物流行业,诞生了一批诸如菜鸟等的新兴物流企业,打造了一种集物流、大数据、互联网于一体的电子商务智慧物流云平台。

2. 电子商务规模不断扩大

随着各种移动设备的兴起,导致移动互联网的市场规模越来越大,并且随着移动支付、移动IM(即时通信)、移动定位等技术的兴起,移动电子商务的市场范围越来越广,电子商务的用户也越来越多,便捷性提高后,电子商务规模得到了显著扩大。

(1)消费群体发展速度快

随着互联网的快速发展及其在人群中的普及化,以及中小企业应用电子商务进程的推进和国家对电子商务发展的重视,网络已经开始影响人们的生活观念,改变国人的消费模式,越来越多的消费者将会进行网上购物。统计数据显示,2013—2016年全国网购用户规模不断增长,年均复合增长率为17%,增长十分迅速。2017年全国网购用户达5.4亿人,较2016年的5亿人有所增长。中国互联网络信息中心(CNNIC)发布的第43次《中国互联网络发展状况统计报告》显示,截至2018年12月,我国网民规模达8.29亿人,普及率达59.6%,较2017年年底提升3.8个百分点,全年新增网民5 653万人;我国手机网民规模达8.17亿人,网民通过手机接入互联网比例高达98.6%。

(2)电子商务涉及的行业不断扩展

电子商务不仅在电子产品、服装、家庭生活用品等方面发展迅速,而且在外贸、能源、制造、金融等方面也呈现出蓬勃发展的势头。许多大型传统行业也纷纷涉足电子商务领域,建立起网站;中国电信运营商、软件及系统集成商积极开展电子商务服务,移动商务成为电子商务发展的新领域;电子商务服务及网络公司自身正在向产业化方向发展,形成了初具规模的电子商务服务业,已经涌现出阿里巴巴、中国钢铁网、中国化工网等一大批网上采购网站平台。另外,我国政府机构也加入了"政府上网工程"行列,通过网络发布政府采购信息。

(3)电子商务模式创新日益活跃

近年来,随着互联网技术的高速发展,电子商务不仅仅局限为企业与企业之间的交易模式,更多的企业为了实现节约成本、减少流通环节,直接打造面向消费者的交易平台,即B2C模式;此时,与之相对应的消费者与企业之间的电子商务C2B模式也随之应用起来,它是通过汇聚具有相似或相同需求的消费者,形成一个特殊群体,经过集体议价,达到消费者购买数量越多,价格相对越低的目的。另外,还有消费者与消费者之间的电子商务C2C模式,企业、中间监管者与消费者之间的电子商务BMC模式,企业与政府之间的电子商务B2G模式。

11.2.3 技术驱动

大数据、物联网、云计算、智能机器人等新技术及装备越来越广泛地应用于物流产业,这些新技术及装备持续推动着物流产业的快速发展。大数据、物联网等关键技术作为电子商务智慧物流发展的根基,在整个电子商务智慧物流体系框架中起到了关键的支撑作用。按照这些关键技术发挥的作用,电子商务智慧物流的关键技术总体可以分为信息化技术、智能化装备、系统集成技术三大类。信息化技术是电子商务智慧物流发展的软件基础,智能化装备是电子商务智慧物流发展的硬件基础,系统集成技术是电子商务智慧物流系统管理的综合技术。

1. 信息化技术

按照信息数据处理过程,信息化技术主要包括信息获取关键技术、网络传输关键技术和数据处理关键技术,如图 11-4 所示。

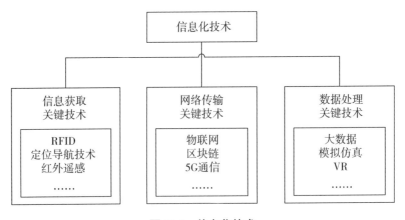

图 11-4 信息化技术

在信息获取关键技术中,RFID 和定位导航技术的应用最广泛。应用最广泛的定位导航技术是美国开发的 GPS(Global Positioning System),它由 24 颗覆盖全球的卫星组成,地球上任意一点在任何时刻都可以通过这个系统同时观测到 4 颗卫星,可实现定位、导航及授时等功能。我国高度重视定位导航系统的建设,于 2000 年开始部署建设北斗卫星导航系统,成为世界上第 3 个拥有自主卫星定位导航技术的国家,该系统已成功应用于测绘、电信、水利、渔业、交通、公共安全等多个领域,取得了显著的经济效益和社会效益。

在网络传输关键技术中,最重要的是物联网和区块链技术。物联网是一种融合技术创新,实现电子商务智慧物流的重要技术手段。物联网是指将各种信息传感设备(如 RFID、GPS、传感器、扫描器)等与互联网结合而形成的网络,这个网络系统可以自动对物体进行监控并触发相应事件。区块链技术已经成为互联网领域最热门的概念和技术,可以看成一个分布式账本——用户以去中心化的方式共同维护一个数据库,确保数据库无法被更改。

在电子商务智慧物流时代,数据正在呈爆炸式增长,数据处理与数据技术密不可分。在技术保障下,可以开展多种应用:数据展示,通过大数据与信息系统的结合,管理人员可以清楚地看到物流整体的运行状况;时效评估,通过大数据分析,管理人员可以看到物流活动的时效情况,并且能够评估整个运营系统的健康状况;预测功能,通过利用历史消费、浏览数据和仓储、物流数据建模,管理人员能够对订单量进行预测,从而较好地安排自动分拣及员工出勤;支持决策,目前,基于大数据的深度学习技术已经在人工智能方面取得突破,例如 Google AlphaGo(阿尔法围棋)的案例,它为智能决策提供了非常大的想象空间。

2. 智能化装备

按照物流运作流程,智能化装备主要包括智能存储设备、智能包装设备、智能搬运设备、智能分拣设备、智能配送设备等,如图 11-5 所示。这些设备大部分集成了信息化技术,如包装与存储中运用的 RFID 技术、配送中运用的大数据技术等,这些技术设备可以减少人工作业量、提高作业效率。

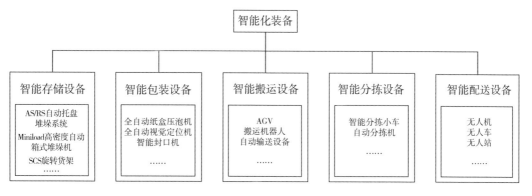

图 11-5 智能化装备

典型的智能存储设备包括 AS/RS 自动托盘堆垛系统、Miniload 高密度自动箱式堆垛机以及 SCS 旋转货架。AS/RS 自动托盘堆垛系统也称自动化仓储系统,是由高层立体货架、堆垛机、输送机系统、计算机控制系统、通信系统等组成的自动化系统。Miniload 高密度自动箱式堆垛机用来存取周转箱和硬纸箱,体积更小,灵活性更强。SCS 旋转货架是一种高度动态而且完全自动的仓储系统,能够处理绝大部分拆零品类的物品。

智能包装设备为包装增加了更多的新技术成分,使包装产品具有基本通用的包装功能以及一些特殊的性能。例如,中科天工生产的全自动纸盒压泡机,具有全自动化生产、包装成型、极速高效、进料输送带高度可调节等功能;纸盒全自动视觉定位机,具有自动诊断、自动目标识别、自动定位、模块化设计、定位精度高等优点。

应用最广泛的智能搬运设备是 AGV 和搬运机器人,它们是连接和调节离散物流管理系统,使其连续化作业的必要智能化手段,优点是自动化程度高、安全性高、成本低、灵活性好、调度能力强。自动输送设备也是一种智能搬运设备,主要包括链式、垂直式、辊道式等。

智能分拣设备是先进物流系统的必备设施条件之一,也是提高物流运作效率的关键因素。例如,智能分拣小车,它是一种具有快速准确分拣、智能调度功能的分拣机器人,目前已投入使用的智能分拣小车能够分拣的产品涵盖药品、食品、日化等多个行业,分拣效率高,灵活性强。

智能配送设备的重要代表包括无人车和无人机,可以说,无人化不仅是智能配送设备的发展趋势,还是电子商务智慧物流智能化装备未来的发展指向。从技术设备发展角度看,无人车技术已相对成熟,诸如京东、菜鸟等国内物流企业已经研发并开始试用一些无人车,这些无人车能够对目的地进行自主路径规划并自动避障,实时监控、位置查询可以保证无人车和货物自身的安全;应用于物流领域的无人机技术发展迅猛,顺丰、京东及亚马逊等国内外物流企业均投入大量人力、物力、财力进行研发,目前无人机已试用于短途偏远地区的单量配送。无人机、无人车、无人配送站的末端无人化配送模式也正在研制试验中。从应用领域角度看,无人机、无人车等无人化设备技术在仓储、运输、分拣、配送等领域均得到了大量关注和应用。曾在平昌冬奥会闭幕式"北京 8 分钟"中亮相的京东"亚洲一号",是国内行业一流的全流程"无人仓",实现了物流全流程、全系统的智能化和无人化。在"无人仓"中,通过计算机系统与无人车等机器人配合,可以完成自动分拣、自动识别、自动取货、自动包装、自动搬运等物流全流程。在末端配送上,无人机、无人车技术也在不断发力,浙江省七管村无人机邮路、河北省阜平县京东无人机平台等试点项目已经开始展现这些技术在降本增效上的优势。

3. 系统集成技术

系统集成是将各种分离设备和功能等通过结构化的综合布线系统与计算机技术集成到互联、统一的系统中,达到资源共享,实现高效、集中、便利的管理。如图 11-6 所示,云物流平台是各电子商务智慧物流系统集成技术的综合产物,这个平台以物流集成网络、数据流集成技术、信息流集成技术、物流业务流程集成技术及物流服务集成技术等为基础。

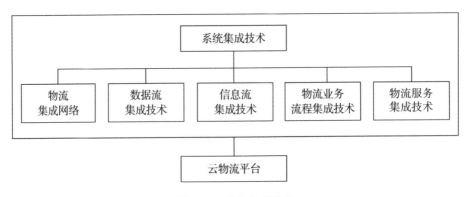

图 11-6　系统集成技术

云物流平台的本质是提供单一物流企业无法完成的资源整合、数据交互、业务协作等功能,实现物流、商流、资金流和信息流的高效协同。云物流平台面向各种物流企业、物流枢纽及各类综合型企业的物流部门,依靠规模化云计算处理能力、标准化作业流程、柔性化业务覆盖、精准化环节控制、智能化决策支持和深入的信息共享,完成物流行业各环节所需要的信息化需求。云物流平台的主要功能是:使物流企业只需一台计算机即可管理企业的物流业务;货主通过该平台发布信息,实现货物运单管理、查询、售后服务和保险等;物流企业通过该平台,可以快捷找到订单;平台提供增值的车货跟踪、短信提醒等服务;充分利用快递公司、派送点等社会资源。

物流集成网络是云物流平台的数据交换组件,可以提供全球服务发布与调用功能,支持多标准(国际标准、国内标准和行业标准等)相互映射和转换,支持混合云的组网模式,允许用户以更灵活、更高效、更低成本的方式使用数据网络服务。物流集成网络的主要功能是部署和维护、服务管理、安全和流控、监控和报警。

数据流集成技术是根据一定的规则逻辑,将多个分布式异构物流数据源集成到统一的数据集中,通过网络协议实现数据的流通,并向系统提供查询接口。数据流集成技术包括数据库技术、XML(可扩展标记语言)技术等。

数据是信息的载体,信息流集成技术实现了数据表达上的一致和畅通传递,它是根据对象化数据操作,在更高层面进行系统内部对象之间的信息交换,以解决语义层次交互问题。信息流集成技术包括对象化数据操作技术、接口集成技术、分布式对象(Corba)技术等。

物流业务流程集成技术的主要功能是分析、监控以及重组优化物流业务流程,推进人与人之间、人与系统之间、系统与系统之间的整合,包括工作流技术、业务流程管理(BPM)、中间件技术等。

物流服务集成技术的功能是为用户提供更便捷和个性化的物流服务,围绕物流过程的业务活动、工作任务、对象等进行服务种类划分和信息输入输出。

11.2.4 政策驱动

我国高度重视电子商务智慧物流的发展,已经制定国家、省、重点城市三级配套的政策,凸显了电子商务智慧物流在现代物流发展中的重要地位,也推动了现代物流向更高层次、更高水平的发展,同时为电子商务智慧物流的发展营造了良好的政策环境。

2013年10月,国家发展改革委发布的《全国物流园区发展规划(2013—2020年)》中,反复强调了作为电子商务智慧物流要素的物流资源的整合,强调了电子商务智慧物流设施与技术、物流信息平台、物流金融服务平台等相关电子商务智慧物流要素的构建、推广与应用,物流园区将成为物品、信息、物质、资金交流的"大舞台",完全可以承担"抓手"的重任。

2015年7月,国家商务部办公厅下发《关于电子商务智慧物流配送体系建设的实施意见》,提出在全国创建10个智慧物流配送示范城市、打造50个智慧物流示范基地(园区)、培育200个智慧物流示范企业。

2015年5月,国务院印发《关于大力发展电子商务加快培育经济新动力的意见》的重要文件。根据意见中提出的目标,到2020年,我国将会建成一个统一开放、竞争有序、诚信守法、安全可靠的电子商务大市场；此外，在政策方面，该意见提出要全面清理电子商务领域现有前置审批事项，从而降低准入门槛，合理降低从事电子商务活动企业的税负。

2016年4月，国务院办公厅印发《关于深入实施"互联网＋流通"行动计划的意见》，鼓励发展分享经济，利用互联网平台统筹优化社会闲散资源，并提到要加强智慧流通基础设施建设，大力发展绿色流通和消费。

2016年7月，国务院常务会议决定把"互联网＋"高效物流纳入"互联网＋"行动计划。随后，经国务院同意，国家发展改革委与有关部门研究制定了《"互联网＋"高效物流实施意见》，推进"互联网＋"高效物流与大众创业、万众创新紧密结合，创新物流资源配置方式，大力发展商业新模式、经营新业态。同年同月，商务部办公厅发布《关于确定智慧物流配送示范单位的通知》，开展智慧物流配送体系建设示范工作。

2016年9月，交通运输部办公厅印发《关于推进改革试点加快无车承运物流创新发展的意见》，推动大数据、云计算等先进技术在物流领域的广泛应用。

2017年2月，国务院印发的《"十三五"现代综合交通运输体系发展规划》中提到，要实施"互联网＋"便捷交通、高效物流行动计则。将信息化、智能化发展贯穿于交通建设、运行、服务、监管等全链条各环节，推动云计算、大数据、物联网、移动互联网、智能控制等技术与交通运输深度融合。

2017年4月，质检总局等11部门联合发布《关于推动物流服务质量提升工作的指导意见》，提出创新物流服务模式，鼓励企业积极利用互联网等现代化信息技术改造业务流程，强化大数据挖掘运用，创新经营和服务模式，提高服务效率，改善客户体验。

2017年10月，国务院办公厅印发《关于积极推进供应链创新与应用的指导意见》，提出要以供应链与互联网、物联网深度融合为路径，以信息化、标准化、信用体系建设和人才培养为支撑，创新发展供应链新理念、新技术、新模式，打造大数据支撑、网络化共享、智能化协作的智慧供应链体系。

2018年1月，国务院办公厅印发《关于推进电子商务与快递物流协同发展的意见》，意见指出要深入实施"互联网＋流通"行动计划，提高电子商务与快递物流协同发展水平；强化标准化智能化，提高协同运行效率；加强大数据、云计算、机器人等现代信息技术和装备在电子商务与快递物流领域的应用，大力推进库存前置、智能分仓、科学配载、线路优化，努力实现信息协同化、服务智能化。

2018年10月，公安部印发《关于进一步规范和优化城市配送车辆通行管理的通知》，通知指出要改进城市配送运力需求管理，推动城市配送车辆转型升级，优化城市配送车辆通行管控，并改善城市配送车停靠条件，以此推动化解城市配送车辆"三难"（通行难、停靠难、装卸难）问题，共同打造集约、高效、绿色、智能、畅通的城市物流配送体系。

经过以上分析可以发现，我国对电子商务智慧物流极为重视，这些新技术驱动物流变化的结果主要体现在三个方面：一是感应，使物流整个场景数字化；二是互联，使整个供应链内的所有元素相互连接；三是智能，使供应链相关的决策更加自主、智能。同时，物流业与互联网的电子商务深度融合,电子商务智慧物流逐步成为推进物流业发展的新动力、新路径,也为经济结构优化升级和提质增效注入了强大动力。

11.3 电子商务智慧物流的发展现状与趋势

目前,以电子商务智慧物流为代表的现代物流在国外已经取得较大发展,美国、日本及欧洲一些国家已经成为电子商务智慧物流产业发展的领头羊。我国市场规模巨大,相关技术已经取得一定成绩,可以说,电子商务智慧物流是我国发展现代物流产业、降低物流成本、推动产业升级的重要引擎。

11.3.1 电子商务智慧物流的发展现状

1. 国外电子商务智慧物流的发展现状

近年来,电子商务智慧物流在美国、日本等发达国家发展很快,并在应用中取得了很好的效果。如美国的第三方物流企业长特波勒公司(Catepillar)开发的 CLS 物流规划设计仿真软件,能够通过计算机仿真模型来评价不同的仓储、库存、客户服务和仓库管理策略对成本的影响。世界最大的自动控制阀门生产商费希尔(Fisher)在应用 CLS 物流规划设计仿真软件后,销售额增加了 70%,从仓库运出的货物量增加了 44%,库存周转率提高了将近 25%,而且其客户对 Fisher 的满意度在许多服务指标上都有提高。Fisher 认为,这些业绩在很大程度上归功于 CLS 物流规划设计仿真软件的使用。

日本在集成化物流规划设计仿真技术的研发方面也处于世界领先地位,最具代表性的成果是以前从事人工智能技术研究的 AIS 研究所研发的 RalC 系列三维物流规划设计仿真软件。RalC 的适用范围十分广泛,在日本,包括冷冻食品仓储、通信产品销售配送、制药和化工行业的企业物流等都有 RalC 的应用,并且产生了相当好的效益。此外,日本东芝公司的 SCP(Supply Chain Planner)物流规划设计仿真软件也具有十分强大的功能。

与美国和日本相比,欧洲的电子商务智慧物流发展相对缓慢,为了提高欧洲各国之间频繁的物流活动的效率,欧盟采取了一系列协调政策与措施,大力促进物流体系的标准化、共享化和通用化。比如,由全欧铁路系统及欧盟委员会提出的"在未来 20 年内,努力建立欧洲统一的铁路体系,实现欧洲铁路信号等铁路运输关键系统的互用"就是这一努力的具体体现。另外,为了优化整个欧盟地区的物流资源,使之实现资源共享,欧洲还建立了欧洲空运集团(European Air Group),由七个成员国(比利时、法国、德国、意大利、荷兰、西班牙和英国)组成,并拟在荷兰的埃因霍芬(Eindhoven)空军基地建立空运联合协调中心(Air Transport Coordination Cell),其职责是规划并协调空中运输支持、紧急事件处理、空中加油机、重要人物运输和医疗抢救等任务。

2. 国内电子商务智慧物流的发展现状

目前,电子商务智慧物流的概念已经被我国运输、仓储及生产、销售企业广泛认识,并具备了一定的基础,但尚处于起步阶段。

(1)产品的智能可追溯系统

目前,产品的智能可追溯系统在医药、农业、制造等领域发挥着货物追踪、识别、查询、信息等作用。比如,食品的智能可追溯系统、药品的智能可追溯系统等为保障食品安全、药品安全提供了坚实的物流保障。粤港合作供港蔬菜智能追溯系统,通过安全的 RFID 标签,可以对供港蔬菜进行溯源,实现了对供港蔬菜从种植、用药、采摘、检验、运输、加工到出口申报等各环节的全过程监管,可以快速、准确地确认供港蔬菜的来源和合法性,加快了查验速度和通关效率,提高了查验的准确性。

(2)物流过程的可视化智能管理网络系统

可视化智能管理网络系统是基于 GPS、RFID、传感等技术,在物流过程中实时实现车辆定位、运输物品监控、在线调度、配送可视化与管理的系统。目前,全网络化与智能化的可视化智能管理网络还未实现,但初级的应用比较普遍,比如一些物流公司或企业建立了 GPS 智能物流管理系统,一些企业建立了食品冷链车辆定位与食品温度实时监控系统等,初步实现了物流作业的透明化、可视化管理。

(3)智能化的企业物流配送中心

基于传感、RFID、声、光、机、电、移动计算等技术建立全自动化的物流配送中心,建立物流作业智能控制、自动化操作的网络,能够实现物流与制造联动,实现商流、物流、信息流、资金流的全面协同。比如,一些自动化物流配送中心已经实现机器人码垛与装卸、无人搬运车进行物料搬运、自动化输送分拣等。这样,物流配送中心信息与制造业 ERP 系统能够无缝对接,整个物流作业系统与生产制造流程实现了自动化、智能化。

(4)电子商务智慧物流向智慧供应链延伸

智慧供应链是结合物联网技术和现代供应链管理的理论、方法和技术,在企业中和企业间构建的,实现供应链的智能化、网络化和自动化的技术与管理综合集成系统。目前,我国许多企业仍然停留在"大而全""小而全"的商业运作模式上,社会化程度不高,形成了物流需求不足,特别是增值物流服务不足的局面。供应链管理是物流发展的必然趋势,是所有实体经济发展的必然趋势,是改变经济发展方式的撒手锏,所以电子商务智慧物流一定要向智慧供应链延伸。

3. 国内电子商务智慧物流发展存在的问题

从科技角度来看,我国物流行业的发展先后经历了机械化阶段、自动化阶段,目前已经发展到智慧化阶段。

在机械化阶段,物流机械设备被相继发明出来并投入物流活动当中,但计算机还很少应用到物流管理中,全自动控制的系统寥寥无几,自动化立体仓库在有限的几个领域得到应用;在自动化阶段,自动化立体仓库逐步展开应用,AGV 技术和一系列管理系统诞生;到了智慧化阶段,以工业 4.0 为契机的生产物流系统大规模应用,机器人、无人机、"货到人"等技术相继涌现,各项传统科技与新兴科技开始整合,物联网、大数据、云计算、人工智能等现代信息技术成为主流。

我国智慧物流业正处于快速发展的起步阶段,仍有较大的提升空间,但末端物流配送效率不高、基础设施设备有待完善、物流大数据整合水平有待提升、电子商务智慧物流生态圈尚未形成等成为影响我国电子商务智慧物流发展的突出问题。

我国电子商务智慧物流起步较晚,存在管理体制机制不健全,物流企业智慧化程度低,物流信息标准体系不健全,信息技术落后,缺乏完善的信息化平台等问题。

(1)管理体制机制不健全

电子商务智慧物流涉及商务、交通、信息技术等行业,业务管理涉及发展改革委、交通部、工信部等。目前,我国电子商务智慧物流业管理体制尚不能打破部门分割、条块分割的局面,仍然存在"信息孤岛"现象,造成我国电子商务智慧物流建设资源的不必要浪费,电子商务智慧物流管理责任不清晰,急需建立协调多部门资源的电子商务智慧物流专业委员会,加强顶层设计,统筹各种资源,确保电子商务智慧物流建设的顺利开展。

(2)物流企业智慧化程度低

目前,很多企业已经开始利用物联网技术构建智慧物流系统。但是,企业规模普遍不大,地区分布不均,而且缺乏有效的管理措施,导致管理混乱,生产要素难以自由流动,资源配置无法优化,难以形成统一、开放、有序的市场,特别是缺乏龙头企业带动,难以形成产业集群。大多数中小企业在物流信息化方面显得很吃力,由于缺乏相应的人才和资金,管理层对信息技术应用重视程度不够,即使引进了相关电子商务智慧物流技术,配套基础设备也跟不上,导致企业效益没有明显提高。

(3)物流信息标准体系不健全

电子商务智慧物流是建立在物流信息标准化基础之上的,这就要求在编码、文件格式、数据接口、EDI、GPS等方面实现标准化,以消除不同企业之间的信息沟通障碍。我国由于缺乏信息的基础标准,不同信息系统的接口成为制约信息化发展的瓶颈,导致物流信息标准化体系建设很不完善,物流信息业务标准与技术标准的制定和修改无法满足物流信息化发展的需要。很多物流信息平台和信息系统遵循各自制定的规范,导致企业间、平台间、组织间无法实现信息交换与共享,商品从生产、流通到消费等各个环节难以形成完整的供应链,影响了物流行业管理与电子商务发展。

(4)信息技术落后,缺乏完善的信息化平台

目前,条码、PFID、GPS、GIS、EDI技术的应用不理想,企业物流设备落后,缺乏条码自动识别系统、自动导向车系统、货物自动追踪系统,与国外的电子商务智慧物流相比,还存在较大差距;物流信息技术缺乏云计算、大数据、移动互联网技术支撑,物流云平台使用较少,缺乏基于大数据技术的数据挖掘平台、数据开发平台,手机移动定位技术和手机物流移动服务终端产品使用较少。

11.3.2 电子商务智慧物流的发展趋势

物流将进入新一代物流时代,未来物流不仅要提供更高效、精准及满足个性化需求的服务,还要实现整个物流体系运作的无人化、运营的智能化和决策的智慧化,并呈现出

平台化、短链化和无界化的特点。

1. 平台化

当智慧对物流系统赋能后，物流系统将由原来的资源主导、技术主导转换为平台主导。早期当供给不足时，掌握线路、运力等生产资源的企业是供应链的核心。随着技术的进步，供应链的核心逐步转向生产效率更高、技术更先进的企业，随后移动化和数据化把平台经济提升到了前所未有的高度，互联网平台通过业务在线化和数据挖掘，能够促进供需双方精确匹配，缩短供需对接环节，提高效率，同时也能改善供需信息不对称等带来的问题。平台经济由此产生，专业化企业依托平台（如菜鸟），直接与客户产生高效率的联系。

2. 短链化

在大数据的支撑下，物流企业可以直接获取客户信息，从大数据里可以找到企业的真正价值所在。过去说上下游是客户，实际上最终产品的使用者和消耗这个产品的人才是真正的客户，其他的都是中间商或者都属于供给侧。同时，随着客户的需求越来越分散，需求场景越来越碎片化，产业端有必要建立起一套活的物流和供应链体系来应对这样的趋势。这需要改变以往多层分销的渠道模式，使得生产端与消费端的距离尽可能缩短，从而能够快速、精准地预测客户的需求，做到灵活调整和反应。

从商业模式角度来看，现在越来越多的企业可以不通过经销商间接了解客户信息，而是直接通过客户获取这个信息。对客户信息有了去中间层的动态获取后，生产商和下游企业存在的方式都会改变。从供应链的角度来看，从生产商—经销商—分销商—客户的长链模式逐步转换为生产商—客户的短链模式。

3. 无界化

新一代物流将以无界的方式嵌入生产、流通、消费的每一个环节，消费者将实现所想即所得。超级机器人仓、电子商务智慧物流小镇、万物皆感知、电子商务智慧物流大脑等科技的发展，将改变电子商务智慧物流的发展业态及模式，未来将实现需求个性化，场景多元化与价值参与化。消费者越来越注重自身个性的表达，在消费过程中，从被动接受和选择向主动影响和创造转变，甚至希望参与到产品的设计和生产过程中，并且在越来越多元、即时、分散的场景下完成购买。为了适应场景多元化，物流服务不仅要覆盖生活中所有的场景，更要为消费者提供更为灵活弹性的服务，让他们在时间和空间上拥有更大的自主权。这种小批量、定制化的生产和供应体系，对物流服务商提出了全新的要求，要求物流服务商的网络能直达线上线下多渠道以及广大的终端消费者，要求物流服务商能承接仓储、运输、配送等一体化的服务需求，同时还要求整个链条上信息透明、共享并快速地决策和反应。

未来，电子商务智慧物流加快转型升级成为必然趋势，推动物联网技术在物流中更好的应用，是下一步电子商务智慧物流发展的目标和方向。

物流自动化将迎来跨越式发展。在新零售时代，"线上线下一盘货，服务产品一体化"将长期、全面地影响物流业发展。未来依托共享IT平台，每一个人、每一辆车、每一个闲置的仓储库房,都有可能成为物流的共享环节,物流资源将像云计算一样,按需付费,碎片化的运力、仓储资源都有可能参与到社会化物流环节中。电子商务智慧物流仓储系统以立体仓库和配送分拣中心为主体,由检测阅读系统、智能通信等构成,可以实现快速满足消费者需求。随着物联网、机器人、仓储机器人等新技术的应用,电子商务智慧物流仓储系统已成为解决电子商务智慧物流的最佳方案。据不完全统计,截至2017年,全国已累计建成自动化立体仓库2 600多座,烟草、医药零售、电子商务是主要应用领域,据预测,未来五年我国物流自动化改造市场空间将达到1 000多亿元。

大数据促进物流供应链优化。借助大数据技术,所有订单信息发送到企业配送仓库,智能仓储可在最短时间内根据买家地址检索到存放商品最近仓储的中心位置,就近出库,快递部门根据订单数量装车,由无人驾驶飞机或汽车自动运输到指定位置,从而节约成本,提高效率。未来,通过大数据分析形成物流流通数据后,以往货物由品牌商仓库发出的模式将更改为部分商品或货物从厂家直发,货物不动数据动,做到路径最优,提升效率。此外,依托"互联网+"而兴起的电子商务智慧物流云仓系统将蓬勃发展。云仓是伴随电子商务而产生的有别于传统仓储方式的智能化仓储模式,其最大的区别在于智能化装备和信息化软件集成应用。依托"互联网+"而兴起的云仓,将成为电子商务发展的中坚力量。

智能物流可更灵活地满足客户需求。信息化、智能化、集约化和小批量定制是未来物流的发展趋势,智能物流以客户需求为中心,灵活调动物资,满足客户需求。通过互联网及时反馈客户需求信息,信息将快速到达生产企业指令中心,智能物流可促进资源配置的优化与高效运作,实施订单化管理,减少企业库存,降低上游经营风险。

总之,未来电子商务智慧物流借助数据升级、模式升级、体验升级、智能升级和绿色升级的力量助推供应链全方位升级,将深刻影响社会生产与流通方式。预计未来3—5年,电子商务智慧物流能够有效提升物流作业效率,降低物流运营成本。只有立足现有规模,通过创新引领,充分发挥当下各类技术优势,尽快建立起标准化、专业化、精益化、多元化、市场化和信息化的电子商务智慧物流生态体系,未来才能促进我国物流市场的飞跃;电子商务智慧物流也必将深刻影响社会生产与流通方式,促进产业结构调整和动能转换,推进供给侧结构性改革,为我国物流业发展保驾护航。

本章小结

本章针对电子商务智慧物流的相关问题进行了简要阐述,并通过一些案例的引入和知识的介绍,使学生能够结合实际了解电子商务与电子商务智慧物流之间的关系。利用电子商务智慧物流可以实现物流的自动化、可视化、可控化、智能化、网络化,为电子商务企业的发展提供助力。如今在大数据、人工智能等的驱动下,电子商务智慧物流蓬勃发展。同时,未来的电子商务智慧物流将借助数据升级、模式升级、体验升级、智能升级和绿色升级的力量助推供应链升级,深刻影响社会生产与流通方式。

思考题

1. 电子商务智慧物流的基本概念。
2. 现有电子商务智慧物流发展存在的问题。
3. 电子商务与物流的关系。
4. 电子商务智慧物流发展的驱动力。
5. 电子商务智慧物流的发展趋势有哪些?

参考文献

[1] 阿拉蕾大番茄. 电子商务时代的第三方物流[EB/OL]. (2012-05-25)[2019-01-26]. https://wenku.baidu.com/view/698b5e3583c4bb4cf7ecd129.html

[2] 八爪鱼科技. 你知道物流信息化是电子商务的必然要求吗？[EB/OL]. (2018-08-15)[2019-01-26]. https://www.sohu.com/a/247247200_100175901

[3] 包兴,江涛. 煤炭第四方物流企业运营模式及风险分析[J]. 煤炭经济研究,2015,35(08):6-8+34.

[4] 陈海宇. 浅谈我国电子商务立法的现状、存在问题及建议[J]. 法制博览,2018(27):183.

[5] 陈银凤. 电子商务环境下第四方物流发展研究[J]. 物流科技,2015,38(07):139-140+148.

[6] 段佳乐. 众包物流商业模式研究[D]. 河南大学,2017.

[7] 董志良. 电子商务概论[M]. 北京:清华大学出版社,2014.

[8] 樊相宇. 快递业务与管理[M]. 西安:西北大学出版社,2015.

[9] 樊世清. 电子商务[M]. 北京:清华大学出版社,2012.

[10] 符瑜. 我国电子商务智慧物流的发展趋势与提升策略[J]. 对外经贸实务,2018(1):90-92.

[11] 房茂林. 培养高素质物流人才的思考[J]. 物流科技,2018,41(03):157-159.

[12] 高功步. 电子商务物流管理与应用[M]. 北京:电子工业出版社,2010.

[13] 高卉杰,杨建华,马志超. 国内外物流联盟研究现状综述[J]. 中国管理信息化,2016,19(05):97-99.

[14] 高斌,陶伯刚. 快递服务概论[M]. 北京:人民邮电出版社,2013.

[15] 宫胜利. 仓库与配送管理实务[M]. 北京:北京理工大学出版社,2012.

[16] 国家邮政局快递职业教材编写委员会. 现代快递服务科学[M]. 北京:北京邮电大学出版社,2011.

[17] 胡静思,陈勇,王康泰. 众包模式下物流企业战略分析[J]. 物流工程与管理,2016,38(12):7-10.

[18] 胡燕灵. 电子商务物流管理(第2版)[M]. 北京:清华大学出版社,2016.

[19] 胡荣等. 电子商务智慧物流与电子商务[M]. 北京:电子工业出版社,2016.

[20] 黄秋爽,荀烨,李福奎,齐继东. 电子物流联盟研究[J]. 物流科技,2010,33(02):15-18.

[21] 韩东亚,余玉刚. 电子商务智慧物流[M]. 北京:中国财富出版社,2018.

[22] 贾明明. 我国O2O电子商务研究的现状及展望[J]. 品牌研究,2018(03):189-190.

[23] 贾文艺. 我国O2O电子商务模式发展概述——基于现状、问题及对策的分析[J]. 商业经济研究,2016(24):60-62.

[24] 荆林波. 中国电子商务服务业发展报告[M]. 北京:社会科学文献出版社,2013.

[25] 姜文文. 论电子商务环境下第三方物流运营管理模式创新研究[J]. 纳税,2018(05):193.

[26] 姜大立,张巍,王清华. 电子商务智慧物流关键技术及建设对策研究[J]. 包装工程,2018,39(23):9-14.

[27] 琚淑华. 南昌圆通速递公司客户关系管理研究[D]. 南昌大学,2018.

[28] 快递英雄王大拿. 顺丰速运内部最神秘无人机曝光,无人配送时代要来了？[EB/OL]. (2018-09-19)[2019-02-20]. https://baijiahao.baidu.com/s?id=1611987916091540681&wfr=spider&for=pc

[29] 鲁馨蔓,白晨星,于宝琴. 现代物流配送管理与应用[M]. 北京:北京大学出版社,2017.

[30] 李海舰,田跃新,李文杰. 互联网思维与传统企业再造[J]. 中国工业经济,2014(10):136-146.

[31] 李创,崔桂敏. 电子商务环境下绿色物流管理及发展对策[J]. 物流科技,2018,41(04):28-30.

[32] 李芝巍. 快递时代 3.0[M]. 北京:中国铁道出版社,2017.

[33] 李芝巍. 快递来了:顺丰速运与中国快递行业 30 年(全新升级版)[M]. 北京:中国铁道出版社,2015.

[34] 李敏. 京东电子商务物流模式分析[D]. 湖南大学,2016.

[35] 李海刚. 电子商务物流与供应链管理[M]. 北京:北京大学出版社,2014.

[36] 梁雯,吴海辉,张雯蕊. 物流联盟及运作方式浅析[J]. 中国科技信息,2012(11):188+195.

[37] 刘萍. 电子商务物流(第 2 版)[M]. 北京:电子工业出版社,2010.

[38] 刘江鹏. 物流联盟的运营系统及其组建研究[J]. 中国城市经济,2010(12):84-85.

[39] 凌守兴. 电子商务物流管理(第二版)[M]. 上海:华东理工出版社,2009.

[40] 刘钊. 浅析电子商务环境下物流模式选择[J]. 西北工业大学学报(社会科学版),2017,37(04):34-38.

[41] 刘娜. 物流配送[M]. 北京:对外经济贸易大学出版社,2004.

[42] 刘鹏. 云计算(第三版)[M]. 北京:中国工信出版社,电子工业出版社,2015.

[43] 刘云浩. 物联网导论(第 3 版)[M]. 北京:科学出版社,2017.

[44] 刘军,阎芳,杨玺. 物联网技术(第 2 版)[M]. 北京:机械工业出版社,2017.

[45] 马士华,林勇等. 供应链管理(第 5 版)[M]. 北京:机械工业出版社,2017.

[46] 倪玲霖. 快递营运网络优化设计与竞争网络均衡研究[M]. 北京:电子工业出版社,2015.

[47] 倪卫涛. 基于智能物流的供应链包装系统集成分析[J]. 包装工程,2016,37(23):203-208.

[48] 潘振东. 电子商务环境下物流配送系统分析与设计研究[D]. 华北电力大学,2015.

[49] 彭扬,傅培华,陈杰. 信息技术与物流管理[M]. 北京:中国物资出版社,2009.

[50] 孙家庆,张赫,姚景芳. 集装箱多式联运[M]. 北京:中国人民大学出版社,2013.

[51] 孙丽洁. 电子商务环境下物流模式选择研究[D]. 首都经济贸易大学,2015.

[52] 孙洁晶,寇明婷,张建新. 电子商务背景下中国物流配送的优化策略研究[J]. 改革与战略,2016(11):74-71.

[53] 盛玉奎,熊斌辉. 论物流联盟[J]. 交通与运输,2018,34(05):72-73.

[54] 速卖通大学. 阿里巴巴速卖通宝典跨境电商物流[M]. 北京:电子工业出版社.2016:2+106-119.

[55] 谭彩霞. 物流联盟利益与风险分析[J]. 商场现代化,2013(15):47-48.

[56] 徒君,黄敏,薄桂华. 第四方物流研究综述[J]. 系统工程,2013,31(12):53-59.

[57] 托马斯·埃尔,扎哈姆·马哈茂德,里长多·帕蒂尼著,龚奕利,贺莲,胡创译. 云计算概念、技术与架构[M]. 北京:机械工业出版社,2014.

[58] 吴健. 电子商务物流管理(第 2 版)[M]. 北京:清华大学出版社,2016.

[59] 吴健. 现代物流管理[M]. 北京:清华大学出版社,2009.

[60] 吴健主编. 电子商务物流管理[M]. 北京:清华大学出版社,2009.

[61] 吴军,胡桃,杨天剑. 电子商务物流管理[M]. 杭州:浙江大学出版社,2009.

[62] 王超. 盘锦欣申通快递有限公司客户关系管理问题研究[D]. 沈阳理工大学,2018.

[63] 王鲁欣,曹燕. 电子商务下快递物流业可持续发展研究[J]. 合作经济与科技,2018,590(15):66-68.

[64] 王琦峰. "互联网+"背景下物流服务价值共创与服务创新研究[M]. 杭州:浙江大学出版

社,2017.
[65] 王小宁.电子商务物流管理[M].北京：北京大学出版社.2012:252－258.
[66] 王晖.浅谈现代物流的个性化服务[J].物流科技,2003,26(2):29－31.
[67] 王菊.铁路电子商务商业模式创新研究[J].铁道运输与经济,2018,40(10):93－97.
[68] 王辉.第三方物流迎来发展机遇 2020年有望实现16 000亿市场规模[EB/OL].(2018-05-17)[2019-01-26]. https://www.qianzhan.com/analyst/detail/220/180517-cf5bbfc5.html
[69] 王志宏,傅长涛,李阳阳.众包的行业应用研究述评[J].长安大学学报(社会科学版),2017,19(05):68－76.
[70] 汪杰.中国电子商务市场商业模式研究[D].北京邮电大学,2007.
[71] 王之泰.第三方物流理论与实践[J].中国流通经济,2018,32(03):3－9.
[72] 王继祥.物流互联网与电子商务智慧物流系统发展趋势[J].物流技术与应用,2015,20(3):83－86.
[73] 王欣悦.我国电子商务智慧物流发展问题及对策研究[J].铁路运输与经济,2017(04):41－45.
[74] 王琦,李楠.浅谈O2O模式下中国电子商务研究分析[J].经贸实践,2018(05):201＋203.
[75] 王坤,相峰."新零售"的理论架构与研究范式[J].中国流通经济,2018,32(01):3－11.
[76] 王喜富,纪寿文,秦璐,沈喜生.现代物流技术[M].北京：清华大学出版社,2016.
[77] 王妙娟.配送中心作业实务[M].北京：机械工业出版社.2017.
[78] 王慧,郝渊晓,马健平.物流配送管理学[M].广州：中山大学出版社,2009.
[79] 物流指闻.盘点：速递易、丰巢、云柜、日日顺,快递柜的江湖如今都有哪些玩法?[EB/OL].(2017-08-05)[2019-03-20]. https://mp.weixin.qq.com/s/ky0REhnfWFko_0sl64Gn0w
[80] 物流指闻.最强盘点：这9大配送机器人要取代快递小哥![EB/OL].(2017-05-16)[2019-03-20]. https://mp.weixin.qq.com/s/xmxgFf6BLDeSRrT8sLp0pQ
[81] 卫振林,纪寿文,黄爱玲.物流信息技术与装备[M].北京：中国物资出版社,2010:21－22.
[82] 魏修建.电子商务物流概论[M].北京：电子工业出版社,2009.
[83] 武亮,王跃进.一本书搞懂跨境电商(图解版)[M].北京：化学工业出版社:2016:70－73.
[84] 维克托·迈尔·舍恩伯格,肯尼思·库克耶著,盛杨燕,周涛译.大数据时代：生活、工作与思维的大变革[M].杭州：浙江人民出版社,2013.
[85] 徐晓迪.电商时代快递众包发展初探——分享经济思维下"互联网＋"物流的模式与前景[J].吉林工程技术师范学院学报,2017,33(09):78－80.
[86] 徐秀娟.以客户价值为导向的中邮速递物流客户细分策略研究[D].北京邮电大学,2012.
[87] 薛薇.基于消费行为的市场细分研究[D].西安电子科技大学,2009.
[88] 夏春玉.物流与供应链管理[M].大连：东北财经大学出版社,2010.
[89] 夏建辉.快递企业案例分析[M].北京：北京理工大学出版社,2016.
[90] 席江月,胡波.电子商务环境下物流配送现状分析及优化策略研究[J].物流技术,2011,30(13):46－48.
[91] 项伟峰.SNS社交电子商务与传统电子商务的商业模式比较[J].商业经济研究,2016(15):142－144.
[92] 信贷.中国第三方物流行业研究报告[EB/OL].(2017-06-19)[2019-01-26]. http://www.sohu.com/a/150424717_499067
[93] 杨萌柯,周晓光.电子商务与快递物流[M].北京：北京大学出版社,2018.
[94] 阎光伟.物流与信息技术[M].北京：中国经济出版社,2008:166－167.

[95] 杨正洪. 智慧城市：大数据、物联网和云计算之应用[M]. 北京：清华大学出版社，2014.

[96] 于宝琴. 电子商务与快递物流服务[M]. 北京：中国财富出版社，2015.

[97] 于宝琴，陈晓，鲁馨蔓. 现代物流技术与应用[M]. 重庆：重庆大学出版，2017.

[98] 于宝琴，吴津津. 现代物流配送管理[M]. 北京：北京大学出版社，2009.

[99] 于鹏. 中国快递业"柔性定价策略"的应用——美国UPS和亚马逊的经验与启示[J]. 研究与探讨，37(8)，37－42，2018.

[100] 于立新. 跨境电子商务理论与实务[M]. 北京：首都经济贸易大学出版社. 2017：255.

[101] 袁毅. 电子商务概论[M]. 北京：机械工业出版社，2013.

[102] 姚建恺，王东民. 第三方物流经济学意义的理论分析[J]. 北京印刷学院学报，2018，26(02)：62－64.

[103] 张凌浩，张晴. 新背景下快递终端服务系统的创新策略思考[J]. 包装工程，2015(22)：71－74.

[104] 张昭俊. 电子商务物流管理[M]. 北京：清华大学出版社，2013.

[105] 张铎. 电子商务物流管理(第三版)[M]. 北京：高等教育出版社，2011.

[106] 张艳 彭煦 孙萌. 电子商务与物流管理[M]. 北京：中国纺织出版社，2018.

[107] 张光明. 众包物流运营模式及其管理策略[J]. 经营与管理，2018(04)：147－150.

[108] 张旭，王锐月，姜宜彤. 电商企业众包物流模式运作分析[J]. 劳动保障世界，2017(29)：48＋50.

[109] 朱小良. 电子商务与新零售研究[M]. 北京：中国人民大学出版社，2017.

[110] 朱磊. 电子商务背景下中国第三方物流研究[J]. 商场现代化，2015(05)：73.

[111] 张博. XML在电子商务中的应用现状及发展前景分析[J]. 软件导刊，2013，12(05)：9－10.

[112] 张宇. 电子商务智慧物流与供应链[M]. 北京：中国工信出版集团，电子工业出版社，2016.

[113] 张劲珊. 物流信息技术应用[M]. 北京：清华大学出版社，2009：98－99.

[114] 张敏，黄先军. 现代物流配送管理[M]. 合肥：安徽大学出版社，2009.1.

[115] 张夏恒. 跨境电子商务生态系统研究[M]. 北京：经济科学出版社. 2017：99－126.

[116] 朱峰，黄秋爽. 电子物流联盟的构建[J]. 物流科技，2013，36(06)：98－101.

[117] 中国产业信息网. 2017年中国第三方物流行业概况、行业发展趋势及市场容量分析[EB/OL]. (2017-07-06)[2019-01-26]. http：//www.chyxx.com/industry/201707/539024.html

[118] 资本实验室. 自动配送机器人：悄然到来的变革与12家先行者的"赌注"[EB/OL]. (2018-06-28)[2019-03-20]. http：//baijiahao.baidu.com/s？id=16044162194862314898&wfr=spider&for=pc

教师反馈及教辅申请说明

　　北京大学出版社本着"教材优先、学术为本"的出版宗旨，竭诚为广大高等院校师生服务。为更有针对性地提供服务，请您按照以下步骤在微信后台提交教辅申请，我们会在 1~2 个工作日内将配套教辅资料，发送到您的邮箱。

◎手机扫描下方二维码，或直接微信搜索公众号"北京大学经管书苑"，进行关注；

◎点击菜单栏"在线申请"—"教辅申请"，出现如右下界面：

◎将表格上的信息填写准确、完整后，点击提交；

◎信息核对无误后，教辅资源会及时发送给您；如果填写有问题，工作人员会同您联系。

温馨提示：如果您不使用微信，您可以通过下方的联系方式（任选其一），将您的姓名、院校、邮箱及教材使用信息反馈给我们，工作人员会同您进一步联系。

我们的联系方式：

通信地址：北京大学出版社经济与管理图书事业部 北京市海淀区成府路 205 号，100871
联 系 人：周莹
电　　话：010-62767312 /62757146
电子邮件：em@pup.cn
Q Q：5520 63295（推荐使用）
微信：北京大学经管书苑（pupembook）
网址：www.pup.cn